NONGCUN ZHENGCE
YU FAGUI XINBIAN JIAOCHENG

农村政策与法规新编教程

（第三版）

主　编　顾相伟（上海开放大学）
副主编　刘　波（曲阜师范大学）
　　　　何庆斌（上海开放大学）
　　　　李振华（济宁医学院）
　　　　王宵兰（上海开放大学）
　　　　靳景慧（济宁医学院）

復旦大學出版社

前言 Foreword

农业、农村和农民问题是关系改革开放和中国式现代化全局的重大问题。这一问题的解决,不仅涉及广大农民群众的切身利益,而且关系到社会稳定、国家富强和民族复兴。中共十八届四中全会提出,全面推进依法治国,总目标是建设中国特色社会主义法治体系,建设社会主义法治国家。党的二十大报告指出,全面建设社会主义现代化国家,最艰巨最繁重的任务仍然在农村。农业和农民是国家的根本,农村是全面建成社会主义现代化强国的重要基础。可以说,没有农业农村的法治化,就没有整个国家的法治化。农业农村法治建设是社会主义法治建设的重要组成部分。在中国特色社会主义新时代,坚持在党的领导下,把推进农业农村法治建设摆到重要位置,以法治思维和法治方式实施农业农村发展政策,主动适应新常态,扎实做好农业农村改革发展各项工作,既是贯彻落实"四个全面"战略布局的必然要求,也是新农村建设、城镇化建设和全面推进乡村振兴的应有之义和重要保障。

本书是在长期教学实践的基础上编写而成的,内容主要包括与农村生产生活关系密切的政治经济制度、土地政策与法规、农村市场主体法律制度、农业生产安全法律制度、自然资源和环境保护法律制度以及农村社会发展政策。本书的特点是注重结构的明晰性、内容的新颖性以及知识的实用性,力求文风朴实、通俗易懂、简单明了,适合大中专院校师生学习使用。

本书撰稿分工如下:第一章,顾相伟、何庆斌;第二章,李振华、靳景慧;第三章,顾相伟、王宵兰;第四章,李振华、靳景慧;第五章,顾相伟、刘波;第六章,顾相伟、刘波;第七章,顾相伟、王宵兰。全书由顾相伟任主编并负责拟定大纲、统稿和修改。

本书在编写过程中,参考和借鉴了很多学者的相关研究成果,复旦大学出版社的编辑在编辑过程中付出了很多心血,使本书增色不少,在此一并谨致谢忱。由于农村政策具有灵活性和易变性的特点,而农村法规也经常处于修改完善的过程中,所以本书的编写面临较大的挑战,错讹疏漏之处在所难免,敬请广大读者批评指正。

编　者

目录 Contents

第一章 农村政策与法规概述 ………………………………… 1
    第一节 农村政策概述 ………………………………………… 1
    第二节 农业法规概述 ………………………………………… 9
    第三节 农村政策与农业法规的关系 ………………………… 22
    第四节 农村政策与法规的历史发展 ………………………… 25

第二章 农村政治与经济体制 ………………………………… 35
    第一节 农村基层民主政治制度 ……………………………… 35
    第二节 农村基本经济制度 …………………………………… 60

第三章 农业土地政策与法规 ………………………………… 75
    第一节 农业土地政策与法规概述 …………………………… 75
    第二节 土地管理法律制度 …………………………………… 80
    第三节 农村土地承包法律制度 ……………………………… 93

第四章 农村市场主体法律制度 ……………………………… 115
    第一节 农业劳动者个人或家庭作为市场主体的法律制度
    ………………………………………………………………… 115
    第二节 乡镇企业法律制度 …………………………………… 123
    第三节 农民股份合作企业法律制度 ………………………… 128
    第四节 农民专业合作社法 …………………………………… 131
    第五节 农业社会化服务体系 ………………………………… 138

第五章 农业生产安全法律制度 ... 146
- 第一节 种子法律制度 ... 146
- 第二节 农药管理法律制度 ... 155
- 第三节 兽药管理法律制度 ... 166
- 第四节 无公害农产品管理 ... 174
- 第五节 农业转基因生物安全管理 ... 185
- 第六节 农产品质量安全法 ... 199

第六章 自然资源和环境保护法律制度 ... 214
- 第一节 自然资源和环境保护法律制度概述 ... 214
- 第二节 环境保护法律制度 ... 219
- 第三节 水资源保护法 ... 229
- 第四节 森林资源保护法 ... 239
- 第五节 渔业资源保护法 ... 250

第七章 农村社会发展政策 ... 256
- 第一节 农村劳动力转移 ... 256
- 第二节 农业科技与农业教育政策 ... 265
- 第三节 农民权益保护与农村社会保障 ... 275
- 第四节 农业投入与支持保护 ... 303
- 第五节 新农村建设、城镇化建设与乡村振兴战略 ... 313

附录 ... 354
- 附录一 《中华人民共和国农业法》 ... 354
- 附录二 《中国共产党农村工作条例》 ... 372
- 附录三 《中华人民共和国土地管理法》 ... 379
- 附录四 《中华人民共和国乡村振兴促进法》 ... 398

第一章 农村政策与法规概述

**本章要点**

本章主要介绍了农村政策与农村法规的概念,以及两者之间的联系与区别。学习者还须了解政策和法的概念、特征,法的渊源与法的作用,农业法律关系的概念和三要素,以及农村政策与法规的历史发展。要理解和领会农村法规和党的农村政策都是保证农业和农村科学发展的重要手段。农村政策与农村法规具有不同的特点、功能和作用,两者相辅相成,互为补充。政策侧重于制度创新突破,重在解决当前的突出矛盾和问题;而法律法规则侧重于长期制度建设,将行之有效的政策措施制度化、规范化。

第一节 农村政策概述

一、政策

(一)政策的概念和分类

所谓政策,是指国家政权机关、政党组织和其他社会政治团体等为了实现自己所代表的阶级、阶层的利益和意志,以权威的形式规定在一定的历史时期内,应该达到的奋斗目标、遵循的行动原则、完成的明确任务以及采取的计划、步骤和具体措施。一项具体的政策对不同群体造成的影响是不一样的,不同的个人或利益集团会从不同的角度认识和解读政策,并试图影响政策的制定和执行。因此,一项具体政策的制定、执行和检查修正过程都是个人、家庭、企业、社会团体和政府机构等多方面相互协作和博弈的结果。在这一过程当中,政府行为占主导地位。

政策可以依据不同的标准进行分类。根据政策的从属关系,可以分为元政策、基本政策和具体政策;根据政策的制定主体不同,可以分为阶级政策、政党政策、国家和政府政策;根据政策涉及的领域不同,可以分为社会政策、经济政策、农业政策、教育政策、民族政策等;根据政策目标的数量多少,可以分为单目标政策和多目标政策;根据政策影响和实施时间的长短,可以分为长期政策、中期政策和短期政策等。

(二)政策的特点

政策具有以下三个特点。

1. 政治性

政策与政治是相伴而生的。政治是各阶级为维护和发展本阶级利益而处理本阶级内部以及与其他阶级、民族、国家的关系所采取的直接的策略、手段和组织形式。任何政策都有政治性,没有政治,就没有政策。政治作为一种社会现象和社会的上层建筑,出现在产生阶级对立和国家的时候,并总是直接或间接地同国家相联系。政治性在阶级社会中有时又表现为阶级性。当政治系统中占据统治地位的阶级与其他处于被统治地位的阶级的矛盾具有对抗性质时,政治性就表现为强烈的阶级性;而当两者的矛盾属于非对抗性时,政治性中的阶级性就不太强烈。在社会主义社会中也存在阶级,但不是任何时候、任何政治现象都带有阶级斗争的内容。

2. 权威性和系统性

政策的权威性取决于政策主体的权威性。政策的制定和执行主体是取得合法权力的机构,是通过为大众所认可和接受的合法性过程产生的,所以政策在具有合法性的同时,也必然具有了权威性。政策是否具有权威性,还要看它的制定是否科学合理。只有科学的政策才能顺乎民意,取得实效,从而强化其权威性。政策是对各种社会关系的集中反映,其必然也是一个有机的整体,具有系统性的特点,不可能孤立地产生作用。

3. 目标性和针对性

制定政策是为了解决某一发展时期存在的特定社会问题,这就需要设计明确的目标,使实现目标的行为具有较强的针对性和实效性。例如,《中华人民共和国国民经济和社会发展第十三个五年规划纲要》指出:"以保障主要农产品供给、促进农民增收、实现农业可持续发展为重点,完善强农惠农富农政策,提高农业支持保护效能。""继续实施并完善稻谷、小麦最低收购价政策。深化棉花、大豆目标价格改革。探索开展农产品目标价格保险试点。积极稳妥推进玉米价格形成机制和收储制度改革,建立玉米生产者补贴制度。"这里,前句体现的就是政策的目标性,而后句体现的则是政策的针对性。

二、农村政策

(一) 农村政策的概念

农村政策是指为了实现与农业生产经营及农村发展相关的政治、经济和社会目标,由执政党或政府依特定的程序制定并发布的,包含政策目标和政策措施的规范性文件。由于农业问题和农村问题、农民问题的关系密不可分,广义的农业政策也称作"三农"政策。农村政策的主要目标是保证农业生产长期稳定增长。为了实现这一目标,各国政府通常在农业生产结构、组织形式、资源配置、生产要素流通、产品流通等领域制定一系列相互联系的政策,引导市场中各行为主体作出符合总体利益的决策,以保障最终目标的实现。

(二) 农村政策的特点

农村政策除具有政策的一般特点外,还具有与农业生产自身相适应的一些特点,如相对的独立性和完整性,受条件的制约性(如国家经济发展、政治形势、地域差异、自然条件等),与其他政策的相关性等。在当前社会转型和变迁的历史时期,我国农村政策还表现出以下特征[1]。

---

[1] 蓝海涛.转轨阶段我国农业政策的重要特征[J].农业经济问题,2002(8):41.

1. 农村政策具有明显的阶段性和发展性

改革开放初期,农村政策比较重视经营体制改革,如生产经营自主权、承包到户、取消统购实行市场调节等,通过这些方式来解决农产品供给不足的问题。到20世纪90年代末,我国的农产品总供求关系发生了质的变化,总量基本平衡,丰年有余。此时,调整结构、增加收入就成了农村政策的重点。党的十六大以来,中央提出了工业反哺农业、城市支援农村的战略方针,采取了减免农业税、大幅增加财政支农拨款等政策措施,确立了建设社会主义新农村的奋斗目标。党的十七大报告指出,要加强农业基础地位,走中国特色农业现代化道路,建立以工促农、以城带乡的长效机制,形成城乡经济社会发展一体化新格局。党的十八大报告提出,城乡发展一体化是解决"三农"问题的根本途径。坚持工业反哺农业、城市支持农村和多予少取放活方针,加大强农惠农富农政策力度,让广大农民平等地参与现代化进程,共同分享现代化成果。党的十九大报告指出,实施乡村振兴战略,要坚持农业农村优先发展,按照产业兴旺、生态宜居、乡风文明、治理有效、生活富裕的总要求,建立健全城乡融合发展体制机制和政策体系,加快推进农业农村现代化。党的二十大报告要求全面推进乡村振兴,"坚持农业农村优先发展,坚持城乡融合发展,畅通城乡要素流动。加快建设农业强国,扎实推动乡村产业、人才、文化、生态、组织振兴。"这些都是农村政策阶段性和发展性的具体体现。

2. 农村政策具有半计划性、半市场性,手段比较单一

一方面,农业的计划经济手段虽然比改革开放前显著减少,但仍比较明显。主要表现在利用行政手段控制粮棉等大宗农产品以及化肥等农用生产资料的生产和流通领域。另一方面,市场化手段的运用范围不断扩展,几乎遍及除粮食、化肥外的所有领域。当然,这些领域的市场化手段所发挥的作用,因其市场机制的发育程度不同而参差不齐。

3. 农村政策的地区差异性突出,执行中的弹性空间大

由于我国地域辽阔,区域经济发展不平衡,各地区的政策运行环境差别较大,一些旨在调控具体生产经营活动的农业政策,如粮棉政策,就只得照顾各地区的差别情况,进行分类指导。这就是为什么许多农业政策中,中央政府只规定基本框架和思路,而将具体规定交由省级政

第一章 农村政策与法规概述

府去制定和执行的原因所在。但也正因为如此,政策执行中的弹性空间难以避免。具体执行政策的地区和部门,往往从追求本地区或本部门利益最大化的角度出发,打着"本地区或部门情况特殊,需因地制宜"的幌子,对中央制定的政策有选择地执行,导致政策走样或变形。

农村政策的这些特点决定了农村政策的执行和实施必须遵循理论与实践相结合、原则性与灵活性相结合、执行与创造相结合、领导与群众相结合的工作原则,以及行政方法、经济方法、法律方法和思想政治教育方法相结合的工作方法。

 材料阅读:

总书记的"三农"情怀

金秋时节,大江南北,五谷丰登,瓜果飘香。欢庆丰收的人们不会忘记,每到中国农民丰收节,总书记的节日寄语总会如期而至:"在全社会形成关注农业、关心农村、关爱农民的浓厚氛围""让乡亲们的日子越过越红火""让广大农民的生活芝麻开花节节高"……声声入耳,句句暖心,映照着总书记爱农为农、重农强农、兴农惠农的深厚情怀。

爱 农
"我们这代人有一份情结,扶一把老百姓特别是农民"

"无论我走到哪里,永远是黄土地的儿子。"总书记这样描述那段艰苦却受益终生的岁月。50多年前,不满16岁的习近平来到陕北高原当知青,在延川县梁家河大队一干7年。那会儿,当地老百姓常说:"肥正月,瘦二月,半死不活三四月。"青年习近平大为触动,"感觉农民怎么这么苦啊。"

种地、拉煤、打坝、挑粪,在梁家河的岁月,这位乡亲们眼中"吃苦耐劳的好后生",什么活儿都干过,啥苦都吃过。担任梁家河村支书时,他带领村民修了陕西第一座沼气池,打了灌溉井,办了铁业社、缝纫社,短短一年多,贫穷的小山村焕发生机。

从"穷窝窝"里走出来,深知乡亲们的苦,读得懂锅里的穷,感受得到受穷的痛,"每到一个地方,我都要看看乡村,乡村是我们人民最基本生活情况的反映。"

在河北正定,跑遍所有农村,"常常把一张桌子摆在大街上,吆喝大家过来,有什么事就找我说说。"一位老大娘和年轻的习近平同志说悄悄话的照片,定格了那段时光。

在福建宁德,到任 3 个月走遍 9 个县,最远到了福鼎县的崳山岛,最高去了屏南县的仙山牧场。

到任浙江后,一年多时间深入全省 90 个县市区。

在上海仅 7 个月,跑遍了全市 19 个区县。

这位"黄土地的儿子"将对人民的赤子之情铭刻心间:"我们这代人有一份情结,扶一把老百姓特别是农民。"这份情怀,彰显不变初心。"人民对美好生活的向往,就是我们的奋斗目标。"在十八届中共中央政治局常委同中外记者见面时,习近平总书记的话掷地有声。

先后 7 次主持召开中央扶贫工作座谈会,50 多次调研扶贫工作,走遍了 14 个集中连片特困地区,从黄土地到黑土地、从零下十几摄氏度到海拔 4 000 米,沟壑纵横的高原路、坡急沟深的盘山路、覆满冰雪的乡村路、麦浪滚滚的田间路,串串足迹,丈量着从贫困到小康的距离,印证着执政党向人民、向历史作出的庄严承诺。

脱贫攻坚,8 年弹指一挥间,一个个贫困村庄山乡巨变,近 1 亿农村贫困人口全部脱贫,困扰中华民族几千年的绝对贫困问题得到历史性解决,创造了彪炳史册的人间奇迹。

重　农
"任何时候都不能忽视农业、忘记农民、淡漠农村"

"农业农村农民问题是关系国计民生的根本性问题";

"任何时候都不能忽视农业、忘记农民、淡漠农村";

"坚持把解决好'三农'问题作为全党工作重中之重";

"稳住农业基本盘、守好'三农'基础是应变局、开新局的'压舱石'"。

一粒种,一株苗,总书记牵挂的是粮食安全这一"国之大者",思谋的是一个重大战略性问题,"中国人的饭碗任何时候都要牢牢端在自己手中,饭碗主要装中国粮"。

"在吃饭问题上不能得健忘症,不能好了伤疤忘了疼""如果在吃饭问题上被'卡脖子',就会一剑封喉""我反复强调,粮食多一点少一点是战术问题;粮食安全则是战略问题。我国之所以能够实现社会稳定、人心安定,一个很重要的原因就是我们手中有粮、心中不慌"……句句箴言,字字深重。

总书记叮嘱:"发展乡村产业,一定要突出农民主体地位,始终把保障农民利益放在第一位,不能剥夺或者削弱农民的发展能力。不能把农民土地拿走了,干得红红火火的,却跟农民没关系。要共同致富。"

在总书记心中,一家一户的小账分量不轻:"检验农村工作成效的一个重要尺度,就是看农民的钱袋子鼓起来没有""不让种粮农民在经济上吃亏"。

春风化雨,一系列好政策落地生根。从玉米大豆生产者补贴、稻谷和小麦最低收购价政策,到推动三大主粮完全成本保险和种植收入保险实现主产省产粮大县全覆盖;从重点支持联农带农富农产业发展,到以创业带就业、以就业促增收……

乡村发展是历史命题,也是时代课题,总书记思考深邃。"纵览历朝历代,农业兴旺、农民安定,则国家统一、社会稳定;农业凋敝、农民不稳,则国家分裂、社会动荡。"

"我国发展最大的不平衡是城乡发展不平衡,最大的不充分是农村发展不充分。"

立足世情国情,把握发展规律,坚持农业农村优先发展,成为做好"三农"工作的总方针。

以大历史观看"三农",站在全局和战略高度看"三农",这份情怀展现当代中国共产党人的政治智慧,彰显"以历史映照现实"的政治清醒。

兴　农

"举全党全社会之力推动乡村振兴,促进农业高质高效、乡村宜居宜业、农民富裕富足"

"从中华民族伟大复兴战略全局看,民族要复兴,乡村必振兴。"

"脱贫攻坚取得胜利后,要全面推进乡村振兴,这是'三农'工作重心的历史性转移。"

"举全党全社会之力推动乡村振兴,促进农业高质高效、乡村宜居宜业、农民富裕富足。"

广袤田野正在发生深刻变革。农机"长眼睛""装大脑",手机成了"新农具",直播成了"新农活",全国农作物耕种收综合机械化率超过72%。10年来,农产品加工企业营业收入达到近25万亿元,全国休闲农庄、观光农园、农家乐等达到30多万家,年营业收入超过7 000亿元。乡村产业不断积蓄新动能。

眼睛向下、走进群众。一次次基层调研察实情,一次次座谈会议集民智,发展为了谁、依靠谁、发展成果由谁共享的根本问题有了清晰答案。

乡村振兴为农民而兴。"要以实施乡村建设行动为抓手,改善农村人居环境,建设宜居宜业美丽乡村""坚持数量服从质量、进度服从实效,求好不求快"。

乡村振兴关键在人、关键在干。"必须建设一支政治过硬、本领过硬、作风过硬的乡村振兴干部队伍""要广泛依靠农民、教育引导农民、组织带动农民,激发广大农民群众积极性、主动性、创造性,投身乡村振兴,建设美好家园"。

让发展成果更多更公平地惠及全体人民。"现在从整个国家来讲,实现了全面小康,接下来要走推进共同富裕、建设现代化的道路。在这条道路上,农村就是要推进乡村振兴,方方面面都还要芝麻开花节节高。"

怎么富裕农民?总书记一直念兹在兹。富裕农民、提高农民、扶持农民,各项农村改革扎实推进,新型农业经营体系加快构建,土地"活"了,资源"醒"了,乡村大地,活力奔涌。

今天的中国农村,公共文化体系更加健全,有场所、有队伍、有活动,农民文化生活更加丰富多彩。今天的中国农民,收获的不只是甜蜜的果实,更是满满的获得感、幸福感、安全感。

"随着我们第一个百年奋斗目标的实现、第二个百年奋斗目标的开启,乡村振兴的要素会更加活跃,那里仍然是一片大有可为的土地、希望的田野。"总书记的铿锵话语,激荡人心。

资料来源:赵永平等,《人民日报》,2022年9月22日第1版。

第二节　农业法规概述

一、法的概念和特征

法的概念有广义和狭义之分。广义的法是指国家按照统治阶级的利益和意志制定或者认可,并由国家强制力保证实施的行为规范的总和。狭义的法是指具体的法律规范,包括宪法、法律、行政法规、地方性法规、行政规章等各种成文法和不成文法。法为人们规定一定的行为规则,指导人们在特定的条件下可以做什么、必须做什么、禁止做什么,即规定人们享有的权利和应当履行的义务,从而调整人们在社会生活中的相互关系。

法属于上层建筑,是在经济基础上形成的,同时又为经济基础服务。法是阶级社会特有的现象,它随着生产力的发展、私有制和阶级的产生、国家的出现而产生,并将随着国家和阶级的消灭而消亡。

法有如下几个基本特征。

1. 法是由国家制定或者认可的,具有国家意志性

国家创制法的方式主要有两种:制定或认可。所谓制定,是指国家立法机关按照一定的权限和程序,创制规范性法律文件的活动。所谓认可,是指国家通过一定的方式承认在社会上早已存在并发挥作用的某些社会规范(如道德、宗教、风俗、习惯等)具有法律效力的活动。

法律区别于其他社会规范的一个重要特征就是法律的国家意志性。并不是所有的社会规范都是法律,只有经国家制定或认可的、充分体现了国家意志的那些社会规范才是法律。

2. 法是以国家强制力为最后保障手段的规范体系,具有国家强制性

法是以国家强制力(主要体现为军队、警察、监狱和法庭等)为后

盾,由国家强制力保证实施的。不管认识程度、主观愿望如何,人们都必须遵守法律,否则,将招致国家强制力的干涉,受到相应的法律制裁。如果没有国家强制力作后盾,违反法律的行为得不到惩罚,法律所体现的意志得不到贯彻和保障,法律就会变成一纸空文,形同虚设。当然,法律的国家强制性并不意味着法律实施过程的任何时刻都需要直接运用强制手段。当人们自觉遵守法律时,法律的国家强制性并不显露出来,而只是间接地起作用。国家强制力也并非法律实施的唯一保证力量,法律的实施还有赖于道德、文化、经济、民生、习俗等多方面的因素。

3. 法是调整人们的行为或者社会关系的规范,具有明确规范性和相对稳定性

法的规范性是指法律为人们的行为提供模式、标准和方向。法律是人们从大量实际、具体的行为中高度抽象出来的一种行为模式,这种行为模式主要包括三种:人们可以这样行为(授权性规范)、人们不许这样行为(禁止性规范)、人们必须这样行为(命令性规范)。

法律与权利、义务密不可分。权利和义务是法律的主要内容。法律以其明确的关于权利、义务的规定,为人们提供特定的行为模式,同时指明行为的法律后果,使法律具有极强的规范性和明确性,从而指引和约束人们的行为,确认、保护、调整和发展一定的社会关系。

法律一经制定和公布实施,就应保持相对的稳定性和连续性,决不能朝令夕改,任意废除和修改,否则,将有损法律的权威性和严肃性。

4. 法在国家权力管辖范围内普遍有效,因而具有普遍性

法的普遍性也称法的普遍适用性,是指法作为一般的行为规范在国家权力管辖范围内具有普遍适用的效力和特性,不允许有法律规定之外的特殊。具体而言,它包含两方面的内容:其一,法的效力对象的广泛性。法的对象是一般的人,而不是个别人或特定的人。在一国范围之内,法律面前人人平等。任何人的合法行为,都无一例外地受法的保护;任何人的违法行为,都无一例外地受法的制裁。法不是为特别保护个别人的利益而制定,也不是为特别约束个别人的行为而设立。其二,法的效力的重复性。这是指法对人们的行为有反复适用的效力。

在同样的情况下,法可以反复适用,而不仅仅适用一次。

二、法的渊源

法的渊源是指法的创立方式及表现为何种法律文件形式,即由不同国家机关制定或认可的,具有不同效力或地位的各种法的形式。

任何法都有一定的表现形态,例如:以成文法形式表现或以判例法形式表现,以法律形式表现或以行政法规形式表现。立法者或执政者的重要职责之一,就是使所制定或认可的法,获得适当的、科学的形式。执法、司法和守法者都应了解不同的法的形式或渊源与自己经办的各方面事项的关系。

根据现行宪法和法律的规定,我国法的渊源主要包括以下内容。

(一) 宪法

宪法是国家的根本大法,位于一个国家法律体系的最顶端。宪法是其他所有法律、法规的依据,其他所有法律、法规都是宪法的具体化。由于宪法规定的是国家生活中最根本、最重要的问题,因此,宪法在法律体系中具有最高的法律地位和法律效力,其他所有法律、法规的制定均要以宪法为依据。凡是与宪法的原则和规定相抵触、相冲突的法律、法规都会因违宪而被撤销或宣布无效。

(二) 法律

此处所讲的法律指狭义的法律,包括基本法律和基本法律以外的其他法律。前者由全国人民代表大会制定和修改,后者由全国人大常委会制定和修改。基本法律规定国家、社会和公民生活中具有重大意义的基本问题,如刑法、民法等。基本法律以外的其他法律规定国家、社会和公民生活中某一方面的重要问题,其调整面相对较窄,内容较具体,如农业法、环境保护法等。全国人大常委会作出的具有规范性的决议、决定、规定、办法等,也属于法的渊源,和法律具有同等的效力。

(三) 行政法规和行政规章

行政法规是国家最高行政机关根据宪法和法律制定、颁布的规范性法律文件的总称。行政法规的法律地位和法律效力次于宪法和法律。行政法规的立法目的是保证宪法和法律实施。有了行政法规,宪法和法律的原则和精神便能具体化，便能更好地、有效地得以实现。

国务院所属各部、委有权根据法律和行政法规，在本部门的权限范围内发布规范性的命令、指示、规章和实施细则，这些由国务院所属各部、委发布的规范性文件称为行政规章。

（四）地方性法规和地方性规章

地方性法规是指地方各级权力机关，即地方各级人民代表大会所制定的规范性法律文件。地方性法规是低于宪法、法律、行政法规，但又具有不可或缺作用的基础性法的渊源。省、自治区、直辖市、省级政府所在地的市、经国务院批准的较大市的人大及其常委会，根据本地的具体情况和实际需要，在不同宪法、法律、行政法规相抵触的前提下，可以制定和颁布地方性法规，报全国人大常委会和国务院备案。地方性法规在本行政区域的全部范围或部分区域有效。

地方性规章是指地方各级行政机关及地方各级人民政府所制定的规范性法律文件。

（五）民族自治地方的自治条例和单行条例

我国民族区域自治地方的人民代表大会制定的规范性法律文件，有自治条例和单行条例两种表现形式。根据现行宪法和民族区域自治法规定，各级民族自治地方的人大都有权依照当地民族的政治、经济和文化特点，制定自治条例、单行条例。自治区的自治条例和单行条例报全国人大常委会批准后生效。

（六）特别行政区的法律

特别行政区的法律是指根据宪法和特别行政区基本法的规定，在特别行政区内施行的法律。包括特别行政区成立前原有的与宪法和特别行政区基本法不相抵触的法律和特别行政区成立后重新制定颁发的法律。

（七）国际条约

国际条约是指我国同外国缔结的双边和多边条约、协定性质的文件。国际条约本是国际法的主要渊源，但由于它对签约国有约束力，因而凡是我国政府签约的国际条约，也属于我国法的渊源之一，与国内法具有同等约束力。

三、法的作用

法的作用是指法对人与人之间所形成的社会关系所发生的影响,它表明了国家权力的运行和国家意志的实现。法的作用可以分为规范作用和社会作用。规范作用是从法是调整人们行为的社会规范这一角度提出来的,而社会作用是从法在社会生活中要实现一种目的的角度来认识的,两者之间的关系为:规范作用是手段,社会作用是目的。

(一) 法的规范作用

法的规范作用分为五个方面。

1. 指引作用

这是指法律对个体行为的指引作用,包括确定的指引、有选择的指引。确定的指引即通过设置法律义务,要求人们做出或抑制一定行为,使社会成员明确自己必须从事或不得从事的行为界限。有选择的指引是指通过宣告法律权利,给人们一定的选择范围。

2. 评价作用

评价作用是指法律具有判断、衡量他人行为合法与否的评判作用。在现代社会,法律已经成为评价人的行为的基本标准。

3. 预测作用

这是对当事人双方之间的行为的作用。预测作用是指凭借法律的存在,可以预先估计到人们相互之间会如何行为。预测作用的对象是人们的相互作用。社会是由人们的交往行为构成的,社会规范的存在就意味着行为预期的存在,而行为的预期是社会秩序的基础,也是社会能够存在下去的主要原因。

4. 强制作用

强制作用是指法可以通过制裁违法犯罪行为来强制人们遵守法律。强制作用的对象是违法犯罪者的行为。制定法律的目的是让人们遵守,希望法律的规定能够转化为社会现实,因此,法律需要具有一定的权威性,而法律的强制性有助于提高法律的权威性。

5. 教育作用

教育作用是指通过法的实施使法律对一般人的行为产生影响。教育作用的对象是一般人的行为。

(二)法的社会作用

法的社会作用大体上可归纳为以下两个方面。

1. 维护统治阶级的阶级统治

在阶级对立的社会中,法的目的是维护对统治阶级有利的社会关系和社会秩序。维护统治阶级的阶级统治是法的社会作用的核心。

2. 执行社会公共事务

社会公共事务是指与阶级统治相对称的活动,在各个阶级对立的社会中,这种社会公共事务及有关法律的性质、作用和范围是很不相同的。总的来说,执行这些活动的法律大体上有以下几种:为维护人类社会基本生活条件的法律,如有关自然资源、医疗卫生、环境保护、交通通信以及基本社会秩序的法律;有关生产力和科学技术的法律;有关技术规范的法律,即使用设备工序、执行工艺过程和对产品、劳动、服务质量要求的法律;有关一般文化事务的法律(见图1-1)。

图1-1 普法宣传栏

(资料来源:腾讯网,2022-02-12。)

（三）法的作用的局限性

法律的作用固然十分重要，但也应认识到，法律不是万能的，也有一定的局限性。

（1）法律是由人制定的，并且是通过人来实施的，因此，人的成长经历、认识水平和相应的道德、文化素养等都会制约和影响法律作用的发挥。推而广之，立法者的水平、司法执法者的能力和觉悟、守法者的观念等都会对法的作用产生影响。

（2）法的作用的对象是人外在的行为。法律无法作用到人的行为背后，即无法对人的行为的动机、思想、观念、认识、信仰等直接发生作用和进行调整，这些内在深层的东西往往只能依靠道德、宗教、习俗、思想政治教育、心理健康教育等其他方法和手段。

（3）法律一旦施行就必然需要一定的稳定性，不能频繁变动，如果法律朝令夕改，将导致其失去权威性和确定性。法律是一种概括性规范，不可能面面俱到地包罗所有问题，更不可能完美无缺。而法律所调整的行为和现象却是千变万化、多姿多态的。因此，在法律的概括性、稳定性和滞后性与社会实践的具体性、多变性之间必然存在着无法调和的矛盾。从这个意义上说，法律一旦制定出来便会具有滞后性。

四、农业法规

农业法规是指由国家权力机关和国家行政机关（包括有立法权的地方权力机关和地方行政机关）制定和颁布的，规范农业经济主体行为和调控农业经济活动的法律、行政法规、地方性法规以及政府规章等规范性文件的总称。

农业法规主要有两个作用：第一，加强农业法治建设是依法治国的重要组成部分，是实现政府依法治农、对农业实行宏观调控的重要手段。第二，巩固和加强农业在国民经济中的基础地位，促进农业和农村经济的持续、健康、稳定发展。

在整个农业法规体系中处于主导地位的是《中华人民共和国农业法》。该法是保障农业生产经营活动正常运转和发展的基本法律，对农业领域中的根本性、全局性的问题作了规定。它居于国家宪法之下,其他具体农业法律、法规之上,是处于中间地位的一部农业"小宪法";它是立足于大农业基础之上的全面系统综合的农业基本大法,是农业的"母法",其他农业方面的法律,如《土地管理法》《土地承包法》《城乡规划法》《森林法》《草原法》《渔业法》《农业技术推广法》《农产品质量安全法》等,都是为实施《农业法》而配套的专门法、部门法,都是"子法"。现摘要简介如下。

《农业法》于1993年7月2日第八届全国人民代表大会常务委员会第二次会议通过,于2002年12月28日第九届全国人民代表大会常务委员会第三十一次会议修订,之后又于2009年、2012年经过两次修正。《农业法》共十三章,对农业生产经营体制、农业生产、农产品流通与加工、粮食安全、农业投入与支持保护、农业科技与农业教育、农业资源与农业环境保护、农民权益保护、农村经济发展以及执法监督、法律责任等进行了规定。

《土地管理法》于1986年6月25日经第六届全国人民代表大会常务委员会第十六次会议审议通过,于1987年1月1日实施。又于1988年、1998年、2004年、2019年经过四次修正。《土地管理法》对国家运用法律和行政的手段对土地财产制度和土地资源的合理利用所进行的管理活动进行了规范。其立法目的是加强土地管理,维护土地的社会主义公有制,保护、开发土地资源,合理利用土地,切实保护耕地,促进社会经济的可持续发展。

《城乡规划法》于2007年10月28日第十届全国人民代表大会常务委员会第三十次会议通过,自2008年1月1日起施行,共计七章七十条。于2015年、2019年经过两次修正。其立法目的是加强城乡规划管理,协调城乡空间布局,改善人居环境,集约高效合理利用城乡土地,促进城乡经济社会全面科学协调可持续发展。

《农业技术推广法》于1993年7月2日第八届全国人大常委会第二次会议通过,并于2012年修正。该法分总则、农业技术推广体系、农业技术的推广与应用、农业技术推广的保障措施、法律责任、附则共6章39条。其立法目的是加强农业技术推广工作,促使农业科研成果和实用技术尽快应用于农业生产,增强科技支撑保障能力,促进农业和农村经济可持续发展,实现农业现代化。

《乡村振兴促进法》由第十三届全国人民代表大会常务委员会第二十八次会议于2021年4月29日通过,自2021年6月1日起施行。其立法目的是全面实施乡村振兴战略,促进农业全面升级、农村全面进步、农民全面发展,加快农业农村现代化,全面建设社会主义现代化国家。

 材料阅读:

让法治精神在乡村扎根

派发普法传单,推出普法宣传三句半,现场解答群众疑惑……在吉林省的一些村镇集市,人民法院干警为群众现场普法。法律进村屯、培育懂法人,法治乡村建设在广袤的黑土地上有序推进。

加强法治乡村建设是实施乡村振兴战略、推进全面依法治国的基础性工作。2020年,中央全面依法治国委员会印发的《关于加强法治乡村建设的意见》提出,要走出一条符合中国国情、体现新时代特征的中国特色社会主义法治乡村之路。2021年以来,吉林省四平市梨树县推动法官、乡镇政法委员、村干部共建司法服务网格,为村民提供家门口的法律服务。目前,这一服务网格已覆盖304个行政村、2 810个村民小组。实践证明,打通法治乡村建设"最后一公里",需要主动作为、多方协作,推动公共法律服务力量下沉一线、下沉乡村。

让法治的种子在乡村扎根,要做好普法工作。在乡村振兴路上,农村发展、农民增收会面临一些新情况,需要进一步做好法律普及工作。为此,梨树县建立"法官说事点",法官每月进村,春天说承包土地,秋天讲粮食买卖,主题应时应景。一位村民感慨:"法官不念法条,举村头例子、给实在建议,咱愿意听,也听得进。"立足实际、着眼需求,以通俗易懂、喜闻乐见的方式推动法律进村入户,让普法工作更具针对性、实效性,拉近了法律与群众的距离。

建设法治乡村,需要改进工作方法。一位法官说:"村民之间的纠纷,有时就是为了争口气。"如何既解开矛盾又让村民服气,考验着工作方法。在梨树县,有村民因土地纠纷来找法院解决。一位法官来到地头,请双方测量面积后,讲了法律规定,当场进行调解:"到秋天,这块地长多少粮食,让他折成钱给你,行不?"后来,双方握手言和,其中一方还主动提出让步。深入一线,了解实情,现场办公,不仅有助于化解矛盾,还能推进普法教育。建设法治乡村,需要更多俯下身子察民情的法律工作者,也需要及时总结经验、形成机制,带动更多基层法律服务机构参与到为民办实事中来。

建设法治乡村,还需要凝聚众力。群众学法知法是第一步,让更多人懂法用法、形成人人尊法崇法的氛围,更为关键。在吉林省,东辽县安恕镇定期选派一批有法律基础、群众基础的村民参加法律培训,让村民为村民调解纠纷;通榆县集中培训各村的种养大户,鼓励他们开办法律"炕头讲堂"。人民群众是法治乡村建设的主体,法治乡村建设也要紧紧依靠群众。当村里的"法律明白人"越来越多时,依法办事就会成为人们的习惯和自觉,乡村依法治理就能迈上新的台阶。

在吉林省不少村屯,一面面法治文化墙引人关注。以漫画故事、图解知识等形式呈现与群众密切相关的法律内容,既美化了村屯环境,又厚植了法治文化。进一步做好普法教育、提高涉农执法水平、完善涉农公共法律服务,不弃微末、久久为功,推动乡村法律服务提质增效,一定能进一步增强人民群众的获得感、幸福感、安全感。

资料来源:刘以晴,《人民日报》,2022年5月23日第5版。

五、农业法律关系

农业法律关系是指农业法律关系主体,根据农业法律规定,在参加农业生产经营和农村社会活动中形成的权利和义务关系,是由农业法律规范调整而形成的社会关系①。

农业法律关系的主体、客体和内容是农业法律关系的三个要素,缺少其中任何一个都不能成立农业法律关系。

农业法律关系主体是指参加农业法律关系,拥有农业经济职权或权利,承担农业及农村职责或义务的当事人。农业法律关系的主体一般包括国家机关、农村社会组织和自然人等。在农业经济法律关系中,双方当事人在很多情况下,既承担农业经济职权或权利,又承担农业经济职责或义务。例如,农民是农村土地的经营人,同时又承担着保护耕地的义务。

农业法律关系的内容是指农业法律规范所确认的农业法律关系主体的农业职权和农业职责、农业权利和农业义务。其中,农业职权与农业职责,农业权利与农业义务形成对应关系。在农业公法关系中,其法律关系的内容就是农业职权与农业职责。农业职权主要包括农业立法权、农业行政管理权、农业司法权和监督权等。农业职责是指国家机关依照法律的规定必须为或不为一定行为的责任。在农业私法关系中,其法律关系的内容就是农业权利与农业义务。农业权利是指农业及农村生产经营法律关系主体依法享有并受法律保护的利益范围或者可以为或不为一定行为以实现某种利益的可能性,主要包括农业资源所有权、农业生产经营权以及相关的请求权。农业义务是指基于法律的直接规定或合同的约定,为满足权利人的利益需要,在权利限定的范围内必须为一定行为或不为一定行为的约束。

农业法律关系的客体是指农业法律关系主体的农业职权和农业职责,或者农业权利和农业义务直接指向的对象。主要包括:可以为主体所实际控制和利用的农业自然资源及有形物品,如土地及不动产、农业生产资料和农业劳动成果等;农业智力成果、科技成果和农业信息;农业行政行为和农业民事行为。

---

① 李昌麒,吴越.农业法教程[M].北京:法律出版社,2006:17—18.

材料阅读：

农业农村部关于全面推进农业农村法治建设的意见(节选)

为深入贯彻习近平法治思想，落实党中央、国务院决策部署，坚持依法治农、依法护农、依法兴农，走中国特色社会主义乡村振兴道路，充分发挥法治在我国农业农村现代化进程中固根本、稳预期、利长远的重要作用，全面推进农业农村法治建设，提出如下意见。

一、总体要求

（一）指导思想

坚持以习近平新时代中国特色社会主义思想为指导，全面贯彻党的十九大和十九届二中、三中、四中、五中全会精神，全面贯彻习近平法治思想，增强"四个意识"、坚定"四个自信"、做到"两个维护"，按照中央全面依法治国工作会议部署和法治中国建设规划、法治政府建设实施纲要、法治社会建设实施纲要的要求，立足新发展阶段，贯彻新发展理念，构建新发展格局，围绕"保供固安全，振兴畅循环"，全面推进农业农村法治建设，有效发挥法治对农业高质量发展的支撑作用、对农村改革的引领作用、对乡村治理的保障作用、对政府职能转变的促进作用，为全面推进乡村振兴、加快农业农村现代化提供有力法治保障。

（二）主要原则

——坚持党的领导。牢牢把握党的领导是社会主义法治最根本的保证，把党的理论和路线方针政策贯穿到农业农村法治建设各方面全过程，确保农业农村法治正确方向。

——坚持以人民为中心。顺应人民群众新需求新期待，以法治反映人民愿望、维护人民权益、增进人民福祉，涉及农民基本权益、牵一发而动全身的事情要保持历史耐心，把握好时度效，不断增强人民群众获得感、幸福感、安全感。

——坚持新发展理念。立足新阶段新格局，在农业农村法治

第一章 农村政策与法规概述

建设中完整、准确、全面贯彻创新、协调、绿色、开放、共享的新发展理念,促进农业农村高质量发展,提升质量效益和竞争力。

——坚持问题导向。以解决农业农村法治领域突出问题为着力点,聚焦中央关注、农业农村改革发展急需、农民群众期盼的重点事项和法治建设薄弱环节,注重补短板、强弱项,增强农业农村法治建设的针对性、实效性。

——坚持统筹推进。适应农业农村部门职能拓展和全面推进乡村振兴新要求,树牢系统观念,统筹推进农业农村各领域各层级法治建设,强化横向协作、上下协同,形成推动农业农村法治建设的强大合力。

(三)总体目标

到2025年,农业农村法律规范体系更加完备,农业行政执法体系更加完善、执法能力显著增强。职责明确、依法行政的农业农村行政管理体系日益健全,农业农村工作全面纳入法治轨道。各级农业农村部门依法行政能力大幅提升,行政权力运行更加透明规范,农业农村系统干部运用法治思维和法治方式深化改革、推动发展、化解矛盾、维护稳定、应对风险能力显著增强。乡村依法治理水平明显提升,市场化法治化营商环境更加优化,企业群众合法权益得到切实保护,基层农村干部和农民群众法治观念明显增强。

二、主要任务

(四)强化乡村振兴法治保障

围绕乡村振兴重点领域和主要任务,依法巩固拓展脱贫攻坚成果,促进乡村产业、人才、文化、生态和组织全面振兴,推动工农互促、城乡互补、协调发展、共同繁荣的新型工农城乡关系加快形成。充分发挥法治对农业农村高质量发展的引领和推动作用,依法强化农业支持保护,保障乡村建设有序开展,持续增加农民收入,促进农业高质高效、乡村宜居宜业、农民富裕富足。

(五)完善农业农村优先发展制度支撑

把农业农村优先发展要求法律化制度化,依法推动干部配备优先考虑、要素配置优先满足、资金投入优先保障、公共服务优先安排。围绕加快农业农村现代化,将行之有效的强农惠农政策措施制度化法定化,营造公平、透明、可预期的农业农村法治环境。加强立法与改革衔接,及时将农业农村重大改革决策、改革成果上升为法律制度,在法治轨道上推动改革不断深化。

(六)着力提高依法行政水平

坚持法定职责必须为、法无授权不可为,全面履行法定职责,把法治作为农业农村部门行政决策、行政管理、行政监督的重要标尺,厘清政府和市场、政府和社会的关系,用法律和制度遏制不当干预经济活动的行为。以提升法治素质为核心,进一步增强农业农村系统领导干部和工作人员尊法学法守法用法意识,提升运用法治思维和法治方式推动工作的能力水平。

(七)深入推进乡村依法治理

坚持以法治保障乡村治理,充分发挥法律法规、村规民约和农村集体经济组织、农民专业合作社章程等的规范指导作用,让依法决策、依法治理成为乡村干部的习惯和自觉。深入开展农业农村法治宣传教育,推动法律知识进村入户,培育办事依法、遇事找法、解决问题用法、化解矛盾靠法的乡村法治环境,积极引导农民群众依法维权和化解矛盾纠纷,维护农村和谐稳定。

第三节 农村政策与农业法规的关系

农村政策与农业法规之间既有联系也有区别,两者相辅相成,互为补充。农村政策侧重于制度创新突破,重在解决当前的突出矛盾和问题;而农业法规则侧重于长期制度建设,重在将行之有效的政策措施规范化、长效化、制度化。正确认识和理解两者之间的辩证关系,对在实际工作中正确贯彻执行农业政策和农业法规,保证农业经济和社会的科学发展,具有十分重要的理论意义和实践价值。要妥善处理好两者的关系,既不能将两者对立,也不能将两者混同;既要强化农业政策,推动改革创新,充分发挥政策的放大效应,也要加强农业法治建设,规范行政行为,确保农民的合法利益,使农村政策和农业法规的合力充分显现出来。

一、农村政策与农业法规之间的联系

在农业领域,政策和法律的联系非常密切。要正确认识农业法规的主要制度,就必须理解相关的政策。同时,由于农业立法的滞后性,农业政策在农业生产和农村经济活动中仍然发挥着重要作用。农业政策与农业法规之间的联系主要表现在以下几个方面。

(一) 两者具有本质上的一致性

农村政策与农业法规都是社会主义上层建筑的重要组成部分,都建立在社会主义经济基础之上,并为社会主义经济基础服务,都反映了全国人民的共同意志和利益。两者都是以马列主义、毛泽东思想、邓小平理论、"三个代表"重要思想、科学发展观和习近平新时代中国特色社会主义思想为指导,以我国社会主义初级阶段农业发展的基本国情和客观实际为依据。两者的根本任务也是相同的,都是为了保障农业在国民经济中的基础地位,发展农村社会主义市场经济,维护农业生产经营组织和农业劳动者的合法权益,促进农村的持续、稳定、健康、协调发展。

(二) 农村政策是制定农业法规的依据,农业法规是农业政策的体现和保障

农业法规是在总结农村政策实践经验的基础上制定的。只有深刻领会和掌握党的农业政策,才能正确理解农业法规的立法精神和立法目的。因此,制定农业法规必须以农业政策为依据。当然,并非所有的政策都能成为法律,只有成熟的、稳定的、行之有效的农业政策才能上升为法律。而农业法规又是农村政策的体现,是对农业政策导向和机制的确认、肯定和保障。农村政策只能在法律框架范围内,在不违背法治精神的前提下执行和实施。如果发现法律规定不符合实际情况,仍应遵守现行法律法规,但可尽快通过各种途径反映到立法机关,通过立法机关启动修法程序。

（三）农业法规是农村政策的具体化、条文化和定型化

法律是以行为规范的方式约束人们的行为，而政策是以原则的要求引领人们的行为。农业发展过程中出现的很多问题，需要人们在实践中不断探索和积累经验。对这些问题，党和政府可以先通过制定政策来加以规范或寻求解决。对那些经过实践检验证明是正确的、行之有效的政策，国家立法机关可以通过法定的程序将其上升为法律，这样就可以将党的农业政策法制化，使农村政策具有更高的权威性和更好的执行力。可见，农业法规对农村政策的实施有积极的促进和保障作用，是对农村政策的具体化、条文化和定型化。

二、农村政策与农业法规的区别

农村政策与农业法规虽然有很多共性，但它们毕竟属于不同的社会规范，因此，还存在一些区别。

（一）制定主体和适用范围不同

农村政策虽然在根本上也代表了工人阶级和广大人民的意志和利益，但它并不具有国家意志的属性。由于农村政策是由党和政府的相关部门制定的，不同地区、不同层级的部门和机构都可以制定各自的政策，政策的内容、执行的过程等就不可避免地会出现交叉、重复、矛盾和冲突，而且这些政策只能在各自的地区、部门生效。农业法规则是由国家立法机关制定的，具有国家意志的属性，具有高度的权威性、普遍性和统一性，一国范围内的任何组织和个人都必须严格遵守，否则就要承担相应的法律责任。

（二）表现形式和规范性不同

农村政策的表现形式多种多样，主要有决定、指示、决议、通知、纲要、意见等。农村政策规定的原则性、时效性较强，弹性较大。各地在执行党的政策时，可以因地制宜，因时制宜，灵活贯彻实施。而农业法规则表现为比较定型、可以反复适用的行为规范，主要有法律、法规、规章等。农业法规具有较严谨的逻辑结构和明确的规范性。法律规范明确规定了人们可以做什么、必须做什么和不能做什么，以及违反了法律应当承担怎样的法律责任。

（三）调整范围和稳定性不同

农村政策的调整范围比农业法规更加广泛。农业法规所调整的社会关系，都在农村政策所调整的范围之内。没有一部农业法规不体现农村政策，但却有不少农业政策的内容还没有上升为农业法规。一般来说，违反了农业法规，必然也违反了农业政策；而违反了农村政策，则不一定违反农业法规。

农村政策是党和政府根据某一时期农业发展的实际和需要制定的，不可避免地具有一定的灵活性，而欠缺稳定性。在实施和执行的时候，农村政策可以根据情况与时俱进地进行必要的调整和变通。农业法规是在总结农村政策长期实践经验的基础上制定的，是对经过实践检验的、稳定的、成熟的农业政策的肯定和升华。同时，农业法规的制定和修改也必须经过严格的法定程序，而且一旦制定和颁布，就应保持连续性和稳定性。

（四）实施方式和强制力不同

农业法规是依赖国家强制力来保证实施的。无论何人、何组织违反了农业法规，都应当按照法律规定给予民事、行政和刑事制裁。因而，法律具有高度的权威性和强制性。农村政策的权威性和强制性明显不如农业法规，主要体现为一种指导性作用。农村政策的实施主要通过宣传、号召、动员和说服教育等方式，如果违反了农业政策，一般只能给予批评教育、行政处罚或者行政处分。

第四节　农村政策与法规的历史发展

我国的农村政策与法规是党和政府指导、规范和激励农村经济和社会发展的主要手段和依据。中华人民共和国成立以来，党和政府针对不同时期的农村、农业和农民问题，分别制定了各项农业政策，并不断完善相关法律法规。不同时期、不同阶段制定的农业政策和法规的侧重点虽一脉相承却有明显区别，这与农业农村自身发展情况及国家整体发展规划密不可分。要想充分理解这些政策法规，就必须了解农业发展的历史进程,从而发现其深刻的时代背景和历史印迹①。

一、农村政策的历史发展

以改革开放作为时间节点,农村政策的历史发展可以分为前后两个时期。

中华人民共和国成立初期,千疮百孔,百废待兴,农业生产力落后,恢复农业生产和解决全国人民的温饱问题,自然成为农业政策的重要目标。此外,我国还面临实现工业化的重要历史任务。工业化需要大量的投入和积累。摆在我国面前的路只有一条:从国内的农业着手,以农业积累支持发展工业。所以,当时我国政府采取的农村政策重点在于如何从农业中获取最大的工业化资本。政府对农产品采取统购统销,采用政府定价的方式,垄断农产品的运销利润并利用超高的工业产品与农产品的价格剪刀差实现利润的最大化。政府还采用农业合作社及严格的户籍管理制度将农民组织起来,并固定在土地上,以保证粮食生产。这样的政策为我国工业化进程作出了巨大的贡献,农业哺育了工业。但也必须直面其产生的负面问题:如忽略了农业自身的投入与积累,制约了农业自身的发展,造成了农民贫困,农业发展潜力面临枯竭的危险。这种局面一直延续到改革开放。

1978年,安徽省凤阳县小岗村首创"大包干"体制,这种包产到户的新形式,掀开了中国农村改革的序幕,为我国的农业发展注入了新的活力,至1982年11月,全国实行家庭联产承包责任制的生产队比例达到92.3%,农业发展开启了崭新时期。

改革开放之后的农村政策大体上可以分为四个阶段。

第一阶段(1982—1989年),是农业恢复发展阶段。从面临枯竭中坚持过来的农业,在采用了家庭联产承包责任制后,农民的生产积极性得以充分调动,农业生产力迅速恢复。这一阶段国家的农业政策主要是调动农民的生产积极性,并通过提供"支农"政策来保证农业的发展,

---

① 宁宇龙.解读历年中央农村政策——访中国农业历史学会秘书长曹幸穗[N].中国档案报,2009-12-31(1).

如为农业发展提供大量的工业产品,包括农药、化肥、农具等。

第二阶段(1990—1999年),农业进入了快速发展阶段。国家放松了对两大农业生产要素的政策约束:其一是放松了农村劳动力的强制性约束,农民开始向城市流动;其二是放松农产品的统购统销约束,农产品开始进入市场,价格相应提高。这使农产品供给大幅增加,农民的生活水平明显改善。但是这一阶段也产生了新的问题。当农业生产和农民收入达到一个"平衡点"之后,就很难进一步提高。加之进城务工收入的提高,促使大量农民离乡进入非农产业,农业生产再次遭遇"发展瓶颈"。这一时期,国家的农业政策偏向于保证农产品供应,通过地方政府引导、增加农业补贴等来保持农产品的种植面积。

第三阶段(2000—2012年),是我国农村经济结构调整,"工业反哺农业"阶段。中国对"三农"政策目标进行了重大调整,不再要求农业向工业转移剩余,而是在坚持农业增产目标的同时,将农民增收列为"三农"政策的核心目标。世纪之交,中国农产品供求格局由长期短缺转变为基本平衡和丰年有余,客观上提出了将农业发展政策目标由解决总量短缺问题调整为解决农产品供求结构矛盾和质量问题的内在需求,以满足人民日益提高的生活水平和食品消费多样化的需要①。我国农业生产广泛应用现代技术手段,在国家农产品最低收购价格机制的保证下,确保了农民增产增收。但伴随经济快速发展所产生的新问题也层出不穷:一是城市化进程所需的农村劳动力进一步增加,农村中的高素质劳动力不足;二是城镇的发展也占用了大量的农业用地,土地资源流失严重,也不同程度地受到污染,农业发展受资源约束愈来愈明显。这在客观上提出了从粗放型发展向集约型发展和可持续发展转变的农业政策目标。为解决这些问题,国家采取了一系列强农惠农政策,如取消农业税,增加种粮补贴和农机补贴,加大农业投入和科技投入,加大农村基础设施建设等,加快推进社会主义新农村建设和城镇化建设,以稳定粮食生产,增加农民收入,改善农业环境。

---

① 郑有贵.新中国"三农"政策的四次重大选择[J].中国经济史研究,2009(3):41.

第四阶段(2012年至今),是农业农村发展取得历史性成就、发生历史性变革阶段。党的十八大以来,以习近平同志为核心的党中央坚持把解决好"三农"问题作为全党工作的重中之重,组织实施了人类历史上规模空前、力度最大、惠及人口最多的脱贫攻坚战,启动实施乡村振兴战略,推动农业农村取得历史性成就、发生历史性变革。农业综合生产能力稳步提升,脱贫攻坚取得全面胜利,乡村振兴全面推进,乡村面貌焕然一新。中国把深化改革作为全面推进乡村振兴的重要法宝,基本形成乡村振兴的制度框架和政策体系。一是各项重点改革任务稳步推进,以处理好农民和土地关系为主线,推进农村承包地"三权分置"、集体产权制度、宅基地制度等重大改革,探索形成了一批成熟定型、管根本、利长远的制度成果。二是城乡融合发展体制机制初步建立,城乡居民基本养老保险基本实现对农村适龄居民全覆盖,建立了统一的城乡居民基本医疗保险制度。三是党领导"三农"工作的体制机制更加完善,出台了《中国共产党农村工作条例》,全面实施《中华人民共和国乡村振兴促进法》,建立起中央统筹、省负总责、市县乡抓落实和五级书记抓乡村振兴的领导体制和工作机制。党组织领导下的自治、法治、德治相结合的乡村治理体系逐步健全,乡村治理效能不断提升①。

从农业政策的历史发展可以看出,自20世纪50年代初国家工业化战略实施之日起,解决"三农"问题就与国家工业化交织在一起,"三农"政策目标及其实现路径是在实施国家工业化战略的前提下进行选择的。随着工业化的演进,当代中国"三农"政策目标也由解决温饱问题向农村经济、社会、文化、政治、生态全面发展演进,其实现路径也因"三农"政策目标及内外部条件的变化而进行着适应性变迁②。目前,我国经济社会发展正处在转型期,农村改革发展面临的环境更加复杂、困难挑战增多。工业化、信息化、城镇化快速发展对同步推进农业现代化的要求更为紧迫,保障粮食等重要农产品供给与资源环境承载能力

---

① 参考:李晓晴.新时代乡村振兴战略全面推进[N].人民日报,2022年6月28日第2版,内容有改动。

② 郑有贵.新中国"三农"政策的四次重大选择[J].中国经济史研究,2009(3):42.

的矛盾日益尖锐,经济社会结构深刻变化对创新农村社会治理提出了亟待破解的课题。农业农村工作必须按照稳定政策、改革创新、持续发展的总要求,力争在体制机制创新上取得新突破,在现代农业发展上取得新成就,在社会主义新农村建设、城镇化建设和乡村振兴方面取得新进展,为保持经济社会持续健康发展提供有力支撑。

材料阅读：

党的十八大以来,农业农村发展取得历史性成就

6月27日,中共中央宣传部举行"中国这十年"系列主题新闻发布会,邀请农业农村部副部长邓小刚等介绍新时代的乡村振兴有关情况。邓小刚表示,这十年,我们打赢脱贫攻坚战,历史性地解决了绝对贫困问题,实施乡村振兴战略,推动农业农村发展取得历史性成就、发生历史性变革。

粮食产量十年再上一个千亿斤新台阶

邓小刚表示,党的十八大以来,我国粮食和重要农产品供给稳定,保障国家粮食安全的基础愈加夯实。粮食产能稳定提升,产量连续7年稳定在1.3万亿斤以上,十年再上一个千亿斤新台阶,2021年产量创历史新高,达到13 657亿斤,人均粮食占有量达到483公斤,高于国际公认的400公斤粮食安全线,做到了谷物基本自给、口粮绝对安全。品质持续优化升级,农产品质量安全例行监测合格率稳定在97%以上,越来越多绿色优质农产品摆上百姓餐桌。

十年来,各地各部门坚持把保障粮食等重要农产品有效供给作为"三农"工作的首要任务,强化政策扶持,加大工作力度,不断巩固提升粮食产能,牢牢端稳中国人的饭碗。

大力实施"两藏"战略,藏粮于地、藏粮于技,紧紧抓住耕地和种子两个要害,夯实粮食生产物质基础。一是以高标准农田为重点的农业基础设施条件明显改善,守住18亿亩耕地红线。二是以品种选育为重点的农业科技创新能力明显增强。

着力调动农民和政府"两个积极性"。一方面,强化农民种粮收益保障,稳步提高稻谷小麦最低收购价水平,完善稻谷补贴、玉米大豆生产者补贴等政策,推动三大主粮完全成本保险和种植收入保险实现主产省产粮大县全覆盖。另一方面,落实粮食安全党政同责,制定粮食安全党政同责规定配套考核办法,压实地方党委政府粮食安全政治责任。

加力推进粮食生产"两化"。通过服务社会化和生产机械化,提高粮食经营效率,降低粮食生产成本。

脱贫攻坚战取得全面胜利,乡村振兴开局良好

邓小刚介绍:"现行标准下9 899万农村贫困人口全部脱贫,832个贫困县全部摘帽,12.8万个贫困村全部出列,区域性整体贫困得到解决,走出了一条中国特色减贫道路。"一是脱贫人口生活水平显著提高,全部实现不愁吃、不愁穿,全面实现义务教育、基本医疗、住房安全和饮水安全有保障。二是脱贫地区发展能力明显增强,每个脱贫县都打造了2—3个特色鲜明、带动面广的主导产业,行路难、用电难、通信难等问题得到历史性解决。三是脱贫攻坚成果持续巩固,33项过渡期衔接政策出台实施,防止返贫动态监测帮扶机制全面建立,确定160个国家乡村振兴重点帮扶县并继续倾斜支持,守住了不发生规模性返贫的底线。

乡村振兴开局良好,农村面貌焕发新气象。据介绍,乡村产业蓬勃发展,农产品加工流通业加快转型升级,休闲旅游、电商直播等新业态不断涌现。人居环境明显改善,农村卫生厕所普及率超过70%,生活垃圾和污水治理水平明显提升,基本实现干净整洁有序。公共设施提档升级,农村供水供电、交通道路、宽带网络和学校医院等设施加快建设。善治乡村加快建设,党组织领导下的自治、法治、德治相结合的乡村治理体系逐步健全,乡村治理效能不断提升。

农业绿色发展取得积极成效。农业农村部总农艺师曾衍德介绍,农业资源得到有效保护,农业面源污染得到有效遏制,农业生态系统得到有效修复,绿色低碳产业链条加快构建。

农村改革全面深化,乡村发展释放新动能

"把深化改革作为全面推进乡村振兴的重要法宝,基本形成乡村振兴的制度框架和政策体系。"邓小刚介绍,"2021年农村居民人均可支配收入18 931元、较2012年翻了一番多,农民生产生活水平上了一个大台阶。"邓小刚表示,改革是乡村振兴的重要法宝,党的十八大以来,"三农"重要领域和关键环节取得了突破性进展。

农村土地制度改革扎实推进。承包地"三权分置",实行所有权、承包权和经营权分置并行,这是继家庭联产承包责任制后农村改革的又一重大制度创新。基本完成承包地确权登记颁证工作,两亿多农户领到了证书。

农村集体产权制度改革阶段性任务基本完成。农村集体资产清产核资全面完成,集体经济组织成员身份全面确认,经营性资产股份合作制改革稳步推进。集体产权归属更明了、农民财产权利更多了。

新型农业经营体系加快构建。加快培育新型农业经营主体,实施家庭农场培育计划和农民合作社规范提升行动,组织开展农业社会化服务创新试点,促进小农户和现代农业发展有机衔接的政策体系初步建立。家庭农场达到390万家,农民合作社超过220万家。

强农惠农富农政策制度进一步健全。农产品价格形成机制和市场调控制度进一步完善,适时调整稻谷和小麦最低收购价政策,改革和完善玉米临时收储制度和大豆目标价格政策,建立"市场化收购+生产者补贴"新机制,实施农业"三项补贴"改革,以绿色生态为导向的农业补贴政策体系基本建立。

资料来源:李晓晴,新时代乡村振兴战略全面推进,《人民日报》,2022年6月28日第2版。

二、农业法规的历史发展

农业法规的历史发展与农业政策大体一致,也可以改革开放为时间节点进行划分。

中华人民共和国成立以后直到改革开放前,由于历史原因,法律意识比较淡薄,法治建设比较落后。1950年公布实施的《土地改革法》是中华人民共和国成立后的第一部农业法规。该法废除了地主阶级封建剥削的土地所有制,实行农民的土地所有制,从而解放了农村生产力,促进了农业生产,为新中国的工业化开辟了道路,为国家的现代化建设奠定了基础。

1978年12月召开的中共十一届三中全会在确立改革开放政策的同时,认真总结和汲取以往党和国家政治生活中的经验教训,明确要发展社会主义民主和加强社会主义法制。农业法律法规的制定也提上了议事日程。在之后的30多年间,国家相继制定和颁布了一系列法律法规。例如:1986年颁布的《中华人民共和国渔业法》和《中华人民共和国土地管理法》;1991年颁布的《中华人民共和国土地管理法实施条例》和《中华人民共和国水土保持法》;1993年颁布的《中华人民共和国农业法》和《中华人民共和国农业技术推广法》;1996年颁布的《中华人民共和国乡镇企业法》;2002年颁布的《中华人民共和国土地承包法》;2006年颁布的《中华人民共和国农民专业合作社法》和《中华人民共和国农产品质量安全法》。到2010年,农业农村领域已基本实现有法可依,以《中华人民共和国农业法》为核心,内容关涉农业、农村、农民各个重要方面,结构合理、内涵丰富、理念先进,顺应形势发展与时代需求的中国特色社会主义农业法律体系已经基本形成,为中国农业发展提供了强大的法律支撑,有效地促进了农业的健康稳定发展。但是随着农业生产实践的不断发展和农村改革的不断深入,一些新情况和新问题不断出现,加之法律本身所固有的滞后性,一些农业法规还须与时俱进地加以修改和完善,以更好地服务于农业改革和发展。

2014年10月,中共十八届四中全会通过了《中共中央关于全面推进依法治国若干重大问题的决定》,这对农业农村法治建设提出了新的要求。农业农村法治建设是社会主义法治建设的重要组成部分,农业依法行政是建设法治政府的重要内容,我们要自觉地将农业农村法治建设放到全面推进依法治国的整体布局中来谋划、来推进,全面推进农业农村法治建设。一是完善农业立法。要抓紧制定实施立法修法规划,着力提高立法质量,着力推动完善农业投入、农业环境保护、农民权益保障等方面的法律法规。二是强化农业执法。要进一步整合完善执法体系,加快构建权责统一、权威高效的农业行政执法体制。加大执法投入和保障,强化执法协作和信息共享,依法重点查处假冒伪劣和破坏农业资源环境的行为。三是加强农村普法宣传教育。要加大对农村基层干部和农民群众的普法宣传力度,引导和支持农民群众采取法律手段、利用合法途径表达诉求,依法维护自身权益。四是提高农业系统依法行政水平。要深入开展法治培训,健全领导干部学法用法制度,行政行为要于法有据、程序正当。要进一步加大简政放权力度,深化行政审批制度改革,强化审批事项下放后的衔接落实,深入推进政务公开①。

 材料阅读:

什么是"中央一号文件"?

"中央一号文件"原指中共中央每年下发的第一份文件,该文件在国家全年工作中具有纲领性和指导性的地位。"一号文件"中提到的问题是中央全年需要重点解决,也是当前国家急需解决的问题,更从一个侧面反映了解决这些问题的难度。"三农"问题在中国的改革开放初期曾是"重中之重",中共中央在1982—1986年连续五年发布以农业、农村和农民为主题的"中央一号文件",对农村改革和农业发展作出具体部署。这五个"一号文件",在中国农村改革史上成为专有名词——"五个一号文件"。2004年1月,针对全国农民人均纯收入连续增长缓慢的情况,中央下发《中共中央国务院关于促进农民增加收入若干政策的意见》,成为改革开放以来中央的第六个"一号文件"。"中央一号文件"再次回归农业。2004年至今,中央每年发布以"三农"(农业、农村、农民)为主题的中央一号文件,强调了"三农"问题在中国社会主义现代化时期"重

---

① 韩长赋.深入学习贯彻党的十八届四中全会精神　全面推进农业农村法治建设[N].农民日报,2014-10-25(1).

中之重"的地位。现在,"中央一号文件"已经成为中共中央重视农村问题的专有名词,也是最权威最重要的农村政策。

一、选择题

1. 政策具有以下哪些特点(　　)?
   A. 政治性　　B. 针对性　　C. 系统性　　D. 权威性

2. (　　)是指为了实现与农业生产经营及农村发展相关的政治、经济和社会目标,由执政党或政府依特定的程序制定并发布的,包含政策目标和政策措施的规范性文件。
   A. 农业法规　　B. 农村政策　　C. 农业习惯　　D. 农业规划

3. 在整个农业法规体系中处于主导地位的是(　　)。
   A. 土地承包法　　　　　B. 土地管理法
   C. 农业法　　　　　　　D. 土地改革法

二、思考题

1. 法律的基本特征是什么?
2. 农业法律关系由哪几个要素构成?
3. 农村政策与农业法规有什么区别?

第二章 农村政治与经济体制

 **本章要点**

本章重点介绍了农村基层民主政治制度和农村基本经济制度的概念、特征,以及两者之间的联系与区别。学习者还需了解农村基层民主政治制度的内容、产生背景、意义及发展现状;同时,需要了解农村现阶段各种基本经济制度产生的历史必然性和未来发展趋势,重点掌握农村的生产资料所有制结构和联产承包责任制。

第一节 农村基层民主政治制度

一、农村基层民主政治制度的主要内容

农村基层民主政治制度就是广大农民群众在党的领导下,在村民委员会的组织下,依据国家法律和政策对村级事务实行民主选举、民主决策、民主管理和民主监督的制度。

农村基层民主政治制度主要包括党的农村基层组织建设和村民委员会组织建设两个方面,同时还需建立健全科学规范的村务运作体系。

(一) 党的农村基层组织建设

1. 党的农村基层组织的设置

乡镇党的基层委员会(简称乡镇党委)和村党组织是党在农村的基

层组织,是党在农村全部工作和战斗力的基础,全面领导乡镇、村的各类组织和各项工作。必须坚持党的农村基层组织领导地位不动摇。

乡镇应当设立党的基层委员会。乡镇党委每届任期5年,由党员大会或者党员代表大会选举产生。以村为基本单元设置党组织。有正式党员3人以上的村,应当成立党支部;不足3人的,可以与邻近村联合成立党支部。党员人数超过50人的村,或者党员人数虽不足50人、确因工作需要的村,可以成立党的总支部。党员人数100人以上的村,根据工作需要,经县级地方党委批准,可以成立党的基层委员会,下设若干党支部;村党的委员会受乡镇党委领导。村党的委员会、总支部委员会、支部委员会每届任期5年,由党员大会选举产生。党员人数500人以上的村党的委员会,经乡镇党委批准,可以由党员代表大会选举产生。党员人数较多的村党支部,可以划分若干党小组。党小组在支部委员会的领导下开展工作,组织党员学习和参加组织生活,检查党员履行义务、行使权利和执行支部委员会、党员大会决议的情况,反映党员、群众的意见。

2. 乡镇党委的主要职责

乡镇党委的主要职责如下。

第一,宣传和贯彻执行党的路线方针政策和党中央、上级党组织及本乡镇党员代表大会(党员大会)的决议。

第二,讨论和决定本乡镇经济建设、政治建设、文化建设、社会建设、生态文明建设和党的建设以及乡村振兴中的重大问题。需由乡镇政权机关或者集体经济组织决定的重要事项,经乡镇党委研究讨论后,由乡镇政权机关或者集体经济组织依照法律和有关规定作出决定。

第三,领导乡镇政权机关、群团组织和其他各类组织,加强指导和规范,支持和保证这些机关和组织依照国家法律法规以及各自章程履行职责。

第四,加强乡镇党委自身建设和村党组织建设,以及其他隶属乡镇党委的党组织建设,抓好发展党员工作,加强党员队伍建设。维护和执行党的纪律,监督党员干部和其他任何工作人员严格遵守国家法律法规。

第五,按照干部管理权限,负责对干部的教育、培训、选拔、考核和监督工作。协助管理上级有关部门驻乡镇单位的干部。做好人才服务和引进工作。

第六,领导本乡镇的基层治理,加强社会主义民主法治建设和精神文明建设,加强社会治安综合治理,做好生态环保、美丽乡村建设、民生保障、脱贫致富、民族宗教等工作。

3. 村党组织的主要职责

村党组织的主要职责如下。

第一,宣传和贯彻执行党的路线方针政策和党中央、上级党组织及本村党员大会(党员代表大会)的决议。

第二,讨论和决定本村经济建设、政治建设、文化建设、社会建设、生态文明建设和党的建设以及乡村振兴中的重要问题,并及时向乡镇党委报告。需由村民委员会提请村民会议、村民代表会议决定的事情或者集体经济组织决定的重要事项,经村党组织研究讨论后,由村民会议、村民代表会议或者集体经济组织依照法律和有关规定作出决定。

第三,领导和推进村级民主选举、民主决策、民主管理、民主监督,推进农村基层协商,支持和保障村民依法开展自治活动。领导村民委员会以及村务监督委员会、村集体经济组织、群团组织和其他经济组织、社会组织,加强指导和规范,支持和保证这些组织依照国家法律法规以及各自章程履行职责。

第四,加强党组织自身建设,严格组织生活,对党员进行教育、管理、监督和服务。负责对要求入党的积极分子进行教育和培养,做好发展党员工作。维护和执行党的纪律。加强对村、组干部和经济组织、社会组织负责人的教育、管理和监督,培养村级后备力量。做好本村招才引智等工作。

第五,组织群众、宣传群众、凝聚群众、服务群众,经常了解群众的批评和意见,维护群众正当权利和利益,加强对群众的教育引导,做好群众思想政治工作。

第六,领导本村的社会治理,做好本村的社会主义精神文明建设、法治宣传教育、社会治安综合治理、生态环保、美丽村庄建设、民生保障、脱贫致富、民族宗教等工作。

4. 乡村治理制度

乡村治理是乡村振兴的基础和重要内容,乡村治理的核心是治理制度,治理制度的核心是党的领导。

图2-1　群众参与党群共建

(资料来源:河南日报,2019-06-04,王伟宾图。)

党的农村基层组织应当加强对各类组织的统一领导,打造充满活力、和谐有序的善治乡村,形成共建共治共享的乡村治理格局。要建立以基层党组织为领导、村民自治组织和村务监督组织为基础、集体经济组织和农民合作组织为纽带、其他经济社会组织为补充的村级组织体系。村党组织全面领导村民委员会及村务监督委员会、村集体经济组织、农民合作组织和其他经济社会组织。村民委员会要履行基层群众性自治组织功能,增强村民自我管理、自我教育、自我服务的能力。村务监督委员会要发挥在村务决策和公开、财产管理、工程项目建设、惠农政策措施落实等事项上的监督作用。集体经济组织要发挥在管理集体资产、合理开发集体资源、服务集体成员等方面的作用。农民合作组织和其他经济社会组织要依照国家法律和各自章程充分行使职权。村党组织书记应当通过法定程序担任村民委员会主任和村级集体经济组

第二章 农村政治与经济体制 39

织、合作经济组织的负责人,村"两委"班子成员应当交叉任职。村务监督委员会主任一般由党员担任,可以由非村民委员会成员的村党组织班子成员兼任。村民委员会成员、村民代表中党员应当占一定比例。村级重大事项决策实行"四议两公开",即村党组织提议、村"两委"会议商议、党员大会审议、村民会议或者村民代表会议决议,决议公开、实施结果公开。

党的农村基层组织应当健全党组织领导的自治、法治、德治相结合的乡村治理体系。要深化村民自治实践,制定完善村规民约,建立健全村务监督委员会,加强村级民主监督。要推广新时代"枫桥经验",推进乡村法治建设,提升乡村德治水平,建设平安乡村。要依法严厉打击农村黑恶势力、宗族恶势力、宗教极端势力、"村霸",严防其侵蚀基层干部和基层政权。

 材料阅读:

历久弥新的"四议两公开"

2018年11月26日,中共中央政治局召开会议,审议《中国共产党农村基层组织工作条例》。会议强调,凡是农村的重要事项和重大问题都要经党组织研究讨论,村级重大事项决策实行"四议两公开",加强村务监督。

"四议两公开",即村党组织提议、村"两委"会议商议、党员大会审议、村民会议或者村民代表会议决议,决议公开、实施结果公开。这个2004年发端于河南邓州的工作法,再次引发广泛关注。

邓州隶属河南南阳市。日前,记者到南阳市探访"四议两公开"工作法时发现:"四议两公开"工作法经过不断发展和创新,历久弥新,再次焕发出蓬勃生机和活力。

党支部靠前:重大村务,先由党支部提议

"谁要敢动我家祖宅,我就跟谁急!"河南邓州市张村镇朱营村朱某怒气冲冲地来到村委会。2007年中秋节,朱营村村委会主任朱志华过得挺糟心。"个个撂出来的话都噎人,让你躲都没地儿躲。"

弊端沉积,新农村规划已是箭在弦上。尽管如此,群众却对拆迁有不小的抵触。"不动老宅基,是为群众着想;动老宅基,也是为群众着想。"众口难调怎么办?"四议两公开"工作法让各方找到了"最大公约数"。

通过"四议",当年的一场场商议和审议,让"是不是要规划"变为"如何规划"。在政府、村庄、建筑团队多轮互动后,规划和建设方案展露雏形。村民对此报之以超乎想象的热情。20天内各家各户的旧宅基纷纷交还集体,7天内迁坟125座。

在过去,个别党支部和村委会"各吹各的号,各唱各的调"。如今,"四议两公开"工作法让党支部、村委会"两张皮"变成了"一盘棋"。"事情该咋干?支部来提议,群众说了算;群众说了算,啥事都好办。"朱志华颇有感触,在村务工作中,党支部靠前了,阻力就变小了;干部的权力变小了,但干事更容易了!

"党心连民心,上下一条心。"朱营村村民朱贵芳说,有事多商量、有事好商量,党员干部尊重和重视群众,事办起来就能很顺畅。

"有事多商量"看似简单,背后不仅有为民服务理念的转变,更有"有事会商量"为支撑。"四议两公开"工作法坚持党建引领,通过听民声、集民智、聚民力,赢得了群众的理解与支持,让基层群众自治充满活力。

"'四议两公开'工作法实现了标准化、规范化、制度化,能够快速提升党支部的组织力,显著增强党支部的引领力,充分激发人民群众的创造力。"南阳市委常委、组织部部长吕挺琳说。

党员挺在前:无职有责,做事更有底气

"这是俺家的事,你凭啥掺和?""就凭我是共产党员!"李东营脱口而出的这句话,让该村养殖大户一愣,随后停止了争吵。"收益是你的,污染大家担。你觉得合适吗?按规定,谁污染,谁埋单。再说,你和你家人也住在这儿,整天污水横流、臭气熏天,心里能舒坦吗?"李东营的一番话,让这个养殖大户连连点头说:"中!该买啥除污设备俺去买。"回忆这个场景,李东营说了几个"想不到"——想不到提起党员身份,村民这么买账;想不到自己愿意"管闲事";想不到自己这么有底气站出来。

75岁的李东营是社旗县赵河街道官寺村的一位无职党员。以前,村党支部召集党员开会,他总请假,"不就是去念念报、举举手吗,还不如忙自己的事呢"。

官寺村党支部书记刁自成介绍,过去"叫谁谁不应",开党员大会,80多个党员只到了不足1/4,会议表决都进行不了。如今,"喊一嗓子,全部到齐"。

改变,仍然从"四议两公开"开始。

"看到党员和党支部的作用这么大,我作为老党员,无形中增加了责任感。"李东营说。

2018年8月,官寺村在贫困户精准识别中采用"四议两公开"工作法,化解了"非贫困户争当贫困户"的难题。

"你家的情况属于'儿子住高楼、父母住地头',所以不符合贫困户认定标准。"李东营的发言,让李老汉头一低,半天无语。随后,党员群众各抒己见。最终达成共识,"李老汉不能被认定为贫困户"。

"四议两公开"工作法在南阳脱贫攻坚主战场中的运用,推进了精准识别、精准帮扶与精准退出。

在南阳,"四议两公开"工作法遍地开花:全市4 647个村、298个社区全部覆盖,农村实行"四议两公开"工作法,社区实行"一征三议两公开"工作法,实现了在党的领导下,还权于民,让监督看得见、权力管得住、群众做得了主。

"涉及人民群众利益的决策和工作,大量发生在基层。'四议两公开'工作法实现了党员群众'参与有渠道,管理有资格,表达有人听,监督有办法',更好地践行了'从群众中来、到群众中去'这一党的群众路线。"南阳市委常委、邓州市委书记吴刚说。

历久弥新:创新中闪耀时代光芒

"村里缺路灯,晚上不敢出门……"新野县沙堰镇车湾村党支部在收集群众意见时,听到村民这样抱怨。

百姓利益无小事。车湾村党支部立即向有关部门申请专项资金10万元。资金申请很顺利,没想到装路灯反倒成了一大难题。党员干部逐户到村民家征求意见时才明白:不是不想装,而是对路灯装在哪儿有意见。"路灯要装到你家门口,就照不到我家了。"

咋办?不能蛮干。"无非是大家的事,大家商量着来呗。群策群力,想办法找大家都能接受的共同方案。"

2018年6月1日,经车湾村村支部提议和村两委商议,按照"四议两公开"工作法程序对该事进行审议。

三天后,车湾村党员大会审议会议召开。"既然意见不统一,那算了,不装了。这么干倒是省事,可是,群众晚上出门不方便怎么办?"村支部书记徐同云引导党员换位思考,让大家从不同角度发表意见,并进一步完善提议方案。问题最终得到圆满解决。

"人人心中亮堂堂,件件办到心坎上。"村民纷纷竖起大拇指。群众有了话语权,看似很小的项目,却把实事办到了百姓的心坎上,激发了村民参与自治的热情。

车湾村的嬗变只是个缩影。淅川县九重镇唐王桥村在脱贫攻坚中,通过"四议两公开"工作法流转土地种植金银花,村民不但脱了贫,还为唐王桥村增加了数百万元的经济收入,每户年均增收1万元以上。

由于并非所有的提议和决议都能通过,对此,南阳市在村级建立了党员联系群众、村民代表联系户、决策事项评估等一套收集群众意见的制度,让重大决策"从群众中来,到群众中去",不断倒逼村"两委"提高科学决策、民主决策、依法决策的能力。

与此同时,南阳市对"四议两公开"工作法不断拓展深化创新:在村民小组中实施"一提二审三通过",乡村两级对"四议两公开"开展情况实行"双向述职、双向评议",量化内容、活化形式、细化程序、强化监督、硬化考核。

在南阳,"四议两公开"工作法已经成为基层工作的一项制度,常态运用、长效建设,运用的质量和范围也在不断提升和拓展,成为扩大民主、完善治理的新机制。

实践证明,只有坚持以党建引领为核心,以村民自治为基础,健全完善农村组织体系、治理体系,才能筑牢党的执政基石,打赢脱贫攻坚战,实现乡村振兴。

"'四议两公开'工作法实现了党的领导、发扬民主和依法办事的有机统一,是提升基层治理能力、决策能力、群众满意度,加强基层党组织建设、促进干部作风转变的工作法宝。"南阳市委书记张文深说。

资料来源:王胜昔、汪俊杰,《光明日报》,2019年1月23日第1版。

(二)村民委员会组织建设

1. 村民委员会的设立

村民委员会是村民自我管理、自我教育、自我服务的基层群众性自治组织,实行民主选举、民主决策、民主管理、民主监督。村民委员会办理本村的公共事务和公益事业,调解民间纠纷,协助维护社会治安,向人民政府反映村民的意见、要求和提出建议。村民委员会向村民会议、村民代表会议负责并报告工作。村民委员会根据村民居住状况、人口多少,按照便于群众自治、有利于经济发展和社会管理的原则设立。村民委员会的设立、撤销、范围调整,由乡、民族乡、镇的人民政府提出,经村民会议讨论同意,报县级人民政府批准。村民委员会可以根据村民居住状况、集体土地所有权关系等分设若干个村民小组。村民委员会由主任、副主任和委员共三至七人组成。村民委员会根据需要设人民调解、治安保卫、公共卫生与计划生育等委员会。

2. 村民委员会的选举

村民委员会主任、副主任和委员,由村民直接选举产生。任何组织或者个人不得指定、委派或者撤换村民委员会成员。村民委员会每届任期五年,届满应当及时举行换届选举。村民委员会成员可以连选连任。村民委员会的选举,由村民选举委员会主持。村民选举委员会由主任和委员组成,由村民会议、村民代表会议或者各村民小组会议推选产生。村民选举委员会成员被提名为村民委员会成员候选人,应当退出村民选举委员会。村民选举委员会成员退出村民选举委员会或者因其他原因出缺的,按照原推选结果依次递补,也可以另行推选。

选举村民委员会,由登记参加选举的村民直接提名候选人。村民提名候选人,应当从全体村民利益出发,推荐奉公守法、品行良好、公道正派、热心公益,具有一定文化水平和工作能力的村民为候选人。候选人的名额应当多于应选名额。村民选举委员会应当组织候选人与村民见面,由候选人介绍履行职责的设想,回答村民提出的问题。选举村民委员会,有登记参加选举的村民过半数投票,选举有效;候选人获得参加投票的村民过半数的选票,始得当选。

3. 村民会议和村民代表会议

村民会议由本村十八周岁以上的村民组成。村民会议由村民委员会召集。有十分之一以上的村民或者三分之一以上的村民代表提议,应当召集村民会议。召集村民会议,应当提前十天通知村民。

召开村民会议,应当有本村十八周岁以上村民的过半数,或者本村三分之二以上的户的代表参加,村民会议所作决定应当经到会人员的过半数通过。法律对召开村民会议及作出决定另有规定的,依照其规定。召开村民会议,根据需要可以邀请驻本村的企业、事业单位和群众组织派代表列席。

村民会议审议村民委员会的年度工作报告,评议村民委员会成员的工作;有权撤销或者变更村民委员会不适当的决定;有权撤销或者变更村民代表会议不适当的决定。村民会议可以授权村民代表会议审议村民委员会的年度工作报告,评议村民委员会成员的工作,撤销或者变更村民委员会不适当的决定。

人数较多或者居住分散的村,可以设立村民代表会议,讨论决定村民会议授权的事项。村民代表会议由村民委员会成员和村民代表组成,村民代表应当占村民代表会议组成人员的五分之四以上,妇女村民代表应当占村民代表会议组成人员的三分之一以上。村民代表由村民按每五户至十五户推选一人,或者由各村民小组推选若干人。村民代表的任期与村民委员会的任期相同。村民代表可以连选连任。村民代表应当向其推选户或者村民小组负责,接受村民监督。

村民代表会议由村民委员会召集。村民代表会议每季度召开一次。有五分之一以上的村民代表提议，应当召集村民代表会议。村民代表会议有三分之二以上的组成人员参加方可召开，所作决定应当经到会人员的过半数同意。村民会议可以制定和修改村民自治章程、村规民约，并报乡、民族乡、镇的人民政府备案。村民自治章程、村规民约以及村民会议或者村民代表会议的决定不得与宪法、法律、法规和国家的政策相抵触，不得有侵犯村民的人身权利、民主权利和合法财产权利的内容。

4. 民主管理和民主监督

村民委员会应当实行少数服从多数的民主决策机制和公开透明的工作原则，建立健全各种工作制度。村民委员会实行村务公开制度。村民委员会应当保证所公布事项的真实性，并接受村民的查询。进一步加强自治组织规范化建设，健全村级议事协商制度，形成民事民议、民事民办、民事民管的多层次基层协商格局。全面实施村级事务阳光工程。完善党务、村务、财务"三公开"制度，实现公开经常化、制度化和规范化。梳理村级事务公开清单，及时公开组织建设、公共服务、脱贫攻坚、工程项目等重大事项。

村应当建立村务监督委员会或者其他形式的村务监督机构，负责村民民主理财，监督村务公开等制度的落实，其成员由村民会议或者村民代表会议在村民中推选产生，其中应有具备财会、管理知识的人员。村民委员会成员及其近亲属不得担任村务监督机构成员。村务监督机构成员向村民会议和村民代表会议负责，可以列席村民委员会会议。

村民委员会成员以及由村民或者村集体承担误工补贴的聘用人员，应当接受村民会议或者村民代表会议对其履行职责情况的民主评议。民主评议每年至少进行一次，由村务监督机构主持。村民委员会成员连续两次被评议不称职的，其职务终止。

村民委员会或者村民委员会成员作出的决定侵害村民合法权益的，受侵害的村民可以申请人民法院予以撤销，责任人依法承担法律责任。村民委员会不依照法律、法规的规定履行法定义务的，由乡、民族乡、镇的人民政府责令改正。乡、民族乡、镇的人民政府干预依法属于村民自治范围事项的,由上级人民政府责令改正。

(三)以村级工作运行、各项制度运作规范和干部群众行为为基本内容,建立健全科学规范的村务运作体系

依据党的方针政策和国家相关法律制定《村民自治章程》,明确各类村级组织之间的关系和工作程序,实行严格的工作制度,使农村的各项活动都依法照章行事。通过制定《村干部施政守则》《村规民约》等制度规范,加强自我教育、自我管理、自我约束。要通过建立奖惩和监督制约机制,建立各项制度和运作规范,保证各项制度能够长期、正常运转。

二、农村基层民主政治建设的发展与探索

党的十一届三中全会后,农村经济上的改革使农村社会发生了历史性的深刻变化,推动了以民主选举和村民自治为核心的农村基层民主政治建设的大发展。这表现为两个方面。

(一)法律法规的制定与完善

通过经济体制改革,中国各地农村村民不仅成了生产经营的主体和相对独立的财产主体,而且广大村民的民主意识也不断增强,越来越愿意直接参与村里大事的决策和财务的管理。1982年《宪法》根据我国农村的这种变化情况,规定乡、镇政府为农村基层政权,取消了人民公社体制;明确了村民委员会作为农村基层群众自治组织的地位,村委会成员通过村民选举产生,负责管理本地的公共事务和公益事业,调解民间纠纷,维护社会治安等。这为广大村民行使自己的民主权利和进行新的实践与探索提供了法律依据。

在全国各地村民自治试验的基础上,1987年11月,第六届全国人大常委会第二十三次会议通过了《村民委员会组织法(试行)》。这部法律的实施使1982年的《宪法》中关于村民自治的规定具体化,使以村民委员会直接选举为标志的村民自治制度获得了实质性的进展。1998年10月14日,党的十五届三中全会通过的《中共中央关于农业和农村工作若干重大问题的决定》系统总结了我国农村改革20年的基本经验,要求加强农村基层民主政治建设,明确了扩大农村基层民主的核心

内容就是要全面推进村级民主选举、全面推进村级民主决策、全面推进村级民主管理、全面推进村级民主监督。1998年11月,第九届全国人大常委会第五次会议修订通过了《村民委员会组织法》(该法于2018年作了修改)。这部法律在立法上贯彻了我们党一贯坚持的发展社会主义民主政治的精神,是党对加强农村基层民主政治建设的方针、政策的法律化,充分反映了广大农民更好地行使当家做主权利的愿望,进一步推动了我国农村以村民自治为内容的社会主义民主政治建设的历程。

以村民自治为内容的农村基层民主政治建设,也推动了以加强和完善农村基层政权建设为内容的基层民主政治建设。农村基层政权的发展主要表现为农村乡镇人民政府和乡镇人民代表大会的发展,而这又主要体现在乡镇人民代表大会的选举,即乡镇人民代表大会主席、副主席、乡长、副乡长、镇长、副镇长的选举上。1979年7月,第五届全国人大第二次会议通过的《地方各级人民代表大会和地方各级人民政府组织法》是我国第二部地方组织法,它就人民公社、镇人民代表大会选举中,候选人的产生和选举范围作了如下规定:人民公社、镇人民代表大会选举人民公社主任、副主任、管理委员会委员,决定镇长、副镇长人选。镇长、副镇长、人民公社管理委员会组成人员的人选,由本级人民代表大会主席团或者代表联合提名。候选人名额一般应多于应选人名额。如果所提候选人名额过多,可以进行预选,根据多数人意见,确定正式候选人名单。

我国第二部地方组织法的制定处在改革开放之初和思想上的拨乱反正时期,所以带有明显的过渡性质。1982年12月10日,对第二部地方组织法进行了第一次修改,有关乡镇人民代表大会候选人的产生和选举范围修改为:涉及人民公社的,一律改称为乡、民族乡;将乡、民族乡、镇人民代表大会选举的范围限定为选举乡长、副乡长、镇长、副镇长,不再选举政府其他组成人员;选举可以采用候选人数多于应选人数的办法,也可以经过预选产生候选人名单,然后进行选举。

1982年对地方组织法所作的修改,是以新宪法为依据,在候选人的产生和选举范围等方面,形成了新时期我国农村基层政权建设的雏形。随着经济体制改革的深入开展和政治体制改革被提到议事日程,

1986年12月,地方组织法进行了第二次修改。此次修改的主要内容有:乡、民族乡、镇的人民代表大会举行会议的时候,选举主席团,由主席团主持会议,并负责召集下一次的本级人民代表大会;乡长、副乡长、镇长、副镇长的人选,由本级人民代表大会主席团或者十人以上代表联合提名;乡长、镇长的候选人数一般应多一人,进行差额选举;如果提名的候选人只有一人,也可以等额选举;副乡长、副镇长的候选人数应比应选人数多一至三人,进行差额选举;如果提名的候选人超过上述差额,由主席团将全部候选人名单提交代表酝酿、讨论,根据多数代表的意见确定正式候选人名单;补选乡长、副乡长、镇长、副镇长时,候选人数可以多于应选人数,也可以同应选人数相等;主席团或者1/5以上代表联名,可以提出对乡长、副乡长、镇长、副镇长的罢免案。

我国1986年地方组织法的修改,使候选人的产生、选举范围更加明确、具体,可操作性更强,从而把我国农村基层政权建设向前推进了一大步。但随着我国社会主义市场经济体制的确立和发展,地方组织法又表现出与经济发展要求的不相适应性。1995年2月,第八届全国人大常委会第十二次会议对地方组织法进行了第三次修正。第三次修正后的地方组织法,除了重申乡、民族乡、镇人民代表大会选举乡长、副乡长、镇长、副镇长外,增加了选举本级人民代表大会主席、副主席的内容;对候选人的提名作出更为严密的规定:乡、民族乡、镇的人民代表大会代表十人以上书面联名,可以提出本级人民代表大会主席、副主席和人民政府领导人员的候选人。不同选区或者选举单位选出的代表可以酝酿并联合提出候选人。主席团提名的候选人人数,每一名代表与其他代表联合提名的候选人人数,均不得超过应选名额。提名人应当如实介绍所提名的候选人的情况。在确定正式候选人的方式上,新修正的地方组织法恢复了预选的内容,并就乡、民族乡、镇的人民代表大会主席、副主席、人民政府正职、副职四种职务候选人的确定,作出了更为详细的规定。

为了加强和改进党的农村基层组织建设,加强和改善党对农村工作的领导,推动农村经济发展和社会进步,保证党在农村改革和发展目标的实现,1999年2月13日,中共中央发布了《中国共产党农村基层组织工作条例》(以下简称《条例》)。2018年,为了认真贯彻落实新时代党的建设总要求和新时代党的组织路线,坚持和加强党对农村工作的全面领导,深入实施乡村振兴战略,推动全面从严治党向基层延伸,提高党的农村基层组织建设质量,为新时代乡村全面振兴提供坚强政治和组织保证,根据《中国共产党章程》,对该《条例》进行了修订,增写了"乡村治理"以及"领导和保障"两章,对其他各章都作了修改,由8章34条增加到10章48条。《条例》主要内容可以概括为六个方面:一是强调了农村基层党组织的领导地位。二是规范了农村基层党组织设置。三是规定了乡镇党委和村党组织的主要职责。四是明确了农村基层党组织领导经济建设、精神文明建设、乡村治理的重点任务。五是提出了加强农村基层党组织领导班子和干部队伍建设,加强党员队伍建设的明确要求。六是强化了各级党委特别是县级党委要认真履行农村基层组织建设的主体责任。

2019年6月24日,中共中央政治局召开会议,审议《中国共产党农村工作条例》,并自2019年8月19日起施行。制定《中国共产党农村工作条例》(以下简称《条例》),是继承和发扬党管农村工作优良传统、加快推进农业农村现代化的重要举措,对于加强党对农村工作的全面领导,巩固党在农村的执政基础,确保新时代农村工作始终保持正确的政治方向具有十分重要的意义。专门制定关于农村工作的党内法规,在我们党的历史上还是首次。《条例》规定,党的农村工作必须遵循以下原则:(1)坚持党对农村工作的全面领导,确保党在农村工作中总揽全局、协调各方,保证农村改革发展沿着正确的方向前进;(2)坚持以人民为中心,尊重农民主体地位和首创精神,切实保障农民物质利益和民主权利,把农民拥护不拥护、支持不支持作为制定党的农村政策的依据;(3)坚持巩固和完善农村基本经营制度,夯实党的农村政策基石;(4)坚持走中国特色社会主义乡村振兴道路,推进乡村产业振兴、人才振兴、文化振兴、生态振兴、组织振兴;(5)坚持教育引导农民听党话、感党恩、跟党走,把农民群众紧紧团结在党的周围,筑牢党在农村的执政基础;(6)坚持一切从实际出发,分类指导、循序渐进,不搞强迫命令、不刮风、不一刀切。《条例》把党管农村工作的总体要求细化成具体的规定,实现了有章可循、有法可依,从制度机制上把加强党的领导落实到"三农"的各个方面、各个环节。

(二)实践活动的探索与发展

新修正的地方组织法的实行,推动了我国现行乡镇国家机关领导人员选举的改革探索。这种选举改革包括:选举前的人事考察程序,以民主评议与民主测评、民主推荐、组织考察与党委决定、酝酿协商为人事考察的主要步骤;设立大会主席团程序,通过选举办法程序;组织提名与代表提名候选人程序;确定与介绍候选人程序;投票选举程序等。由于各个地方政治、经济、文化发展程度的不同,使得一些地方在乡镇人大主席、副主席、乡长、副乡长、镇长、副镇长选举中,并不是完全固守这种已有的选举模式,而是结合本地的实际情况进行改革与探索,采取了一些新的做法。例如,山西省临猗县在村民自治组织村民委员会选举的基础上,探索出"两票选任制",即在乡镇人民代表大会选举人大主席和乡镇长、乡镇党员代表大会选举党委书记之前的人事考察中,将民主评议和民主测评的范围扩大到全体选民的一种新型选举制度。其实际内容就是村民投信任票推荐候选人,人大代表和党员投选举票选举人大主席、乡镇长和党委书记及党委成员。又如四川省遂宁市市中区改革探索出"公选制",这是公开推荐选拔乡镇长、乡镇党委书记的制度设计。其具体做法就是改变组织提拔干部为干部自荐,在干部候选人提名方式中引进竞争机制和自我选择机制;增加了考试程序,以"考"的办法来筛选预备候选人人选;建立了通过对考试选拔之后的候选人人选进行民意测评投票的预选程序,以确定候选人选;确定公选过程的透明度,一改过去选拔干部前人事考察的秘密状态或半秘密状态。我国各地在以农村基层政权建设为内容的社会主义民主政治建设改革探索过程中所出现的上述做法,不论它们叫什么名称,也不论它们采取何种外在形式,在实际内容上它们都包含如何产生候选人以及如何对候选人进行投票选举两个部分。因此,我们可以用宽泛意义上的"两票制"来概括上述各种形式。这种"两票制"形式的出现和推行,是新时期中国农村基层民主政治建设的新尝试。"两票制"真正体现和贯穿了民主选举的基本原则,对候选人的确定体现了由下而上的民主集中原则。

综上所述,我国基层民主建设取得了举世瞩目的成就,基层政权不断得到加强,村民自治也日益深入人心,但由于种种原因,也存在一些急需解决的问题,如少数农村基层党组织对党内民主缺乏正确的认识,法治意识、服务群众意识比较薄弱;部分村没有理顺"两委关系",削弱了农村基层组织的战斗力,影响了党的路线方针政策的贯彻落实;一些基层干部素质能力不高,改革创新意识不强,组织管理水平有限;缺乏监督制约机制,村务不公开、办事不透明情况仍有发生。

 材料阅读:

联系点建在一线 贴心人就在身边
——江西省人大常委会践行全过程人民民主助推乡村振兴

"民主不是装饰品,不是用来做摆设的,而是要用来解决人民需要解决的问题的。"习近平总书记在中央人大工作会议上强调,要加强和改进新时代人大工作,不断发展全过程人民民主。

2022年,江西省人大农业与农村委员会设立13个助推乡村振兴联系点、聘任100名助推乡村振兴农民贴心人,进一步拓宽民意表达渠道、健全民意表达平台和载体,践行全过程人民民主。

反映农民呼声谋发展

王美年是流坑村的一名脱贫户,去年,她有了一个新身份——牛田镇人大代表。由于起步晚,王美年种植的稻田没赶上此前的高标准农田建设,这成为她当选人大代表后最先关注的问题。王美年告诉记者,能够为村民做实事,她很自豪。高标准农田要把小田块变成大田块,原先每家每户的划分范围肯定有变化,王美年还要给村民解答政策上的疑惑,确保施工能够顺利进行。

"人大代表在农业生产一线,村民需要什么可以第一时间反映上去,需要村民做什么也有人在中间牵线搭桥,充分保障村民的民主权利。"牛田镇人大代表董朝真表示。流坑村一共有各级人大代表13人,在董朝真的带领下,流坑村创新实践了"党支部+人大代表"的工作方法,将人大代表履职尽责与村内日常事务充分结合起来。

流坑村是一座千年古村,目前正在申报国家5A级景区。过去,村里发展了不少桑蚕产业,董朝真思考的问题是如何让村里的产业能够更好地适应旅游业的需要,他们把目光瞄准了桑果。在董朝真等人大代表的推动下,村民周家茂的桑蚕面积从200亩扩大到了1 200亩,桑果还做成了旅游商品。2021年,流坑村集体经济收入13万元;今年还没过半,流坑村的集体经济收入就超过了29万元。

汲取民主智慧促新貌

"我们村有30个村小组,除了在村委会办公楼开设人大代表联络工作室,我们在流坑古村也设立了联络工作点,打通人大代表联系群众的'最后一米'。"董朝真说,联络点设在家门口,村民有什么事都可以随时说出来。

流坑古村里有一片湖名为"龙湖",当年建村时,为了解决生活污水的排放问题,古人开挖河道,将上游的江水引入村内,村民的日常用水都取自并排向"龙湖",经过自然沉淀和水草净化,再汇入下游江面,避免污染。"大家想一想,咱们村的先辈不也是让污水先流到'自家门口'吗?村庄环境关系到集体利益,咱们不能只顾眼前的'一亩三分地'。"这个道理很快被大家接受,在党员的带头和人大代表、村民的共同商议下,旅游公厕如期开工建设了。

流坑村的全过程人民民主还不止于此。4 000余名常住人口让古村不堪重负,为了缓解村内的环境压力,乐安县统一规划了3个新村建设点。规划新村时,村"两委"召开了多次村民代表大会,广泛征求意见。村民可以选择留在古村或搬到新村。搬到新村的村民,能够享受到农贸市场、卫生室、新建成的小学等配套设施,目前已经有619户共3 905人搬出;不想搬走的,则可以见证古村的变化。

"七横一纵"是流坑古村的街道布局,不过这7条横巷却没有一条是笔直的,这是古人在建村时为了让江风能够吹进各家门口而不是"穿巷而过"特别设计的。如今,巷子也有了新的民主形式。

"我们根据流坑古村以巷子为乡村单元的传统,把古村分为4大片区14个点,推行'巷长制',每条巷子民主推选出1名'巷长',向上传达村民诉求,向下宣传政策方针、调解矛盾纠纷。"牛田镇人大主席李发明介绍。

解决急难愁盼显成效

像流坑村这样将人大代表联络点建在一线、争做农民贴心人的做法,已经在江西全省铺开。

江西省人大农委从全省各设区市的行政村中选择设立助推乡村振兴联系点,在5年期限内,联系点将通过收集、反映本区域农民群众的意见建议,为省人大农委和人大代表开展助推乡村振兴活动提供参考,确保农民的声音充分体现在相关法律法规草案的立法调研、征求意见、论证听证以及相关执法检查等工作中。

作为13个联系点之一,宜春市樟树市吴城乡塘下村自2016年以来,结合樟树中药材产业发展优势,与本地龙头企业合作,采取"农户＋公司＋合作社"、分红比例5∶4∶1的"541模式",累计分红近30万元。"成为联系点,有助于我们把巩固拓展脱贫攻坚成果同乡村振兴有效衔接过程中的经验和难点及时反映上去,能够更好地倾听民意、反映民声、集中民智。"塘下村党支部书记张文强表示。

助推乡村振兴农民贴心人覆盖范围则更广,他们既可以从农村各级人大代表中产生,也可以从不是人大代表的农村基层干部、集体经济组织和经营主体负责人、种养大户、高素质农民中产生。农民贴心人将重点反映农民群众急难愁盼的问题和对三农工作的意见建议,可以通过书面形式提交省人大农委,也可以通过江西数字人大等途径上传,确保及时、有效。

景德镇市乐平市涌山镇涌山村在20世纪末面临小煤窑私挖乱采的生态困境,在村"两委"和村民的商议、交谈中,逐渐确定了运输业、建材业、食品业等替代产业,2021年村民人均纯收入近2万元。"成为农民贴心人,感觉肩上的责任更大、担子更重了,要坚持'以心换心、将心比心',着力解决群众的操心事、揪心事、烦心事。"涌山村党支部书记王祥勇说。

资料来源：李华、邱志超、莫志超，《农民日报》，2022年6月14日第3版，内容有删减。

三、加快推进农村基层民主政治建设的基本要求

（一）坚持中国共产党的领导核心地位是加快推进农村基层民主政治建设的基本政治保证

一要坚定不移地维护农村党组织的领导核心地位。在农村，中国共产党执政是通过村党支部领导和支持农民群众管理农村事务实现的。为切实维护党在农村的领导核心地位，可以规定让村党支部书记在村委会换届选举中按法定程序担任选举委员会负责人，主持选举工作。为增强村党组织在村级组织中的影响力，应当推行村干部交叉兼职。

二要切实巩固党的阶级基础和扩大党的群众基础。要形成新形势下对党的阶级基础的新的科学认识，特别是要根据农村劳动力在产业间转移和地区间流动的新情况，积极吸收农村优秀青年入党，进一步优化农村党员结构，为推进农村基层民主政治建设打下坚实的组织基础。从实践来看，"两推一选"是扩大党的群众基础的有效途径。"两推一选"是指在村党支部班子建设中，通过群众推荐、党内推荐，确定支委候选人，再由党内选举产生支部班子。"两推一选"明显增强了党组织在群众中的公认度。

三要坚持发展党内民主制度，以此影响和带动群众民主。党内民主制度是社会主义群众民主的前提。在农村充分发扬党内民主就是坚持村里重大问题由村支部集体讨论，并广泛征求支委成员的意见，最后根据少数服从多数的原则进行表决。同时，要不断完善党内组织生活制度，定期召开党员大会，在处理重大问题上广泛听取广大党员的意见，切实保障党员的各项民主权利。同时，在充分发扬党内民主的基础上，进一步把民主扩大到广大村民，实现党内民主与群众民主的交相辉映，推动全社会民主的蓬勃发展。

四要努力实现农村党组织的领导方式和领导方法的创新。正确处理好两委会的关系是落实农村各项民主制度的关键。新形势下,村支部特别是村支书要摆正自身位置,由"为民做主"向领导"由民做主"转变,要树立全局观念,学会站在全局的高度把方向、抓重点、管大事,把主要精力放在保证党的路线、方针、政策的贯彻执行,监督村委会的产生,规范村委会运作过程,保证村民依法自治,讨论和研究本村建设的重大问题等方面上。在方式上按照先党内后党外、先党员后群众的原则和民主集中制的办法,实行民主决策。决策事项一般先由村党支部酝酿提出处理方案,然后由党支部书记召开村党支部、村委会、村经济组织联席会议进行讨论,统一思想后,提交村民大会或代表会议作出决议,从而使党组织的主张变为党员干部和广大群众的自觉实践活动。

(二) 全面贯彻实施农村各项民主制度是加快推进农村基层民主政治建设的关键举措

一要牢固树立各项民主制度有机统一的观念。民主选举、民主决策、民主管理和民主监督是村民自治的基本内容,其中,民主选举是基础和前提,民主决策和民主管理是基本内容,民主监督是保障,它们是相互联系、相互作用的有机整体。在实践中,必须克服把这四项制度简单化、片面化甚至对立化的倾向,确保农村基层民主政治建设健康发展。

二要大力加强民主制度建设,实现社会主义民主政治的规范化、科学化、制度化。结合目前农村实际,重点要健全以下五项制度:一是村民委员会的选举制度。二是村民代表会议议事制度。由于农民农活较多,在农村召开村民大会较为困难,因此村民代表会议应该成为决定村务的权力机关。三是财务管理监督制度。加强财务监督是村级财务管理的关键。要建立一套比较符合农村实际的村级财务管理制度,普遍设立村民主理财小组,具体负责对村财务收支的监督,对村民代表会议负责并报告工作。四是民主评议村干部制度。可结合年终工作总结,对村党支部、村民委员会的主要负责人进行民主评议并在条件成熟时扩大到其他村干部。评议结果要作为奖惩村干部的重要依据。五是村务公开制度。应及时向村民公开群众关心的热点问题。

三要坚持德治和法治并举,保证各项民主制度落到实处。首先,加强思想道德建设。坚持把宣传教育作为推进农村基层民主建设的重要手段,在每次村委会换届前重视舆论宣传,在村委会换届选举过程中加强对村干部和选举工作人员的法律培训,换届结束后,由民政部门及各乡镇党委对村干部和村民代表进行教育培训,并形成定期培训制度。其次,要坚持依法办事。要广泛进行普法宣传,使法律规定的内容广为人知。目前尤其要强调县、乡镇干部依法行政。乡镇干部一定要确立依法行政的观念,做到多指导而不干预村民自治事务。最后,要进一步加强民主监督。民主监督作为民主政治的重要部分,是治理腐败的根本途径。在实践中,关键是要把这种民主监督以制度的形式确定下来,使之成为一种日常的有效的监督。只有加强民主监督,发挥群众的智慧和力量,才能彻底改变少数村干部"一言堂"的现象,使群众享有真正的民主。

(三)推进农业农村法治建设是加快推进农村基层民主政治建设的有力保障

中共十八届四中全会通过的《中共中央关于全面推进依法治国若干重大问题的决定》(以下简称《决定》)指出了推进基层治理法治化的任务。《决定》指出,全面推进依法治国,基础在基层,工作重点在基层。发挥基层党组织在全面推进依法治国中的战斗堡垒作用,增强基层干部的法治观念和法治意识,提高依法办事的能力。加强基层法治机构建设,强化基层法治队伍,建立重心下移、力量下沉的法治工作机制,改善基层基础设施和装备条件,推进法治干部下基层活动。

在长期实践中,我国农村社会治理法治化建设虽然取得了显著成效,但同时也面临一些现实问题。例如,农村社会治理的法律法规不完善,可操作性不足,地方性法规特色不明显。农村社会治理过程中法治思维不强,个别乡村基层干部存在"官本位"思想、权力至上意识。农村法治工作队伍人才匮乏,不能满足乡村治理法治工作的需要。农村基层法治宣传力度不够,存在普法宣传形式单一、宣传效果差等问题。同时,有一部分群众法律知识薄弱、法治意识不强,当出现个人利益遭受

第二章 农村政治与经济体制 57

损害或出现纠纷时,无法运用法律解决实际问题。农村法治文化建设不充分。乡村社会落后的观念和相对封闭的地域在一些社区仍起重要作用,滞缓了法治工作在乡村社会的开展①。

这些问题的解决要求我们在农村基层民主政治的实践中,建立和完善各项法律制度和村规民约,健全依法决策机制,提高运用法治思维和法治方式推进农业农村现代化的本领和能力,充分发挥农村"法律明白人"在宣传政策法规、引导法律服务、化解矛盾纠纷、参与乡村治理中的示范引领作用,在农村逐步形成办事依法、遇事找法、解决问题用法、化解矛盾靠法的法治氛围,为乡村振兴提供坚强的法治保障。

只有充分发挥法治在农业农村现代化进程中固根本、稳预期、利长远的重要作用,全面推进农业农村法治建设,农村基层民主政治建设才能行稳致远。

材料阅读:

为农村改革发展稳定提供坚强组织保证
——党的十八大以来农村基层党建工作综述

"办好农村的事情,实现乡村振兴,基层党组织必须坚强,党员队伍必须过硬""农村工作千头万绪,抓好农村基层组织建设是关键"……党的十八大以来,习近平总书记的一系列重要指示,为新时代党的农村基层组织建设提供了根本遵循和强大思想武器。

各地深入贯彻落实党中央关于加强农村基层党的建设一系列部署要求,突出重点、细化措施、狠抓落实,主要是"八坚持、八推动"。

——坚持以习近平新时代中国特色社会主义思想武装农村党员、干部,推动走深走实。以党内集中教育为契机深化学习,有力推动党的创新理论对农村党员、干部的思想洗礼。河北、浙江、云南等地开展"万名支部书记大培训""百万党员进党校""万场党课

---

① 李爱.推进农村社会治理法治化建设的几点建议[N].法治日报,2022年3月30日第11版.

进基层"等活动,推动基层党组织和党员干部跟进学习习近平总书记重要讲话精神。面向广大群众宣传教育,普遍通过新时代文明实践中心(所、站)、农民夜校等渠道宣讲新思想。

——坚持创新完善农村基层党组织设置,推动严密体系。以行政村为基本单元规范设置党组织,普遍形成行政村党支部(党委、总支)—村民小组(网格)党小组(支部)—党员联系户的组织体系。广西、西藏、新疆等地加强和改进易地搬迁村组织建设,确保群众搬迁到哪里,党的工作和服务管理就覆盖到哪里。河南、宁夏、甘肃等地推行"支部建在产业链"做法,推动党的组织覆盖向专业合作社、产业协会等治理空白点延伸。江苏、浙江、湖北、海南、青海等地根据地域相邻、产业连片等实际,组建中心村或联村党总支(党委)。

——坚持选优配强村党组织带头人,推动优化提升。拓宽来源渠道,普遍通过本村选、外面引、上级派、公开聘等方式加大培养选拔力度,以换届为契机集中选优配强村党组织书记。北京、天津、重庆等地采取定向招录方式,吸引大中专毕业生到村任职。河南、四川、新疆等地通过开展乡土人才回归等方式,为每村储备2名以上后备力量。上海、江苏、湖北、山东等地探索村党组织书记专业化管理,以改革创新推动整个队伍优化提升。

——坚持从严教育管理监督党员,推动激发活力。严格党的组织生活,村党组织普遍落实"三会一课"、民主评议党员、主题党日等制度,注重把组织生活与村级中心工作、解决民生问题结合起来。推动党员发挥作用,各地普遍组织开展党员户挂牌、党员联系户、承诺践诺、设岗定责等活动。加大发展农村年轻党员力度,普遍采取指导性计划单列、县级党委组织部门定期调度、乡镇建立青年人才党支部等方式,重点发展青年农民入党。

——坚持常态化整顿软弱涣散村党组织,推动补齐短板。每年排查整顿,以县为单位,对村级组织运行情况进行1次调研摸底和综合分析,通过村级自评、群众测评、上级考评等方式,研究确定整顿对象,"一村一策"进行整治。山西、内蒙古、江西、湖南、贵州、西藏、宁夏等地开展支部标准化规范化建设,推动村党组织查漏补缺、晋位升级。集中排查整顿,推动县级领导班子成员村村走遍、进行拉网式排查,对每个软弱涣散村党组织普遍采取1名县级领导班子成员联村、1名乡镇领导班子成员包村、1名第一书记驻村、1个县以上机关单位结对的"四个一"整治措施。

——坚持发展壮大村级集体经济,推动强村富民。省级党委加强领导,安徽、广西等地成立由省委领导同志担任组长的领导小组。黑龙江、福建等地编制了消除集体经济薄弱村规划计划。河北、吉林、辽宁、陕西等地从省级层面出台了支持政策措施。贵州在县乡两级成立扶贫开发投资公司,统一规划、统一经营、统一管理。上海按照"既派项目又派人才"的思路,选派优秀干部到经济薄弱村担任驻村指导员。安徽优化金融服务,积极推进党建引领信用村选点建设。

——坚持深化党建引领乡村治理,推动乡村善治。加强党组织对各类组织的统一领导,在有条件的地方,积极推行村党组织书记通过法定程序担任村民委员会主任和村级集体经济组织、合作经济组织负责人,落实村级各类组织负责人向党组织述职制度。实行网格化管理、精细化服务,广东在1.9万个行政村建立一级网格,在12.4万个村民小组建立二级网格,以89万名党员中心户为主体建立三级网格。北京推动党建引领"吹哨报到"改革、完善"接诉即办"机制。

——坚持抓乡促村,推动责任落实。持续开展述职评议考核,把农村基层党建作为重要内容,考评结果与领导班子综合考核评价、领导干部提拔使用挂钩。江西、广东、甘肃等地整合财政、党费等资金,对"破旧无"村级活动场所进行全面改造。湖南研究出台全面加强基层建设"1+5"文件,打出一套"组合拳"。青海创新建立村干部"基本报酬+四项补贴"报酬体系,村党组织书记报酬平均每月增加1 300多元。普遍实行省市县党委书记及组织部长任期内分别走遍县乡村"三个走遍",深入一线推动工作落实。

资料来源:李丹,《经济日报》,2021年6月8日第4版。

第二节 农村基本经济制度

马克思主义认为,经济决定政治,政治是经济的集中表现。我国在政治上实行社会主义制度,因此,在经济上必须坚持以生产资料公有制和按劳分配为主体。改革开放以前,为实现重工业化和社会主义,我国农村实行的几乎全部是农业生产资料公有制、绝对的生活资料平均分配制度、政社合一的人民公社化①农村管理模式,纯粹的国家和集体经营模式大大阻碍了劳动生产率的提高、劳动者积极性的提高和生产力的发展。要巩固社会主义制度,充分体现社会主义的优越性,就必须在公有制、按劳分配基础上采取一些有利于提高劳动生产率、劳动者生产积极性和生产力水平的所有制形式、分配方式和经营模式。

一、我国农村现阶段的生产资料所有制结构

(一)生产资料所有制

1. 生产资料所有制的含义

生产资料所有制是指人们在生产资料所有、占有、支配和使用等方面所结成的经济关系。从表面上看,生产资料所有制是人对物的占有关系,实质上它是通过对物的占有而发生的人与人之间的关系。生产资料所有制是生产关系的基础,不同的生产资料所有制形式决定人们在生产中的地位及其相互关系,进而又决定劳动产品的分配方式。

2. 生产资料所有制的历史类型

人类历史上相继出现过五种基本的生产资料所有制,即原始公社的、奴隶主的、封建的、资本主义的和社会主义的生产资料所有制。在几个社会里,还伴存着不占统治地位的生产资料个体所有制。生产资料所有制的更替是由生产力的性质和发展要求决定的。"生产者相互

---

① 在人民公社体制下,农业实行统一经营、统一核算的计划模式,农业生产一般由生产队组织,社员以生产队为单位劳动并取得报酬。参加集体统一劳动的社员没有积极性,农业生产效率低下。

发生的这些社会关系,他们借以互相交换其活动和参与全部生产活动的条件,当然依照生产资料的性质而有所不同。"①

生产资料的发展和社会化程度的提高,要求建立与它相适应的生产资料所有制,使能够促进生产力发展的新的生产资料所有制代替阻碍生产力发展的过时的生产资料所有制。这是不以人们的意志为转移的历史发展过程。每一种基本的生产资料所有制,从它产生直到被发展程度更高的所有制代替为止,也都存在不断发展的过程。它会随着生产力的发展,在保持所有制根本性质的限度内,在不同阶段里采取不同的具体形式。例如,生产资料资本主义私有制就采取过个人资本、股份资本、国家资本、跨国资本等具体形式。

(二) 我国现阶段的生产资料所有制结构

我国农村实行的生产资料所有制与城市实行的生产资料所有制相同,即都是以生产资料公有制为主体,多种所有制形式并存的所有制结构。区别是城市中的国家机关、企事业单位多以全民所有制为主,农村多以土地的集体所有制为主。

1. 生产资料公有制的含义和地位

生产资料公有制是指生产资料由劳动者共同所有、占有、支配和使用的所有制形式。社会主义初级阶段的公有制形式主要包括全民所有制、集体所有制、混合所有制经济中的国有成分和集体成分以及股份合作制等,它是社会主义的基本经济特征,是社会主义经济制度的基础。

消灭生产资料私有制和建立生产资料公有制,是社会主义经济革命的根本任务。以生产资料公有制为主体是社会主义制度同资本主义制度的本质区别。马克思主义认为,所有制是生产关系的基础,它决定人们在生产中的相互关系、产品交换和分配的关系;生产关系的总和又构成整个社会的基础,它决定该社会的政治、经济、法律、文化等制度。因此,生产资料所有制形式是区别各种不同社会制度的根本标志。

---

① 马克思恩格斯选集(第1卷)[M].北京:人民出版社,2012:340.

2. 我国社会主义初级阶段实行生产资料公有制为主体、多种所有制经济共同发展的经济制度的原因及历史必然性

把生产资料公有制为主体、多种所有制经济共同发展的经济制度确定为我国社会主义初级阶段的基本经济制度,并写入党章,这是党中央从社会主义制度的性质、我国的基本国情以及今后改革的总目标等方面,综合考虑得出的科学结论。

首先,我国是社会主义国家,要坚持和完善工人阶级领导的以工农联盟为基础的人民民主专政的政治制度,必须走共同富裕的道路。坚持以公有制为主体、多种经济成分并存,是坚持国家的社会主义性质和方向的经济基础。生产资料所有制决定分配方式,坚持以生产资料公有制为主体才能在分配上坚持以按劳分配为主体的分配方式。对于劳动者来说,按劳分配不会使彼此收入差距过大,这有助于实现共同富裕。

其次,我国还处在社会主义初级阶段,经济虽然有了明显的发展,但与发达国家比较,我国的生产力发展不平衡、不充分,人民对美好生活的需要和向往越来越广泛,越来越丰富,解放和发展社会生产力仍然是我国长期的艰巨任务。历史经验证明,搞单一的公有制经济,不利于社会生产力发展。在公有制为主体的前提下,发展多种所有制经济,有利于我国经济的迅速发展,有利于综合国力的增强和人民群众生活水平的不断提高,是发展我国社会生产力的客观需要和必然要求。非公有制经济形式包括个体经济、私营经济以及外资经济等。非公有制经济是社会主义市场经济的重要组成部分,并已成为我国国民经济中一支不可缺少的力量。

再次,我国社会主义建设的历史实践也充分证明,确立公有制为主体、多种经济成分并存的所有制结构是完全必要的。在中华人民共和国成立以后的很长一段时间内,由于我们对基本国情认识不足,对什么是社会主义、怎样建设社会主义以及我国处在社会主义的什么阶段等基本问题还缺乏正确认识,在所有制关系上,盲目追求"一大二公""纯而又纯",搞"穷过渡",致使所有制关系政策出现了偏差,严重地影响了我国经济发展。历史经验充分说明,所有制关系的每一次冒进,给我们带来的是生产力的破坏、经济的衰退、人民生活水平的下降;所有制关

系的每一次调整和完善,带来的则是生产力的发展、经济的恢复和人民生活水平的提高。中共十一届三中全会以后,我们党针对我国国情,首先从调整所有制关系入手,提出了以公有制为主体,多种经济成分共同发展的方针,批判了严重影响我国生产力发展的"一大二公"观念,改革了人民公社体制,在广大农村推行了以家庭联产承包为主的责任制和双层经营体制,并积极推进多种所有制经济的发展。在农村所有制结构改革成功的推动下,城市工业和其他行业的所有制结构也进行了大调整,对公有制的实现形式进行了大胆的探索,从而把生产力发展推向新的阶段,初步形成了以公有制为主体、多种经济成分共同发展的新局面。

材料阅读:

黑龙江推动农业农村现代化——
集体经济活力足　乡村振兴步伐稳

党的十八大以来,黑龙江坚持把发展壮大农村集体经济作为提升基层党建质量的一项重要任务来抓,坚持支部带动、产业拉动、改革推动,逐步发展壮大农村集体经济,促进共同富裕。目前,黑龙江已全面消除集体经济"空壳村",村集体经济收入10万元以上的行政村达到97.5%,收入超百万元的达850个,为全面推进乡村振兴、加快农业农村现代化打下坚实基础。

支部带动——选对带头人　激活整个村

齐齐哈尔市梅里斯达斡尔族区大八旗村种有2.2万多亩洋葱。"大八旗村种植洋葱已有30多年的历史,但以往种植户'单打独斗',市场行情波动比较大,有时辛苦忙活一年也挣不到几个钱。"民崔洪彬说。

2014年4月,有着多年洋葱经纪人职业经历的颜世伟,当选为大八旗村党支部书记。上任第一件事,颜世伟就带领村两委大力发展洋葱产业。"我们成立合作社,投资兴建了两栋洋葱仓储库,洋葱通过仓储实行错季销售,每吨可增收600元左右,仅此一项便为村集体增收30余万元。"颜世伟说。

"选对一个带头人,激活了整个村。"崔洪彬感慨。

为加强村级班子建设,黑龙江坚持拓宽选人用人渠道,从致富带头人、新型经营主体领办人、外出务工经商人员等群体中选拔村干部。

"去年,黑龙江抓住村两委换届契机,选拔6 524名致富带头人、大学毕业生等人员进入村级带头人队伍。并轮换选派2 454支驻村工作队、703名第一书记,共8 065名机关企事业单位干部驻村帮扶建强党组织。"黑龙江省委组织部常务副部长冯海龙说。

产业拉动——增收不用愁 致富有奔头

因为自然条件适合食用菌产业发展,早在20世纪80年代,海林市海林镇模范村就有村民开始人工培育猴头菇。"由于管理粗放、散户经营,丰年不丰收的情况时有发生。"村党支部书记谢国强说。

2016年,模范村党支部牵头领办食用菌专业种植合作社,陆续吸纳社员112户。"我们新建标准化菌棚和菌包厂、拓宽销售渠道,年产猴头菇1 500多万袋。"谢国强说。

如何加快发展壮大村级集体经济,是农村基层党组织建设的重点和难点。近年来,黑龙江始终坚持把抓产业作为发展壮大村级集体经济的根本方法,综合各地的经济基础、产业特点、区位优势、资源条件等,因地制宜发展农村特色产业,不断增强村集体的"造血"功能。

发展壮大村级集体经济,离不开好政策的支持。"近5年来,中央、省级财政投入资金12.8亿元,扶持2 693个党组织战斗力强、有产业基础的行政村发展集体经济。"冯海龙说。

绥化市北林区西南村素有"塞上小江南"的美誉。可前几年,村民依靠单一水稻种植,日子过得紧巴。

"我们引入产业项目资金和企业投资3 000多万元,村集体整合750亩土地,打造现代农业文化产业基地,将可追溯水稻种植项目与旅游观光、亲子乐园等农耕生活体验相结合,建设沿河路'绿庭院'和'农家乐园'观光带,发展乡村生态旅游产业。"村委会主任刘立威说,去年西南村共接待游客3万余人次,带动村集体增收4万多元、户均增收3 000元左右。

改革推动——集体有保障　农民享分红

　　2017年,富锦市被确定为黑龙江省农村集体产权制度改革试点地区。第二年,洪洲村挂牌成立村股份经济合作社,"我们利用毗邻富锦国家湿地公园的优势,把盘活集体资产的突破口放在'现代农业+旅游'上,让'好风景'变成'好钱景'。"洪洲村党支部书记李平芹说。

　　搞建设,钱从哪里来?"'以奖代补'资金用一块、引进社会资本补一块、村里资产折股入一块。"李平芹说,"自主经营、风险共担的运营机制使难题迎刃而解。"

　　如今,以洪洲村为节点,一条集采摘、观光、休闲于一体的生态农业长廊雏形初显。去年村集体实现收入16万元,村民人均纯收入达20 640元。

　　为夯实村级集体经济发展的基础和底盘,黑龙江省深化农村集体产权制度改革,不断释放政策红利、完善监管机制,让农民共享改革发展成果。"改革明晰了村民对村集体资产的股权,村民可以按股持有、分红。"富锦市委书记梁庆民表示,村民主动参与村集体的事,主人翁意识更强了。

　　发展壮大村级集体经济,不仅要实现村民共管,更要实现成果共享。"在不断完善村级集体资金使用机制的过程中,我们推动农村党组织把钱用在刀刃上,除发展产业、扩大再生产投入以外,其余主要用在发展公益事业、改善村容村貌、帮扶困难群众等民生需求上,让群众共享集体经济发展的红利,切实增强党组织的组织力、凝聚力、号召力。"冯海龙说。

　　资料来源:郝迎灿,《人民日报》,2022年7月15日第4版。

二、我国农村现阶段的分配制度

我国农村实行以按劳分配为主体、多种分配方式并存的分配制度。

(一) 按劳分配的定义

按劳分配是指凡是有劳动能力的人都应尽自己的能力为社会劳动,社会以劳动作为分配个人消费品的尺度,按照劳动者提供的劳动数量和质量分配个人消费品,等量劳动获取等量报酬,多劳多得,少劳少得,不劳不得。

分配制度即劳动产品在社会主体中如何分配制度的总称。有按劳分配、按需分配、按资分配、按生产要素分配等多种分配方式。劳动差别的存在决定了我国现阶段的分配结构。以按劳分配为主体、多种分配方式并存的分配制度,实质上反映出劳动、管理、资本、技术、土地等各种生产要素都按贡献参与了收益分配,其中,按劳分配为主体反映了劳动要素是各种生产要素中最受重视的部分。

按劳分配在我国现阶段分配结构中居于主体地位,其主体地位表现在:一是全社会范围的收入分配中,按劳分配占最大比重,起主要作用;二是公有制经济范围内的劳动者总收入中,按劳分配收入是最主要的收入来源。

实行按劳分配为主体、多种分配方式并存的制度,把按劳分配和按生产要素分配结合起来,可以调动各方面的积极性,提高经济效益,推动生产力的发展,同时也是发展社会主义市场经济的客观要求。

(二) 采取按劳分配的原因

在个人消费品分配领域实行按劳分配原则,是由社会主义社会的客观经济条件决定的。

(1) 社会主义生产资料公有制是实行按劳分配的前提条件。生产资料公有制的建立,实现了劳动者在生产资料占有方面的平等,在公有制内部人们不能凭借公有的生产资料无偿占有他人的劳动成果,从而使消费品能够按照有利于劳动者的方式分配。

(2) 社会生产力发展水平是实行按劳分配的物质条件。生产力水平及劳动生产率的高低,决定着可供分配的社会产品的数量,制约着分配的方式。社会主义社会的生产力水平有了很大发展,但还未达到共产主义那样高的程度,产品尚未极大丰富,消费品还不能充分满足人们的各种需要,还不能实行按需分配,只能实行按劳分配。

(3)在社会主义社会,劳动还存在着重大差别,劳动还是人们谋生的手段,这些是实行按劳分配的直接原因。在这种情况下,只有承认劳动的差别,把劳动贡献和劳动报酬紧密地联系起来,才能充分调动劳动者的积极性,促进社会生产力的快速发展。

(三)多种分配方式并存的原因

社会主义初级阶段实行以按劳分配为主体、多种分配方式并存的分配制度是由我国的社会经济条件决定的。

(1)生产方式决定分配方式,生产资料所有制结构决定分配结构。以公有制为主体、多种所有制经济长期共同发展的所有制结构,决定了以按劳分配为主体、多种分配方式同时并存的分配结构。

(2)公有制实现形式的多样化决定了分配形式的多样化。由于实行股份制、股份合作制、合作制、承包经营等公有制实现形式,必然产生按劳分配以外的多种分配形式。

(3)社会主义市场经济体制的内在要求。发展社会主义市场经济,就必须遵循市场经济的规律,各种生产要素(劳动力、土地、资本、管理)都要有相应的市场评价,这些生产要素的所有者都应得到相应的收入。此外,市场经济中还需要有风险收入以及通过社会保障获得的收入等。

总之,社会主义初级阶段多种分配方式的并存,是多种所有制经济、多种经营方式、市场经济运行的内在机制等诸多因素共同作用的结果。

三、我国农村现阶段的基本经营制度

我国农村现阶段实行的是家庭联产承包经营为基础、统分结合的双层经营体制。

家庭联产承包责任制是20世纪80年代初期在我国农村推行的一项重要改革,是农村土地制度的重要转折,也是农村现行的一项基本经营制度。中共十一届三中全会以来,我国推行全面改革,而改革最早始于农村,农村改革的标志为"包产到户(分田到户)",即后来所称的家庭联产承包责任制(俗称"大包干")。

(一)家庭联产承包经营为基础、统分结合的双层经营体制的含义和意义

家庭作为生产、决策和分配单位,具有降低交易成本和激励兼容的特征,是一个有效率的经济组织。家庭联产承包责任制是指农户以家庭为单位向集体组织承包土地等生产资料和生产任务的农业生产责任制形式。其基本特点是在保留集体经济必要的统一经营的前提下,集体将土地和其他生产资料承包给农户,承包户根据承包合同规定的权限,独立作出经营决策,并在完成国家和集体任务的前提下分享经营成果。一般做法是将土地等按人口或劳动力比例根据责、权、利相结合的原则分给农户经营。承包户和集体经济组织签订承包合同。通过承包使用合同,把承包户应向国家上交的定购粮和集体经济组织提留的粮款等义务同承包土地的权利联系起来;把发包方应为承包方提供的各种服务明确起来。

家庭联产承包责任制有两种承包方式。

(1)包干到户。各承包户向国家交纳农业税①,交售合同定购产品以及向集体上交公积金、公益金等公共提留,其余产品全部归农民自己所有。简单来说,就是"交够国家的、留足集体的、剩余都是自己的"。包干到户在解决劳动激励问题上的彻底性,使其在较短的时间内就成为家庭承包制最主要的形式。

(2)包产到户。实行定产量、定投资、定工分,超产归自己,减产赔偿。

家庭联产承包责任制是我国农村集体经济的主要实现形式。主要生产资料仍归集体所有;在分配方面仍实行按劳分配原则;在生产经营活动中,集体和家庭有分有合。统分结合的双层经营体制具体体现在集体和农户两个经营层次。集体在经营中的作用主要体现在土地发包,以及产前、产中、产后服务等,农户则成为基本的生产经营单位。"统"和"分"是相互依存、相互促进、共同发展的关系。其中,集体经济

---

① 农业税是国家对一切从事农业生产、有农业收入的单位和个人征收的一种税,俗称"公粮"。从1992年开始,中国对农业体制进行改革,2006年,这一延续千年的农业税被废除。

组织是双层经营的主体,家庭承包经营是双层经营的基础,离开了其中任何一方,联产承包责任制就不能成立,双层经营体制就不存在。可以这样说,如果家庭联产承包责任制离开了集体经济组织,离开了"统"的功能的发挥,家庭承包就失去了主体,家庭经营实质上就成为个体小农经济,偏离了农业的社会主义方向;如果离开了承包家庭的分散经营,农民的生产积极性就不能很好被激发,农业集体经济就失去了活力,集体经济的优越性也就不能发挥。

家庭联产承包责任制是中国农民的伟大创造,是农村经济体制改革的产物。家庭联产承包责任制的实质是打破了人民公社体制下土地集体所有、集体经营的旧的农业耕作模式,实现了土地集体所有权与经营权的分离,确立了土地集体所有制基础上以户为单位的家庭承包经营的新型农业耕作模式。家庭联产承包责任制的实行取消了人民公社,又没有走土地私有化的道路,而是实行家庭联产承包为主,统分结合,双层经营,既发挥了集体统一经营的优越性,又调动了农民的生产积极性,是适应我国农业特点和农村生产力发展水平以及管理水平的一种较好的经济形式。家庭联产承包责任制是特定社会经济条件下的历史选择,该种农业生产组织形式与传统的农业生产组织方式(大集体时期)相比具有较大的进步,在改变农村经济格局的同时,奠定了经济发展和后续改革的基础,调动了农业生产者的积极性,为我国农民脱贫起到了重要作用,推动了农业生产的快速发展,极大地改变了我国农业生产和农民生活,因此被邓小平同志誉为中国农村改革与发展的"第一次飞跃"。

(二)家庭联产承包责任制的由来及发展

"文化大革命"期间,我国农村生产力受到破坏。经过艰苦努力,党和国家的各项事业从"文化大革命"之后两年的徘徊前进状态中走了出来,迈上健康发展轨道。1978年春天开始的关于真理标准问题的讨论,拉开了思想解放的序幕,使人们有勇气并且有可能用实践的标准衡量是非对错。在关于农业生产责任制的激烈争论中,农民开始思考适合自己的生产和生活方式,并最终勇敢地选择了一种适合农村发展的生产经营方式。1978年11月24日晚上,安徽省凤阳县小岗村18户村民签下"生死状"(见图2-2),将村内土地分开承包,开创了家庭联产承包责任制的先河。当年,小岗村粮食大丰收,粮食总产量达66吨,相当于全村1966—1970年5年粮食产量的总和。

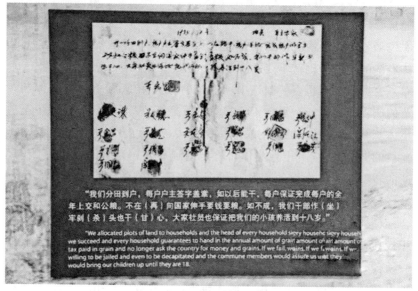

图2-2　小岗村的18枚红手印

(资料来源:新华网。)

中共十一届三中全会后,在党中央的积极支持和大力倡导下,家庭联产承包责任制逐步在全国推开。1980年5月31日,邓小平同志在一次重要谈话中公开肯定了小岗村"大包干"的做法。高层领导人的表态传达了一个信息:农村改革势在必行。1982年1月1日,《全国农村工作会议纪要》作为中国共产党历史上第一个关于农村工作的一号文件正式出台,明确指出包产到户、包干到户都是社会主义集体经济的生产责任制,指出联产承包制是在党的领导下我国农民的伟大创造,是马克思主义农业合作化理论在我国实践中的新发展。到1984年年底,全国农村100%的生产队和98%的农户都接受了家庭承包制这种新的农业经营体制。在确立了家庭承包制的合法性之后,农村改革开始向市场体系和宏观环境等领域推进。

1991年11月举行的中共十三届八中全会通过了《中共中央关于进一步加强农业和农村工作的决定》(以下简称《决定》)。《决定》提出把以家庭联产承包为主的责任制、统分结合的双层经营体制作为我国农村集体经济组织的一项基本制度长期稳定下来,并不断充实完善。家庭联产承包责任制作为农村经济体制改革的第一步,突破了"一大二公""大锅饭"的旧体制。而且,随着承包制的推行,个人付出与收入挂钩,农民生产的积极性大增。此后,我国政府不断稳固和完善家庭联产承包责任制,鼓励农民发展多种经营,使广大农村地区迅速摘掉贫困落后的帽子,逐步走上富裕的道路。家庭联产承包责任制的实行,解放了我国农村的生产力,开创了我国农业发展史上的第二个黄金时代,充分体现了社会主义公有制的优越性。中国因此创造了令世人瞩目的用世界上7%的土地养活世界上22%人口的奇迹。两种经营体制的比较见表2-1①。

表2-1 两种农业经营体制的比较

项目	人民公社体制	家庭承包制
生产单位	生产队	农户家庭
经营目标	完成计划指标和维护社会稳定	完成定购任务后的利润最大化
经济决策	收购计划和劳动工分制	家庭享有较高的自主决策权
土地使用	国家控制	土地使用权可以流动
劳动力	限制流动	自主决策劳动力配置和流动
资金	国家控制	家庭拥有自主决策权
专业化	高度自给自足	部分专业化获取比较利益
集贸市场	几乎全部关闭	开放集贸市场、价格"双轨制"

随着市场经济的发展和土地使用权的流转,家庭联产承包责任制本身的局限性逐渐突显出来:家庭分散经营,经营规模过小,难以形成规模经济效益,导致农产品成本过高,缺乏市场竞争力;农业生产长期高成本运行,农村基础设施建设受到影响,农民通过经营土地提高收入

---

① [美]沃尔特·加勒森.中国经济改革[M].北京:社会科学文献出版社,1993:24.

的能力受到制约;不能适应市场经济发展的需要,难以协调农户在商品生产经营中的利益矛盾,难以克服分散农户在商品生产中的盲目性;由于土地对农民的生活、养老保障等功能,许多农民即使已经从事了非农产业也不愿放弃土地占有权,宁愿粗放经营或抛荒,从而严重影响了土地资源的合理利用和耕地的生产效益。"站在21世纪的门槛上,人们突然发现,分田单干也许只能解决温饱问题,但解决不了农民的致富问题。……一些村庄采取的农村建设模式是一种全方位的合作模式,对单干体制进行了'否定之否定',很多地方的合作社和集体经济开始重新焕发生机。合作社几乎将一切生产要素加以重新整合,农民通过生产要素的整合提高了农业生产效率,使分散的小农经济转变为农业的集约化和规模化经营。"①

长远来看,为了进一步加强农业的基础地位,中国将继续长期稳定并不断完善以家庭承包经营为基础、统分结合的双层经营体制,依法保障农民对土地承包经营的各项权利。农户在承包期内可依法、自愿、有偿流转土地承包经营权,完善流转办法,逐步发展适度规模经营。

经过不懈的努力和探索,2018年12月修订的《农村土地承包法》正式确定了"三权分置",界定了"三权"各自的权能和"三权分置"下农地流转方式、流转原则,对农地"三权分置"作出了可操作性的规定。2021年1月1日开始实施的《民法典》明确了集体土地所有权的主体是"农民集体",强调了土地承包经营权的身份属性和用益物权属性,增设土地经营权制度。至此,集体所有权、农户承包权和土地经营权分置并行的农村土地制度基本构建。

继家庭联产承包责任制后,"三权分置"形成的集体所有、农户承包、经营主体经营的制度架构,是我国农村基本经营制度的又一次制度创新,奠定了实现农业农村现代化和乡村振兴的土地制度基础。农地"三权分置"通过更明晰的土地承包权解除了"土"对农民的约束、通过经营权的设权赋权打破了"村"对非集体成员的阻隔,化解了农村土地承包经营权的社会保障属性与财产权属性之间的矛盾,开启了以"人"

---

① 参见王曙光.中国农村[M].北京:北京大学出版社,2017.

的流动为核心的城乡要素重组和对流。农地"三权分置"通过土地经营权设权和赋权重构了集体土地地权体系,在不触动集体所有制前提下使土地流转规模、范围、速度得到大幅度提升,通过土地经营权在更大范围内优化配置和农业经营主体发展实现了以土地为核心的农业要素重组,有利于提高土地利用效率和农业劳动生产率。农地"三权分置"作为继集体所有、家庭承包制改革后对中国农地权利结构的顶层制度设计,一方面在不改变集体所有制性质下实现承包权与经营权分离的法定,在集体地权向农户开放的基础上进一步实现了集体地权向集体成员之外的耕作者开放,形成了更加开放的集体地权权利体系构造;另一方面对承包权与经营权实行依法平等保护,进一步构建了促进从乡土中国向城乡中国转变的土地权利体系,为农业、农村和农民现代化提供了制度基础[①]。

 **材料阅读**

安徽凤阳小岗村首创家庭联产承包责任制

1978年年底,安徽省凤阳县小岗村18户农民作出在当时有坐牢危险的大胆决定:分田单干,包产到户,他们作了最坏的打算:如果失败,干部坐牢杀头也心甘。可让他们万万想不到的是,三十年前仅仅是出于"填饱肚子"这种原始冲动的冒险尝试,却在无意间成为史诗般中国改革开放的序幕。

第二年,包产到户的小岗村迎来前所未有的丰收,粮食产量从1.5万公斤猛增到6万公斤。年年"吃粮靠返销,花钱靠救济,生产靠贷款"的小岗村,还第一次向国家交了公粮。小岗村的突破,具有思想启蒙、思想解放的重要意义。这份合同书如今被珍藏在国家博物馆,成为中国改革开放的重要见证。1982年1月,中央发出第一个关于"三农"问题的"一号文件",总结了具有划时代意义的农村改革,肯定了包产到户、包干到户。从20世纪80年代初

---

① 刘守英.农村土地制度改革:从家庭联产承包责任制到三权分置[J].经济研究,2022,(2):18.

开始,中国农村普遍实行了土地生产家庭承包责任制。

邓小平曾经在南方谈话中评价包产到户:"农村搞家庭联产承包,这个发明权是农民的。农村改革中的好多东西,都是基层创造出来,我们把它拿来加工提高作为全国的指导。"

2016年4月25日,习近平总书记到小岗村考察时指出:"当年贴着身家性命干的事,变成中国改革的一声惊雷,成为中国改革的标志。"

资料来源:根据网络资料整理。

本章习题

一、选择题

1. 农村（　　）制度就是广大农民群众在党的领导下,在村民委员会的组织下,依据国家法律和政策对村级事务实行民主选举、民主决策、民主管理和民主监督的制度。

　　A. 基层民主政治　　　　　　B. 基层经济

　　C. 基层文化　　　　　　　　D. 基层选举

2. 我国现阶段实行以生产资料（　　）为主体,多种所有制经济共同发展的基本经济制度。

　　A. 公有制　　B. 私有制　　C. 混合制　　D. 所有制

3. 我国农村现阶段实行的是（　　）为基础、统分结合的双层经营体制。

　　A. 家庭联产承包经营　　　　B. 家庭个人经营

　　C. 家庭联营　　　　　　　　D. 家庭作坊

二、思考题

1. 农村基层民主政治制度的含义是什么?
2. 加快推进农村基层民主政治建设的基本要求是什么?
3. 农村为什么要实行家庭联产承包责任制?
4. 家庭联产承包责任制的局限性体现在哪些方面?

第三章　农业土地政策与法规

**本章要点**

本章重点介绍了农业土地政策与法规。学习者需要了解土地的概念和特性以及土地政策的变迁,了解土地管理法的相关规定。通过本章的学习,要理解土地的特性是制定有效土地政策的前提,成功的土地政策是以对土地特性的认识为基础的。要掌握土地权属制度、土地利用总体规划、耕地保护制度以及建设用地管理制度和农村土地承包法律制度。

第一节　农业土地政策与法规概述

一、土地的概念和特性

土地是地表某一地段包括地质、地貌、气候、水文、土壤、植被等多种自然要素在内的自然综合体。英国古典政治经济学创始人威廉·配第有一句名言:"土地是财富之母,劳动是财富之父。"马克思也指出:"土地是一切生产和一切存在的源泉,并且它又是同农业结合着的。"土地是人类进行生产活动所必需的物质条件和自然基础。在农业生产中,土地是不可替代的最基本的生产资料,是一种极为珍贵的资源,具有特殊的作用。没有土地,就没有农业生产,也就不会有人类社会的存续。我国人口多,耕地少,十分珍惜每寸土地,合理利用每寸土地,是我国的一项基本国策。因此,我们必须认真地研究、制定、执行土地政策,以便充分合理地开发利用和科学地管理土地资源。

了解土地的特性是制定有效土地政策的前提,成功的土地政策是以对土地特性的认识为基础的。作为农业的基本生产资料,土地有着与其他生产资料不同的特性。

(一) 土地位置的固定性与等级的差异性

每一块土地都有固定的空间位置,是不可以移动的,故土地属于不动产。这一特性使地位的优劣成为决定土地品质高低的重要因素,对土地的利用与地价有重大影响。因此,人们只能根据土地所处的位置和特定的自然、经济条件因地制宜地合理利用土地资源。土地政策的制定要有利于充分地利用各类土地,以实现地尽其利。土地位置的固定性,还影响到土地的自然、经济、社会特性。土地的质量与等级受自然的、经济的、社会的等多种影响因素综合制约,而且会随着这些因素的变化而变化。

(二) 土地数量的有限性

土地是自然的产物,具有原始性和不可再生性,人们可以改变土地的用途,但不可以改变土地的数量。土地数量的有限性对土地的利用、供给、价格变化乃至社会的稳定都有重大影响,使土地的稀缺性随社会的发展与人口的增加而不断增强,导致土地供求矛盾的形成与激化。历史上,因土地数量的有限性而导致的土地的稀缺与占有的不公平,往往成为战争爆发、社会动荡的重要原因。因此,合理地制定土地政策,有利于人们努力节约用地,集约利用土地资源,以提高土地资源的配置效率。土地政策是政府管理土地、协调土地供求矛盾的重要手段。

(三) 土地使用的永续性

一般的生产资料在使用过程中,会不断地磨损、陈旧乃至报废,土地则不然。土地功能具有可再生性与永久性。在土地利用的过程中,土壤的养分、水分虽然不断地被植物所消耗,但通过施肥、灌溉、耕作等措施,又可以使土壤的肥力等得到恢复和补充,成为人类永久性的生产资料。而且土地的价值会随土地稀缺性与土地使用选择性的增加而升值,土地这一特点对人类提出了合理利用和保护土地的客观要求,也为人类合理利用与保护土地提供了可能。这一特点使能否合理分配土地收益,激励人们以可持续的方式使用土地资源成为土地政策成败的关键。

(四)土地供给的稀缺性

土地供给的稀缺性是由土地数量的有限性、土地位置的固定性、土地等级的差异性等自然特性所决定的,人口与经济发展对土地需求的不断增长也大大助长了土地供给的稀缺性。土地稀缺性导致供求矛盾,是政府借助土地政策管理土地资源、协调土地供求矛盾的原因。总之,土地的利用既要受自然规律的制约,又要受经济规律的制约,土地政策的制定只有既遵循自然规律,又不违背经济规律,才能使土地政策得到有效运行,实现预期政策目标。

二、土地政策的变迁

中华人民共和国成立前,中国实行的是封建土地所有制,占乡村人口10%的地主和富农,占有约70%—80%的农村土地;占乡村人口90%以上的贫农、中农、佃农却仅占20%—30%的农村土地。中华人民共和国成立后,我国彻底消灭了封建土地所有制,解放了农业生产力。中华人民共和国成立后的农村土地政策变迁大致经历了这样几个阶段,即土地改革到农业合作化运动,人民公社体制到现在的家庭联产承包责任制。1950年进行了土地改革,实现了耕者有其田,相对平均了地权。土地改革后开始了合作运动,到1956年全面实现了农业合作化,土地等生产资料由农民私有改变为集体所有。1958年,农业生产合作社改组为人民公社。人民公社彻底消灭了农村土地私有制,实行了"三级所有,队为基础"的土地所有制,农村土地集体所有制关系相对稳定下来。但是由于劳动方式高度集中以及存在分配中的平均主义,人民公社化影响了农民生产的积极性,农村经济的发展受到了制约。

1978年中共十一届三中全会后,中国的改革首先从农村开始。短短几年间,农村家庭联产承包责任制在全国全面推行,人民公社随之解体。家庭联产承包责任制改革将土地产权分为所有权和经营权。所有权仍归集体所有，经营权则由集体经济组织按户均分包给农户自主经营，集体经济组织负责承包合同履行的监督、公共设施的统一安排、使用和调度、土地调整和分配，从而形成一套有统有分、统分结合的双层经营体制。家庭联产承包责任制的推行，纠正了长期存在的管理高度集中和经营方式过分单调的弊端，使农民在集体经济中由单纯的劳动者变成既是生产者又是经营者，从而大大调动了农民的生产积极性，较好地发挥了劳动和土地的潜力。

20世纪90年代中期以来，随着中国工业化与城市化飞速发展，现行农村家庭联产承包责任制的局限性也渐渐显露了出来，突出表现为：由于土地承包期太短，农村土地难以流转，规模经营难以实现；由于农业比较效益低，千千万万的农民进城打工，不少土地抛荒撂荒；无恒产者无恒心，农村出现种地不养地、生态退化现象；在大量的征地行为中，农民权益得不到有效保障，许多农民不仅没有享受到现代化的成果，有的甚至还沦为失地农民；由于耕地、宅基地、农民住宅不能直接进入市场，农民至今仍然无法实现"财产性收入"……①总之，土地这个要素长期无法按照市场经济规律去实现优化配置，已经成为中国农村发展滞后的重要原因。近年来，中央不断深化农村土地制度改革，完善农村土地承包政策和农村宅基地管理制度，引导和规范农村集体经营性建设用地入市，加快推进征地制度改革，使农村生产力得到了极大释放。

材料阅读：

松江在严苛条件下试验土地流转　家庭农场"激"出土地红利

"2007年以前，地里就没见到过钱。"上海市松江区叶榭镇徐姚村农民陆志刚感叹道："只有在承包家庭农场后，收入才有明显改善，现在每年能赚10万元左右。"

2007年，正是叶榭镇推广家庭农场的节点。这是一场试图赋予农民更多财产权利的土地流转"试验"。在充分的补贴政策和严

---

① 王开明.土地是财富之母[N].福建日报，2008年12月22日第10版。

苛的准入条件下,以保障承包权、分离经营权为核心,意在回答既有土地制度不变的前提下谁来种地的问题。

"陆志刚们"的经历已经提供了一个答案——迄今为止,松江 99%以上的农户自愿将土地流转到家庭农场,并从土地租赁补贴中获益。试验的"正效应"显著。

陆志刚算了一笔账:家庭农场成立以前,每家农民的土地在 5 亩左右。如果种植蔬菜,仅能自给自足,少有结余。若是种植水稻,每亩收入仅 100 多元。

但规模化之后,情况就有所不同。大面积的水稻能够统播统割,农闲时节还能充分利用起来种植其他作物,或进行土壤养护。人工减少了,生产要素得到合理调配,成本大幅降低,务农者的收入就会提高,而且还有利于农村土地质量、生态环境的保护。

松江区农委主任封坚强告诉记者,从全球范围来看,规模化、机械化是现代农业最重要的前提。家庭农场的初衷,正是走成规模的现代农业之路。

"土地是农民的命根子,哪怕自己不种,也会想着要不要留给子女种。让农民把土地流转出来,没有那么容易。"徐姚村副主任顾庆锋的一席话,传递了农民的普遍心声。为此,土地流转试验的首要工作是确权。中央农村工作领导小组办公室主任陈锡文介绍说,松江家庭农场经营者手中的土地有 3 个"权利人":所有权是集体的,承包权是被确权的村民的,经营权则是家庭农场主的。

松江的"改变"是这样进行的:在坚持家庭承包经营原则的同时,将经营权从承包权中分离出来。换句话说,小农户把地流转给村委会,村委会再挑选合适的人选来规模化经营。村委会牵头,从家庭农场收入中划出一部分土地流转租赁费补贴给农民。2011年,松江区每年亩均流转价格高达 687 元。此后至今,补贴按照每亩 250 公斤稻谷的市价折算。一方面,由于小规模耕种的每亩收益也和补贴相差无几,原先的农民不再种地,收入却并未显著减少。如果进城务工,还能多一份收入。想通这一点,大家就愿意将土地流转给村委会。另一方面,由于家庭农场的规模化生产收益颇丰,除去各项费用,一户家庭农场通过劳动,也能获得超过10万元的净收入,有志成为"职业农民"的申请者,自然越来越多。

资料来源:傅盛裕,《文汇报》,2013年11月20日第1版。

第二节 土地管理法律制度

为了加强土地保护,我国陆续制定了一系列关于土地管理的法律法规。目前,土地资源保护方面的法律法规主要有:《中华人民共和国土地管理法》及其实施条例、《中华人民共和国水土保持法》及其实施条例、《中华人民共和国农村土地承包法》《基本农田保护条例》等。

《中华人民共和国土地管理法》第3条规定,十分珍惜、合理利用土地和切实保护耕地是我国的基本国策。各级人民政府应当采取措施,全面规划,严格管理,保护、开发土地资源,制止非法占用土地的行为。这是继计划生育、环境保护之后,我国公开宣布的又一项基本国策,说明了我国对保护土地工作的重视程度。

一、土地权属制度

我国实行土地的社会主义公有制,即全民所有制和劳动群众集体所有制。城市市区的土地属于国家所有。农村和城市郊区的土地(包括宅基地、自留地、自留山)除由法律规定属于国家所有的以外,属于农民集体所有。坚持土地公有原则,是由我国社会主义性质决定的。土地作为最基本的生产生活资料,由国家或者集体所有可保障社会公平、保持社会稳定,有利于实现社会公共利益。

全民所有是指国家所有土地的所有权由国务院代表国家行使。任何单位和个人不得侵占、买卖或者以其他形式非法转让土地。土地使用权可以依法转让。国家为了公共利益的需要,可以依法对土地实行征收或者征用并给予补偿。国家依法实行国有土地有偿使用制度。但是,国家在法律规定的范围内划拨国有土地使用权的除外。任何单位和个人都有遵守土地管理法律、法规的义务,并有权对违反土地管理法律、法规的行为提出检举和控告。

国有土地和农民集体所有的土地,可以依法确定给单位或者个人使用。使用土地的单位和个人,有保护、管理和合理利用土地的义务。农民集体所有的土地依法属于村民集体所有的,由村集体经济组织或者村民委员会经营、管理;已经分别属于村内两个以上农村集体经济组织的农民集体所有的,由村内各该农村集体经济组织或者村民小组经营、管理;已经属于乡(镇)农民集体所有的,由乡(镇)农村集体经济组织经营、管理。农民集体所有的土地,由县级人民政府登记造册,核发证书,确认所有权。农民集体所有的土地依法用于非农业建设的,由县级人民政府登记造册,核发证书,确认建设用地使用权。单位和个人依法使用的国有土地,由县级以上人民政府登记造册,核发证书,确认使用权;其中,中央国家机关使用的国有土地的具体登记发证机关,由国务院确定。依法登记的土地的所有权和使用权受法律保护,任何单位和个人不得侵犯。

农民集体所有的土地由本集体经济组织的成员承包经营,从事种植业、林业、畜牧业、渔业生产。土地承包经营期限为三十年。发包方和承包方应当订立承包合同,约定双方的权利和义务。承包经营土地的农民有保护和按照承包合同约定的用途合理利用土地的义务。农民的土地承包经营权受法律保护。在土地承包经营期限内,对个别承包经营者之间承包的土地进行适当调整的,必须经村民会议三分之二以上成员或者三分之二以上村民代表的同意,并报乡(镇)人民政府和县级人民政府农业行政主管部门批准。

国家所有依法用于农业的土地可以由单位或者个人承包经营,从事种植业、林业、畜牧业、渔业生产。农民集体所有和国家所有依法由农民集体使用的耕地、林地、草地以及其他依法用于农业的土地,采取农村集体经济组织内部的家庭承包方式承包,不宜采取家庭承包方式的荒山、荒沟、荒丘、荒滩等,可以采取招标、拍卖、公开协商等方式承包,从事种植业、林业、畜牧业、渔业生产。家庭承包的耕地的承包期为三十年,草地的承包期为三十年至五十年,林地的承包期为三十年至七十年;耕地承包期届满后再延长三十年,草地、林地承包期届满后依法相应延长。发包方和承包方应当依法订立承包合同,约定双方的权利和义务。承包经营土地的单位和个人,有保护和按照承包合同约定的用途合理利用土地的义务。

农民集体所有的土地由本集体经济组织以外的单位或者个人承包经营的,必须经村民会议三分之二以上成员或者三分之二以上村民代表的同意,并报乡(镇)人民政府批准。

土地所有权和使用权争议,由当事人协商解决;协商不成的,由人民政府处理。单位之间的争议,由县级以上人民政府处理;个人之间、个人与单位之间的争议,由乡级人民政府或者县级以上人民政府处理。当事人对有关人民政府的处理决定不服的,可以自接到处理决定通知之日起三十日内,向人民法院起诉。在土地所有权和使用权争议解决前,任何一方不得改变土地利用的现状。

二、土地利用总体规划制度

土地利用总体规划是各级人民政府依据国民经济和社会发展规划、国土整治和资源环境保护的要求、土地供给能力及各项建设对土地的需求情况,对土地的使用所进行的总体安排。土地利用规划是根据土地开发利用的自然和社会经济条件、历史基础和现状特点、国民经济发展的需要等,对一定地区范围内的土地资源进行合理的组织利用和经营管理的一项综合性的技术经济措施。它是从全局和长远利益出发,以区域内全部土地为对象,合理调整土地利用结构和布局;以利用为中心,对土地开发、利用、整治、保护等方面做统筹安排和长远规划。其目的在于加强土地利用的宏观控制和计划管理,合理利用土地资源,促进国民经济健康协调发展。

(一) 国家实行土地用途管制制度

国家编制土地利用总体规划,规定土地用途,将土地分为农用地、建设用地和未利用地。其中,农用地是指直接用于农业生产的土地,包括耕地、林地、草地、农田水利用地、养殖水面等;建设用地是指建造建筑物、构筑物的土地,包括城乡住宅和公共设施用地、工矿用地、交通水利设施用地、旅游用地、军事设施用地等;未利用地是指农用地和建设用地以外的土地。国家严格限制农用地转为建设用地,控制建设用地总量,对耕地实行特殊保护。使用土地的单位和个人必须严格按照土地利用总体规划确定的用途使用土地。

(二)土地总体规划编制的原则和要求

土地利用总体规划按照下列原则编制。

(1)落实国土空间开发保护要求,严格土地用途管制;

(2)严格保护永久基本农田,严格控制非农业建设占用农用地;

(3)提高土地节约集约利用水平;

(4)统筹安排城乡生产、生活、生态用地,满足乡村产业和基础设施用地合理需求,促进城乡融合发展;

(5)保护和改善生态环境,保障土地的可持续利用;

(6)占用耕地与开发复垦耕地数量平衡、质量相当。

国家建立国土空间规划体系。编制国土空间规划应当坚持生态优先、绿色、可持续发展,科学有序统筹安排生态、农业、城镇等功能空间,优化国土空间结构和布局,提升国土空间开发、保护的质量和效率。

土地利用总体规划有如下要求。

(1)各级人民政府应当依据国民经济和社会发展规划、国土整治和资源环境保护的要求、土地供给能力以及各项建设对土地的需求,组织编制土地利用总体规划。土地利用总体规划的规划期限由国务院规定。

(2)各级人民政府应当加强土地利用计划管理,实行建设用地总量控制。土地利用年度计划,根据国民经济和社会发展计划、国家产业政策、土地利用总体规划以及建设用地和土地利用的实际状况编制。土地利用年度计划的编制审批程序与土地利用总体规划的编制审批程序相同,一经审批下达,必须严格执行。

(3)下级土地利用总体规划应当依据上一级土地利用总体规划编制。地方各级人民政府编制的土地利用总体规划中的建设用地总量不得超过上一级土地利用总体规划确定的控制指标,耕地保有量不得低于上一级土地利用总体规划确定的控制指标。省、自治区、直辖市人民政府编制的土地利用总体规划,应当确保本行政区域内耕地总量不减少。县级土地利用总体规划应当划分土地利用区,明确土地用途。乡(镇)土地利用总体规划应当划分土地利用区,根据土地使用条件,确定每一块土地的用途,并予以公告。

(4)城市建设用地规模应当符合国家规定的标准,充分利用现有建设用地,不占或者尽量少占农用地。城市总体规划、村庄和集镇规划,应当与土地利用总体规划相衔接,城市总体规划、村庄和集镇规划中建设用地规模不得超过土地利用总体规划确定的城市和村庄、集镇建设用地规模。在城市规划区内、村庄和集镇规划区内,城市和村庄、集镇建设用地应当符合城市规划、村庄和集镇规划。江河、湖泊综合治理和开发利用规划,应当与土地利用总体规划相衔接。在江河、湖泊、水库的管理和保护范围以及蓄洪滞洪区内,土地利用应当符合江河、湖泊综合治理和开发利用规划,符合河道、湖泊行洪、蓄洪和输水的要求。

(5)省、自治区、直辖市人民政府应当将土地利用年度计划的执行情况列为国民经济和社会发展计划执行情况的内容,向同级人民代表大会报告。经批准的土地利用总体规划的修改,须经原批准机关批准;未经批准,不得改变土地利用总体规划确定的土地用途。经国务院批准的大型能源、交通、水利等基础设施建设用地,需要改变土地利用总体规划的,根据国务院的批准文件修改土地利用总体规划。经省、自治区、直辖市人民政府批准的能源、交通、水利等基础设施建设用地,需要改变土地利用总体规划的,属于省级人民政府土地利用总体规划批准权限内的,根据省级人民政府的批准文件修改土地利用总体规划。

(三)土地利用总体规划实行分级审批

省、自治区、直辖市的土地利用总体规划,报国务院批准。省、自治区人民政府所在地的市、人口在一百万以上的城市以及国务院指定的城市的土地利用总体规划,经省、自治区人民政府审查同意后,报国务院批准。上述以外的土地利用总体规划,逐级上报省、自治区、直辖市人民政府批准,其中,乡(镇)土地利用总体规划可以由省级人民政府授权的设区的市、自治州人民政府批准。土地利用总体规划一经批准,必须严格执行。

（四）国家建立土地调查制度

县级以上人民政府土地行政主管部门会同同级有关部门进行土地调查。土地所有者或者使用者应当配合调查，并提供有关资料。县级以上人民政府土地行政主管部门会同同级有关部门根据土地调查成果、规划土地用途和国家制定的统一标准，评定土地等级。

（五）国家建立土地统计制度

县级以上人民政府统计机构和自然资源主管部门依法进行土地统计调查，定期发布土地统计资料。土地所有者或者使用者应当提供有关资料，不得拒报、迟报，不得提供不真实、不完整的资料。统计机构和自然资源主管部门共同发布的土地面积统计资料是各级人民政府编制土地利用总体规划的依据。国家建立全国土地管理信息系统，对土地利用状况进行动态监测。

三、耕地保护制度

民非谷不食，谷非地不生。耕地是人类赖以生存和发展的基础。粮食生产根本在耕地，命脉在水利，出路在科技，动力在政策。面对中国耕地严重不足的严峻形势，采取各种措施，预防和消除危害耕地及环境的因素，稳定和扩大耕地面积，维持和提高耕地的物质生产能力，预防和治理耕地的环境污染，是保证土地得以永续和合理使用，稳定农业基础地位和促进国民经济发展的重大问题。耕地保护是指运用法律、行政、经济、技术等手段和措施，对耕地的数量和质量进行保护。保护耕地是我国的一项基本国策，是关系我国经济和社会可持续发展的全局性战略问题①。

《中华人民共和国土地管理法》规定，国家保护耕地，严格控制耕地转为非耕地。保护耕地的主要措施有以下几项。

（一）占用耕地补偿制度

非农业建设经批准占用耕地的，按照"占多少，垦多少"的原则，由

---

① 保护耕地在我国《民法典》中也有体现。《民法典》第244条规定，国家对耕地实行特殊保护，严格限制农用地转为建设用地，控制建设用地总量。不得违反法律规定的权限和程序征收集体所有的土地。

占用耕地的单位负责开垦与所占用耕地的数量和质量相当的耕地;没有条件开垦或者开垦的耕地不符合要求的,应当按照省、自治区、直辖市的规定缴纳耕地开垦费,专款用于开垦新的耕地。省、自治区、直辖市人民政府应当制定开垦耕地计划,监督占用耕地的单位按照计划开垦耕地或者按照计划组织开垦耕地,并进行验收。县级以上地方人民政府可以要求占用耕地的单位将所占用耕地耕作层的土壤用于新开垦耕地、劣质地或者其他耕地的土壤改良。

(二)耕地总量动态平衡制度

省、自治区、直辖市人民政府应当严格执行土地利用总体规划和土地利用年度计划,采取措施,确保本行政区域内耕地总量不减少、质量不降低。耕地总量减少的,由国务院责令在规定期限内组织开垦与所减少耕地的数量与质量相当的耕地;耕地质量降低的,由国务院责令在规定期限内组织整治。新开垦和整治的耕地由国务院自然资源主管部门会同农业农村主管部门验收。个别省、直辖市确因土地后备资源匮乏,新增建设用地后,新开垦耕地的数量不足以补偿所占用耕地的数量的,必须报经国务院批准减免本行政区域内开垦耕地的数量,易地开垦数量和质量相当的耕地。

(三)永久基本农田保护制度

永久基本农田指的是无论什么情况下都不能改变其用途,不得以任何方式挪作他用的基本农田。永久基本农田保护实行全面规划、合理利用、用养结合、严格保护的方针。永久基本农田划定以乡(镇)为单位进行,由县级人民政府自然资源主管部门会同同级农业农村主管部门组织实施。永久基本农田应当落实到地块,纳入国家永久基本农田数据库严格管理。乡(镇)人民政府应当将永久基本农田的位置、范围向社会公告,并设立保护标志。永久基本农田经依法划定后,任何单位和个人不得擅自占用或者改变其用途。国家能源、交通、水利、军事设施等重点建设项目选址确实难以避让永久基本农田,涉及农用地转用或者土地征收的,必须经国务院批准。禁止通过擅自调整县级土地利用总体规划、乡(镇)土地利用总体规划等方式规避永久基本农田农用地转用或者土地征收的审批。

各级人民政府应当采取措施,引导因地制宜轮作休耕,改良土壤,提高地力,维护排灌工程设施,防止土地荒漠化、盐渍化、水土流失和土壤污染。非农业建设必须节约使用土地,可以利用荒地的,不得占用耕地;可以利用劣地的,不得占用好地。禁止占用耕地建窑、建坟或者擅自在耕地上建房、挖砂、采石、采矿、取土等。禁止占用永久基本农田发展林果业和挖塘养鱼。禁止任何单位和个人闲置、荒芜耕地。

下列耕地应当根据土地利用总体规划划为永久基本农田,实行严格保护。

(1) 经国务院农业农村主管部门或者县级以上地方人民政府批准确定的粮、棉、油、糖等重要农产品生产基地内的耕地;

(2) 有良好的水利与水土保持设施的耕地,正在实施改造计划以及可以改造的中、低产田和已建成的高标准农田;

(3) 蔬菜生产基地;

(4) 农业科研、教学试验田;

(5) 国务院规定应当划入永久基本农田保护区的其他耕地。

(四) 土地开发整理复垦制度

国家鼓励单位和个人按照土地利用总体规划,在保护和改善生态环境、防止水土流失和土地荒漠化的前提下,开发未利用的土地;适宜开发为农用地的,应当优先开发成农用地。国家依法保护开发者的合法权益。

国家鼓励土地整理。县、乡(镇)人民政府应当组织农村集体经济组织,按照土地利用总体规划,对山、水、田、林、路、村综合整治,提高耕地质量,增加有效耕地面积,改善农业生产条件和生态环境。地方各级人民政府应当采取措施,改造中、低产田,整治闲散地和废弃地。

因挖损、塌陷、压占等造成土地破坏的土地,用地单位和个人应当按照国家有关规定负责复垦;没有条件复垦或者复垦不符合要求的,应当缴纳土地复垦费,专项用于土地复垦。复垦的土地应当优先用于农业。

开垦未利用的土地,必须经过科学论证和评估,在土地利用总体规划划定的可开垦的区域内,经依法批准后进行。禁止毁坏森林、草原开垦耕地,禁止围湖造田和侵占江河滩地。根据土地利用总体规划,对破坏生态环境开垦、围垦的土地,有计划有步骤地退耕还林、还牧、还湖。

材料阅读：

春天，让每一寸耕地都实至名归

"九九加一九，耕牛遍地走。"九九加一九，正好是三月下旬，北方大地完全解冻，土壤透气性好，大部分地区进入春播季节。恰是春分三候，各地在春播中加快落实耕地保护制度，反对"非农化""非粮化""非食物化"，让每一寸耕地实至名归。

保耕地，多少"田长"任上忙

黑龙江省海伦市海北镇长安村党支部书记杜振涛有了一个新头衔：田长。

今年，黑龙江省全面推行"田长制"，建立省、市、县、乡、村和网格、户"5＋2"七级田长的责任分工体系，确保黑土地数量不减、质量提升。作为长安村党支部书记，杜振涛成了全村2万多亩耕地的村级田长。

3月1日，《黑龙江省黑土地保护利用条例》正式实施。长安村的田边，"田长制"的宣传语格外醒目：对遏制耕地"非农化"、打击盗采黑土、秸秆还田等制度措施进行广泛宣传，是眼下重要工作之一。"坚持秸秆还田，给黑土地补充营养，过一段时间就要开始播种，确保在合适时机高质量地完成播种。"杜振涛说。

2021年4月，自然资源部下发通知，明确各地要推动建立"田长制"，实行以村、组为基础，县、乡、村联动全覆盖的耕地保护网格化监管。

今年，河北省将全面建立"田长制"，6月底前全省所有县（市、区）完成"田长制"建立；湖南省要求所有市（州）和县（市、区）出台"田长制"实施文件，形成网格化、全覆盖的耕地保护组织体系和责任体系。

农田就是农田，而且是良田

"别看这飞机个头小，喷洒农药作业可是个好帮手。"在河北省邢台市南和区郝桥镇西高村种植基地，种粮大户李献辉正操作无人机为小麦喷洒农药。以前打药要10多个人10多天时间打完，现在2天就能完成800多亩地的喷洒工作,喷洒得更均匀。

李献辉流转了800多亩土地,全部种植优质强筋小麦。采用无人机喷药,至少可以节约30%的农药、90%的用水量,还能有效减少农药残留,减轻土壤、水源污染。

近年来,河北省邢台市南和区坚持主粮生产,大力建设高标准农田,积极培育壮大新型农业经营主体,推动农业种植规模化发展。这个区的金沙河农作物种植专业合作社已在当地流转3万余亩土地,并对流转来的土地进行土质检测,因地施肥进行土壤结构改良,提高基础地力,逐渐将流转来的土地改造为绿色高产农田。目前全区已累计建成高标准农田34.9万亩。

阳春三月,在山东省禹城市张庄镇黎济寨村南边,一块成方连片生机盎然的麦田,很难让人想到这里曾是80多亩盐碱荒废土地。作为最早试点"田长制"的省份之一,日前山东省自然资源厅、山东省财政厅联合通报2021年度省级耕地保护激励县(市、区)评选结果。其中,德州禹城位列山东首位,获得新增建设用地指标500亩、奖励资金1500万元。

要保量,更要提质。真正让耕地保护成效突出的县(市、区)政治上"受表扬"、经济上"得实惠"、发展上"有保障",才能粮食上产量、耕地保数量、土壤提质量。

大食物观:米面油一样不能少

三月黄花分外香。湖北省江陵县,油菜花海一望无垠。江北农场的吕光明去年利用冬闲田扩种油菜100多亩,此刻油菜花开得正好,无人机盘旋在上空,喷药施肥。

作为农业大省,湖北省是全国13个粮食主产区之一。在坚决保住"铁饭碗田"的前提下,鼓励农户利用冬闲田种植油菜等作物。

"国家扶持种植油菜,冬闲田种油菜每亩补贴150元。"吕光明说,加上播种、施肥、收割等环节实行机械化作业,成本下去了,收益上来了。"去年尝试种100多亩油菜,今年4月份就可以收获,冬闲几个月利用起来了。"

冬闲田变冬忙田。这是湖北省积极调整种植结构、推动油菜产业发展的一个缩影。江陵县2021年秋播完成油菜播种面积30.04万亩,比2020年秋播油菜面积27.3万亩增加2.74万亩。

百姓食物需求加快多样化,在确保粮食供给同时,肉类、蔬菜、水果、水产品等各类食物缺了哪样也不行,这就要求转变观念,树立大农业观、大食物观。

作为大豆主产区,近期黑龙江省齐齐哈尔市加大宣传,引导农民扩种大豆。齐齐哈尔市农业农村局局长说,为全面落实稳粮扩豆要求,齐齐哈尔成立市、县、乡大豆扩种工作专班,将任务细化分解到15个县(市、区)、123个乡镇、1207个行政村,今年全市大豆种植面积预计达1270万亩,比去年增加近300万亩。

在不逾越耕地红线和生态保护红线的前提下,从耕地资源向整个自然资源拓展,努力扩大油料、糖料、蔬菜、水果以及牧草、青贮玉米种植。宜粮则粮、宜经则经、宜牧则牧、宜渔则渔、宜林则林,保障肉类、蔬菜、水果、水产品等各类食物有效供给。

万物土中生,耕地是种庄稼的。在充满希望的春天,每一寸耕地都实至名归。

资料来源:王立彬等,《新华每日电讯》,2022年3月29日第2版。

四、建设用地管理制度

(一) 集体经营性建设用地管理制度

农村集体经营性建设用地,是指具有生产经营性质的农村建设用地,包括农村集体经济组织使用乡(镇)土地利用总体规划确定的建设用地兴办企业或者与其他单位、个人以土地使用权入股、联营等形式共同举办企业、商业所使用的农村集体建设用地。2019年修改的《中华人民共和国土地管理法》结束了多年来集体建设用地不能与国有建设用地同权同价同等入市的二元体制,为推进城乡一体化发展扫清了制度障碍。新《中华人民共和国土地管理法》规定,土地利用总体规划、城乡规划确定为工业、商业等经营性用途,并经依法登记的集体经营性建设用地,土地所有权人可以通过出让、出租等方式交由单位或者个人使用,并应当签订书面合同,载明土地界址、面积、动工期限、使用期限、土地用途、规划条件和双方其他权利义务。前款规定的集体经营性建设用地出让、出租等,应当经本集体经济组织成员的村民会议三分之二以上成员或者三分之二以上村民代表的同意。通过出让等方式取得的集体经营性建设用地使用权可以转让、互换、出资、赠予或者抵押,但法律、行政法规另有规定或者土地所有权人、土地使用权人签订的书面合同另有约定的除外。集体经营性建设用地的出租,集体建设用地使用权的出让及其最高年限、转让、互换、出资、赠予、抵押等,参照同类用途的国有建设用地执行。具体办法由国务院制定。

集体建设用地的使用者应当严格按照土地利用总体规划、城乡规划确定的用途使用土地。在土地利用总体规划制定前已建的不符合土地利用总体规划确定的用途的建筑物、构筑物,不得重建、扩建。有下列情形之一的,农村集体经济组织报经原批准用地的人民政府批准,可以收回土地使用权:(1)为乡(镇)村公共设施和公益事业建设,需要使用土地的;(2)不按照批准的用途使用土地的;(3)因撤销、迁移等原因而停止使用土地的。依照前款第(1)项规定收回农民集体所有的土地的,对土地使用权人应当给予适当补偿。收回集体经营性建设用地使用权,依照双方签订的书面合同办理,法律、行政法规另有规定的除外。

(二)土地征收制度

1. 土地征收程序

国家征收土地的,依照法定程序批准后,由县级以上地方人民政府予以公告并组织实施。县级以上地方人民政府拟申请征收土地的,应当开展拟征收土地现状调查和社会稳定风险评估,并将征收范围、土地现状、征收目的、补偿标准、安置方式和社会保障等在拟征收土地所在的乡(镇)和村、村民小组范围内公告至少三十日,听取被征地的农村集体经济组织及其成员、村民委员会和其他利害关系人的意见。多数被征地的农村集体经济组织成员认为征地补偿安置方案不符合法律、法规规定的,县级以上地方人民政府应当组织召开听证会,并根据法律、法规的规定和听证会情况修改方案。拟征收土地的所有权人、使用权人应当在公告规定期限内,持不动产权属证明材料办理补偿登记。县级以上地方人民政府应当组织有关部门测算并落实有关费用,保证足额到位,与拟征收土地的所有权人、使用权人就补偿、安置等签订协议;个别确实难以达成协议的,应当在申请征收土地时如实说明。相关前期工作完成后,县级以上地方人民政府方可申请征收土地。

2. 土地征收补偿原则

征收土地应当给予公平、合理的补偿,保障被征地农民原有生活水平不降低、长远生计有保障。征收土地应当依法及时足额支付土地补偿费、安置补助费以及农村村民住宅、其他地上附着物和青苗等的补偿费用,并安排被征地农民的社会保障费用。征收农用地的土地补偿费、安置补助费标准由省、自治区、直辖市通过制定公布区片综合地价确定。制定区片综合地价应当综合考虑土地原用途、土地资源条件、土地产值、土地区位、土地供求关系、人口以及经济社会发展水平等因素,并至少每三年调整或者重新公布一次。征收农用地以外的其他土地、地上附着物和青苗等的补偿标准,由省、自治区、直辖市制定。对其中的农村村民住宅,应当按照先补偿后搬迁、居住条件有改善的原则,尊重农村村民意愿,采取重新安排宅基地建房、提供安置房或者货币补偿等方式给予公平、合理的补偿,并对因征收造成的搬迁、临时安置等费用予以补偿,保障农村村民居住的权利和合法的住房财产权益。县级以上地方人民政府应当将被征地农民纳入相应的养老等社会保障体系。被征地农民的社会保障费用主要用于符合条件的被征地农民的养老保险等社会保险缴费补贴。被征地农民社会保障费用的筹集、管理和使用办法,由省、自治区、直辖市制定。被征地的农村集体经济组织应当将征收土地的补偿费用的收支状况向本集体经济组织的成员公布,接受监督。禁止侵占、挪用被征收土地单位的征地补偿费用和其他有关费用。

3. 土地征收的公共利益范围

《中华人民共和国土地管理法》对土地征收的公共利益范围进行了明确界定,这一做法有利于缩小征地范围,限制政府滥用征地权。该法第45条规定,为了公共利益的需要,有下列情形之一,确需征收农民集体所有的土地的,可以依法实施征收:(1)军事和外交需要用地的;

(2)由政府组织实施的能源、交通、水利、通信、邮政等基础设施建设需要用地的;(3)由政府组织实施的科技、教育、文化、卫生、体育、生态环境和资源保护、防灾减灾、文物保护、社区综合服务、社会福利、市政公用、优抚安置、英烈保护等公共事业需要用地的;(4)由政府组织实施的扶贫搬迁、保障性安居工程建设需要用地的;(5)在土地利用总体规划确定的城镇建设用地范围内,经省级以上人民政府批准由县级以上地方人民政府组织实施的成片开发建设需要用地的;(6)法律规定为公共利益需要可以征收农民集体所有的土地的其他情形。

(三)农村宅基地制度

农村村民一户只能拥有一处宅基地,其宅基地的面积不得超过省、自治区、直辖市规定的标准。人均土地少,不能保障一户拥有一处宅基地的地区,县级人民政府在充分尊重农村村民意愿的基础上,可以采取措施,按照省、自治区、直辖市规定的标准保障农村村民实现户有所居。农村村民建住宅,应当符合乡(镇)土地利用总体规划、村庄规划,不得占用永久基本农田,并尽量使用原有的宅基地和村内空闲地。编制乡(镇)土地利用总体规划、村庄规划应当统筹并合理安排宅基地用地,改善农村村民的居住环境和条件。农村村民住宅用地,由乡(镇)人民政府审核批准。农村村民出卖、出租、赠予住宅后,再申请宅基地的,不予批准。国家允许进城落户的农村村民依法自愿有偿退出宅基地,鼓励农村集体经济组织及其成员盘活利用闲置宅基地和闲置住宅。

第三节 农村土地承包法律制度

一、农村土地承包法律制度概述

改革开放之初,我国开始实行农村土地承包经营制度。为了巩固和完善以家庭承包经营为基础、统分结合的双层经营体制,保持农村土地承包关系稳定并长久不变,维护农村土地承包经营当事人的合法权益,促进农业、农村经济发展和农村社会和谐稳定,我国制定了《中华人民共和国农村土地承包法》。该法于2002年8月29日第九届全国人民代表大会常务委员会第二十九次会议通过,自2003年3月1日起施行,2009年和2018年又进行了两次修订。

该法规定,农村土地承包采取农村集体经济组织内部的家庭承包方式,不宜采取家庭承包方式的荒山、荒沟、荒丘、荒滩等农村土地,可以采取招标、拍卖、公开协商等方式承包。农村土地承包后,土地的所有权性质不变。承包地不得买卖。

农村集体经济组织成员有权依法承包由本集体经济组织发包的农村土地。任何组织和个人不得剥夺和非法限制农村集体经济组织成员承包土地的权利。农村土地承包,妇女与男子享有平等的权利。承包中应当保护妇女的合法权益,任何组织和个人不得剥夺、侵害妇女应当享有的土地承包经营权。

农村土地承包应当坚持公开、公平、公正的原则,正确处理国家、集体、个人三者的利益关系。国家保护集体土地所有者的合法权益,保护承包方的土地承包经营权,任何组织和个人不得侵犯。承包方承包土地后,享有土地承包经营权,可以自己经营,也可以保留土地承包权,流转其承包地的土地经营权,由他人经营。国家保护承包方依法、自愿、有偿流转土地经营权,保护土地经营权人的合法权益,任何组织和个人不得侵犯。

农村土地承包经营应当遵守法律、法规,保护土地资源的合理开发和可持续利用。未经依法批准不得将承包地用于非农建设。国家鼓励增加对土地的投入,培肥地力,提高农业生产能力。

国务院农业农村、林业和草原主管部门分别依照国务院规定的职责负责全国农村土地承包经营及承包经营合同管理的指导。县级以上地方人民政府农业农村、林业和草原等主管部门分别依照各自职责,负责本行政区域内农村土地承包经营及承包经营合同管理。乡(镇)人民政府负责本行政区域内农村土地承包经营及承包经营合同管理。

二、家庭承包

(一)发包方和承包方的权利和义务

农民集体所有的土地依法属于村民集体所有的,由村集体经济组织或者村民委员会发包;已经分别属于村内两个以上农村集体经济组织的农民集体所有的,由村内各该农村集体经济组织或者村民小组发包。村集体经济组织或者村民委员会发包的,不得改变村内各集体经济组织农民集体所有的土地的所有权。国家所有依法由农民集体使用的农村土地,由使用该土地的农村集体经济组织、村民委员会或者村民小组发包。

发包方享有下列权利。

(1)发包本集体所有的或者国家所有依法由本集体使用的农村土地;

(2)监督承包方依照承包合同约定的用途合理利用和保护土地;

(3)制止承包方损害承包地和农业资源的行为;

(4)法律、行政法规规定的其他权利。

发包方承担下列义务。

(1)维护承包方的土地承包经营权,不得非法变更、解除承包合同;

(2)尊重承包方的生产经营自主权,不得干涉承包方依法进行正常的生产经营活动;

(3)依照承包合同约定为承包方提供生产、技术、信息等服务;

(4)执行县、乡(镇)土地利用总体规划,组织本集体经济组织内的农业基础设施建设;

(5)法律、行政法规规定的其他义务。

家庭承包的承包方是本集体经济组织的农户。农户内家庭成员依法平等地享有承包土地的各项权益。

承包方享有下列权利。

(1)依法享有承包地使用、收益的权利,有权自主组织生产经营和处置产品;

(2)依法互换、转让土地承包经营权;

(3)依法流转土地经营权;

(4)承包地被依法征收、征用、占用的,有权依法获得相应的补偿;

(5)法律、行政法规规定的其他权利。

承包方承担下列义务。

(1)维持土地的农业用途,未经依法批准不得用于非农建设;

(2)依法保护和合理利用土地,不得给土地造成永久性损害;

(3) 法律、行政法规规定的其他义务。

(二) 承包的原则和程序

土地承包应当遵循以下原则。

(1) 按照规定统一组织承包时,本集体经济组织成员依法平等地行使承包土地的权利,也可以自愿放弃承包土地的权利;

(2) 民主协商,公平合理;

(3) 承包方案应当按照本法第十三条的规定,依法经本集体经济组织成员的村民会议三分之二以上成员或者三分之二以上村民代表的同意;

(4) 承包程序合法。

土地承包应当按照以下程序进行。

(1) 本集体经济组织成员的村民会议选举产生承包工作小组;

(2) 承包工作小组依照法律、法规的规定拟订并公布承包方案;

(3) 依法召开本集体经济组织成员的村民会议,讨论通过承包方案;

(4) 公开组织实施承包方案;

(5) 签订承包合同。

(三) 承包期限和承包合同

耕地的承包期为三十年。草地的承包期为三十年至五十年。林地的承包期为三十年至七十年。耕地承包期届满后再延长三十年,草地、林地承包期届满后依照前款规定相应延长。

发包方应当与承包方签订书面承包合同。承包合同一般包括以下条款。

(1) 发包方、承包方的名称,发包方负责人和承包方代表的姓名、住所;

(2) 承包土地的名称、坐落、面积、质量等级;

(3) 承包期限和起止日期;

(4) 承包土地的用途;

(5) 发包方和承包方的权利和义务;

(6) 违约责任。

承包合同自成立之日起生效。承包方自承包合同生效时取得土地承包经营权。

国家对耕地、林地和草地等实行统一登记,登记机构应当向承包方颁发土地承包经营权证或者林权证等证书,并登记造册,确认土地承包经营权。土地承包经营权证或者林权证等证书应当将具有土地承包经营权的全部家庭成员列入。

承包合同生效后,发包方不得因承办人或者负责人的变动而变更或者解除,也不得因集体经济组织的分立或者合并而变更或者解除。国家机关及其工作人员不得利用职权干涉农村土地承包或者变更、解除承包合同。

(四) 土地承包经营权的保护和互换、转让

1. 土地承包经营权收回的保护

承包期内,发包方不得收回承包地。国家保护进城农户的土地承包经营权。不得以退出土地承包经营权作为农户进城落户的条件。承包期内,承包农户进城落户的,引导支持其按照自愿有偿原则依法在本集体经济组织内转让土地承包经营权或者将承包地交回发包方,也可以鼓励其流转土地经营权。承包期内,承包方交回承包地或者发包方依法收回承包地时,承包方对其在承包地上投入而提高土地生产能力的,有权获得相应的补偿。

2. 土地承包经营权调整的保护

承包期内,发包方不得调整承包地。承包期内,因自然灾害严重毁损承包地等特殊情形对个别农户之间承包的耕地和草地需要适当调整的,必须经本集体经济组织成员的村民会议三分之二以上成员或者三分之二以上村民代表的同意,并报乡(镇)人民政府和县级人民政府农业农村、林业和草原等主管部门批准。承包合同中约定不得调整的,按照其约定。

承包期内,承包方可以自愿将承包地交回发包方。承包方自愿交回承包地的,可以获得合理补偿,但是应当提前半年以书面形式通知发包方。承包方在承包期内交回承包地的,在承包期内不得再要求承包土地。

3. 妇女承包经营权的保护

承包期内,妇女结婚,在新居住地未取得承包地的,发包方不得收回其原承包地;妇女离婚或者丧偶,仍在原居住地生活或者不在原居住地生活但在新居住地未取得承包地的,发包方不得收回其原承包地。

4. 承包经营权继承的保护

承包人应得的承包收益,依照继承法的规定继承。林地承包的承包人死亡,其继承人可以在承包期内继续承包。

承包方之间为方便耕种或者各自需要,可以对属于同一集体经济组织的土地的土地承包经营权进行互换,并向发包方备案。

经发包方同意,承包方可以将全部或者部分的土地承包经营权转让给本集体经济组织的其他农户,由该农户同发包方确立新的承包关系,原承包方与发包方在该土地上的承包关系即行终止。

土地承包经营权互换、转让的,当事人可以向登记机构申请登记。未经登记,不得对抗善意第三人。

(五) 土地经营权

伴随中国工业化、信息化、城镇化和农业现代化的进程,农村劳动力大量转移,农业物质技术装备水平不断提高,农户承包土地的经营权流转明显加快,发展适度规模经营已成为必然趋势,"农村土地经营权"这一概念应运而生。农村土地经营权是从农村土地承包经营权中分离出的一项权能,就是承包农户将其承包土地流转出去,由其他组织或者个人经营,其他组织或者个人取得土地经营权。

1. 原则

土地经营权流转应当坚持农村土地农民集体所有、农户家庭承包经营的基本制度,保持农村土地承包关系稳定并长久不变,遵循依法、自愿、有偿原则,任何组织和个人不得强迫或者阻碍承包方流转土地经营权。

土地经营权流转不得损害农村集体经济组织和利害关系人的合法权益,不得破坏农业综合生产能力和农业生态环境,不得改变承包土地的所有权性质及其农业用途,确保农地农用,优先用于粮食生产,制止耕地"非农化"、防止耕地"非粮化"。

土地经营权流转应当因地制宜、循序渐进,把握好流转、集中、规模经营的度,流转规模应当与城镇化进程和农村劳动力转移规模相适应,与农业科技进步和生产手段改进程度相适应,与农业社会化服务水平提高相适应。

2. 流转当事人

承包方在承包期限内有权依法自主决定土地经营权是否流转,以及流转对象、方式、期限等。土地经营权流转收益归承包方所有,任何组织和个人不得擅自截留、扣缴。

承包方自愿委托发包方、中介组织或者他人流转其土地经营权的,应当由承包方出具流转委托书。委托书应当载明委托的事项、权限和期限等,并由委托人和受托人签字或者盖章。没有承包方的书面委托,任何组织和个人无权以任何方式决定流转承包方的土地经营权。

土地经营权流转的受让方应当为具有农业经营能力或者资质的组织和个人。在同等条件下,本集体经济组织成员享有优先权。

土地经营权流转的方式、期限、价款和具体条件,由流转双方平等协商确定。流转期限届满后,受让方享有以同等条件优先续约的权利。

受让方应当依照有关法律法规保护土地,禁止改变土地的农业用途。禁止闲置、荒芜耕地,禁止占用耕地建窑、建坟或者擅自在耕地上建房、挖砂、采石、采矿、取土等。禁止占用永久基本农田发展林果业和挖塘养鱼。

受让方将流转取得的土地经营权再流转以及向金融机构融资担保的,应当事先取得承包方的书面同意,并向发包方备案。

经承包方同意,受让方依法投资改良土壤,建设农业生产附属、配套设施,及农业生产中直接用于作物种植和畜禽水产养殖设施的,土地经营权流转合同到期或者未到期由承包方依法提前收回承包土地时,受让方有权获得合理补偿。具体补偿办法可在土地经营权流转合同中约定或者由双方协商确定。

3. 流转方式

承包方可以采取出租(转包)、入股或者其他符合有关法律和国家政策规定的方式流转土地经营权。出租(转包)是指承包方将部分或者全部土地经营权,租赁给他人从事农业生产经营。入股是指承包方将部分或者全部土地经营权作价出资,成为公司、合作经济组织等股东或者成员,并用于农业生产经营。

承包方依法采取出租(转包)、入股或者其他方式将土地经营权部分或者全部流转的,承包方与发包方的承包关系不变,双方享有的权利和承担的义务不变。

承包方自愿将土地经营权入股公司发展农业产业化经营的,可以采取优先股等方式降低承包方风险。公司解散时,入股土地应当退回原承包方。

4. 流转合同

承包方流转土地经营权,应当与受让方在协商一致的基础上签订书面流转合同,并向发包方备案。承包方委托发包方、中介组织或者他人流转土地经营权的,流转合同应当由承包方或者其书面委托的受托人签订。

土地经营权流转合同一般包括以下内容:(1)双方当事人的姓名或者名称、住所、联系方式等;(2)流转土地的名称、坐落、面积、质量等级、土地类型、地块代码等;(3)流转的期限和起止日期;(4)流转方式;(5)流转土地的用途;(6)双方当事人的权利和义务;(7)流转价款或者股份分红,以及支付方式和支付时间;(8)合同到期后地上附着物及相关设施的处理;(9)土地被依法征收、征用、占用时有关补偿费的归属;(10)违约责任。

承包方不得单方解除土地经营权流转合同,但受让方有下列情形之一的除外:

(1)擅自改变土地的农业用途;(2)弃耕抛荒连续两年以上;(3)给土地造成严重损害或者严重破坏土地生态环境;(4)其他严重违约行为。

有以上情形,承包方在合理期限内不解除土地经营权流转合同的,发包方有权要求终止土地经营权流转合同。

受让方对土地和土地生态环境造成的损害应当依法予以赔偿。

5. 流转管理

发包方对承包方流转土地经营权、受让方再流转土地经营权以及承包方、受让方利用土地经营权融资担保的,应当办理备案,并报告乡

(镇)人民政府农村土地承包管理部门。

乡(镇)人民政府农村土地承包管理部门应当向达成流转意向的双方提供统一文本格式的流转合同,并指导签订。流转合同中有违反法律法规的,应当及时予以纠正。

鼓励各地建立土地经营权流转市场或者农村产权交易市场。县级以上地方人民政府农业农村主管(农村经营管理)部门应当加强业务指导,督促其建立健全运行规则,规范开展土地经营权流转政策咨询、信息发布、合同签订、交易鉴证、权益评估、融资担保、档案管理等服务。

县级以上地方人民政府农业农村主管(农村经营管理)部门应当按照统一标准和技术规范建立国家、省、市、县等互联互通的农村土地承包信息应用平台,健全土地经营权流转合同网签制度,提升土地经营权流转规范化、信息化管理水平。

县级以上地方人民政府农业农村主管(农村经营管理)部门应当加强对乡(镇)人民政府农村土地承包管理部门工作的指导。乡(镇)人民政府农村土地承包管理部门应当依法开展土地经营权流转的指导和管理工作。

县级以上地方人民政府农业农村主管(农村经营管理)部门应当加强服务,鼓励受让方发展粮食生产;鼓励和引导工商企业等社会资本(包括法人、非法人组织或者自然人等)发展适合企业化经营的现代种养业。县级以上地方人民政府农业农村主管(农村经营管理)部门应当根据自然经济条件、农村劳动力转移情况、农业机械化水平等因素,引导受让方发展适度规模经营,防止垒大户。

县级以上地方人民政府依法建立工商企业等社会资本通过流转取得土地经营权的风险防范制度,加强事中事后监管,及时查处纠正违法违规行为。鼓励承包方和受让方在土地经营权流转市场或者农村产权交易市场公开交易。对整村(组)土地经营权流转面积较大、涉及农户较多、经营风险较高的项目,流转双方可以协商设立风险保障金。鼓励保险机构为土地经营权流转提供流转履约保证保险等多种形式的保险服务。

农村集体经济组织为工商企业等社会资本流转土地经营权提供服

务的,可以收取适量的管理费用。收取管理费用的金额和方式应当由农村集体经济组织、承包方和工商企业等社会资本三方协商确定。管理费用应当纳入农村集体经济组织会计核算和财务管理,主要用于农田基本建设或者其他公益性支出。

土地经营权流转发生争议或者纠纷的,当事人可以协商解决,也可以请求村民委员会、乡(镇)人民政府等进行调解。当事人不愿意协商、调解或者协商、调解不成的,可以向农村土地承包仲裁机构申请仲裁,也可以直接向人民法院提起诉讼。

 材料阅读:

"三权分置":农业经营方式的历史之变

2 000余亩托管土地,单小麦一季村集体净增20万元,带动农资销售50万元,农机作业22万元,为参与入股的农户每年每亩保底增收100元……山东省菏泽市东明县刘楼镇李集村村干部细细地盘算着一年种地的收入变化。

从前年开始,李集村种地运用了"村—社—企"模式,土地由村党支部领办土地股份专业合作社进行整合,村民以"农村土地经营权"入股合作社,把土地经营权变成股权交由合作社统一经营管理,产生的收益由合作社向村集体和入股村民进行约定分配,解决了"谁来种地、怎么种地"的难题,效果出乎意料的好。

近年来,像李集村这样的乡村逐渐多了起来,而变化源自6年前的一场农村土地制度改革。2016年,为了更进一步明晰土地产权关系,促进土地资源的合理化利用,提高土地产出率、劳动生产率和资源利用率,推动现代农业发展,中共中央办公厅、国务院办公厅印发《关于完善农村土地所有权承包权经营权分置办法的意见》,将农村土地承包经营权分为承包权和经营权,实行所有权、承包权、经营权分置并行,这是继家庭联产承包责任制后农村改革又一重大制度创新。

农村土地"三权分置"改革的核心在于全面放活土地经营权。

第三章 农业土地政策与法规

6年来,各地认真落实党中央、国务院的决策部署,围绕正确处理农民和土地关系这一改革主线,"三权分置"改革稳步推进,大大促进了农业经济效率的提高,为农业农村现代化打下了坚实基础。

- **放活经营权,产业发展有了新空间**

2021年全国产业强镇名单公布,内蒙古达拉特旗树林召镇榜上有名。从当地落后乡镇到全国产业强镇,树林召镇仅用了5年时间。

显著的改革成就,往往是在与历史的前后对照中产生。树林召镇变化如此之大,让镇长乔有世深有感慨:"树林召镇在坚持土地集体所有的前提下,实现所有权、承包权、经营权'三权分置',放活土地经营权,引导土地有序流转,走出了一条乡村产业发展的新路子。"

像树林召镇这样的情况,如今已经比较普遍。然而,2016年以前,伴随着工业化、城镇化的快速发展,外出务工农民越来越多,村里种地农民老龄化日趋严重,年轻人很少有人愿意种地,承包农户不经营自己承包地的情况越来越多。而且,因为没有理顺土地产权关系,侵害农民合法权益的问题时有发生,严重影响到农业适度规模经营的健康发展。

"手中没把米,叫鸡都不来。"乔有世说,当时企业想要在树林召镇扎根落地,却受限于土地、人才等多种因素,与分散的农民谈判艰难、土地流转契约不稳、项目周边群众矛盾突出;村民手里有地,却不能像城里人一样抵押贷款……

"土地经营权放活了,解决发展问题的办法就多了。"田家营子村党支部书记淡永强说,为了更好地放活经营权,我们先通过成立土地合作社将经营权集中,为乡村产业发展打基础。

树林召镇张铁营子村天之誉共赢土地合作社成立于2019年,89户农民的818亩土地入股,如今已经发展到112户1164亩土地。

"我入股了20亩,2020年市场行情好的时候,我每亩地纯收入1200元,这比自己种地强多了,不用操心地里的营生,还能出去打工再挣一份。"村民郝玉柱觉得以土地合作生产的模式非常受小农户的欢迎。

据介绍,截至目前,在树林召镇像这样的合作社已经发展到57个,集中起4万多亩耕地。土地经营权集中到合作社后,可以借助农村产权服务中心这个平台,通过出租、入股等方式,将土地经营权流转给其他主体,为产业发展提供便利。

农村土地"三权分置"改革给树林召镇带来了新的生机,如今的乡镇,农业观光、休闲采摘、体验研学等融合项目遍地开花,主导产业链条不断拉长,农业附加值更高,经济效益和社会效益双双提升。

专家认为,"三权分置"把承包户从土地上解放出来,可以放心地把土地流转出去,流转给专业的经营者,流转给新型经营主体,这是中国农业经营方式的历史性转变。

● **解放生产力,土地增收群众受益**

农村土地制度"三权分置"改革是深化农村改革的重要内容,江苏一直在探索和实践。江苏在全国率先出台实施意见,引导土地经营权规范有序流转,发展适度规模经营。

南通启东市南阳镇北清河村驻村第一书记赵悦帆说,村民土地一流转就变成了"多薪族",而且不用担心自己的承包权益受影响。

近年来,江苏进一步依托农村产权交易平台,推行土地经营权流转线上交易、流转合同网签,建立土地经营权抵押融资、履约保证保险等机制,用信息化手段为农民提供服务。

娄葑街道户籍人口11.03万人,其中29 427人为失地农民。"为了让失地农民共享园区经济快速发展的成果,街道各社区通过12家社区股份合作社的运营,确保失地农民股份分红逐年增长。"街道党工委书记傅刚说。

不仅是破除二元结构、促进城乡融合发展,"三权分置"改革带来的土地流转等模式逐步为农户接受,不断满足着农民对深化农村土地制度改革,实现土地、劳动力、农业机械设备、农资供应等生产要素优化配置的要求。

与鱼米之乡的富庶不同,特色农业大省广西壮族自治区则通过土地流转助力打赢了当年的脱贫攻坚战。

南宁市隆安县丁当镇是广西壮族自治区区内面积最大的火龙果种植、种苗培育基地。拥有这片基地的广西金福农业有限公司总裁苏秀清介绍,她通过土地经营权流转,整合了5 500亩连片土地,种植优质红心火龙果,每年通过土地租金、务工工资、入股分红等给当地农户增收,34个村累计获得集体经济收入455万元,辐射带动成效十分显著。

广西壮族自治区农业农村厅相关负责人说,农村土地制度"三权分置"改革解决了承包耕地细碎化问题,实现土地集中连片,让特色作物种植"耕、种、防、收、贮、运、加"的全程机械化有了施展条件,土地规模效益随之得到提高。

● **构建新机制,发现土地新"价值"**

受昆明市晋宁区晋城镇富安村民委员会二组委托,昆明农交所对村里9.16亩集体机动田六年的经营权进行公开竞价,经过8位承租人的11次竞价,标底价4 700元的土地经营权最终以6 500元成交,溢价率达38.3%。

不止溢价出租,李波凭农交所交易鉴证凭证到农信社金融授信,还获得了4万元经营性低息贷款。晋宁区农信社相关负责人介绍,开展金融业务进村服务,探索新型农业经营主体经营权抵押,可减轻经营主体的资金压力。

昆明市农业农村局副局长刘光耀介绍,目前,昆明市晋宁区和富民县形成了"一村一策一方案"的村级农村产权大数据交易模式,包括厘清村里资产、梳理闲置资产资源等问题,共同制定盘活策略,拟定流转方案和路径。

据介绍,这两年在富民县,行政村里多了一个群体——村级农村产权信息员,主要负责农村产权流转信息的收集、发布、组织交易、合同鉴证、产权评估、抵押贷款、"三资管理"和农村产权信息上传。村级信息员上传信息后,由县城乡产权交易服务中心统一整理发布信息、组织流转交易。

"将农村土地承包经营纠纷调解的第一现场放在田间地头。"刘光耀介绍,把好农村土地承包经营纠纷调解的第一关,针对合同时间、承租方主体资格审查、合同内容完整性等,指导修改合同中的"霸王条款"……

目前,富民县农村土地规模流转7宗,5 000多亩,集体闲置资产挂牌4宗,农村土地出租4宗,面积800亩。而近三年,昆明市的家庭承包耕地流转面积不断攀升,2021年达到135.70万亩,农村土地的价值在市场交易中被重新发现。

资料来源:高飞等,《农民日报》,2022年5月17日第1版。

三、其他方式的承包

1. 适用范围与方式

荒山、荒沟、荒丘、荒滩等可以直接通过招标、拍卖、公开协商等方式实行承包经营,也可以将土地经营权折股分给本集体经济组织成员后,再实行承包经营或者股份合作经营。

承包荒山、荒沟、荒丘、荒滩的,应当遵守有关法律、行政法规的规定,防止水土流失,保护生态环境。

以其他方式承包农村土地,在同等条件下,本集体经济组织成员有权优先承包。

发包方将农村土地发包给本集体经济组织以外的单位或者个人承包,应当事先经本集体经济组织成员的村民会议三分之二以上成员或者三分之二以上村民代表的同意,并报乡(镇)人民政府批准。

由本集体经济组织以外的单位或者个人承包的,应当对承包方的资信情况和经营能力进行审查后,再签订承包合同。

2. 承包合同

以其他方式承包农村土地的,应当签订承包合同,承包方取得土地经营权。当事人的权利和义务、承包期限等,由双方协商确定。以招标、拍卖方式承包的,承包费通过公开竞标、竞价确定;以公开协商等方式承包的,承包费由双方议定。

通过招标、拍卖、公开协商等方式承包农村土地,经依法登记取得权属证书的,可以依法采取出租、入股、抵押或者其他方式流转土地经营权。

3. 承包收益

通过招标、拍卖、公开协商等方式取得土地经营权的,该承包人死亡,其应得的承包收益,依照继承法的规定继承;在承包期内,其继承人可以继续承包。

四、争议的解决和法律责任

因土地承包经营发生纠纷的,双方当事人可以通过协商解决,也可以请求村民委员会、乡(镇)人民政府等调解解决。当事人不愿协商、调解或者协商、调解不成的,可以向农村土地承包仲裁机构申请仲裁,也可以直接向人民法院起诉。

任何组织和个人侵害土地承包经营权、土地经营权的,应当承担民事责任。

发包方有下列行为之一的,应当承担停止侵害、排除妨碍、消除危险、返还财产、恢复原状、赔偿损失等民事责任。

(1) 干涉承包方依法享有的生产经营自主权;

(2) 违反本法规定收回、调整承包地;

(3) 强迫或者阻碍承包方进行土地承包经营权的互换、转让或者土地经营权流转;

(4) 假借少数服从多数强迫承包方放弃或者变更土地承包经营权;

(5) 以划分"口粮田"和"责任田"等为由收回承包地搞招标承包;

(6) 将承包地收回抵顶欠款;

(7) 剥夺、侵害妇女依法享有的土地承包经营权;

(8) 其他侵害土地承包经营权的行为。

当事人一方不履行合同义务或者履行义务不符合约定的,应当依法承担违约责任。

承包合同中违背承包方意愿或者违反法律、行政法规有关不得收回、调整承包地等强制性规定的约定无效。

任何组织和个人强迫进行土地承包经营权互换、转让或者土地经营权流转的,该互换、转让或者流转无效。任何组织和个人擅自截留、扣缴土地承包经营权互换、转让或者土地经营权流转收益的,应当退还。

承包方、土地经营权人违法将承包地用于非农建设的,由县级以上地方人民政府有关主管部门依法予以处罚。承包方给承包地造成永久性损害的,发包方有权制止,并有权要求赔偿由此造成的损失。

土地经营权人擅自改变土地的农业用途、弃耕抛荒连续两年以上、给土地造成严重损害或者严重破坏土地生态环境,承包方在合理期限内不解除土地经营权流转合同的,发包方有权要求终止土地经营权流转合同。土地经营权人对土地和土地生态环境造成的损害应当予以赔偿。

违反土地管理法规,非法征收、征用、占用土地或者贪污、挪用土地征收、征用补偿费用,构成犯罪的,依法追究刑事责任;造成他人损害的,应当承担损害赔偿等责任。

国家机关及其工作人员有利用职权干涉农村土地承包经营,变更、解除承包经营合同,干涉承包经营当事人依法享有的生产经营自主权,强迫、阻碍承包经营当事人进行土地承包经营权互换、转让或者土地经营权流转等侵害土地承包经营权、土地经营权的行为,给承包经营当事人造成损失的,应当承担损害赔偿等责任;情节严重的,由上级机关或者所在单位给予直接责任人员处分;构成犯罪的,依法追究刑事责任。

 材料阅读(一):

农村土地经营权流转四问

2021年2月3日,农业农村部对外发布《农村土地经营权流转管理办法》(以下简称《办法》),自2021年3月1日起施行。《办法》对农村土地经营权流转有哪些新规定?如何避免耕地"非粮化""非农化"倾向？如何规范工商资本土地流转？如何破解流转违约及"跑路"等问题？记者采访了农业农村部有关负责人。

一问：新《办法》新在哪——三个方面新规定适应新形势新要求

农业农村部有关负责人指出，《农村土地经营权流转管理办法》是适应新形势新实践新要求制定的，延续了中央一贯的政策基调，遵循了《中华人民共和国农村土地承包法》的立法精神。新《办法》的"新"主要体现在三个方面。

一是落实"三权"分置制度，采用了新名称。按照集体所有权、农户承包权、土地经营权"三权"分置并行要求，新《办法》聚焦土地经营权流转，将规章名称修改为《农村土地经营权流转管理办法》，在依法保护集体所有权和农户承包权的前提下，主要就平等保护经营主体依流转合同取得的土地经营权，增加了一些具体规定，有助于进一步放活土地经营权，使土地资源得到更有效合理的利用。

二是贯彻加强监督管理要求，作出了新规定。落实《中华人民共和国农村土地承包法》要求，新《办法》明确了对工商企业等社会资本通过流转取得土地经营权的审查审核具体规定，以及建立风险保障制度的要求，以更好地保障流转双方的合法权益。

三是围绕强化耕地保护和粮食安全，补充了新内容。按照《关于防止耕地"非粮化"稳定粮食生产的意见》《关于坚决制止耕地"非农化"行为的通知》要求，新《办法》中强化了耕地保护和促进粮食生产的内容。

二问：耕地"非粮化""非农化"怎样避免——"农地农用"扎紧耕地保护的"篱笆"

当前，我国仍处于工业化、城镇化的快速发展时期，保护耕地的压力越来越大，保障国家粮食安全的任务越来越艰巨。党中央、国务院高度重视耕地保护问题，提出要扎紧耕地保护的"篱笆"，守住18亿亩耕地红线。

新《办法》作出了相应规定。一方面，严格防止耕地"非粮化"，明确土地经营权流转要确保农地农用，优先用于粮食生产，要将经营项目是否符合粮食生产等产业规划作为审查审核的重点内容，各级农业农村部门要加强服务,鼓励受让方发展粮食生产。另一方面,坚决制止耕地"非农化",明确土地经营权流转的受让方应当依照有关法律法规保护土地,禁止改变土地的农业用途;禁止闲置、荒芜耕地,禁止占用耕地建窑、建坟或者擅自在耕地上建房、挖砂、采石、采矿、取土等;禁止占用永久基本农田发展林果业和挖塘养鱼。

三问:工商资本土地流转如何更规范——建立分级资格审查和项目审核制度

实施乡村振兴战略,工商企业等社会资本是重要力量。近年来,各地积极引导和规范工商资本下乡,在带动乡村产业发展、加强农村基础设施建设、促进农民增收等方面发挥了积极作用。但也出现了部分工商资本大规模流转耕地后,加剧"非粮化"倾向等问题,有些地方甚至存在改变耕地农业用途的情况。

为此,新修订的《中华人民共和国农村土地承包法》明确要求建立工商企业等社会资本通过流转取得土地经营权的资格审查、项目审核和风险防范制度。

"贯彻落实法律和政策要求,新《办法》对建立健全工商企业等社会资本通过流转取得土地经营权的准入监管制度作了详细规定,明确地方人民政府要依法建立分级资格审查和项目审核制度,并规定了审查、审核的一般程序,引导工商企业等社会资本规范流转土地经营权。同时,考虑到各地情况差异较大,新《办法》明确要求,地方人民政府可以根据本办法,结合本行政区域实际,制定审查审核的实施细则。"

四问:毁约"跑路"问题如何解决——加强土地流转风险保障

受市场波动、自然灾害等多种因素影响,农业生产经营存在一定风险,特别是近年来粮食等农产品的生产比较效益下降,导致一些经营主体因亏损而毁约甚至"跑路"。为了更好地保障流转双方的合法权益,新《办法》专门增加了加强流转风险保障的相关内容。

"《办法》要求县级以上地方人民政府依法建立工商企业等社会资本通过流转取得土地经营权的风险防范制度。"该负责人指出,同时,鼓励各地建立多种形式的土地经营权流转风险防范和保障机制。如鼓励流转双方在土地经营权流转市场或农村产权交易市场公开交易,签订规范的流转合同,明确双方的权利义务;鼓励保险机构为土地经营权流转提供流转履约保证保险等多种形式的保险服务等。

此外,《办法》明确,有条件的可以设立风险保障金。实践中,一些地方通过政府适当补助的形式建立了土地经营权流转风险保障金制度,取得了较好的效果。"但考虑到各地差异较大,同时也避免增加经营主体负担,新《办法》不要求统一设立风险保障金,只是规定涉及整村(组)土地经营权流转面积较大、涉及农户较多、经营风险较高的项目可以设立风险保障金,但具体额度由流转双方协商。"该负责人说。

资料来源:李慧,《光明日报》,2021年2月5日第4版。

 材料阅读(二):

盐城:小田变大田,粮田更稳产

在拥有500多万乡村人口的盐城市,人均耕地面积略超2亩。3年来,在江苏省农业农村厅的指导下,盐城市为破解农村承包土地细碎化问题,在不改变土地承包关系和农户确权面积的前提下,探索"小田变大田"改革,目前已入选农业农村部全国农村改革试验区典型案例。

田埂少了,大田多了

盐城以占全国0.66%的耕地,生产了全国1.1%的粮食。2013年,盐城市射阳县为提高劳动生产效率曾尝试推行农户"联耕联种",即破除田块间的田埂,以打明暗桩、画线等形式标明各家界限,开展互助种植。这本质上还是各家种各家的田。2019年,盐城在亭湖区试点"小田变大田",2021年向全市推广。

2019年9月,亭湖区黄尖镇黄尖居委会六组率先开展改革试验。改革将原先零碎的田地置换合并成流转区和自种区,前者是

"多户一块"的大条田,流转给大户,后者是"一户一块"的小条田,留给小户。

区委农办副主任刘宏伟说,当地在给镇村干部做培训时反复强调,不改变土地承包经营关系,不触碰政策红线,不搞一刀切,推行时要经村(居)委会全体村(居)民代表会议同意。

并田后,田埂分界虽已不见,但原始田块位置通过测绘留存档案,各户土地确权的总面积保持不变。考虑到有的农户只想种自家地,当地不要求所有农田都调换,并保证所有村居都设立自种区。亭湖区试点镇村原有承包地35 552亩,共分散为14 312块,改革后调整为1 873块,整合效果十分显著。

并田后,需通过村委会流转的大田,在农村产权交易市场公布、竞拍。《半月谈》记者在盐都区农村产权交易中心看到,每一宗土地承包交易基础资料,都完整地附有每一户农民给村委会的土地流转委托协议,上面留有农民的签字以及红手印。盐城市要求流转的基本农田必须主要用于粮油生产,不得损坏耕作层。

改革中,盐城市还结合高标准农田建设,开展节水灌溉,建设烘干中心、晒场、仓储设施,以优化耕作条件,增强土地流转的吸引力。

多赢局面逐渐形成

在推行"小田变大田"的地区,当地村民、种植大户和乡村干部普遍认为改革不仅保障了各方利益,还符合适度规模经营、农业机械化发展的趋势,有利于保障粮食生产安全。

农户租金收入提高。"小田变大田"之前,由于田块远、面积小、不成片,农民流转土地租金较低,有时还会碰到少付或拖欠租金的情况。改革后,租金从过去每亩每年四五百元到如今涨了一倍多。这让"田转人离"的村民得以安心地外出务工,客观上促进了规模化生产。

大户种植成本降低。"小田变大田"后,田块置换合并,大多实现路相连、渠相通,便于开展社会化服务,种植成本随之下降。亭湖区农业部门曾测算,试点镇村的种粮大户种植一季粮食亩均用种量减少2.6公斤、用肥量下降5.8公斤、机用费减少80元,亩均小麦可以增产42.5公斤、水稻可以增产78公斤。

村集体经济实力增强。参照农业农村部发布的《农村土地经营权流转管理办法》相关规定,不少试点村集体向承包土地的种粮大户、家庭农场主或龙头企业收取每亩50元至80元不等的服务费,以应对承包期间可能出现的一些纠纷及公共维护事项。试点村多为工商业较弱的产粮村,收取服务费一定程度上改变了村集体经济薄弱的现状。也有村没有收取这笔费用。

分管"三农"工作的盐城市委副书记羊维达说,"小田变大田"促进了适度规模经营,调动了种植大户的积极性,提高了土地产出效益,达到富小农、壮主体、稳粮食的预期目标。

注重把握三个环节

盐城市在改革中严格依据法规和政策,及时征求各方意见,保证了改革稳妥进行。在这个过程中,一些经验也逐渐总结出来。

一是地租价格不能一味求高。粮食种植属于薄利行业,如果一些竞标者为了获得土地经营权而大幅抬高价格,则可能扰乱种粮秩序。为保证发包农户的土地出租收益和粮食规模经营户的合理经营收益,盐城市提出土地流转租金应在合理区间浮动,镇村干部、村民代表和家庭农场代表可成立评估小组,评估确认租金上下限。射阳县在全省率先试点农村土地流转限价熔断机制。

二是流转经营不宜规模过大。"小田变大田"为经营主体提高土地集中耕作程度创造了便利条件。但盐城市基层干部群众在受访时,多数不赞成单个主体流转经营规模过大。社会资本在扩大土地规模种植方面具有的明显优势,可能会挤压普通种粮大户的流转空间。对此,盐城市提出土地经营权流转要优先给本村、本地的种粮大户和家庭农场主。

三是合同期限保证长短适中。目前在盐城市推行"小田变大田"的地区,村(居)委会与种植大户签订的流转经营合同期限多数为2028年第二轮承包到期时。一些种植户认为合同期越长越好,这样才有长期投入的积极性。也有一些基层干部群众认为,如果合同期过长,在种粮收益日渐提高的预期下,将不利于农民分享土地流转收益,因此建议将合同期限定在 3 年至 10 年,同时将租金浮动机制写入合同条款。

资料来源:段羡菊、郑生竹、赵久龙,《半月谈》,2022 年第 14 期,节选。

一、选择题

1. 成功的土地政策是以对土地(　　)的认识为基础的。

A. 特性　　　B. 质量　　　C. 建设　　　D. 权利

2. 国家编制土地利用总体规划,规定土地用途,将土地分为(　　)。

A. 农用地　　B. 建设用地　　C. 未利用地　　D. 利用地

二、思考题

1. 我国实行怎样的土地权属制度?
2. 耕地保护的主要措施有哪些?
3. 什么是永久基本农田保护制度?
4. 农村土地承包合同当事人有哪些权利和义务?

第四章 农村市场主体法律制度

 **本章要点**

本章重点介绍了个体工商户、农村承包经营户、乡镇企业、农民股份合作企业等农村市场主体的法律制度以及农业社会化服务体系的有关知识。学习者还需了解自然人的民事权利能力和民事行为能力对其作为市场主体的影响,比较自然人、法人的区别,理解乡镇企业与农民股份合作企业的异同;掌握农民专业合作社的概念、本质、设立程序和条件、活动原则等。

第一节 农业劳动者个人或家庭作为市场主体的法律制度

随着我国改革开放的深入和市场经济的发展,农业劳动者逐渐以个人或家庭的名义融入社会主义市场经济的大潮中,在法律上一般称为个体工商户和农村承包经营户,他们均具有民事主体的法律地位,在经济法上一般称为市场主体。《中华人民共和国农业法》第3条规定,国家把农业放在发展国民经济的首位。农业和农村经济发展的基本目标是:建立适应发展社会主义市场经济要求的农村经济体制,不断解放和发展农村生产力,提高农业的整体素质和效益,确保农产品供应和质量,满足国民经济发展和人口增长、生活改善的需求,提高农民的收入和生活水平,促进农村富余劳动力向非农产业和城镇转移,缩小城乡差别和区域差别,建设富裕、民主、文明的社会主义新农村,逐步实现农业和农村现代化。为了实现这一目标,就需要充分调动和发挥农村市场主体的积极性,合理优化配置农业资源。

一、自然人

(一)自然人的内涵

自然人是社会活动中与组织相对的一类民事主体,是指在自然状态下出生的人。自然人的范围比公民要广,公民是指具有一个国家国籍的人,自然人不仅包括本国公民、外国公民,还包括无国籍人。农业劳动者可以自然人身份从事农业生产,作为市场主体从事经济活动,如购买农业生产资料或将多余农产品及经济作物在市场上出售。这种活动依照民法进行调整即可,无须单独立法。但是,自然人的民事权利能力和民事行为能力并不总是一致的,自然人一出生就具有民事权利能力,但其民事行为能力则受其年龄、智力和精神状况的影响。《民法典》规定,十八周岁以上的自然人为成年人。不满十八周岁的自然人为未成年人。成年人为完全民事行为能力人,可以独立实施民事法律行为。十六周岁以上的未成年人,以自己的劳动收入为主要生活来源的,视为完全民事行为能力人。八周岁以上的未成年人为限制民事行为能力人,实施民事法律行为由其法定代理人代理或者经其法定代理人同意、追认,但是可以独立实施纯获利益的民事法律行为或者与其年龄、智力相适应的民事法律行为。不满八周岁的未成年人为无民事行为能力人,由其法定代理人代理实施民事法律行为。不能辨认自己行为的成年人为无民事行为能力人,由其法定代理人代理实施民事法律行为。不能完全辨认自己行为的成年人为限制民事行为能力人,实施民事法律行为由其法定代理人代理或者经其法定代理人同意、追认,但是可以独立实施纯获利益的民事法律行为或者与其智力、精神健康状况相适应的民事法律行为。

(二) 个体工商户

自然人从事工商业经营,经依法登记,为个体工商户。个体工商户可以起字号。个体工商户可以个人经营,也可以家庭经营。个体工商户的合法权益受法律保护,任何单位和个人不得侵害。个体工商户从事经营活动,应当遵守法律、法规,遵守社会公德、商业道德,诚实守信,接受政府及其有关部门依法实施的监督。

有经营能力的公民经市场监督管理部门登记,领取个体工商户营业执照,依法开展经营活动。个体工商户的登记事项包括经营者姓名和住所、组成形式、经营范围和经营场所。个体工商户使用名称的,名称作为登记事项。申请人应当提交登记申请书、身份证明和经营场所证明,并对申请材料的真实性负责。

国家对个体工商户实行市场平等准入、公平待遇的原则。申请办理个体工商户登记,申请登记的经营范围不属于法律、行政法规禁止进入的行业的,登记机关应当依法予以登记。

地方各级人民政府和县级以上人民政府有关部门应当采取措施,在经营场所、创业和职业技能培训、职业技能鉴定、技术创新、参加社会保险等方面,为个体工商户提供支持、便利和信息咨询等服务。依法成立的个体劳动者协会在市场监督管理部门指导下,为个体工商户提供服务,维护个体工商户的合法权益,引导个体工商户诚信自律。

个体工商户的债务,个人经营的,以个人财产承担;家庭经营的,以家庭财产承担;无法区分的,以家庭财产承担。

(三) 农村承包经营户

1. 农村承包经营户的概念

农村集体经济组织的成员,依法取得农村土地承包经营权,从事家庭承包经营的,为农村承包经营户。

2. 农村承包经营户的法律特征

农村承包经营户具有如下法律特征。

(1) 农村承包经营户是农村集体经济组织的成员。

农村承包经营户是农村集体经济的一个经营层次,所以,农村承包经营户一般为农村集体经济组织的成员。农村承包经营户是由作为农村集体经济组织的成员的一人或多人所组成的农户,但它和以往的农户不同,农村承包经营户是在推行联产承包责任制中,通过承包合同的形式,把农民家庭由生活单位变成了生产和生活相结合的单位所产生的。

(2) 农村承包经营户以户的名义从事承包经营。

农村承包经营户的"户",可以是一人经营,也可以是家庭经营,但须以户的名义进行经营活动。农村承包经营户的债务,以从事农村土地承包经营的农户财产承担;事实上由农户部分成员经营的,以该部分成员的财产承担。

(3) 农村承包经营户依照承包合同的规定从事经营。

农村承包合同是农村集体经济组织与农村承包经营户之间,为完成某项农业生产任务所签订的协议,包括书面合同、口头合同、任务下达书以及其他能够证明承包关系的事实和文件。

农村承包经营户是通过承包合同产生的,其所利用的是集体的资源。根据承包合同,集体经济组织的大部或全部生产资料要转归承包经营户占有、使用和收益,承包经营户享有合法的经营权。在合同规定的范围内,承包经营户自主地安排生产计划、作物布局、增产措施,并统一支配户内劳动力,组织生产协作,独立或相对独立地完成生产任务。承包经营户也要承担经营风险,若违反了承包合同,要承担财产责任。承包经营户依据合同享有权利,也应依据合同承担义务。

(4) 农村承包经营户必须在法律允许的范围内从事生产和经营活动。

农村承包经营户承包集体所有的生产资料,从事生产和经营活动时,必须符合国家法律和政策的规定。从事承包经营的家庭或个人,对于承包的生产资料不享有所有权,只享有经营权。任何人不得买卖土地,不得在承包地上建房、起土、造坟,更不得哄抢、私分属于集体或国家的财产。对于少数承包经营户因经营不善造成土地荒芜或地力严重下降的,所有权人有权进行干涉或给予惩罚,以至收回土地。

3. 农村承包经营户的法律地位

农村承包经营户的法律地位,是指农村承包经营户由法律规定的对内、对外的权利、义务关系。

（1）农村承包经营户具有经济组织所享有的全部权利，并独立承担其全部义务。包括享有财产所有权、所承包土地及其他生产资料的占有使用权、生产经营计划权、产品收益分配权、雇工权、土地转包权、银行开户权和借款权等广泛的民事权利。农村承包经营户的债务，以从事农村土地承包经营的农户财产承担；事实上由农户部分成员经营的，以该部分成员的财产承担。

（2）农村承包经营户在其合同财产范围内，享有对土地、山林、水面、滩涂等生产资料的生产经营权等各项权利。《中华人民共和国农业法》对农村承包经营的各项生产经营权利作了具体的法律规定。

（3）农村承包经营户民事主体法律地位，是自签订农业承包合同时产生的，农村承包经营户是与发包方（集体经济组织、村民委员会）具有平等权利义务关系的民事主体。双方在农业承包合同的基础上平等地享有合同约定的及法律规定的各项民事权利，平等地履行合同约定的及法律规定的各项民事义务。

二、法人

法人是具有民事权利能力和民事行为能力，依法独立享有民事权利和承担民事义务的组织。法人应当依法成立。法人应当有自己的名称、组织机构、住所、财产或者经费。法人成立的具体条件和程序，依照法律、行政法规的规定。法人的民事权利能力和民事行为能力，从法人成立时产生，到法人终止时消灭。法人以其全部财产独立承担民事责任。

根据《民法典》规定，法人可以分为三类：营利法人、非营利法人和特别法人。特别法人包括机关法人、农村集体经济组织法人、城镇农村的合作经济组织法人和基层群众性自治组织法人。

农村集体经济组织的法人化，尊重和保障了农民集体组织的主体性要求，能充分激发农村生产要素潜能，壮大集体经济，促进农村农业的创新和全面发展。农村集体经济组织的法人化，从根本上改变了农民集体经济组织作为集体所有权的权利主体被虚置的尴尬处境,能够依法构建起科学有效的治理结构,厘清集体经济组织财产属于法人所有而不是成员共有的本质,彻底改变我国土地利益争夺中农民的"集体失语"现象,还原农民对其自身权益的合法话语权,最终保障农民权益的实现。长期以来,农村集体经济组织与乡镇人民政府、村民委员会、村民小组交织在一起,彼此关系没有理顺。将集体经济组织规定为法人后,乡镇集体经济组织与乡镇政府、村集体经济组织与村民委员会实现分离,集体经济组织回归到其原本的经济组织的地位。其性质主要是民事主体,要订立自己的章程,建立起"意思机关(决策机关)—执行机关—监督机关"的治理结构,按照章程确立法定代表人,依照法律和章程规定的程序形成集体经济组织法人的意思;在集体经济组织与其成员之间的关系上,形成清晰的财产相互独立、责任相互独立、意思相互独立的法律架构;有利于逐步建立责权明晰、运转有效的乡村民主监督机制,重构村民会议(村民大会或村民代表大会)、村民委员会之间的权利义务关系,形成公平、公开、有效的乡村治理机制①。

 **材料阅读:**

农村集体经济组织,这个"特别法人"不一般!

作为迄今为止最为广泛高效的经济组织形式,公司被看作"人类的成就"。然而在中国,有一类"特别法人",它像公司一样参与市场经营,却与一般性企业有很大不同。村庄的大量土地、房屋乃至山林,都是它的资产构成,它的成员并不对村庄以外的主体开放,兼具地域性、社区性和内部性,这就是农村集体经济组织。在改革开放 40 年的历程中,农村集体经济组织为活跃农村经济、促进农民增收发挥了不可估量的作用。长期以来,却由于没有法人地位的尴尬现实,其健康发展受到严重制约。

2018 年 11 月,来自全国的 10 个新成立的农村集体经济组织

---

① 屈茂辉.农村集体经济组织法人制度研究[J].政法论坛,2018(2):28—40.

领取了印有18位统一社会信用代码的"身份证",掀开了"特别法人"名正言顺进入市场,充分展现发展潜力的历史一页。这是一件可以彪炳史册的事件,带来我国农村生产力的又一次巨大解放;这背后是一场规模宏大的改革,涉及近2亿农户8亿农民的切身利益;这是一场惠民利民的举措,有望推动农村经济实现新一轮飞跃。

早在20世纪80年代中期,广州天河、佛山南海等地就悄然开始了一场农村土地股份合作制改革,集体资产折股量化到每个村民,抱团发展集体经济。但是这个组织到底是什么性质,到哪里去登记,怎么搞经营活动,都没有明确的说法和路径。"去工商局登记,工商局说,你们这个不是工商企业,既不是有限责任公司,也不是股份有限公司。首先,人数上就不符合,工商企业股东人数分50人以内、200人以内两种。但是进行股份合作制改革的村子人数往往超过这个数。有的大村几千人,小点的村也有四五百人,工商局不受理,还有很多障碍,比如税收。这个组织除了要承担社区公益事业,比如治安、卫生、绿化这些,还要交很多税,而且没有税前抵扣。"农业农村部政策与改革司集体资产处处长余葵说。

在这之前,各地农村集体经济组织在登记方面可谓五花八门。有在农业部门登记的,有登记为工商企业的,还有登记为农民专业合作社、社团组织的,或者干脆由村委会代行经营职能。这些不得已而为之的做法也带来了诸多隐患和局限。签合同,人家不认;缴税,只能列为"其他类";甚至打官司,都会遇到比其他经济组织更多的麻烦。摆在面前的,犹如一座透明的"钟罩",使得集体经济组织的经营活动被一定程度地隔离了。

此外,市场化的大潮、城镇化的进程都在加速乡村的变迁,也使得农村集体经济组织在国家层面上的身份认定更加迫切。"现在的农村社区和过去完全不一样了,它是开放的,外来人口可能比社区成员还要多。有些城中村、城郊村实力很强,一项征地补偿款就有几千万、几个亿,它该以什么样的身份去投资?以村委会的名义,这个资产又不完全是村委会的。"余葵说。

2017年10月开始实施的《民法总则》(现《民法典》总则编)最终确定了农村集体经济组织为一类"特别法人",赋予其市场主体地位。次年,农业农村部、中国人民银行、国家市场监督管理总局联合下发了《关于开展农村集体经济组织登记赋码工作的通知》。明确登记赋码管理部门为各级农业农村主管部门,重点任务落实到县级。2018年11月5日,全国农村集体经济组织登记赋码管理系统上线启用,登记赋码及换证工作正式展开,标志着农村集体经济组织规范化管理取得实质性进展。

"为什么说意义重大。因为它真正确立了集体经济组织的'市场主体地位'。集体经济组织可以据此名正言顺地去银行办理开户,和其他经济组织一样,独立地对外签订合同、开发票,平等参与市场竞争。"余葵说,"这张印着N打头代码的证书将在中国人民银行备案,它打通了集体经济组织在市场、税务、金融等多个部门间的身份认同,并且全国通用,等于是张'全国粮票'。"

登记赋码工作的全面开展为乡村集体经济发展添了一把火,活化了农村产业,释放了集体经济的潜力,并且有望使得集体经济组织这个"特别法人"成为活跃乡村经济的重要单元。冲击波正在波浪式地覆盖乡村:借助改革,很多地方回头来盘点,发现有不少资产可以服务于全村经济发展和村民生活;在股份合作上,虽然不同的地方有不同的表现形式,但从以前少数人管,资金不知去向,到现在的阳光运行,集体资产的经营效益有了明显的提高;在一些已经消失或正处在城镇化进程中的城中村、城郊村,核资量化,资产有了主,也促进了劳动力的流动;改革还为公共财政投入以及乡村治理提供了载体。政府投入、减免税费形成的资产,落实到集体经济组织,再量化到成员头上,使之成为农户一个长期的收入。

资料来源:张凤云、柯利刚、范亚旭,《农民日报》,2019年3月22日第4版。

第二节 乡镇企业法律制度

一、乡镇企业的概念和特点

乡镇企业是指农村集体经济组织或者农民投资为主,在乡镇(包括所辖村)举办的承担支援农业义务的各类企业。乡镇企业是中国乡镇地区多形式、多层次、多门类、多渠道的合作企业和个体企业的统称,包括乡镇办企业、村办企业、农民联营的合作企业、其他形式的合作企业和个体企业等。乡镇企业符合企业法人条件的,依法取得企业法人资格。

乡镇企业是独立自主的经济实体,具有如下特点:产供销活动主要靠市场调节;职工大都实行亦工亦农的劳动制度和灵活多样的分配制度;与周围农村联系密切,便于利用本地各种资源;分布点多、面广,便于直接为各类消费者服务;经营范围广泛,几乎涉及各行各业;规模较小,能比较灵活地适应市场需求的不断变化;在现阶段大多是劳动密集型的经济组织,技术设备比较简陋,能容纳大量农村剩余劳动力。这些特点使得乡镇企业具有极大的适应性和顽强的生命力,也具有较大的盲目性和不稳定性,劳动生产率一般都比较低。

二、乡镇企业的地位、任务和作用

乡镇企业是农村经济的重要支柱和国民经济的重要组成部分。乡镇企业依法实行独立核算,自主经营,自负盈亏。具有企业法人资格的乡镇企业,依法享有法人财产权。

乡镇企业的主要任务是:根据市场需要发展商品生产,提供社会服务,增加社会有效供给,吸收农村剩余劳动力,提高农民收入,支援农业,推进农业和农村现代化,促进国民经济和社会事业发展。

20 世纪 80 年代以来,中国乡镇企业获得迅速发展,对充分利用乡村地区的自然及社会经济资源向生产的深度和广度进军,促进乡村经济繁荣和人们物质文化生活水平的提高,改变单一的产业结构,吸收数量众多的乡村剩余劳动力,以及改善工业布局、逐步缩小城乡差别和工农差别,建立新型的城乡关系均具有重要意义。

三、乡镇企业出现的原因

乡镇企业的前身是在改革开放前即已存在于中国农村的社队企业。1978年,全国社队企业的数量已经达到152万个,有2 827万农村劳动力在企业中就业。随着农村改革的启动和逐步推进,社队企业的发展环境逐步宽松,一些鼓励农村发展非农经济的措施纷纷出台。1984年3月,社队企业的提法正式更名为乡镇企业。到20世纪90年代中期,乡镇企业进入其发展的黄金时期,在乡镇企业就业的劳动力更是占农村劳动力的近30%。此时,乡镇企业不仅成为农村经济中的一支重要力量,也为整个国民经济的发展作出了重要贡献[①]。

乡镇企业的出现既和农村经济环境的变化有关,也得益于城乡关系的转变。农村改革导致的技术效率释放,以及随后的农业要素投入的边际递减,使乡镇企业获得了充足的劳动力来源;农业产出水平和农民收入的增加,使乡镇企业的发展得到了获取资金的渠道,也为以轻工业为主的乡镇企业的发展提供了充足的原材料来源。

更重要的一点是,在农村经济体制率先改革的初期,城乡经济体制改革相对滞后,以国有企业为主的传统经济体制并没有形成市场化的预算硬约束机制,也没有形成和乡镇企业之间对资金、原材料和产品市场的竞争。在发展乡镇企业可以稳定农村经济、为农村剩余劳动力提供就业机会、增加农民收入,而又不触及城市经济利益的情况下,自然就会迎来乡镇企业发展的黄金时期。

四、乡镇企业的管理制度

乡镇企业按照法律、行政法规规定的企业形式设立,投资者依照有

---

① 蔡昉,王德文,都阳.中国农村改革与变迁:30年历程和经验分析[M].上海:格致出版社,上海人民出版社,2008:76—81.

关法律、行政法规决定企业的重大事项,建立经营管理制度,依法享有权利和承担义务。

(1) 乡镇企业依法实行民主管理,投资者在确定企业经营管理制度和企业负责人,作出重大经营决策和决定职工工资、生活福利、劳动保护、劳动安全等重大问题时,应当听取本企业工会或者职工的意见,实施情况要定期向职工公布,接受职工监督。

(2) 乡镇企业应当按照市场需要和国家产业政策,合理调整产业结构和产品结构,加强技术改造,不断采用先进的技术、生产工艺和设备,提高企业经营管理水平。

(3) 举办乡镇企业,其建设用地应当符合土地利用总体规划,严格控制、合理利用和节约使用土地,凡有荒地、劣地可以利用的,不得占用耕地、好地。举办乡镇企业使用农村集体所有的土地的,应当依照法律、法规的规定,办理有关用地批准手续和土地登记手续。乡镇企业使用农村集体所有的土地,连续闲置两年以上或者因停办闲置一年以上的,应当由原土地所有者收回该土地使用权,重新安排使用。

(4) 乡镇企业应当依法合理开发和使用自然资源。乡镇企业从事矿产资源开采,必须依照有关法律规定,经有关部门批准,取得采矿许可证、生产许可证,实行正规作业,防止资源浪费,严禁破坏资源。

(5) 乡镇企业应当按照国家有关规定,建立财务会计制度,加强财务管理,依法设置会计账册,如实记录财务活动。

(6) 乡镇企业应当加强产品质量管理,努力提高产品质量;生产和销售的产品必须符合保障人体健康、人身、财产安全的国家标准和行业标准;不得生产、销售失效、变质产品和国家明令淘汰的产品;不得在产品中掺杂、掺假,以假充真,以次充好。

(7) 乡镇企业应当依法使用商标,重视企业信誉;按照国家规定,制作所生产经营的商品标识,不得伪造产品的产地或者伪造、冒用他人厂名、厂址和认证标志、名优标志。

(8) 乡镇企业必须遵守有关环境保护的法律、法规,按照国家产业政策,在当地人民政府的统一指导下,采取措施,积极发展无污染、少污染和低资源消耗的企业,切实防治环境污染和生态破坏,保护和改善环境。

(9) 乡镇企业必须遵守有关劳动保护、劳动安全的法律、法规,认真贯彻执行安全第一、预防为主的方针,采取有效的劳动卫生技术措施和管理措施,防止生产伤亡事故和职业病的发生;对危害职工安全的事故隐患,应当限期解决或者停产整顿。严禁管理者违章指挥,强令职工冒险作业。发生生产伤亡事故,应当采取积极的抢救措施,依法妥善处理,并向有关部门报告。

(10) 乡镇企业违反国家产品质量、环境保护、土地管理、自然资源开发、劳动安全、税收及其他有关法律、法规的,除依照有关法律、法规处理外,在其改正之前,应当根据情节轻重停止其享受法律规定的部分或者全部优惠。

五、国家对乡镇企业的鼓励和优惠政策

国务院乡镇企业行政管理部门和有关部门按照各自的职责对全国的乡镇企业进行规划、协调、监督、服务;县级以上地方各级人民政府乡镇企业行政管理部门和有关部门按照各自的职责对本行政区域内的乡镇企业进行规划、协调、监督、服务。国家对乡镇企业积极扶持、合理规划、分类指导、依法管理。国家鼓励和重点扶持经济欠发达地区、少数民族地区发展乡镇企业,鼓励经济发达地区的乡镇企业或者其他经济组织采取多种形式支持经济欠发达地区和少数民族地区举办乡镇企业。国家保护乡镇企业的合法权益;乡镇企业的合法财产不受侵犯。任何组织或者个人不得违反法律、行政法规干预乡镇企业的生产经营和撤换企业负责人;不得非法占有或者无偿使用乡镇企业的财产。

国家根据乡镇企业发展的情况,在一定时期内对乡镇企业减征一定比例的税收。减征税收的税种、期限和比例由国务院规定。国家对符合下列条件之一的中小型乡镇企业,根据不同情况实行一定期限的税收优惠。

(1) 集体所有制乡镇企业开办初期经营确有困难的;

(2) 设立在少数民族地区、边远地区和贫困地区的;

(3) 从事粮食、饲料、肉类的加工、贮存、运销经营的;

(4) 国家产业政策规定需要特殊扶持的。

国家运用信贷手段,鼓励和扶持乡镇企业发展。对于符合上述规定条件之一并且符合贷款条件的乡镇企业,国家有关金融机构可以给予优先贷款,对其中生产资金困难且有发展前途的,可以给予优惠贷款。

县级以上人民政府依照国家有关规定,可以设立乡镇企业发展基金。基金由下列资金组成。

(1) 政府拨付的用于乡镇企业发展的周转金;

(2) 乡镇企业每年上缴地方税金增长部分中一定比例的资金;

(3) 基金运用产生的收益;

(4) 农村集体经济组织、乡镇企业、农民等自愿提供的资金。

乡镇企业发展基金专门用于扶持乡镇企业发展,其使用范围如下。

(1) 支持少数民族地区、边远地区和贫困地区发展乡镇企业;

(2) 支持经济欠发达地区、少数民族地区与经济发达地区的乡镇企业之间进行经济技术合作和举办合资项目;

(3) 支持乡镇企业按照国家产业政策调整产业结构和产品结构;

(4) 支持乡镇企业进行技术改造,开发名特优新产品和生产传统手工艺产品;

(5) 发展生产农用生产资料或者直接为农业生产服务的乡镇企业;

(6) 发展从事粮食、饲料、肉类的加工、贮存、运销经营的乡镇企业;

(7) 支持乡镇企业职工的职业教育和技术培训;

(8) 其他需要扶持的项目。

国家积极培养乡镇企业人才,鼓励科技人员、经营管理人员及大中专毕业生到乡镇企业工作,通过多种方式为乡镇企业服务。乡镇企业通过多渠道、多形式培训技术人员、经营管理人员和生产人员,并采取优惠措施吸引人才。国家采取优惠措施,鼓励乡镇企业同科研机构、高等院校、国有企业及其他企业、组织之间开展各种形式的经济技术合作。

第三节 农民股份合作企业法律制度

一、农民股份合作企业的含义

农民股份合作制是继农村家庭联产承包责任制之后,广大农民在发展农村市场经济过程中发展起来的一种新型的农村经济组织形式和产权制度。目前,调整农民股份合作企业的法律依据是农业部(现农业农村部)1990年发布,并于1997年12月修订的《农民股份合作企业暂行规定》(以下简称《暂行规定》)。依据《暂行规定》,农民股份合作企业是指由三户以上劳动农民,按照协议,以资金、实物、技术、劳力等作为股份,自愿组织起来从事生产经营活动,接受国家计划指导,实行民主管理,以按劳分配为主,又有一定比例的股金分红,有公共积累,能独立承担民事责任,经依法批准建立的经济组织。

二、农民股份合作企业的性质、任务和意义

农民股份合作企业是劳动农民的合作经济,是社会主义劳动群众集体所有制经济,是乡镇企业的重要组成部分和农村经济的重要力量。

农民股份合作企业的主要任务是:发展农村社会主义商品经济,安排农村剩余劳动力,支援农业生产,增加农民和国家财政收入,发展出口创汇生产,为大工业配套和服务,促进社会生产力的发展,满足人民日益增长的物质和文化生活需要。

农民股份合作企业是马克思关于合作经济理论在中国的新发展,是深化农村改革的一个突破口,是在市场经济条件下对社会主义公有制的自我完善,是广大农民继农村家庭联产承包责任制和乡镇企业之后的第三个伟大创造。农民股份合作企业有利于创建市场经济主体,完善企业经营机制;有利于实行政企分开,增强企业经营活力;有利于

改革农村投资体制,拓展资金融通渠道;有利于组织农民进入市场,实现共同富裕的目标[①]。

三、农民股份合作企业的权利与义务

(一) 农民股份合作企业的权利

1. 企业财产所有权

农民股份合作企业的股份资产属举办该企业的全体成员集体所有,由股东大会(股东代表大会)选举产生的董事会代表全体股东行使企业财产的所有权。

2. 生产经营自主权

农民股份合作企业实行独立核算,自主经营,自负盈亏。依法享有自行确定企业的组织管理机构、经营方式、生产计划、产品销售、资金使用、计酬形式、收益分配、职工招聘或辞退等权利。根据生产发展需要,可以扩股或增股,也可以向银行(信用社)申请贷款。生产列入国家计划产品、名特优新农产品、出口产品和市场紧缺商品的企业,在税收、信贷、能源、原材料和运输等方面,享受乡镇集体企业同等待遇。

3. 合法权益受法律保护

农民股份合作企业的合法权益受国家法律保护,任何单位和个人不得以任何方式或借口,平调、侵占和无偿使用企业的资金、设备、产品和劳力。企业按县级以上人民政府的明文规定交纳费用后,有权抵制和拒付其他各种摊派。

(二) 农民股份合作企业的义务

1. 开办企业必须接受行政审批的义务

开办企业须持有村民委员会证明,并提交合股者的协议书和企业股份合作章程等文件报乡级以上乡镇企业主管部门批准,依法办理工商、企业法人和税务登记。

2. 签订书面劳务合同招聘员工的义务

农民股份合作企业招聘职工应根据国家有关劳动法规,双方签订

---

① 巫国兴.新编农业经济管理概论[M].厦门:厦门大学出版社,2001:30—31.

书面的劳务合同，明确双方的权利和义务，包括期限、报酬和劳保福利待遇等。严禁企业招用童工。有条件的企业应逐步建立职工退休劳动保险制度。

3. 确立以按劳分配为主体的收入分配方式的义务

农民股份合作企业实行按劳分配和按股分红相结合，以按劳分配为主的分配方式。经营者的报酬可以从优，但一般最高不得超过职工平均工资和奖金收入的五倍。个人收入超过国家规定征税标准的，应依法交纳个人收入调节税。

4. 依法纳税的义务

农民股份合作企业领取营业执照后，应在 30 日内向当地税务机关办理税务登记手续，接受税务机关的管理和监督。企业应按国家对集体企业征税的有关规定，依法纳税。企业减免税款必须转入生产发展基金，全部用于发展生产，不得作为盈利用于分配。

5. 加强财务管理的义务

农民股份合作企业应执行国家制定的乡村集体企业财会制度，加强财务管理。企业各项专用基金、经营费用和补农建农基金，可按乡村集体企业的标准提取和列支。股金分红中相当于储蓄利息部分，企业可按有关规定列入生产经营成本。企业应按农业农村部、财政部规定，及时、足额向乡镇企业主管部门交纳管理费。

6. 合理分配税后利润的义务

农民股份合作企业应注重自身积累。企业在税后利润中，必须提取一部分作为不可分割的公共积累。企业税后利润分配，应有 60% 以上用于扩大再生产（其中，50% 作为不可分割的公共积累），其余 40% 用于股金分红（股金分红一般不得超过税后利润的 20%）、集体福利基金、职工奖励基金等，具体比例由各地确定。

四、农民股份合作企业的组织形式和管理制度

农民股份合作企业应实行股东大会（股东代表大会）制度。股东大会（股东代表大会）是企业的最高权力机构，可选举产生董事会作为常设机构。董事会向股东大会（股东代表大会）负责，决定企业生产经营

中的重大问题。企业实行承包经营责任制和厂长(经理)负责制。

股份是投资入股者在企业财产中所占的份额。为保证企业稳定发展,企业必须加强股份管理。入股者一般不得退股。个别因特殊情况要求退股的,在注册资本不减少的前提下,经股东大会(股东代表大会)或董事会批准可以退股。股权可依法继承、转让、馈赠,但须向企业股东大会(股东代表大会)或董事会申报,并办理有关手续。

农民股份合作企业改变名称、合并、分立、迁移、歇业、终止或变更其他登记事项,须向原批准和发证机关申请办理手续。企业分立、合并或终止时,必须保护其财产,依法清理债权债务。公共积累或其剩余部分的处理,可以用于发展新企业,可以作为股份对外入股,可以用于支农建农,也可以用于建立职工保险、福利基金等,但不得分给职工个人。具体由职工大会或职工代表大会决定。企业破产,应组建清产组织,依法进行清算,以企业财产承担有限责任。企业必须遵照国家法律、法规和政策,维护社会经济秩序和消费者的利益,开展合法的生产经营活动。违者,由有关行政主管机关责令改正。各级人民政府的乡镇企业管理部门是企业的主管部门,负责对企业进行指导、管理、监督、协调和服务。

第四节　农民专业合作社法

一、农民专业合作社的概念和地位

农民专业合作社是在农村家庭承包经营的基础上,同类农产品的生产经营者或者同类农业生产经营服务的提供者、利用者,自愿联合、民主管理的互助性经济组织。农民专业合作社以其成员为主要服务对象,提供农业生产资料的购买,农产品的销售、加工、运输、贮藏以及与农业生产经营有关的技术、信息等服务。

目前,调整农民专业合作社的法律文件是《农民专业合作社法》,该法自2006年10月31日通过,并于2017年12月27日修订。依法成立的农民专业合作社可以取得法人身份。农民专业合作社依照该法登记,取得法人资格。农民专业合作社对由成员出资、公积金、国家财政直接补助、他人捐赠以及合法取得的其他资产所形成的财产,享有占有、使用和处分的权利,并以上述财产对债务承担责任。农民专业合作社成员以其账户内记载的出资额和公积金份额为限对农民专业合作社承担责任。国家保护农民专业合作社及其成员的合法权益,任何单位和个人不得侵犯(见图4-1)。

图4-1 2021年10月1日,陕西省榆林市米脂县杨家沟村寺沟亨亨养殖专业合作社召开全体股民分红大会

(资料来源:新华社,记者陶明 摄。)

二、农民专业合作社应遵循的原则

农民专业合作社应当遵循下列原则。

(1)成员以农民为主体;

(2)以服务成员为宗旨,谋求全体成员的共同利益;

(3)入社自愿、退社自由;

(4) 成员地位平等,实行民主管理;

(5) 盈余主要按照成员与农民专业合作社的交易量(额)比例返还。

三、农民专业合作社的设立和登记

依据《农民专业合作社法》,设立农民专业合作社,应当具备下列条件。

(1) 有五名以上符合规定的成员;

(2) 有符合本法规定的章程;

(3) 有符合本法规定的组织机构;

(4) 有符合法律、行政法规规定的名称和章程确定的住所;

(5) 有符合章程规定的成员出资。

设立农民专业合作社应当召开由全体设立人参加的设立大会。设立时自愿成为该社成员的人为设立人。设立大会行使下列职权:通过本社章程,章程应当由全体设立人一致通过;选举产生理事长、理事、执行监事或者监事会成员;审议其他重大事项。

农民专业合作社章程应当载明下列事项。

(1) 名称和住所;

(2) 业务范围;

(3) 成员资格及入社、退社和除名;

(4) 成员的权利和义务;

(5) 组织机构及其产生办法、职权、任期、议事规则;

(6) 成员的出资方式、出资额;

(7) 财务管理和盈余分配、亏损处理;

(8) 章程修改程序;

(9) 解散事由和清算办法;

(10) 公告事项及发布方式;

(11) 需要规定的其他事项。

设立农民专业合作社,应当向工商行政管理部门提交下列文件,申请设立登记。

(1) 登记申请书;

(2) 全体设立人签名、盖章的设立大会纪要;

(3) 全体设立人签名、盖章的章程；

(4) 法定代表人、理事的任职文件及身份证明；

(5) 出资成员签名、盖章的出资清单；

(6) 住所使用证明；

(7) 法律、行政法规规定的其他文件。

登记机关应当自受理登记申请之日起二十日内办理完毕，向符合登记条件的申请者颁发营业执照。农民专业合作社法定登记事项变更的，应当申请变更登记。办理登记不得收取费用。

四、关于成员的规定

《农民专业合作社法》第19条规定："具有民事行为能力的公民，以及从事与农民专业合作社业务直接有关的生产经营活动的企业、事业单位或者社会团体，能够利用农民专业合作社提供的服务，承认并遵守农民专业合作社章程，履行章程规定的入社手续的，可以成为农民专业合作社的成员。但是，具有管理公共事务职能的单位不得加入农民专业合作社。"该法第二十条规定："农民专业合作社的成员中，农民至少应当占成员总数的百分之八十。成员总数二十人以下的，可以有一个企业、事业单位或者社会团体成员；成员总数超过二十人的，企业、事业单位和社会团体成员不得超过成员总数的百分之五。"

农民专业合作社成员享有下列权利。

(1) 参加成员大会，并享有表决权、选举权和被选举权，按照章程规定对本社实行民主管理；

(2) 利用本社提供的服务和生产经营设施；

(3) 按照章程规定或者成员大会决议分享盈余；

(4) 查阅本社的章程、成员名册、成员大会或者成员代表大会记录、理事会会议决议、监事会会议决议、财务会计报告和会计账簿；

(5) 章程规定的其他权利。

农民专业合作社成员承担下列义务。

(1) 执行成员大会、成员代表大会和理事会的决议；

(2) 按照章程规定向本社出资；

(3) 按照章程规定与本社进行交易；
(4) 按照章程规定承担亏损；
(5) 章程规定的其他义务。

五、关于组织机构的规定

农民专业合作社成员大会由全体成员组成，是本社的权力机构，行使下列职权。

(1) 修改章程；
(2) 选举和罢免理事长、理事、执行监事或者监事会成员；
(3) 决定重大财产处置、对外投资、对外担保和生产经营活动中的其他重大事项；
(4) 批准年度业务报告、盈余分配方案、亏损处理方案；
(5) 对合并、分立、解散、清算作出决议；
(6) 决定聘用经营管理人员和专业技术人员的数量、资格和任期；
(7) 听取理事长或者理事会关于成员变动情况的报告；
(8) 章程规定的其他职权。

农民专业合作社召开成员大会，出席人数应当达到成员总数三分之二以上。成员大会选举或者做出决议，应当由本社成员表决权总数过半数通过；做出修改章程或者合并、分立、解散的决议应当由本社成员表决权总数的三分之二以上通过。章程对表决权数有较高规定的，从其规定。

农民专业合作社设理事长一名，可以设理事会。理事长为本社的法定代表人。农民专业合作社可以设执行监事或者监事会。理事长、理事、经理和财务会计人员不得兼任监事。理事长、理事、执行监事或者监事会成员，由成员大会从本社成员中选举产生，依照本法和章程的规定行使职权，对成员大会负责。农民专业合作社的理事长、理事、经理不得兼任业务性质相同的其他农民专业合作社的理事长、理事、监事、经理。

六、国家对农民专业合作社的扶持政策

农民专业合作社从事生产经营活动，应当遵守法律、行政法规，遵守社会公德、商业道德,诚实守信。国家通过财政支持、税收优惠和金融、科技、人才扶持以及产业政策引导等措施,促进农民专业合作社的发展。国家鼓励和支持社会各方面力量为农民专业合作社提供服务。县级以上各级人民政府应当组织农业行政主管部门和其他有关部门及有关组织,依据各自职责,对农民专业合作社的建设和发展给予指导、扶持和服务。

国家支持发展农业和农村经济的建设项目,可以委托和安排有条件的有关农民专业合作社实施。中央和地方财政应当分别安排资金,支持农民专业合作社开展信息、培训、农产品质量标准与认证、农业生产基础设施建设、市场营销和技术推广等服务。对民族地区、边远地区和贫困地区的农民专业合作社和生产国家与社会急需的重要农产品的农民专业合作社给予优先扶持。

国家政策性金融机构应当采取多种形式,为农民专业合作社提供多渠道的资金支持。国家鼓励商业性金融机构采取多种形式,为农民专业合作社提供金融服务。农民专业合作社享受国家规定的对农业生产、加工、流通、服务和其他涉农经济活动相应的税收优惠。

材料阅读:

上海探索农村产权制改革

初冬的上海,寒意渐浓。"喝咖啡还是喝茶?"在陈承秋、顾冠英的家里,夫妻俩招呼记者围坐在小餐桌旁,一时间竟让人忘记他们曾经是农民,上海闵行区虹桥镇先锋村的农民。

陈承秋夫妇的生活转变,有两个转折点:第一个是土地被征,因为拆迁,他们分得4套房,从农民变成居民;第二个是村级产权制度改革,他们由农民变成村级合作社的股东,拥有了终身的股权。

闵行是上海的城乡结合区,随着城市化的进程,1990年后,虹桥镇的10个村逐步成了"三无村":无农田、无农民、无农宅,越来越城市化。但是,村级组织还在,村级集体经济的资产还在,离开了土地的农民,如何分享这些资产权益?

2001年,随着村级建制的撤销,虹桥镇在20世纪90年代的农村集体经济改制的基础上,启动了存量资产的改革,按农民的农龄把村级资产量化后分给村民。然后组建由村民入股的股份合作社。当时改了3个村:红欣村、先锋村、红春村。在组建村级合作社时,因为村民对这一改革的认识不统一,仅其中的一个村就有69%的村民没入股,把股权兑换成现金;有的入股了,也没入够。陈承秋一家老小有农龄120多年,分了近10万元。按方案可以入10万股,但是,因为要给两个孩子装修房子,资金紧张,只入了4万股,共4万元。

几年过后,入股的村民明显尝到甜头,每年可以按比例分红。以陈承秋一家为例,他们夫妻俩的4万股,每年可以获得12%的红利,扣掉税,可净得10%,也有4000多元。在这样的情况下,那些没有入股的村民怎么办?

2011年,虹桥镇再次启动村级集体经济产权改革。针对前一次改革的不足,作了很多改变。取消了干部岗位股,干部与村民同股同权,村民心服了。不允许用股权兑现现金。全部过程公开,如何改、怎样分配由村民集体讨论。镇政府派工作组进入改制村,强化领导,实现"公平、公开、公正"的承诺。

按照这一做法,虹桥镇在西郊村、红四村、红二村3个村改制成功,全部实现了百分百资产量化、百分百村民入股的目标。此后,又对先期进行改革的几个村进行再次改革,按照新的方法,让原先没有入股的村民重新入股,股份不足的村民重新补足股份。

陈承秋夫妇补足了10万股,此后按10万股分红,而且终身拥有,还可以继承。2013年,先锋村合作社收益可达8 000万元,陈承秋夫妇按10万股比例,可以分得15%—18%的红利。因为收益增加,明年可能获20%的分红,这也是约定的最高的分红比例。陈承秋给记者算了一笔账:现在,夫妇俩每月可以有4 000元左右的退休和养老金,每年还可以有2万元左右的股东分红。

2011年年底,闵行区成为新一轮农村改革试验区,试验的主题为农村产权制度改革。2011年,闵行区已有30个村完成改革;2012年,又完成了23个村的改革;2013年,将基本完成集中城市化地区村的改革;2015年,完成全区所有村的改革。

虹桥镇的镇级产权制度改革也正在推进,最终目的是通过一系列的产权制度改革,让虹桥镇的所有农民公平地享受村级资产以及镇级资产带来的红利。

资料来源:谢卫群,《人民日报》,2013年12月16日第2版。

第五节　农业社会化服务体系

一、农业社会化服务体系的概念

农业社会化服务是指为农业生产经营各环节提供必要的经营条件,保证农业生产经营活动顺利进行的社会性活动。社会化服务是农业生产正常进行的保障,可以有效地提高农业生产抗御风险的能力。农业社会化服务体系是为农业、农村和农民生产生活服务的一系列社会组织与服务体制的总称。农村社会化服务体系是农村商品经济和社会分工发展到一定阶段的产物,是在市场经济条件下,伴随着农村社会化服务业的发展,为适应农民生产、生活社会化趋势而逐渐形成和发展起来的。农业社会化服务体系运用社会各方面力量,使经营规模相对较小的农业生产单位,适应市场经济体制的要求,克服自身规模较小的弊端,从而获得大规模生产效益。社会化服务体系可以有效地解决农户家庭难以解决的经营问题,更好地与市场联系,不断提高农业生产经营的专业化水平。完善的社会化服务体系是现代农业所具有的重要特征和优势之一,并已成为农业和农村经济发展的重要保障。

二、建立新型农业社会化服务体系的原因

党的十九大报告明确提出:"构建现代农业产业体系、生产体系、经营体系,完善农业支持保护制度,发展多种形式的适度规模经营,培育

新型农业经营主体,健全农业社会化服务体系,实现小农户和现代农业发展有机衔接。"这不仅需要培育新型的农业经营主体以拓展经营形式,更需要建立一套新型的农业社会化服务体系作为支撑。因此,加快建立新型的农业社会化服务体系是构建新型农业经营体系的主要内容,也是完善农村基本经营制度的客观需要。

早在1991年,国务院就已经发布通知指出,加强农业社会化服务体系建设,是深化农村改革,推动农村有计划商品经济发展的一项伟大事业,对于稳定和完善以家庭联产承包为主的责任制,健全双层经营体制,壮大集体经济,实现小康目标,促进农业现代化,具有极其重要而深远的意义。时至今日,我国农业和农村发展已经进入一个新的阶段,迫切需要建立一套新型的农业社会化服务体系与之配套:一是因为在家庭经营规模较小,农业劳动力又呈现低质化、老龄化、妇女化趋势的背景下,农民专业合作社、农业龙头企业、家庭农场等新型的农业经营主体不断涌现,对农业社会化服务提出了更高的需求。二是因为在农业市场化、国家化不断深入的背景下,具有公共产品性质的农业服务供给既存在市场失灵问题,又存在政府失灵问题,建立适应农业新阶段特征的新型农业社会化服务体系迫在眉睫。三是因为农业发展方式的转变和农村基本经营制度的完善,必然要求一个覆盖全程、形式多样、综合配套、便捷高效的社会化服务体系来支撑。

农业社会化服务体系,就是农业的分工体系和市场体系。随着农业生产力的发展和农业商品化程度的不断提高,传统上由农民直接承担的农业生产环节越来越多地从农业生产过程中分化出来,发展成为独立的新兴涉农经济部门;这些部门同农业生产部门通过商品交换相联系,其中有不少通过合同或其他组织形式,在市场机制作用下,同农业生产结成了稳定的相互依赖关系,形成一个有机整体。农业社会化服务如果能够形成一个完备的体系,就表明商品农业已经进入高度发达的阶段。

三、农业社会化服务体系的基本架构

农业社会化服务体系是由农业部门和各涉农部门、企业事业单位、

各类经济组织、社会团体等各种社会力量参与组成的。农业部门包括农业、林业、水利、气象等农业行政部门。涉及农业的部门包括科技、教育、发改、财政、金融、商务、工商、税务、人力资源与社会保障、卫生、民政、工业与信息化、广电、交通、电力、环境保护、动植物检疫、食品与药品监督等相关部门。

农业社会化服务涉及农业产前、产中、产后等多个领域。如产前的生产资料供应,产中的耕种技术、栽培技术、病虫害防治技术等技术服务以及产后的销售、运输、加工等服务。

四、农业社会化服务体系的具体内容

新型农业社会化服务体系主要由农业科技服务体系、农业基础设施服务体系、农业生产服务体系、农村经营管理服务体系、农村商品流通服务体系、农村金融服务体系、农村信息服务体系、农产品质量安全服务体系八个方面构成①。

(一) 农业科技服务体系

农业科技服务的公益性特征,使之成为各部门服务农业的重点领域。农业科技服务体系既有相对独立的农业科研体系、农业教育体系、农业技术推广体系,又融于农业社会化服务体系的各个领域。由于农业科技服务体系的业务分别属于不同的行政部门主管,各部门如果都从实践中去关心支持农业,对于农业发展将起到积极的促进作用。但也会出现各部门自成体系、重复建设、资源利用不合理的问题,所以,需要加强农科教结合、产学研结合,充分发挥党和政府有关部门在农业科技服务中的组织领导作用以及科技教育单位的科技支撑作用。

(二) 农业基础设施服务体系

政府或国有企业应投资建设大中型项目,如乡村公路、电力、大中型水利设施等与农业相关的基础设施,由相关行业部门直接管理或政府委托有关单位维护管理和服务,列入财政预算支撑运行。鼓励社会

---

① 陈建华.新型农业社会化服务体系及运行机制[N].农民日报,2012-07-21(3).

力量投资建设经营性项目;小型农业基础设施项目以租赁、承包经营为主。如小型水库、排灌站、渠道管理维护、大型农机具等农业设施,一般是政府出资,或政府出资与农民投工、出资相结合兴建或购置,具有公益性质。这些设施不由管理者实行有偿服务,政府有关部门实施监督管理;分散到户的农业基础设施,实行自主经营管理,有偿服务。

(三) 农业生产服务体系

农业生产过程中的社会化服务,除公益性科技服务外,耕地、播种、灌溉、防治病虫害、收割等大量的生产服务通过市场化运作完成。这些市场化生产服务,也需要政府的扶持和帮助。如通过农机购置补贴政策,帮助种植养殖大户、农民专业合作社提高农业生产服务的组织规模和效益等。

(四) 农村经营管理服务体系

农村经营管理服务体系建设必须把服务"三农"作为立足点和出发点,把有效履行职能作为推进农村经营管理服务体系建设的关键点,把改革创新作为推进农村经营管理服务体系建设的着力点,围绕深化行政管理体制改革,科学设置机构,合理配置职权,不断提高服务能力和水平。行政部门负责制定政策、行政监管和宏观指导等职能,把土地承包经营权流转管理和服务、农村集体"三资"和财务管理、农村产权交易、农民专业合作社服务等业务性工作交由事业单位或企业承担。

(五) 农村商品流通服务体系

建立新型农村商品流通体系,就要增加农村商品流通的渠道,发挥农业生产企业和农民专业合作社对农户的带动作用,并增强农户与经销商谈判的能力和在市场交易中的话语权,提高整个体系的活力和效率。

(六) 农村金融服务体系

农村金融机构之间应强化分工和合作,以满足不同层次的金融服务需求。从我国的实际情况出发,银行资金实力雄厚,重点发放额度较大的项目贷款;新型农村金融机构融资比较困难,资金实力不强,重点经营小额贷款;农民合作社开展信用合作,重点为合作社成员解决小额资金互助问题。

（七）农村信息服务体系

农村信息服务体系呈现出农村信息服务内容多样化、服务手段现代化、服务渠道社会化的趋势。农业生产技术信息、国家政策信息、农产品供求和价格信息等的选择性获取，正在从单纯的被动接受型，向手机、网络互动型转变。

（八）农产品质量安全服务体系

农产品质量安全体系应当以政府为主导，各部门各司其职，社会各方面参与管理、认证、检测等社会化服务，实行委托制度或准入制度，加强农产品质量安全预警和日常监管，并接受媒体和社会监督。

五、农村社会化服务体系的基本特征

农村社会化服务体系的基本特征主要表现为以下三个方面①。

（一）服务内容系统化

随着我国国民经济快速发展，社会各项事业全面进步，农业与农村经济社会发展取得显著成就，快速迈入加快推进农业现代化和社会主义新农村建设的新时期。农村社会化服务体系的服务内容不仅全面具体，而且质量高、协调性好。其服务涵盖面不仅涉及农业生产的各个环节，在农业生产资料供应，良种繁育及技术推广，土壤肥力测定及改良，农业机械化作业，水利灌溉，动植物病虫害防疫防治，农业保险与资金借贷，农业信息发布，农副产品加工、包装、储运、销售以及质量监测，农业技术培训等方面可以向农户提供比较全面的服务，建立了农业服务体系（包括农业技术推广体系、动植物疫病防控体系、农产品质量监管体系、农产品市场体系、农业信息收集以及发布体系、农业金融和保险服务体系等）；而且覆盖到农村各类公共基础设施，如通村通组公路、农田道路、农田水利、农村饮水安全、农村通电通信等基础设施建设等领域，建立了农村基础设施服务体系；并全面延伸到农村社会事业的各个方面，包括农村医疗、卫生、养老、教育、文化等多方面，建立了农村社会

---

① 彭玮,王金华.构建新型农村社会化服务体系[M].武汉：湖北科学技术出版社，2012：19.

事业服务体系。

(二) 服务主体多元化

农村社会化服务体系是由各种社会经济组织构成的一个庞大而复杂的系统,因此,其服务主体应该是多元化的。近年来,随着农村各类服务需求和供给的逐步扩大,农村社会化服务主体也有了较快发展。当前,通过政府的积极引导、大力培育和扶持,各种形式的农村社会化服务组织(包括公益性服务组织、营利性服务组织和非营利性服务组织)大量涌现,改变了过去那种农村社会化服务主体单一化和有效服务供给不足的局面,初步形成了以国家及地方各级政府职能部门对口的公共服务机构为主体,农业院校和科研机构、合作经济组织、行业协会、各类涉农公司或企业、专业户和其他服务实体等多方参与的多元化服务主体共同发展、各司其职和竞合有序共办农村社会化服务的格局。

(三) 服务性质社会化

农村社会化服务体系所提供的服务完全不同于自然经济条件下农民的自我服务,它是农业生产力和农村商品经济发展到一定阶段的必然产物,是以社会化分工为前提和商品交换为基础的。随着农村商品经济的发展,尤其是农村市场经济的发展,农村的社会分工越来越细,专业化程度越来越高,协作化趋势越来越明显,农产品产供销一体化不断加强,生产者与市场的联系越来越紧密。面向整个农村为农村生产生活提供的各项服务不可能由个别农民或农业生产经营者进行自我提供,必须依赖其他产业部门的服务活动。因此,农村社会化服务具有社会化的性质。

 材料阅读:

CSA:社区支持农业

CSA 的全称为 Community Support Agriculture,也就是社区支持农业。该模式于 20 世纪 70 年代在欧洲、日本和中国台湾地区形成并发展,逐渐成为有机食品消费的主要渠道。CSA 是一种以"风险共担、收益共享"为核心理念,搭建消费者和生产者之间的直接沟通桥梁,不通过超市、批发商等中间渠道,把社区居民和有机农场或小农直接联结起来组织自己的市场。CSA 的重要原则是农民在具有生态安全的农业系统中生产耕作,消费者也是"股东",也要承担生产耕作的风险,比如可能遇到的自然灾害等,农民、消费者和生态环境在这一模式下实现了共赢。

贵阳市公布的《促进生态文明建设条例》明确提出,倡导"社区支持农户的绿色纽带模式,促进城乡相互支持、共同发展"。将这种模式写进法规,是全国首次,不仅有利于落实"城市反哺农村"的政策,也有利于将农业生产与社区居民需要直接挂钩,避免生产的盲目性和农产品浪费。不通过中间商环节,让农民获得公平贸易的权利,从而有利于增加农民收入,调动农民生产有机食品的积极性。

在贵阳等地兴起的"包田购菜"给普通人带来了绿色希望。一些公益机构组织一些有意愿的市民,同郊区的农民合作社签了三方协议。市民预付 4 个月的菜钱,合作社帮种不用农药化肥的菜,每周两次送到城里。由于是和农民直接交易,所以菜并不贵。农民不用担心卖菜难,市民吃到了有机菜,实现了互惠共赢。更重要的是,有了感情纽带,便有了信任。

社区支持农业近年逐渐在北京、成都、柳州、珠海等城市推广,因为有别于主流市场而被称为"另类市场"。贵阳市将倡导社区支持农业的模式写入地方性法规,有望让"另类"逐步融入"主流",让更多的市民有机会享受健康食品的同时,也让更多的农民有机会健康地生产。生态文明建设有望从餐桌与耕作起步,成为惠及千家万户、润泽百姓日常生活的民心工程。

资料来源:根据网络资料整理。

本章习题

一、选择题

1. 农村集体经济组织的成员,在法律允许的范围内,按照承包合同规定从事商品经营的,为( )。

    A. 农村承包经营户   B. 个体工商户

    C. 自然人   D. 法人

2. 农民股份合作企业的权利包括( )。

    A. 企业财产权   B. 生产经营自主权

    C. 合法权益受法律保护   D. 税收优惠权

二、思考题

1. 农业市场主体有哪些?它们之间有何区别?
2. 试论述农民股份合作企业的含义、地位、特征及权利义务。
3. 如何认识农民专业合作社?
4. 谈谈你对新型农业社会化服务体系的认识。

第五章 农业生产安全法律制度

 本章要点

本章的主要内容包括种子法律制度、农药和兽药管理法律制度、无公害农产品管理制度和农业转基因生物安全管理制度。学习者需要了解《中华人民共和国种子法》《农药管理条例》《兽药管理条例》《无公害农产品管理办法》《农业转基因生物安全管理条例》和《中华人民共和国农产品质量安全法》的相关法律规定。通过本章学习,要掌握种子生产法律制度,种子经营法律制度,种子使用和质量保证法律制度,农药生产、经营和使用法律制度,兽药生产、经营和使用法律制度以及农产品质量安全法律规定。还要理解无公害农产品、绿色农产品和有机农产品的区别,以及为什么要进行转基因生物安全管理。

第一节 种子法律制度

一、种子的概念和作用

种子是指农作物和林木的种植材料或者繁殖材料,包括籽粒、果实、根、茎、苗、芽、叶、花等。主要农作物是指稻、小麦、玉米、棉花、大豆以及国务院农业行政主管部门和省、自治区、直辖市人民政府农业行政主管部门各自分别确定的其他一至二种农作物。

国以农为本,农以种为先。种子居于农业生产链条的最上源,是农业生产中最基本、最重要的生产资料,也是人类生存和发展的基础。自然资源部的数据显示,中国耕地保有量人均不足1.4亩,为世界平均水平的40%。粮食的增产增收,成为确保国家粮食供给安全的根本途径。粮食生产离不开种子,种子行业处于整个农业产业链的起点,在很大程度上影响甚至决定了农作物的产量和质量。

种子在农业生产中的作用主要体现在四个方面。

1. 提高农作物产量

培育和推广优良品种是提高农作物产量最有效的途径。据专家统计分析,在提高单产的农业增产技术中,优良品种的作用一般为25%—30%,甚至可高达50%以上。

2. 改善和提高农产品质量

良种不仅是难以替代的基本生产资料,而且是科技进步的重要载体。优良品种不仅可以提高农作物产量,而且可以大大改善农产品质量。随着生活水平的提高,人们对高营养及无污染、无公害的食品需求越来越迫切,要满足这一需求,培育推广优良品种是一条必由之路。

3. 促进种植业结构调整

为促进农业的发展,党中央作出了进行农业和农村经济结构战略性调整的重大决策。在农业结构战略性调整中,良种发挥了重要的先导作用,改变了品种结构,推动了农业结构战略性调整向纵深发展。

4. 提高农业竞争力

21世纪是知识经济时代,市场竞争将是知识的竞争。对农业而言,由于种子是农业发展的源头,是不可替代的最基础的生产资料,所以,农业的竞争、农产品的竞争将聚集在种子的竞争。谁在种业革命中占据了科技制高点,谁就占领了市场竞争的制高点。正如"杂交水稻之父"袁隆平院士所言:"关键时刻,一粒小小的种子可以绊倒一个大国。"

为了保护和合理利用种质资源,规范品种选育、种子生产经营和管理行为,加强种业科学技术研究,鼓励育种创新,保护植物新品种权,维护种子生产经营者、使用者的合法权益,提高种子质量,发展现代种业,保障国家粮食安全,促进农业和林业的发展,国家专门制定了《中华人民共和国种子法》。在中华人民共和国境内从事品种选育、种子生产经营和管理等活动,适用本法。被列入《种子法》范畴的只是商品种子,即用来作为商品与他人进行交换的种子,不与他人发生社会关系的自用种子,不属于《种子法》所指的种子范围;不是作为商品种子出售,而是作为商品粮食、饮料等出售,但被购买者作为种子使用的,也不属于《种子法》界定的范畴。

二、《种子法》的相关法律制度

(一)种质资源保护制度

种质资源是指选育新品种的基础材料,包括各种植物的栽培种、野生种的繁殖材料以及利用上述繁殖材料人工创造的各种植物的遗传材料。

国家依法保护种质资源,任何单位和个人不得侵占和破坏种质资源。禁止采集或者采伐国家重点保护的天然种质资源。因科研等特殊情况需要采集或者采伐的,应当经国务院或者省、自治区、直辖市人民政府的农业农村、林业草原主管部门批准。

国家有计划地普查、收集、整理、鉴定、登记、保存、交流和利用种质资源,重点收集珍稀、濒危、特有资源和特色地方品种,定期公布可供利用的种质资源目录。国务院农业农村、林业草原主管部门应当建立种质资源库、种质资源保护区或者种质资源保护地。省、自治区、直辖市人民政府农业农村、林业草原主管部门可以根据需要,建立种质资源库、种质资源保护区、种质资源保护地。种质资源库、种质资源保护区、种质资源保护地的种质资源属公共资源,依法开放利用。占用种质资源库、种质资源保护区或者种质资源保护地的,需经原设立机关同意。

国家对种质资源享有主权。任何单位和个人向境外提供种质资源,或者与境外机构、个人开展合作研究利用种质资源的,应当报国务院农业农村、林业草原主管部门批准,并同时提交国家共享惠益的方案。国务院农业农村、林业草原主管部门可以委托省、自治区、直辖市人民政府农业农村、林业草原主管部门接收申请材料。国务院农业农村、林业草原主管部门应当将批准情况通报国务院生态环境主管部门。

（二）新品种保护制度

国家实行植物新品种保护制度。对国家植物品种保护名录内经过人工选育或者发现的野生植物加以改良，具备新颖性、特异性、一致性、稳定性和适当命名的植物品种，由国务院农业农村、林业草原主管部门授予植物新品种权，保护植物新品种权所有人的合法权益。国家鼓励和支持种业科技创新、植物新品种培育及成果转化。取得植物新品种权的品种得到推广应用的，育种者依法获得相应的经济利益。

一个植物新品种只能授予一项植物新品种权。两个以上的申请人分别就同一个品种申请植物新品种权的，植物新品种权授予最先申请的人；同时申请的，植物新品种权授予最先完成该品种育种的人。对违反法律，危害社会公共利益、生态环境的植物新品种，不授予植物新品种权。

授予植物新品种权的植物新品种名称，应当与相同或者相近的植物属或者种中已知品种的名称相区别。该名称经授权后即为该植物新品种的通用名称。

下列名称不得用于授权品种的命名：（1）仅以数字表示的；（2）违反社会公德的；（3）对植物新品种的特征、特性或者育种者身份等容易引起误解的。

同一植物品种在申请新品种保护、品种审定、品种登记、推广、销售时，只能使用同一个名称。生产推广、销售的种子应当与申请植物新品种保护、品种审定、品种登记时提供的样品相符。

植物新品种权所有人对其授权品种享有排他的独占权。植物新品种权所有人可以将植物新品种权许可他人实施，并按照合同约定收取许可使用费；许可使用费可以采取固定价款、从推广收益中提成等方式收取。任何单位或者个人未经植物新品种权所有人许可，不得生产、繁殖和为繁殖而进行处理、许诺销售、销售、进口、出口以及为实施上述行为储存该授权品种的繁殖材料，不得为商业目的将该授权品种的繁殖材料重复使用于生产另一品种的繁殖材料。《种子法》、有关法律、行政法规另有规定的除外。实施这些行为，涉及由未经许可使用授权品种的繁殖材料而获得的收获材料的，应当得到植物新品种权所有人的许可；但是，植物新品种权所有人对繁殖材料已有合理机会行使其权利的除外。对实质性派生品种①实施上述行为的,应当征得原始品种的植物新品种权所有人的同意。

在下列情况下使用授权品种的,可以不经植物新品种权所有人许可,不向其支付使用费,但不得侵犯植物新品种权所有人依照本法、有关法律、行政法规享有的其他权利:(1)利用授权品种进行育种及其他科研活动;(2)农民自繁自用授权品种的繁殖材料。

为了国家利益或者社会公共利益,国务院农业农村、林业草原主管部门可以作出实施植物新品种权强制许可的决定,并予以登记和公告。取得实施强制许可的单位或者个人不享有独占的实施权,并且无权允许他人实施。

(三) 种子生产经营法律制度

1. 种子生产经营许可证制度

从事种子进出口业务的种子生产经营许可证,由国务院农业农村、林业草原主管部门核发。国务院农业农村、林业草原主管部门可以委托省、自治区、直辖市人民政府农业农村、林业草原主管部门接收申请材料。从事主要农作物杂交种子及其亲本种子、林木良种繁殖材料生产经营的,以及符合国务院农业农村主管部门规定条件的实行选育生产经营相结合的农作物种子企业的种子生产经营许可证,由省、自治区、直辖市人民政府农业农村、林业草原主管部门核发。其他种子的生产经营许可证,由生产经营者所在地县级以上地方人民政府农业农村、林业草原主管部门核发。只从事非主要农作物种子和非主要林木种子生产的,不需要办理种子生产经营许可证。

申请取得种子生产经营许可证的,应当具有与种子生产经营相适应的生产经营设施、设备及专业技术人员,以及法规和国务院农业农村、林业草原主管部门规定的其他条件。从事种子生产的,还应当同时具有繁殖种子的隔离和培育条件,具有无检疫性有害生物的种子生产地点或者县级以上人民政府林业主管部门确定的采种林。申请领取具有植物新品种权的种

---

① 实质性派生品种是指由原始品种实质性派生,或者由该原始品种的实质性派生品种派生出来的品种,与原始品种有明显区别,并且除派生引起的性状差异外,在表达由原始品种基因型或者基因型组合产生的基本性状方面与原始品种相同。

子生产经营许可证的,应当征得植物新品种权所有人的书面同意。

种子生产经营许可证应当载明生产经营者名称、地址、法定代表人,生产种子的品种、地点和种子经营的范围、有效期限、有效区域等事项。除法律另有规定外,禁止任何单位和个人无种子生产经营许可证或者违反种子生产经营许可证的规定生产、经营种子。禁止伪造、变造、买卖、租借种子生产经营许可证。

农民个人自繁自用的常规种子有剩余的,可以在当地集贸市场上出售、串换,不需要办理种子生产经营许可证。

种子生产经营许可证的有效区域由发证机关在其管辖范围内确定。种子生产经营者在种子生产经营许可证载明的有效区域设立分支机构的,专门经营不再分装的包装种子的,或者受具有种子生产经营许可证的种子生产经营者以书面委托生产、代销其种子的,不需要办理种子生产经营许可证,但应当向当地农业、林业主管部门备案。

实行选育生产经营相结合,符合国务院农业农村、林业草原主管部门规定条件的种子企业的生产经营许可证的有效区域为全国。

2. 种子生产经营者的义务

种子生产应当执行种子生产技术规程和种子检验、检疫规程,保证种子符合净度、纯度、发芽率等质量要求和检疫要求。县级以上人民政府农业农村、林业草原主管部门应当指导、支持种子生产经营者采用先进的种子生产技术,改进生产工艺,提高种子质量。

在林木种子生产基地内采集种子的,由种子生产基地的经营者组织进行,采集种子应当按照国家有关标准进行。禁止抢采掠青、损坏母树,禁止在劣质林内、劣质母树上采集种子。

种子生产经营者应当建立和保存包括种子来源、产地、数量、质量、销售去向、销售日期和有关责任人员等内容的生产经营档案,保证可追溯。种子生产经营档案的具体载明事项,种子生产经营档案及种子样品的保存期限由国务院农业农村、林业草原主管部门规定。

销售的种子应当加工、分级、包装,但是不能加工、包装的除外。大包装或者进口种子可以分装;实行分装的,应当标注分装单位,并对种子质量负责。

销售的种子应当符合国家或者行业标准,附有标签和使用说明。标签和使用说明标注的内容应当与销售的种子相符。种子生产经营者对标注内容的真实性和种子质量负责。标签应当标注种子类别、品种名称、品种审定或者登记编号、品种适宜种植区域及季节、生产经营者及注册地、质量指标、检疫证明编号、种子生产经营许可证编号和信息代码,以及国务院农业农村、林业草原主管部门规定的其他事项。

销售授权品种种子的,应当标注品种权号。销售进口种子的,应当附有进口审批文号和中文标签。销售转基因植物品种种子的,必须用明显的文字标注,并应当提示使用时的安全控制措施。种子生产经营者应当遵守有关法律、法规的规定,诚实守信,向种子使用者提供种子生产者的信息、种子的主要性状、主要栽培措施、适应性等使用条件的说明、风险提示与有关咨询服务,不得作虚假或者引人误解的宣传。任何单位和个人不得非法干预种子生产经营者的生产经营自主权。

从事品种选育和种子生产经营以及管理的单位和个人,应当遵守有关植物检疫法律、行政法规的规定,防止植物危险性病、虫、杂草及其他有害生物的传播和蔓延。禁止任何单位和个人在种子生产基地从事检疫性有害生物接种试验。

种子广告的内容应当符合《种子法》和有关广告的法律、法规的规定,主要性状描述等应当与审定、登记公告一致。

种子生产经营者依法自愿成立种子行业协会,加强行业自律管理,维护成员合法权益,为成员和行业发展提供信息交流、技术培训、信用建设、市场营销和咨询等服务。种子生产经营者可自愿向具有资质的认证机构申请种子质量认证。经认证合格的,可以在包装上使用认证标志。

由于不可抗力原因,为生产需要必须使用低于国家或者地方规定标准的农作物种子的,应当经用种地县级以上地方人民政府批准;林木种子应当经用种地省、自治区、直辖市人民政府批准。

3. 种子使用者的权利

种子使用者有权按照自己的意愿购买种子,任何单位和个人不得非法干预。

国家对推广使用林木良种造林给予扶持。国家投资或者国家投资为主的造林项目和国有林业单位造林,应当根据林业主管部门制定的计划使用林木良种。

种子使用者因种子质量问题或者因种子的标签和使用说明标注的内容不真实,遭受损失的,种子使用者可以向出售种子的经营者要求赔偿,也可以向种子生产者或者其他经营者要求赔偿。赔偿额包括购种价款、可得利益损失和其他损失。属于种子生产者或者其他经营者责任的,出售种子的经营者赔偿后,有权向种子生产者或者其他经营者追偿;属于出售种子的经营者责任的,种子生产者或者其他经营者赔偿后,有权向出售种子的经营者追偿。

(四)种子监督管理制度

1. 监督检查制度

农业农村、林业草原主管部门应当加强对种子质量的监督检查。种子质量管理办法、行业标准和检验方法,由国务院农业农村、林业草原主管部门制定。农业、林业主管部门可以采用国家规定的快速检测方法对生产经营的种子品种进行检测,检测结果可以作为行政处罚依据。被检查人对检测结果有异议的,可以申请复检,复检不得采用同一检测方法。因检测结果错误给当事人造成损失的,依法承担赔偿责任。

农业农村、林业草原主管部门可以委托种子质量检验机构对种子质量进行检验。承担种子质量检验的机构应当具备相应的检测条件、能力,并经省级以上人民政府有关主管部门考核合格。种子质量检验机构应当配备种子检验员。种子检验员应当具有中专以上有关专业学历,具备相应的种子检验技术能力和水平。

2. 禁止生产经营假、劣种子

农业农村、林业草原主管部门和有关部门依法打击生产经营假、劣种子的违法行为,保护农民的合法权益,维护公平竞争的市场秩序。

下列种子为假种子。

(1)以非种子冒充种子或者以此种品种种子冒充其他品种种子的;

(2)种子种类、品种与标签标注的内容不符或者没有标签的。

下列种子为劣种子。

(1)质量低于国家规定标准的;

(2) 质量低于标签标注指标的；

(3) 带有国家规定的检疫性有害生物的。

3. 种子行政执法的相关规定

农业农村、林业草原主管部门是种子行政执法机关。种子执法人员依法执行公务时应当出示行政执法证件。农业农村、林业草原主管部门依法履行种子监督检查职责时，有权采取下列措施。

(1) 进入生产经营场所进行现场检查；

(2) 对种子进行取样测试、试验或者检验；

(3) 查阅、复制有关合同、票据、账簿、生产经营档案及其他有关资料；

(4) 查封、扣押有证据证明违法生产经营的种子，以及用于违法生产经营的工具、设备及运输工具等；

(5) 查封违法从事种子生产经营活动的场所。

农业农村、林业草原主管部门依照本法规定行使职权，当事人应当协助、配合，不得拒绝、阻挠。农业农村、林业草原主管部门所属的综合执法机构或者受其委托的种子管理机构，可以开展种子执法相关工作。

省级以上人民政府农业农村、林业草原主管部门应当在统一的政府信息发布平台上发布品种审定、品种登记、新品种保护、种子生产经营许可、监督管理等信息。国务院农业农村、林业草原主管部门建立植物品种标准样品库，为种子监督管理提供依据。

农业农村、林业草原主管部门及其工作人员，不得参与和从事种子生产经营活动。

 材料阅读：

"杂交水稻之父"袁隆平(1930—2021)

20世纪60年代，西方的生物学已经进入分子时代，奥地利生物学家孟德尔和美国生物学家摩尔根的遗传学理论已经获得明显效果，并且美国、墨西哥等国家利用这一理论研制成功的杂交玉米、杂交高粱等已经广泛应用于生产，只有水稻的杂交优势利用技术一直止步不前。

国际上的许多专家经过多年探索,都在杂交水稻面前碰了壁,他们得出结论:自花授粉作物,自交不退化,杂交无优势。像水稻这样一朵花只结一粒种子的单颖果植物,就算利用杂交优势,必然制种困难,无法应用于大规模生产。杂交水稻研究是世界公认的农业科学领域中的"哥德巴赫猜想"。

中国有着古老的稻作文明,有着丰富的水稻种类资源,辽阔的国土和充足的温光条件,难道外国人干不成的事情中国人就一定做不成吗?年轻的袁隆平毅然投入了摩尔根遗传学的怀抱,向杂交水稻进军。历尽数年的艰辛和挫折,袁隆平及其团队终于攻克了杂交水稻这道世界难题。

1976年,杂交水稻开始在湖南省推广,随即在全国遍地开花结果,当年推广杂交稻208万亩,增产幅度全部在20%以上,平均亩产从300公斤一下子提高到500公斤。据不完全统计,在中国已经累计推广杂交水稻60亿亩,增产稻谷约6 000亿公斤,取得了划时代意义的经济和社会效益。袁隆平领衔的科研团队接连攻破水稻超高产育种难题,超级稻亩产700公斤、800公斤、900公斤、1 000公斤和1 100公斤的五期目标已全部完成,一次次刷新着世界纪录。

一粒小小的种子改变了世界。目前,中国杂交水稻已在世界上30多个国家和地区进行研究和推广,并被冠以"东方魔稻""巨人稻""瀑布稻"等美称。国际上甚至把杂交稻作为中国继四大发明之后的第五大发明,誉之为"第二次绿色革命"。

资料来源:根据徐岩,为了人类不再饥饿的未来,央视网,2007年5月21日内容进行改写。

第二节　农药管理法律制度

一、农药的概念

农药是指用于预防、控制危害农业、林业的病、虫、草、鼠和其他有害生物以及有目的地调节植物、昆虫生长的化学合成或者来源于生物、其他天然物质的一种物质或者几种物质的混合物及其制剂。

具体而言,农药包括用于不同目的、场所的下列各类。

(1) 预防、控制危害农业、林业的病、虫(包括昆虫、螨、蜱)、草、鼠、软体动物和其他有害生物;

(2) 预防、控制仓储以及加工场所的病、虫、鼠和其他有害生物;

(3) 调节植物、昆虫生长;

(4) 农业、林业产品防腐或者保鲜;

(5) 预防、控制蚊、蝇、蜚蠊、鼠和其他有害生物;

(6) 预防、控制危害河流堤坝、铁路、码头、机场、建筑物和其他场所的有害生物。

二、《农药管理条例》的法律规定

为了加强农药管理,保证农药质量,保障农产品质量和人畜安全,保护农业、林业生产和生态环境,国家制定了《农药管理条例》。

(一) 农药登记制度

国家实行农药登记制度。农药生产企业、向中国出口农药的企业应当依照规定申请农药登记,新农药研制者可以依照规定申请农药登记。国务院农业主管部门所属的负责农药检定工作的机构负责农药登记具体工作。省、自治区、直辖市人民政府农业主管部门所属的负责农药检定工作的机构协助做好本行政区域的农药登记具体工作。

国务院农业主管部门组织成立农药登记评审委员会,负责农药登记评审。申请农药登记的,应当进行登记试验。农药的登记试验应当报所在地省、自治区、直辖市人民政府农业主管部门备案。

登记试验应当由国务院农业主管部门认定的登记试验单位按照国务院农业主管部门的规定进行。与已取得中国农药登记的农药组成成分、使用范围和使用方法相同的农药,免予残留、环境试验,但已取得中国农药登记的农药依照规定在登记资料保护期内的,应当经农药登记证持有人授权同意。登记试验单位应当对登记试验报告的真实性负责。

登记试验结束后,申请人应当向所在地省、自治区、直辖市人民政府农业主管部门提出农药登记申请,并提交登记试验报告、标签样张和农药产品质量标准及其检验方法等申请资料;申请新农药登记的,还应当提供农药标准品。省、自治区、直辖市人民政府农业主管部门应当自受理申请之日起 20 个工作日内提出初审意见,并报送国务院农业主管部门。向中国出口农药的企业申请农药登记的,应当持规定的资料、农药标准品以及在有关国家(地区)登记、使用的证明材料,向国务院农业主管部门提出申请。

农药登记证应当载明农药名称、剂型、有效成分及其含量、毒性、使用范围、使用方法和剂量、登记证持有人、登记证号以及有效期等事项。农药登记证的有效期为 5 年。有效期届满,需要继续生产农药或者向中国出口农药的,农药登记证持有人应当在有效期届满 90 日前向国务院农业主管部门申请延续。农药登记证载明事项发生变化的,农药登记证持有人应当按照国务院农业主管部门的规定申请变更农药登记证。国务院农业主管部门应当及时公告农药登记证核发、延续、变更情况以及有关的农药产品质量标准号、残留限量规定、检验方法、经核准的标签等信息。

新农药研制者可以转让其已取得登记的新农药的登记资料,农药生产企业可以向具有相应生产能力的农药生产企业转让其已取得登记的农药的登记资料。

国家对取得首次登记的、含有新化合物的农药的申请人提交的其自己所取得且未披露的试验数据和其他数据实施保护。自登记之日起 6 年内,对其他申请人未经已取得登记的申请人同意,使用这些数据申请农药登记的,登记机关不予登记;但是,其他申请人提交其自己所取得的数据的除外。除下列情况外,登记机关不得披露这些数据:(1) 公共利益需要;(2) 已采取措施确保该类信息不会被不正当地进行商业使用。

(二) 农药生产

农药生产应当符合国家产业政策。国家鼓励和支持农药生产企业采用先进技术和先进管理规范,提高农药的安全性、有效性。

1. 农药生产许可制度

国家实行农药生产许可制度。农药生产企业应当具备下列条件，并按照国务院农业主管部门的规定向省、自治区、直辖市人民政府农业主管部门申请农药生产许可证：(1) 有与所申请生产农药相适应的技术人员；(2) 有与所申请生产农药相适应的厂房、设施；(3) 有对所申请生产农药进行质量管理和质量检验的人员、仪器和设备；(4) 有保证所申请生产农药质量的规章制度。

省、自治区、直辖市人民政府农业主管部门应当自受理申请之日起20个工作日内作出审批决定，必要时应当进行实地核查。符合条件的，核发农药生产许可证；不符合条件的，书面通知申请人并说明理由。

农药生产许可证应当载明农药生产企业的名称、住所、法定代表人（负责人）、生产范围、生产地址以及有效期等事项。农药生产许可证有效期为5年。有效期届满，需要继续生产农药的，农药生产企业应当在有效期届满90日前向省、自治区、直辖市人民政府农业主管部门申请延续。农药生产许可证载明事项发生变化的，农药生产企业应当按照国务院农业主管部门的规定申请变更农药生产许可证。

委托加工、分装农药的，委托人应当取得相应的农药登记证，受托人应当取得农药生产许可证。委托人应当对委托加工、分装的农药质量负责。

农药生产企业采购原材料，应当查验产品质量检验合格证和有关许可证明文件，不得采购、使用未依法附具产品质量检验合格证、未依法取得有关许可证明文件的原材料。农药生产企业应当建立原材料进货记录制度，如实记录原材料的名称、有关许可证明文件编号、规格、数量、供货人名称及其联系方式、进货日期等内容。原材料进货记录应当保存2年以上。

2. 关于农药质量和包装的规定

农药生产企业应当严格按照产品质量标准进行生产，确保农药产品与登记农药一致。农药出厂销售，应当经质量检验合格并附具产品质量检验合格证。农药生产企业应当建立农药出厂销售记录制度，如实记录农药的名称、规格、数量、生产日期和批号、产品质量检验信息、购货人名称及其联系方式、销售日期等内容。农药出厂销售记录应当保存2年以上。

农药包装应当符合国家有关规定,并印制或者贴有标签。国家鼓励农药生产企业使用可回收的农药包装材料。农药标签应当按照国务院农业主管部门的规定,以中文标注农药的名称、剂型、有效成分及其含量、毒性及其标志、使用范围、使用方法和剂量、使用技术要求和注意事项、生产日期、可追溯电子信息码等内容。剧毒、高毒农药以及使用技术要求严格的其他农药等限制使用农药的标签还应当标注"限制使用"字样,并注明使用的特别限制和特殊要求。用于食用农产品的农药的标签还应当标注安全间隔期。

农药生产企业不得擅自改变经核准的农药的标签内容,不得在农药的标签中标注虚假、误导使用者的内容。农药包装过小,标签不能标注全部内容的,应当同时附具说明书,说明书的内容应当与经核准的标签内容一致。

（三）农药经营

1. 农药经营许可制度

国家实行农药经营许可制度,但经营卫生用农药的除外。农药经营者应当具备下列条件,并按照国务院农业主管部门的规定向县级以上地方人民政府农业主管部门申请农药经营许可证:(1)有具备农药和病虫害防治专业知识,熟悉农药管理规定,能够指导安全合理使用农药的经营人员;(2)有与其他商品以及饮用水水源、生活区域等有效隔离的营业场所和仓储场所,并配备与所申请经营农药相适应的防护设施;(3)有与所申请经营农药相适应的质量管理、台账记录、安全防护、应急处置、仓储管理等制度。

经营限制使用农药的,还应当配备相应的用药指导和病虫害防治专业技术人员,并按照所在地省、自治区、直辖市人民政府农业主管部门的规定实行定点经营。县级以上地方人民政府农业主管部门应当自受理申请之日起20个工作日内作出审批决定。符合条件的,核发农药经营许可证;不符合条件的,书面通知申请人并说明理由。

农药经营许可证应当载明农药经营者名称、住所、负责人、经营范围以及有效期等事项。农药经营许可证的有效期为5年。有效期届满,需要继续经营农药的,农药经营者应当在有效期届满90日前向发证机关申请延续。农药经营许可证载明事项发生变化的,农药经营者应当按照国务院农业主管部门的规定申请变更农药经营许可证。取得农药经营许可证的农药经营者设立分支机构的,应当依法申请变更农药经营许可证,并向分支机构所在地县级以上地方人民政府农业主管部门备案,其分支机构免予办理农药经营许可证。农药经营者应当对其分支机构的经营活动负责。

2. 农药经营管理制度

农药经营者采购农药应当查验产品包装、标签、产品质量检验合格证以及有关许可证明文件,不得向未取得农药生产许可证的农药生产企业或者未取得农药经营许可证的其他农药经营者采购农药。农药经营者应当建立采购台账,如实记录农药的名称、有关许可证明文件编号、规格、数量、生产企业和供货人名称及其联系方式、进货日期等内容。采购台账应当保存2年以上。

农药经营者应当建立销售台账,如实记录销售农药的名称、规格、数量、生产企业、购买人、销售日期等内容。销售台账应当保存2年以上。农药经营者应当向购买人询问病虫害发生情况并科学推荐农药,必要时应当实地查看病虫害发生情况,并正确说明农药的使用范围、使用方法和剂量、使用技术要求和注意事项,不得误导购买人。

农药经营者不得加工、分装农药,不得在农药中添加任何物质,不得采购、销售包装和标签不符合规定,未附具产品质量检验合格证,未取得有关许可证明文件的农药。经营卫生用农药的,应当将卫生用农药与其他商品分柜销售;经营其他农药的,不得在农药经营场所内经营食品、食用农产品、饲料等。

(四) 农药使用

1. 农业主管部门的职责

县级以上人民政府农业主管部门应当加强农药使用指导、服务工作,建立健全农药安全、合理使用制度,并按照预防为主、综合防治的要求,组织推广农药科学使用技术,规范农药使用行为。林业、粮食、卫生等部门应当加强对林业、储粮、卫生用农药安全、合理使用的技术指导，环境保护主管部门应当加强对农药使用过程中环境保护和污染防治的技术指导。

县级人民政府农业主管部门应当组织植物保护、农业技术推广等机构向农药使用者提供免费技术培训，提高农药安全、合理使用水平。国家鼓励农业科研单位、有关学校、农民专业合作社、供销合作社、农业社会化服务组织和专业人员为农药使用者提供技术服务。

国家通过推广生物防治、物理防治、先进施药器械等措施，逐步减少农药使用量。县级人民政府应当制定并组织实施本行政区域的农药减量计划；对实施农药减量计划、自愿减少农药使用量的农药使用者，给予鼓励和扶持。县级人民政府农业主管部门应当鼓励和扶持设立专业化病虫害防治服务组织，并对专业化病虫害防治和限制使用农药的配药、用药进行指导、规范和管理，提高病虫害防治水平。县级人民政府农业主管部门应当指导农药使用者有计划地轮换使用农药，减缓危害农业、林业的病、虫、草、鼠和其他有害生物的抗药性。乡、镇人民政府应当协助开展农药使用指导、服务工作。

2. 农药使用者的义务

(1) 农药使用者应当遵守国家有关农药安全、合理使用制度，妥善保管农药，并在配药、用药过程中采取必要的防护措施，避免发生农药使用事故。限制使用农药的经营者应当为农药使用者提供用药指导，并逐步提供统一用药服务。

(2) 农药使用者应当严格按照农药的标签标注的使用范围、使用方法和剂量、使用技术要求和注意事项使用农药，不得扩大使用范围、加大用药剂量或者改变使用方法。农药使用者不得使用禁用的农药。标签标注安全间隔期的农药，在农产品收获前应当按照安全间隔期的要求停止使用。剧毒、高毒农药不得用于防治卫生害虫，不得用于蔬菜、瓜果、茶叶、菌类、中草药材的生产，不得用于水生植物的病虫害防治。

(3) 农药使用者应当保护环境，保护有益生物和珍稀物种，不得在饮用水水源保护区、河道内丢弃农药、农药包装物或者清洗施药器械。

严禁在饮用水水源保护区内使用农药，严禁使用农药毒鱼、虾、鸟、兽等。

（4）农产品生产企业、食品和食用农产品仓储企业、专业化病虫害防治服务组织和从事农产品生产的农民专业合作社等应当建立农药使用记录，如实记录使用农药的时间、地点、对象以及农药名称、用量、生产企业等。农药使用记录应当保存2年以上。国家鼓励其他农药使用者建立农药使用记录。

（5）发生农药使用事故，农药使用者、农药生产企业、农药经营者和其他有关人员应当及时报告当地农业主管部门。接到报告的农业主管部门应当立即采取措施，防止事故扩大，同时通知有关部门采取相应措施。

（五）监督管理

1. 监督管理措施和管理制度

县级以上人民政府农业主管部门应当定期调查统计农药生产、销售、使用情况，并及时通报本级人民政府有关部门。县级以上地方人民政府农业主管部门应当建立农药生产、经营诚信档案并予以公布；发现违法生产、经营农药的行为涉嫌犯罪的，应当依法移送公安机关查处。

县级以上人民政府农业主管部门履行农药监督管理职责，可以依法采取下列措施：

（1）进入农药生产、经营、使用场所实施现场检查；

（2）对生产、经营、使用的农药实施抽查检测；

（3）向有关人员调查了解有关情况；

（4）查阅、复制合同、票据、账簿以及其他有关资料；

（5）查封、扣押违法生产、经营、使用的农药，以及用于违法生产、经营、使用农药的工具、设备、原材料等；

（6）查封违法生产、经营、使用农药的场所。

国家建立农药召回制度。农药生产企业发现其生产的农药对农业、林业、人畜安全、农产品质量安全、生态环境等有严重危害或者较大风险的，应当立即停止生产，通知有关经营者和使用者，向所在地农业主管部门报告，主动召回产品，并记录通知和召回情况。农药经营者发现其经营的农药有前款规定的情形的,应当立即停止销售,通知有关生产企业、供货人和购买人,向所在地农业主管部门报告,并记录停止销售和通知情况。农药使用者发现其使用的农药有上述情形的,应当立即停止使用,通知经营者,并向所在地农业主管部门报告。

国务院农业主管部门和省、自治区、直辖市人民政府农业主管部门应当组织负责农药检定工作的机构、植物保护机构对已登记农药的安全性和有效性进行监测。发现已登记农药对农业、林业、人畜安全、农产品质量安全、生态环境等有严重危害或者较大风险的,国务院农业主管部门应当组织农药登记评审委员会进行评审,根据评审结果撤销、变更相应的农药登记证,必要时应当决定禁用或者限制使用并予以公告。

禁止伪造、变造、转让、出租、出借农药登记证、农药生产许可证、农药经营许可证等许可证明文件。县级以上人民政府农业主管部门及其工作人员和负责农药检定工作的机构及其工作人员,不得参与农药生产、经营活动。

2. 假农药和劣质农药

有下列情形之一的,认定为假农药。

(1) 以非农药冒充农药;

(2) 以此种农药冒充他种农药;

(3) 农药所含有效成分种类与农药的标签、说明书标注的有效成分不符。

禁用的农药,未依法取得农药登记证而生产、进口的农药,以及未附具标签的农药,按照假农药处理。

有下列情形之一的,认定为劣质农药。

(1) 不符合农药产品质量标准的;

(2) 混有导致药害等有害成分。

超过农药质量保证期的农药,按照劣质农药处理。

假农药、劣质农药和回收的农药废弃物等应当交由具有危险废物经营资质的单位集中处置,处置费用由相应的农药生产企业、农药经营者承担;农药生产企业、农药经营者不明确的,处置费用由所在地县级人民政府财政列支。

**材料阅读：**

四千多年前，人类发明了农药

网络流传"农药会致癌"等传言之后，不少人谈"药"色变。为此，记者专程采访了中国工程院院士、著名农药专家钱旭红教授。

民以食为天

记者问钱教授："为什么种庄稼要使用农药？过去没有农药，我们的祖先不是也生存下来了吗？"

钱教授："这个问题问得好！这要从人类发展史来看。翻开历史不难发现，'饥饿'这两个字始终与人类形影不离。即使在科技相当发达的今天，依然有近 10 亿人口饿着肚子，缘由是地球上的人口越来越多。而粮食的增长速度却远远跟不上人口增长的速度，种植农作物的耕地由于土地沙漠化、都市扩大化和气候变化、水利灌溉等不利因素的影响，难以再有较大拓展。所以，吃饭问题始终是各国政府必须关注的大事。"

据联合国粮农组织统计，目前全球人均每年需消费粮食 350 公斤。为了满足这一需求，人类不得不在品种改良、提高栽培技术以及农机、化肥尤其是在农药方面下功夫。

钱教授指出："必须纠正一种错误的说法。不是过去不使用农药，而是人类早在 4 500 年前便发明了农药。根据历史记载，农药最早的使用可追溯到公元前 1 000 多年。在古希腊，已有用硫磺熏蒸害虫及防病的记录。我国也早在公元前 7 世纪至公元前 5 世纪就用莽草等杀死害虫。至 17 世纪，人类又陆续发现一些更有价值的农用药物，如烟草、松脂、除虫菊、鱼藤等被加工成制剂，作为农药使用。之后，农药的种类逐步丰富起来。20 世纪 40 年代初，人类发明了有机合成农药，如滴滴涕和六六六。滴滴涕在防止害虫以及卫生防疫方面贡献巨大，该发明者还获得了诺贝尔奖。因为这些有机合成的杀虫剂活性高、杀虫谱广、对哺乳动物毒性低、有效期长、价格低廉，在一定时间内被人们誉为'天使'。由于使用了农药,农作物的产量明显提升,如玉米增产100％,土豆增产100％,洋葱增产200％,棉花增产100％,小麦更是数倍增长。"

不用农药,地球上至少饿死一半人口

钱教授认为,提高农作物的产量仅仅是农药的功效之一,其实,农药还有其他许多功能。因为农作物和人一样,也会"生病"。自然界中,由于真菌引起的植物病害达1 500种。另外,把农作物作为口粮的不仅仅是人类,还有昆虫、老鼠等人类的"小伙伴"。自然界中,线虫引起的病害达1 000多种,危害植物的昆虫多达数千种,鼠类等啮齿类和其他脊椎类有害生物也有几十种。此外,还有几百种杂草也"不甘寂寞",它们拼命争夺土壤里面的养分,造成农作物营养不良,导致减产甚至颗粒无收。所以,农药消灭的对象就是这些病、虫、草、鼠害。科学家做过试验,如果不施农药,因为病、虫、草、鼠的侵害,会使农作物受损75％左右。

"1845年爱尔兰爆发土豆晚疫病时,因缺乏对症的农药,无法控制疫情,几星期之内,当地的土豆大面积腐烂。那时,土豆是爱尔兰人的日常主食,土豆的严重减产和绝收,造成爱尔兰有几十万人饿死。可以说,假如没有农药,今天地球上的人口将至少饿死一半! 据统计,即使在使用农药的情况下,我国的粮食产量和需求还将长期处于'紧平衡'状态,粮食安全形势依然严峻。"钱教授说。

可见,农药不仅能够防治病、虫、草、鼠的危害,而且可以通过改善农作物的生长环境来提高产量。另外,使用了农药,可以将农民从除草和捉虫等农活中解放出来,降低劳动力成本。据统计,农药在农作物生产总成本里所占的比重仅为:水稻5.6％,柑橘9.1％,蔬菜5.5％,苹果7.1％;而农机费用占22％,肥料占58％。

钱教授认为,农药自身也在不断改善和发展中,人们发现那些有机氯农药(如滴滴涕和六六六等)不易分解,使用后会因残留严重污染环境以及容易产生抗性。再加上传统的高毒、高残留有机磷、氨基甲酸酯农药引发的一系列人身事故和生态灾害问题,致使曾经的"天使"沦为了"魔鬼"。于是,美国生物学家蕾切尔·卡逊写了《寂静的春天》一书,揭示当时不为人们所知的农药危害,从而开启了环境生态保护时代。一系列有关农药的法律、法规在发达国家问世,一批对环境会产生不良影响的农药在全世界被禁止或被限制使用。为了确保农业收成和粮食供应,传统农药开始向着超效、低残留、无公害的方向转型,不久产生了一大批对人、畜、蜂、鸟、虫都很安全的新型、高效、低毒农药。

资料来源:根据徐鸣,《新民晚报》,2016年8月25日A23版内容修改。

第三节 兽药管理法律制度

一、兽药的概念

兽药是指用于预防、治疗、诊断动物疾病或者有目的地调节动物生理机能的物质,主要包括血清制品、疫苗、诊断制品、微生态制品、中药材、中成药、化学药品、抗生素、生化药品、放射性药品及外用杀虫剂、消毒剂等。凡含有药物的饲料添加剂,均按兽药进行管理。

为了加强兽药管理,保证兽药质量,防治动物疾病,促进养殖业的发展,维护人体健康,国家制定了《兽药管理条例》。在中华人民共和国境内从事兽药的研制、生产、经营、进出口、使用和监督管理,应当遵守本条例。

二、《兽药管理条例》的管理制度规定

国务院在总结实践经验的基础上,借鉴国际通行做法,规定了一系列兽药管理制度。

一是确立了对兽药实行处方药和非处方药分类管理制度和兽药储备制度。禁止将兽用原料药拆零销售或者销售给兽药生产企业以外的单位和个人。禁止未经兽医开具处方销售、购买、使用国务院兽医行政管理部门规定实行处方药管理的兽药。考虑到目前的实际情况,兽药分类管理的具体管理办法和具体实施步骤由国务院兽医行政管理部门

规定。国家实行兽药储备制度。发生重大动物疫情、灾情或者其他突发事件时,国务院兽医行政管理部门可以紧急调用国家储备的兽药,必要时,也可以调用国家储备以外的兽药。

二是建立了新兽药研制管理和安全监测制度。为尽量减少新兽药可能给人类、动物和环境带来的危害和风险,新兽药研制者必须符合一定的条件,研制新兽药应进行安全性评价,并在临床试验前向临床试验场所所在地省、自治区、直辖市人民政府兽医行政管理部门备案。临床试验完成后,研制者应当向农业农村部提交新兽药样品和相关资料,经评审和复核检验合格的,方可取得新兽药注册证书。根据保证动物产品质量安全和人体健康的需要,农业农村部可以在新兽药投产后,对其设定不超过5年的监测期,监测期内不批准其他企业生产或者进口该新兽药。

三是规定了兽药生产、经营质量管理规范制度,要求兽药生产、经营企业严格按照兽药质量管理规范组织生产和经营。兽药生产企业所需的原料、辅料和兽药的包装应当符合国家标准或者兽药质量要求;兽药出厂应当经质量检验合格,并附具内容完整的标签或说明书;兽药经营企业应当建立购销记录,购进兽药应当做到兽药产品与标签或说明书、产品质量合格证核对无误,销售兽药应当向购买者说明兽药的功能主治、用法、用量和注意事项。

四是建立用药记录制度、休药期制度和兽药不良反应报告制度,确保动物产品质量安全,维护人民身体健康。《兽药管理条例》要求兽药使用单位遵守兽药安全使用规定并建立用药记录,不得使用假、劣兽药以及农业农村部规定的禁用药品和其他化合物,不得在饲料和动物饮用水中添加激素类药品和其他禁用药品;有休药期规定的兽药用于食用动物时,饲养者应当向购买者或者屠宰者提供准确、真实的用药记录,购买者或者屠宰者应当确保动物及其产品在用药期、休药期内不用于食品消费;禁止销售含有违禁药物或者兽药残留量超标的食用动物产品。兽药生产、经营企业,兽药使用单位和开具处方的兽医人员发现可能与兽药使用有关的严重不良反应时,应当立即向当地人民政府畜牧兽医行政管理部门报告。

三、兽药生产

(一) 设立兽药生产企业应当符合的条件

从事兽药生产的企业,应当符合国家兽药行业发展规划和产业政策,并具备下列条件。

(1) 与所生产的兽药相适应的兽医学、药学或者相关专业的技术人员;

(2) 与所生产的兽药相适应的厂房、设施;

(3) 与所生产的兽药相适应的兽药质量管理和质量检验的机构、人员、仪器设备;

(4) 符合安全、卫生要求的生产环境;

(5) 兽药生产质量管理规范规定的其他生产条件。

符合这些条件的,申请人方可向省、自治区、直辖市人民政府兽医行政管理部门提出申请,并附具符合前款规定条件的证明材料。

国务院兽医行政管理部门,根据保证动物产品质量安全和人体健康的需要,可以对新兽药设立不超过 5 年的监测期;在监测期内,不得批准其他企业生产或者进口该新兽药。生产企业应当在监测期内收集该新兽药的疗效、不良反应等资料,并及时报送国务院兽医行政管理部门。

(二) 兽药生产许可证

国务院兽医行政管理部门,应当自收到审核意见和有关材料之日起 40 个工作日内完成审查。经审查合格的,发给兽药生产许可证;不合格的,应当书面通知申请人。

兽药生产许可证应当载明生产范围、生产地点、有效期和法定代表人姓名、住址等事项。兽药生产许可证有效期为 5 年。有效期届满,需要继续生产兽药的,应当在许可证有效期届满前 6 个月到发证机关申请换发兽药生产许可证。

兽药生产企业变更生产范围、生产地点的,应当依照规定申请换发兽药生产许可证;变更企业名称、法定代表人的,应当在办理工商变更登记手续后 15 个工作日内,到发证机关申请换发兽药生产许可证。

(三) 兽药生产企业的义务

（1）兽药生产企业应当按照国务院兽医行政管理部门制定的兽药生产质量管理规范组织生产。省级以上人民政府兽医行政管理部门，应当对兽药生产企业是否符合兽药生产质量管理规范的要求进行监督检查，并公布检查结果。

（2）兽药生产企业生产兽药，应当取得国务院兽医行政管理部门核发的产品批准文号，产品批准文号的有效期为5年。

（3）兽药生产企业应当按照兽药国家标准和国务院兽医行政管理部门批准的生产工艺进行生产。兽药生产企业改变影响兽药质量的生产工艺的，应当报原批准部门审核批准。兽药生产企业应当建立生产记录，生产记录应当完整、准确。

（4）生产兽药所需的原料、辅料，应当符合国家标准或者所生产兽药的质量要求。直接接触兽药的包装材料和容器应当符合药用要求。

（5）兽药出厂前应当经过质量检验，不符合质量标准的不得出厂。兽药出厂应当附有产品质量合格证。禁止生产假、劣兽药。

（6）兽药生产企业生产的每批兽用生物制品，在出厂前应当由国务院兽医行政管理部门指定的检验机构审查核对，并在必要时进行抽查检验；未经审查核对或者抽查检验不合格的，不得销售。强制免疫所需兽用生物制品，由国务院兽医行政管理部门指定的企业生产。

（7）兽药包装应当按照规定印有或者贴有标签，附具说明书，并在显著位置注明"兽用"字样。兽药的标签和说明书经国务院兽医行政管理部门批准并公布后，方可使用。兽药的标签或者说明书，应当以中文注明兽药的通用名称、成分及其含量、规格、生产企业、产品批准文号（进口兽药注册证号）、产品批号、生产日期、有效期、适应症状或者功能主治、用法、用量、休药期、禁忌、不良反应、注意事项、运输贮存保管条件及其他应当说明的内容。有商品名称的，还应当注明商品名称。

(8)兽用处方药的标签或者说明书应当印有国务院兽医行政管理部门规定的警示内容,其中,兽用麻醉药品、精神药品、毒性药品和放射性药品应当印有国务院兽医行政管理部门规定的特殊标志;兽用非处方药的标签或者说明书应当印有国务院兽医行政管理部门规定的非处方药标志。

四、兽药经营

(一)经营兽药企业应具备的条件

经营兽药的企业,应当具备下列条件。

(1)与所经营的兽药相适应的兽药技术人员;

(2)与所经营的兽药相适应的营业场所、设备、仓库设施;

(3)与所经营的兽药相适应的质量管理机构或者人员;

(4)兽药经营质量管理规范规定的其他经营条件。

符合这些条件的,申请人方可向市、县人民政府兽医行政管理部门提出申请,并附具符合前款规定条件的证明材料;经营兽用生物制品的,应当向省、自治区、直辖市人民政府兽医行政管理部门提出申请,并附具符合规定条件的证明材料。

(二)兽药经营许可证

县级以上地方人民政府兽医行政管理部门,应当自收到申请之日起30个工作日内完成审查。审查合格的,发给兽药经营许可证;不合格的,应当书面通知申请人。

兽药经营许可证应当载明经营范围、经营地点、有效期和法定代表人姓名、住址等事项。兽药经营许可证的有效期为5年。有效期届满,需要继续经营兽药的,应当在许可证有效期届满前6个月到发证机关申请换发兽药经营许可证。

兽药经营企业变更经营范围、经营地点的,应当依照规定申请换发兽药经营许可证,申请人凭换发的兽药经营许可证办理工商变更登记手续;变更企业名称、法定代表人的,应当在办理工商变更登记手续后15个工作日内,到发证机关申请换发兽药经营许可证。

(三) 兽药经营企业的义务

(1) 兽药经营企业,应当遵守国务院兽医行政管理部门制定的兽药经营质量管理规范。县级以上地方人民政府兽医行政管理部门,应当对兽药经营企业是否符合兽药经营质量管理规范的要求进行监督检查,并公布检查结果。

(2) 兽药经营企业购进兽药,应当将兽药产品与产品标签或者说明书、产品质量合格证核对无误。

(3) 兽药经营企业,应当向购买者说明兽药的功能主治、用法、用量和注意事项。销售兽用处方药的,应当遵守兽用处方药管理办法。兽药经营企业销售兽用中药材的,应当注明产地。禁止兽药经营企业经营人用药品和假、劣兽药。

(4) 兽药经营企业购销兽药,应当建立购销记录。购销记录应当载明兽药的商品名称、通用名称、剂型、规格、批号、有效期、生产厂商、购销单位、购销数量、购销日期和国务院兽医行政管理部门规定的其他事项。

(5) 兽药经营企业,应当建立兽药保管制度,采取必要的冷藏、防冻、防潮、防虫、防鼠等措施,保持所经营兽药的质量。兽药入库、出库,应当执行检查验收制度,并有准确记录。

(6) 强制免疫所需兽用生物制品的经营,应当符合国务院兽医行政管理部门的规定。

(7) 兽药广告的内容应当与兽药说明书的内容相一致,在全国重点媒体发布兽药广告的,应当经国务院兽医行政管理部门审查批准,取得兽药广告审查批准文号。在地方媒体发布兽药广告的,应当经省、自治区、直辖市人民政府兽医行政管理部门审查批准,取得兽药广告审查批准文号;未经批准的,不得发布。

五、兽药使用

兽药使用单位应当遵守国务院兽医行政管理部门制定的兽药安全使用规定,并建立用药记录。

《兽药管理条例》规定了以下兽药使用单位应当遵守的禁止性

义务。

（1）禁止使用假、劣兽药以及国务院兽医行政管理部门规定禁止使用的药品和其他化合物。禁止使用的药品和其他化合物目录由国务院兽医行政管理部门制定公布。

（2）禁止在饲料和动物饮用水中添加激素类药品和国务院兽医行政管理部门规定的其他禁用药品。经批准可以在饲料中添加的兽药，应当由兽药生产企业制成药物饲料添加剂后方可添加。禁止将原料药直接添加到饲料及动物饮用水中或者直接饲喂动物。禁止将人用药品用于动物。

（3）禁止销售含有违禁药物或者兽药残留量超过标准的食用动物产品。

（4）有休药期规定的兽药用于食用动物时，饲养者应当向购买者或者屠宰者提供准确、真实的用药记录；购买者或者屠宰者应当确保动物及其产品在用药期、休药期内不被用于食品消费。

六、兽药监督管理

（一）兽药监督管理机构及其职责

县级以上人民政府兽医行政管理部门行使兽药监督管理权。兽药检验工作由国务院兽医行政管理部门和省、自治区、直辖市人民政府兽医行政管理部门设立的兽药检验机构承担。国务院兽医行政管理部门，可以根据需要认定其他检验机构承担兽药检验工作。当事人对兽药检验结果有异议的，可以自收到检验结果之日起7个工作日内向实施检验的机构或者上级兽医行政管理部门设立的检验机构申请复检。

国务院兽医行政管理部门，应当制定并组织实施国家动物及动物产品兽药残留监控计划。县级以上人民政府兽医行政管理部门，负责组织对动物产品中兽药残留量的检测。兽药残留检测结果，由国务院兽医行政管理部门或者省、自治区、直辖市人民政府兽医行政管理部门按照权限予以公布。动物产品的生产者、销售者对检测结果有异议的，可以自收到检测结果之日起7个工作日内向组织实施兽药残留检测的兽医行政管理部门或者其上级兽医行政管理部门提出申请,由受理申请的兽医行政管理部门指定检验机构进行复检。

兽药应当符合兽药国家标准。国家兽药典委员会拟定的、国务院兽医行政管理部门发布的《中华人民共和国兽药典》和国务院兽医行政管理部门发布的其他兽药质量标准为兽药国家标准。兽药国家标准的标准品和对照品的标定工作由国务院兽医行政管理部门设立的兽药检验机构负责。

禁止买卖、出租、出借兽药生产许可证、兽药经营许可证和兽药批准证明文件。兽药生产企业、经营企业停止生产、经营超过6个月或者关闭的,由发证机关责令其交回兽药生产许可证、兽药经营许可证。

(二)假、劣兽药的处理

有下列情形之一的,为假兽药。

(1)以非兽药冒充兽药或者以他种兽药冒充此种兽药的;

(2)兽药所含成分的种类、名称与兽药国家标准不符合的。

有下列情形之一的,按照假兽药处理。

(1)国务院兽医行政管理部门规定禁止使用的;

(2)依照本条例规定应当经审查批准而未经审查批准即生产、进口的,或者依照本条例规定应当经抽查检验、审查核对而未经抽查检验、审查核对即销售、进口的;

(3)变质的;

(4)被污染的;

(5)所标明的适应症状或者功能主治超出规定范围的。

有下列情形之一的,为劣兽药。

(1)成分含量不符合兽药国家标准或者不标明有效成分的;

(2)不标明或者更改有效期或者超过有效期的;

(3)不标明或者更改产品批号的;

(4)其他不符合兽药国家标准,但不属于假兽药的。

兽医行政管理部门依法进行监督检查时,对有证据证明可能是假、劣兽药的,应当采取查封、扣押的行政强制措施,并自采取行政强制措施之日起7个工作日内作出是否立案的决定;需要检验的,应当自检验报告书发出之日起15个工作日内作出是否立案的决定;不符合立案条件的,应当解除行政强制措施;需要暂停生产的,由国务院兽医行政管理部门或者省、自治区、直辖市人民政府兽医行政管理部门按照权限作出决定;需要暂停经营、使用的,由县级以上人民政府兽医行政管理部门按照权限作出决定。未经行政强制措施决定机关或者其上级机关批准,不得擅自转移、使用、销毁、销售被查封或者扣押的兽药及有关材料。

第四节 无公害农产品管理

一、无公害农产品、绿色农产品和有机农产品

(一) 无公害农产品

无公害农产品是指产地环境、生产过程和产品质量符合国家有关标准和规范的要求,经认证合格获得认证证书并允许使用无公害农产品标志的未经加工或者初加工的食用农产品。无公害农产品的目标定位是规范农业生产,保障基本安全,满足大众消费。无公害农产品保证人们对食品质量安全最基本的需要,是最基本的市场准入条件,普通食品都应达到这一要求。无公害农产品的质量要求低于绿色食品和有机食品。

(二) 绿色农产品

绿色农产品是指遵循可持续发展原则,按照特定生产方式生产,经专门机构认定,许可使用绿色食品标志,无污染的安全、优质、营养农产品。我国绿色农产品分为A级和AA级,A级为初级标准,即允许在生长过程中限时、限量、限品种使用安全性较高的化肥和农药。AA级为高级绿色农产品,可等同于有机农产品(见图5-1)。

绿色农产品与一般农产品相比有以下显著特点。

(1) 利用生态学的原理,强调产品出自良好的生态环境;

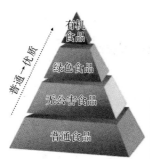

安全成分	有害级别				适用区域	标志
	农药	化肥	生长激素	转基因技术		
有机食品	禁止	禁止	禁止	禁止	全球	
绿色食品	禁止	限制	限制	禁止	中国	
无公害食品	限制	限制	不限制	不限制	中国	
普通食品	不限制	不限制	不限制	不限制	中国	无

图5-1 食品安全等级金字塔

（资料来源：根据网络资料整理。）

(2) 对产品实行"从土地到餐桌"的全程质量控制。

（三）有机农产品

有机农产品是根据有机农业原则和有机农产品生产方式及标准生产、加工出来的，并通过有机食品认证机构认证的农产品。有机农业的原则是在农业能量的封闭循环状态下生产，全部过程都利用农业资源，而不是利用农业以外的能源（化肥、农药、生产调节剂和添加剂等）影响和改变农业的能量循环。有机农业的生产方式是利用动物、植物、微生物和土壤四种生产因素的有效循环，不打破生物循环链的生产方式。国际上只承认有机产品认证，并没有绿色食品、无公害食品的概念，后两种标准是我国自有的产品等级标准。

有机农产品与其他农产品的区别主要有三个方面。

(1) 有机农产品在生产加工过程中禁止使用农药、化肥、激素等人工合成物质，并且不允许使用基因工程技术；其他农产品则允许有限使用这些物质，并且不禁止使用基因工程技术。

(2) 有机农产品在土地生产转型方面有严格规定。考虑到某些物质在环境中会残留相当长的一段时间，土地从生产其他农产品到生产有机农产品需要2—3年的转换期，而生产绿色农产品和无公害农产品则没有土地转换期的要求。

(3) 有机农产品在数量上须进行严格控制，要求定地块、定产量，其他农产品没有如此严格的要求。

材料阅读:

有机农产品、绿色农产品和无公害农产品

产生

有机农产品的产生背景是发达国家农产品过剩与生态环境恶化的矛盾以及环保主义运动。

国际上有机食品起步于20世纪70年代,以1972年国际有机农业运动联盟的成立为标志。1994年,国家环保总局在南京成立有机食品中心,标志着有机农产品在我国迈出了实质性的步伐。

绿色农产品产生的背景是:20世纪90年代初期,我国基本解决了农产品的供需矛盾,农产品农药残留问题引起社会广泛关注,食物中毒事件频频发生,"绿色"成为社会的强烈期盼。

1990年,农业农村部推出了旨在促进农业环境保护、消除食品污染的绿色食品工程。1992年,农业农村部成立中国绿色食品发展中心。1993年,农业农村部发布了《绿色食品标志管理办法》。

无公害农产品产生的背景与绿色食品产生的背景大致相同,侧重于解决农产品中农药残留、有毒有害物质等已成为"公害"的问题。

20世纪80年代后期,部分省、市开始推出无公害农产品。2001年,农业农村部提出"无公害食品行动计划",并在北京、上海、天津、深圳4个城市进行试点。2002年,"无公害食品行动计划"在全国范围内展开。

管理

《全国农业标准2003—2005年发展计划》一书依据农产品质量特点和对生产过程控制要求的不同,将农产品分为一般农产品、认证农产品和标识管理农产品。

一般农产品是指为了符合市场准入制、满足百姓消费安全卫生需求,必须符合最基本的质量要求的农产品。

认证农产品包括无公害农产品、绿色农产品和有机农产品。对于我国市场上目前存在的无公害农产品、绿色农产品和有机农

产品,政府应积极推动无公害农产品的生产,同时依据各地的自然环境条件,引导企业有条件地开展绿色农产品和有机农产品的生产,使我国农产品质量安全上一个台阶。

标识管理农产品是一种政府强制性行为。对某些特殊的农产品,或有特殊要求的农产品,政府应加以强制性标识管理,以明示方式告知消费者,使消费者的知情权得到保护,如转基因农产品。

标志及含义

无公害农产品标志图案主要由麦穗、对勾和无公害农产品字样组成,麦穗代表农产品,对勾表示合格,金色寓意成熟和丰收,绿色象征环保和安全。

绿色食品标志图形由三部分构成,即上方的太阳、下方的叶片和蓓蕾。标志图形为正圆形,意为保护、安全。整个图形表达明媚阳光下的和谐生机,提醒人们保护环境创造自然界新的和谐。

有机食品标志采用人手和叶片为创意元素。一是一只手向上持着一片绿叶,寓意人类对自然和生命的渴望;二是两只手一上一下握在一起,将绿叶拟人化为自然的手,寓意人类的生存离不开大自然的呵护,人与自然需要和谐美好的生存关系。有机食品概念的提出正是这种理念的实际应用。人类的食物从自然中获取,人类的活动应尊重自然规律,这样才能创造一个良好的可持续发展空间。

价格

绿色食品70%为加工产品,30%为初级农产品,有机农产品和无公害农产品都以初级农产品为主。有机农产品的价格高于普通农产品50%甚至几倍,绿色农产品的价格高于普通农产品10%—20%,无公害农产品的价格略高于一般农产品。

资料来源:根据网络资料整理改写。

二、无公害农产品管理办法

为加强对无公害农产品的管理,维护消费者权益,提高农产品质量，保护农业生态环境，促进农业可持续发展，农业农村部和国家市场监督管理总局联合制定了《无公害农产品管理办法》。在中华人民共和国境内从事无公害农产品生产、产地认定、产品认证和监督管理等活动，适用本办法。

（一）无公害农产品的管理监督机构

全国无公害农产品的管理及质量监督工作，由农业部门、国家质量监督检验检疫部门和国家认证认可监督管理委员会按照"三定"方案赋予的职责和国务院的有关规定，分工负责，共同做好工作。

各级农业行政主管部门和质量监督检验检疫部门应当在政策、资金、技术等方面扶持无公害农产品的发展，组织无公害农产品新技术的研究、开发和推广。

国家鼓励生产单位和个人申请无公害农产品产地认定和产品认证。实施无公害农产品认证的产品范围由农业农村部、国家认证认可监督管理委员会共同确定、调整。

省级农业行政主管部门负责组织实施本辖区内无公害农产品产地的认定工作。无公害农产品的认证机构，由国家认证认可监督管理委员会审批，并获得国家认证认可监督管理委员会授权的认可机构的资格认可后，方可从事无公害农产品认证活动。

（二）无公害农产品产地和生产管理应具备的条件

无公害农产品产地应当符合下列条件。

（1）产地环境符合无公害农产品产地环境的标准要求；

（2）区域范围明确；

（3）具备一定的生产规模。

无公害农产品的生产管理应当符合下列条件。

（1）生产过程符合无公害农产品生产技术的标准要求；

（2）有相应的专业技术和管理人员；

（3）有完善的质量控制措施，并有完整的生产和销售记录档案。

从事无公害农产品生产的单位或者个人，应当严格按规定使用农业投入品。禁止使用国家禁用、淘汰的农业投入品。

无公害农产品产地应当树立标示牌，标明范围、产品品种、责任人。

（三）申请无公害农产品产地认定的程序要求

申请无公害农产品产地认定的单位或者个人（以下简称申请人），应当向县级农业行政主管部门提交书面申请，书面申请应当包括以下内容。

(1) 申请人的姓名（名称）、地址、电话号码；
(2) 产地的区域范围、生产规模；
(3) 无公害农产品生产计划；
(4) 产地环境说明；
(5) 无公害农产品质量控制措施；
(6) 有关专业技术和管理人员的资质证明材料；
(7) 保证执行无公害农产品标准和规范的声明；
(8) 其他有关材料。

县级农业行政主管部门自收到申请之日起，在 10 个工作日内完成对申请材料的初审工作。申请材料初审不符合要求的，应当书面通知申请人。

申请材料初审符合要求的，县级农业行政主管部门应当逐级将推荐意见和有关材料上报省级农业行政主管部门。

省级农业行政主管部门自收到推荐意见和有关材料之日起，在 10 个工作日内完成对有关材料的审核工作，符合要求的，组织有关人员对产地环境、区域范围、生产规模、质量控制措施、生产计划等进行现场检查。现场检查不符合要求的，应当书面通知申请人。

现场检查符合要求的，应当通知申请人委托具有资质资格的检测机构，对产地环境进行检测。承担产地环境检测任务的机构，根据检测结果出具产地环境检测报告。

省级农业行政主管部门对材料审核、现场检查和产地环境检测结果符合要求的，应当自收到现场检查报告和产地环境检测报告之日起 30 个工作日内颁发无公害农产品产地认定证书，并报农业农村部和国家认证认可监督管理委员会备案。不符合要求的，应当书面通知申请人。

无公害农产品产地认定证书的有效期为 3 年。期满需要继续使用的，应当在有效期满 90 日前按照规定的无公害农产品产地认定程序，重新办理。

(四) 申请无公害农产品认证的程序要求

申请无公害农产品认证的单位或者个人(以下简称申请人),应当向认证机构提交书面申请,书面申请应当包括以下内容。

(1) 申请人的姓名(名称)、地址、电话号码;

(2) 产品品种、产地的区域范围和生产规模;

(3) 无公害农产品生产计划;

(4) 产地环境说明;

(5) 无公害农产品质量控制措施;

(6) 有关专业技术和管理人员的资质证明材料;

(7) 保证执行无公害农产品标准和规范的声明;

(8) 无公害农产品产地认定证书;

(9) 生产过程记录档案;

(10) 认证机构要求提交的其他材料。

认证机构自收到无公害农产品认证申请之日起,应当在15个工作日内完成对申请材料的审核。材料审核不符合要求的,应当书面通知申请人。

材料符合要求的,认证机构可以根据需要派员对产地环境、区域范围、生产规模、质量控制措施、生产计划、标准和规范的执行情况等进行现场检查。现场检查不符合要求的,应当书面通知申请人。

材料审核符合要求的,或者材料审核和现场检查符合要求的(限于需要对现场进行检查时),认证机构应当通知申请人委托具有资质资格的检测机构对产品进行检测。承担产品检测任务的机构,根据检测结果出具产品检测报告。

认证机构对材料审核、现场检查(限于需要对现场进行检查时)和产品检测结果符合要求的,应当在自收到现场检查报告和产品检测报告之日起30个工作日内颁发无公害农产品认证证书。不符合要求的,应当书面通知申请人。

认证机构应当自颁发无公害农产品认证证书后30个工作日内,将其颁发的认证证书副本同时报农业农村部和国家认证认可监督管理委员会备案,由农业农村部和国家认证认可监督管理委员会公告。

第五章 农业生产安全法律制度

无公害农产品认证证书的有效期为3年。期满需要继续使用的，应当在有效期满90日前按照规定的无公害农产品认证程序，重新办理。在有效期内生产无公害农产品认证证书以外的产品品种的，应当向原无公害农产品认证机构办理认证证书的变更手续。

（五）罚则

获得无公害农产品产地认定证书的单位或者个人违反《无公害农产品管理办法》，有下列情形之一的，由省级农业行政主管部门予以警告，并责令限期改正；逾期未改正的，撤销其无公害农产品产地认定证书。

（1）无公害农产品产地被污染或者产地环境达不到标准要求的；

（2）无公害农产品产地使用的农业投入品不符合无公害农产品相关标准要求的；

（3）擅自扩大无公害农产品产地范围的。

违反《无公害农产品管理办法》第35条规定的，由县级以上农业行政主管部门和各地质量监督检验检疫部门根据各自的职责分工责令其停止，并可处以违法所得1倍以上3倍以下的罚款，但最高罚款不得超过3万元；没有违法所得的，可以处1万元以下的罚款。

获得无公害农产品认证并加贴标志的产品，经检查、检测、鉴定，不符合无公害农产品质量标准要求的，由县级以上农业行政主管部门或者各地质量监督检验检疫部门责令停止使用无公害农产品标志，由认证机构暂停或者撤销认证证书。

 材料阅读：

绿色发展：农业发展观的一场深刻革命

农业的绿色发展与人民福祉紧紧相连。2017年，习近平总书记在审议《关于创新体制机制推进农业绿色发展的意见》时指出，推进农业绿色发展是农业发展观的一场深刻革命，也是农业供给侧结构性改革的主攻方向。

一场围绕农业的绿色变革，在乡村沃野间轰轰烈烈地展开。党的十八大以来，各地区各部门以绿色发展为导向，以体制改革和机制创新为动力,更加注重资源节约、更加注重环境友好、更加注重生态保育、更加注重产品质量,农业绿色发展迈上新台阶。

建立以绿色生态为导向的制度体系　释放农业绿色发展活力

农业,来源大自然,本色就是绿色。然而,一段时期以来,在传统发展观的作用下,为片面追求产量,不顾土地承载力,农业涸泽而渔的行为十分普遍,导致地力透支、面源污染加重。以往的路子已经难以为继,未来的农业面临巨大挑战。为贯彻落实党中央、国务院决策部署,2017年我国出台的第一部农业绿色发展的指导文件——《关于创新体制机制推进农业绿色发展的意见》,为农业绿色发展指明了目标和方向——把农业绿色发展摆在生态文明建设全局的突出位置,全面建立以绿色生态为导向的制度体系,基本形成与资源环境承载力相匹配、与生产生活生态相协调的农业发展格局。

以绿色生态为导向,更多的法律法规、行业标准、补偿制度等被纳入改革政策层面,为深入推动农业高质量发展提供了有力支撑。近年来,农业农村部会同国家发展改革委、财政部等部门,认真贯彻落实习近平生态文明思想,加大力度,强化措施,多措并举推进农业绿色发展。《建立以绿色生态为导向的农业补贴制度改革方案》进一步强化了耕地、草原、林业、湿地等主要生态系统补贴政策。农业水价综合改革则提升农业用水的资源配置效率,利用价格杠杆促进绿色发展。组织修订并发布《有机肥料》《肥料合理使用准则》等行业标准,加强科学施肥技术指导。治理农业面源污染的"一控两减三基本"进一步细化为"五大行动",针对畜禽粪污资源化、果菜茶有机肥替代化肥、东北地区秸秆处理、农膜回收、以长江为重点的水生生物保护5个方面的农业绿色发展行动。

农业农村部总农艺师曾衍德介绍,近年来,国家制定出台了一系列推进农业绿色发展的政策措施,加大中央财政资金投入力度,优化资金使用方式,重点支持重点作物绿色高质高效生产、耕地质量提升、农业面源污染治理、农业废弃物资源化利用、渔业资源养护等。

第五章　农业生产安全法律制度

一系列政策措施的调整和出台,形成强大的引擎,凝聚绿色共识,吹响绿色战役的号角。2017年以来,各地各部门不断突破技术瓶颈和优化管理方式,探索同市场需求相适应、同资源环境承载力相匹配的发展模式,为全面推行农业绿色生产方式和生活方式提供样板。

安徽省颍上县全面推广了以秸秆机械化全量还田、秸秆作为培养基栽培大球盖菇、秸秆作为原料生产育苗基质等为主体的秸秆综合利用模式,并试点推行"秆肥等换"收集处理模式,扩大商品有机肥推广使用。上海市崇明区首创了"绿色农资封闭式管控"模式,制定绿色农药补贴政策,对通过绿色、有机认证的生产主体实行目录内绿色农药限额免费供应。

2021年,农业农村部等六部门联合印发了《"十四五"全国农业绿色发展规划》,是我国首部农业绿色发展专项规划,对"十四五"时期农业绿色发展作出了系统安排,引领农业绿色发展进入快车道。

重点发力农业资源环境保护利用　农业发展全面绿色转型初见成效

土地是庄稼的命根子。说起养地秘诀,黑龙江省海伦市经建农机农民专业合作社理事长孙安富很有心得:"大豆玉米倒茬轮作,给玉米提供了好茬口,还有利于提升地力。"近年来,农业农村部在保护、节约、集约用地等方面统筹施策,深入推进耕地质量保护与提升行动,加快高标准农田建设,实施国家黑土地保护工程,推进南方酸化耕地和北方盐碱地治理。

河北省曲周县今科富小麦种植专业合作社自从种了节水小麦,每年只需浇两次水。据该合作社负责人介绍:"这种小麦省工省钱省水,产量还不减。"通过实施农业节水行动,推行喷灌、滴灌等高效节水灌溉,全国高效节水灌溉达到3.95亿亩。同时发布冬小麦、春玉米、夏玉米科学灌溉技术指导意见,建设了一批墒情监测自动站点,同步推动节水增粮增效。

农业农村部部长唐仁健指出,"紧紧抓住绿色这个永续发展的必要条件,深入推进农业农村绿色发展,降低资源和生态环境承载压力"。聚焦绿色发展关键领域和薄弱环节,就是要加快推行农业绿色生产方式,科学使用农业投入品,循环利用农业废弃物,加快改善农业产地环境。

该减的农业投入品逐渐减下来了。浙江省桐庐县丰阳家庭农场负责人徐星说:"肥料比过去减了两成,农药打得少了,产量还提高了。"当地推行的统防统治、绿色防控让农民尝到了绿色发展的"甜头"。目前,我国已创建109个绿色防控示范县,集成推广全程农药减量增效模式,带动大面积推广科学用药技术,三大粮食作物农药利用率超过41%。

能够循环利用的农业废弃物开始循环利用起来了。畜禽粪污资源化利用实现了全国畜禽养殖大县全覆盖,全国规模养殖场粪污处理设施装备配套率达到97%以上,大型规模养殖场全部配套粪污处理设施装备。

秸秆综合利用率稳步提升,以肥料化、饲料化、能源化利用为主攻方向,建设700多个秸秆综合利用重点县、示范县。

需要治理的"白色污染"也得到了有效防控。全国持续开展100个废旧农膜回收示范县建设,构建覆盖农膜生产、销售、废旧农膜使用、回收等全程监管体系。

与此同时,一批实用技术和典型模式初步形成,一系列投入减量、综合治理、监控监管等长效机制逐步建立,农业发展绿色转型初见成效:全国农药和化肥使用量连续6年负增长,全国畜禽粪污综合利用率超过76%,秸秆综合利用率达到87%以上,农膜回收利用率达到80%以上。

产管并重提高绿色优质农产品供给　加快建设绿色低碳农业产业链

"舌尖上的安全"是最大的民生工程。食品安全的基础在农业、源头在农产品。习近平总书记强调,推进农业供给侧结构性改革,要把增加绿色优质农产品供给放在突出位置。

提供更多优质、安全、特色农产品,是农业绿色发展的重要目标。近年来,农业农村部门加快实施农业生产"三品一标"提升行动,推进农业品种培优、品质提升、品牌打造和标准化生产,不断提高绿色优质农产品供给能力。

1.2万多项农兽药残留标准,6 000余项农业行业标准,基本覆盖主要农产品生产全过程和农业绿色发展等重点领域,使农产品质量安全基本实现有标可依。无公害、绿色、有机和地理标志农产品生产稳步发展,"三品一标"总数不断增加,一大批优质安全的农产品摆上了超市货架和百姓餐桌,更好地适应了城乡居民多元化、个性化的消费需求。

现代农业全产业链标准化试点基地、绿色生产标准化基地、标准化养殖示范场、国家级水产健康养殖和生态养殖示范区等建设牢牢夯实了绿色生产的基础。大批新型农业经营主体开展规模化标准化生产示范,带动千家万户走上绿色安全生产轨道。

同时,强化农兽药残留超标、瘦肉精等问题治理,打击禁限用药物使用行为,组织豇豆、韭菜突出风险隐患排查,开展农资打假专项行动,一系列"重拳"行动有效解决农产品质量安全的突出问题。

从绿色生产,到加工、流通、消费等全过程,农业绿色发展在全产业链拓展空间,为农业农村高质量发展增添了澎湃动力。

资料来源:李丽颖,《农民日报》,2022年5月25日第1版,有节选。

第五节 农业转基因生物安全管理

一、农业转基因生物安全概述

农业转基因生物,是指利用基因工程技术改变基因组构成,用于农业生产或者农产品加工的动植物、微生物及其产品,主要包括如下内容。

(1) 转基因动植物(含种子、种畜禽、水产苗种)和微生物;

(2) 转基因动植物、微生物产品;

(3) 转基因农产品的直接加工品;

(4) 含有转基因动植物、微生物或者其产品成分的种子、种畜禽、水产苗种、农药、兽药、肥料和添加剂等产品。

农业转基因生物安全,是指防范农业转基因生物对人类、动植物、微生物和生态环境构成的危险或者潜在风险。

"基因"是英语"gene"的音译,有"开始"或"生育"的意思,基因是DNA分子中含有特定遗传信息的一段核苷酸序列,是遗传物质的最小功能单位。地球生物包括动物、植物、微生物,数量巨大,种类繁多,形态各异,生存环境和生活习性各不相同,这都是由基因控制的。"种瓜得瓜、种豆得豆"是人们对这种现象的高度概括,即物种的生物学特征和特性是由基因决定的,是可以遗传的。转基因作物就是指利用分子生物学手段,将某些生物的基因转移到其他生物物种上,从而改善生物原有的性状或赋予其新的优良性状。以转基因生物(genetically modified organism,简称GMO)为原料加工生产的食品就是转基因食品(genetically modified food,简称GM Food)。例如,用转基因大豆制成的大豆油、豆腐、酱油等豆制品,鲜食的转基因木瓜及利用转基因微生物所生产的奶酪等都是转基因食品。转基因植物技术始于20世纪70年代初,最早进行转基因食品研究的是美国。世界上第一例进入商品化生产的转基因食品是1994年投放美国市场的可延缓成熟的转基因番茄。

认为转基因作物危害环境,其实只是一种猜测。人们认为农业是一种"天然"状态,而转基因作物是一种新的物种,新物种肯定会破坏原来的农业状态,或者打乱原来的生物链。这种"猜测"存在误区,其实转基因作物只是增加了特定的性状,而且经过了环境安全评价,不会对生态环境造成负面影响。最早引发人们对转基因环境安全性担心的,源于20世纪末发生于美国的"帝王蝶事件"。1999年5月,《自然》杂志发表一篇文章,称用拌有转基因抗虫玉米花粉的马利筋杂草叶片饲喂帝王蝶幼虫,会使幼虫生长缓慢,并且死亡率高达44%。美国环境保护局(EPA)组织昆虫专家展开专题研究,结果显示,转基因抗虫玉米花粉在田间对帝王蝶并无威胁,室内实验并不能反映田间的真实情况。其实,转基因作物在本质上与普通作物并无差别,没有理由认为它对环境会有特殊危害。相反,种植转基因作物能减少农药的使用,实现免耕,反而能保护环境、减少水土流失,这是大家看到的实实在在的事实①(见图 5-2)。

中国农科院专家列举的转基因食品清单				
		国内市场	美国	欧洲
国外进口		大豆	大豆	大豆
		油菜籽	油菜籽	油菜
		玉米	玉米	玉米
国内生产		番木瓜	番木瓜	马铃薯
		棉籽油	番茄	甜菜
美国市场上的色拉油、面包、饼干、薯片、蛋糕、巧克力、番茄酱、鲜食番木瓜、酸奶、奶酪等或多或少都含有转基因成分				
误传		圣女果	大个儿彩椒	
		小南瓜	小黄瓜	

图5-2 中国农科院专家列举的转基因食品清单

(资料来源:人民网科技频道制图。)

自20世纪80年代以来,我国转基因技术取得了显著进展,1997年,我国商业化种植转基因棉花,解决了困扰我国棉花生产的棉铃虫危害问题。2009年11月27日,农业部(现农业农村部)批准了两种转基因水稻、一种转基因玉米的安全证书,这也让我国成为世界上第一个批准主粮可进行转基因种植的国家。经过多年努力,我国已成为继美国之后的第二研发大国,实现从局部创新到"自主基因、自主技术、自主品

---

① 孙眉.转基因作物会破坏生态环境吗?[N]农民日报,2022-09-09(1).

种"的整体跨越,为转基因产业化应用打下了坚实基础。2021年,农业农村部对已获得生产应用安全证书的耐除草剂转基因大豆和抗虫耐除草剂转基因玉米开展产业化试点,进展较好:一是试点转基因品种特性优良,节本增效优势明显;二是试点的转基因大豆和玉米对生产环境无不良影响;三是试点实施"统一供种、统一收购、统一技术规范"管理,定期开展巡查指导和监督检查,严防非法扩散。

我国政府十分重视农业转基因生物安全管理工作,已经形成了一整套适合我国国情并与国际惯例相衔接的法律法规、技术规程和管理体系。为了加强农业转基因生物安全管理,保障人体健康和动植物、微生物安全,保护生态环境,促进农业转基因生物技术研究,国家专门制定了《农业转基因生物安全管理条例》(2001年发布,2011年、2017年修订)。据此,有关部门先后制定过5个办法:《农业转基因生物安全评价管理办法》《农业转基因生物进口安全管理办法》《农业转基因生物标识管理办法》《农业转基因生物加工审批办法》《进出境转基因产品检验检疫管理办法》,规范了农业转基因生物安全评价、进口安全管理、标识管理、加工审批、产品进出境检验检疫工作。

二、进行转基因生物安全管理的原因

转基因技术是现代生物技术的核心,运用转基因技术培育高产、优质、多抗、高效的新品种,能够降低农药、肥料的投入,对缓解资源约束、保护生态环境、改善产品品质、拓展农业功能等具有重要作用。但是,技术本身是一把双刃剑,农业转基因生物也可能会对人类、动植物、微生物和生态环境构成一定的危险或者潜在风险,因此,需要对农业转基因生物实施必要的安全防范。对转基因生物实施安全管理主要有两大原因。

一是转基因技术和产业发展的需要。2008年,国务院常务会议批准通过了转基因生物新品种培育重大专项。2010年的"中央一号文件"宣布"继续实施转基因生物新品种培育科技重大专项,抓紧开发具有重要应用价值和自主知识产权的功能基因和生物新品种,在科学评估、依法管理的基础上,推进转基因新品种产业化"。这是中央文件第一次给转基因这一品种改良途径的发展定基调。2010年,我国转基因作物种植面积达148万平方千米,比1996年增长87倍。2012年,我国进口大豆数量达到5 838万吨,大多为转基因大豆。2013年,中国已有5大类17种转基因生物在售①。一些新基因、新性状、新方法、新产品也不断出现,如耐寒、提高养分利用率转基因作物、复合性状转基因作物等。生物安全和生物技术相伴而生,生物技术的发展对安全管理提出了更高的要求。

二是转基因风险的特点与公众认知的要求。转基因生物风险是世界范围的热议焦点,由于研究实验和实际使用的时间相对较短,目前科学家对转基因生物的安全性尚未达成共识②。在中国,或者出于对技术本身的恐惧,或者出于对商业化的本能抵触,或者出于对相关部门监管能力的担心,公众对转基因安全性问题存在很大的疑虑和不安。因此,政府必须加强转基因生物安全管理,积极应对转基因技术存在的潜在风险,回应公众的关注,保障人体健康和动植物、微生物安全,保护生态环境。

材料阅读:

转基因技术为保障粮食安全注入新动能
——访中国工程院院士吴孔明、万建民

民为国基,谷为民命。粮食安全是国家安全的重要基础。

突破资源约束,保障国家粮食安全,归根结底要靠科技创新和应用。习近平总书记强调,要下决心把民族种业搞上去,抓紧培育具有自主知识产权的优良品种,从源头上保障国家粮食安全。2021年"中央一号文件"提出要加快实施农业生物育种重大科技项目。转基因技术作为全球发展最成熟、应用最广泛的生物育种技术,成为我们必须抢占的科技制高点。

---

① 在全球范围内,约81%的大豆、35%的玉米和30%的油菜都是转基因产品。
② "杂交水稻之父"袁隆平认为,转基因食品至少要经过两代人的试验,才能知道它是否真正安全。

我国转基因技术目前发展水平如何？转基因食品是否安全？转基因技术在保障我国粮食安全方面能发挥何种作用？就这些问题，记者采访了中国工程院院士、中国农业科学院党组副书记、副院长吴孔明，中国工程院院士、国家转基因生物新品种培育科技重大专项技术总师万建民。

转基因技术应用引发了农业生产方式的革命性变化，深刻改变了农产品贸易格局，已成为国际农业科技战略必争的前沿领域

记者：什么是转基因，主要在哪些方面应用？

吴孔明：转基因，就是科学家利用工程技术将一种生物的一个或多个基因转移到另外一种生物体内，从而让后一种生物获得新的性状。比如，将微生物体内的抗虫基因转入棉花、水稻或玉米，培育成对棉铃虫、卷叶螟及玉米螟等昆虫具有抗性的转基因棉花、水稻或玉米。

目前，国际上转基因技术已经广泛应用于医药、工业、农业、环保、能源等领域，成为新的经济增长点，在未来数十年内将对人类社会产生重大影响。目前广泛使用的人胰岛素、重组疫苗、抗生素、干扰素和啤酒酵母、食品酶制剂、食品添加剂等有很多都是转基因产品。

记者：转基因技术在农业领域能带来哪些益处？

万建民：在农业领域，国际上已经培育了一大批具有抗虫、抗病、耐除草剂、优质、抗逆等优良性状的转基因作物新品种。转基因技术的广泛应用，有效降低了农业生产人工成本，减少了农药使用量，减少灾害损失，在缓解资源约束、保护生态环境、改善和提高农产品质量和营养价值，推进绿色发展方面发挥了重大作用，引发了农业生产方式的革命性变化，深刻改变了农产品贸易格局，已经成为国际农业科技战略必争的前沿领域。

全球转基因作物产业不断扩大。自 1996 年转基因作物商业化以来，全球 29 个国家或地区批准种植，42 个国家或地区批准进口，种类从转基因大豆、棉花、玉米、油菜拓展到马铃薯、苹果、苜蓿等 32 种植物，累计种植 400 多亿亩。在已批准商业种植的主要国家,转基因作物种植比例已接近饱和。全球范围内,主要转基因农作物的种植比例分别为:棉花79%,大豆74%,玉米31%,油菜27%。

通过安全评价依法批准上市的转基因食品是安全的,与传统食品同等安全

记者:有一些人认为"转基因食品不安全,欧美人不吃转基因食品",转基因食品到底安不安全?

吴孔明:通过安全评价依法批准上市的转基因食品是安全的,与传统食品同等安全。从科学角度看,转基因产品上市前需要经过食用的毒性、致敏性以及对基因漂移、遗传稳定性、生存竞争能力、生物多样性等环境生态影响的安全性评价,确保通过安全评价、获得政府批准的转基因生物,除了增加人们希望得到的性状,例如抗虫、抗旱等,并不会增加致敏物和毒素等额外风险。

从国际上看,经济合作与发展组织、世界卫生组织和联合国粮食及农业组织在充分研究后得出结论,目前上市的转基因食品都是安全的。根据500多个独立科学团体历时25年开展的130多个科研项目,欧盟委员会2010年发表报告得出结论:"生物技术,特别是转基因技术,并不比传统育种技术更有风险"。

从应用实践上看,转基因技术1989年开始应用于食品工业领域。自1996年转基因作物商业化种植以来,全球70多个国家和地区的几十亿人口食用转基因农产品,没有发生过一例经过科学证实的安全性问题。

我国已经建立了一整套严格规范的农业转基因生物安全评价和监管制度,对农业转基因生物进行严格的安全评价和有效监管,切实保障人体健康和动植物、微生物安全,保护生态环境。

转基因技术可提升我国玉米产量和生产水平,也是提升我国大豆产业竞争力的关键手段

记者:我国是粮食消费大国,大豆、玉米等农产品目前大量依赖进口。您认为应如何解决这一问题,切实保障我国粮食安全?

吴孔明:我国是粮食生产和消费大国,粮食供需总量基本平衡。2020年粮食种植面积达到17.52亿亩,总产量达到13 390亿斤,全国粮食人均占有量达到474公斤,高于400公斤的国际粮食安全标准线。稻谷、小麦两大口粮产需平衡有余,谷物自给率超过95%,保障了"口粮绝对安全,谷物基本自给"的战略目标。但由于受到人口增长、资源约束、气候变化等因素限制,我国粮食供需处于紧平衡状态,大豆、玉米等产品总量缺口还会扩大。

转基因技术是提升我国大豆产业竞争力的关键手段。目前,全球大豆规模化经营主体主要采用株型紧凑、耐密抗倒、抗病性强、适合全程机械化生产的高产大豆新品种。我国通过转基因技术培育的3个耐除草剂大豆已获得生产应用安全证书,可降低除草成本30元/亩以上,亩均增效100元,同时可以实现合理轮作。

转基因技术可提升我国玉米产量和生产水平。目前,通过转基因技术培育的4个抗虫耐除草剂转基因玉米获得生产应用安全证书,抗虫效果达95%以上,比对照玉米产量可提高7%—17%,减少农药用量60%,有效降低了生产投入成本,减少虫害后黄曲霉素污染。同时,耐除草剂特性显著,减少了人力投入成本,降低了除草剂风险。

资料来源:吴晶,《中国纪检监察报》,2021年10月16日第4版,有节选。

三、《农业转基因生物安全管理条例》的内容

(一)转基因生物安全行政管理体系和技术支撑体系

根据《农业转基因生物安全管理条例》的规定,国务院建立了由农业、科技、环境保护、卫生、外经贸、检验检疫等部门组成的部际联席会议,负责研究、协调农业转基因生物安全管理工作中的重大问题。农业农村部作为负责全国农业转基因生物安全监督管理的牵头部门和主管部门,成立了农业转基因生物安全管理办公室,负责全国农业转基因生物安全监管工作。县级以上地方各级人民政府农业行政主管部门负责本行政区域内的农业转基因生物安全的监督管理工作。县级以上各级

人民政府有关主管部门依法负责相关监督管理工作。

我国转基因生物安全管理技术支撑体系主要包括安全评价体系、检测体系和标准体系。

1. 安全评价体系

农业农村部按照《农业转基因生物安全管理条例》的规定,组建国家农业转基因生物安全委员会,负责农业转基因生物的安全评价工作,为转基因生物安全管理提供技术咨询。农业转基因生物安全委员会委员由从事农业转基因生物研究、生产、加工、检验检疫、卫生、环境保护等方面的专家组成,每届任期三年。农业转基因生物安全委员会委员由农业转基因生物安全部际联席会议成员单位推荐,农业农村部聘任组建。

2. 检测体系

国务院农业行政主管部门根据农业转基因生物安全评价工作的需要,可以委托具备检测条件和能力的技术检测机构对农业转基因生物进行检测。检测机构的职责任务有四项:一是为农业转基因生物安全管理和评价提供技术服务;二是承担农业农村部或申请人委托的农业转基因生物定性定量检验、鉴定和复查任务;三是出具检测报告,作出科学判断;四是研究检测技术与方法,承担或参与评价标准和技术法规的制订和修订工作。

3. 标准体系

国家农业转基因生物安全管理标准化技术委员会是转基因安全标准化的技术组织,由国家标准化管理技术委员会依法批准成立。转基因生物安全管理标准化委员会根据农业转基因生物安全管理的方针政策,提出转基因生物安全标准化的方针、政策和有关技术措施,制订转基因生物安全的标准化体系,开展转基因植物、动物、微生物及其产品的研究、试验、生产、加工、经营、进出口及与安全管理方面相关的国家、行业标准制订、修订和标准技术复核、宣讲、咨询、调查分析工作。

(二)我国对转基因生物安全的监管办法

按照国务院制定的《农业转基因生物安全管理条例》,加强源头监管,加大执法监管力度,严格控制区域试验和生产性试验条件,加强对品种审定、生产、加工、经营等环节的监管。加强对农产品、种子的例行监测和监督抽查,严厉打击和惩处违法违规行为。加强品种审定区域试验、种子生产经营、商业化生产管理、标志等监督管理,杜绝非法生产经营转基因农作物种子和产品的行为。

1. 研究与试验

国务院农业行政主管部门应当加强农业转基因生物研究与试验的安全评价管理工作,并设立农业转基因生物安全委员会,负责农业转基因生物的安全评价工作。农业转基因生物安全委员会由从事农业转基因生物研究、生产、加工、检验检疫以及卫生、环境保护等方面的专家组成。

从事农业转基因生物研究与试验的单位,应当具备与安全等级相适应的安全设施和措施,确保农业转基因生物研究与试验的安全,并成立农业转基因生物安全小组,负责本单位农业转基因生物研究与试验的安全工作。

农业转基因生物试验,一般应当经过中间试验、环境释放和生产性试验三个阶段。中间试验,是指在控制系统内或者控制条件下进行的小规模试验。环境释放,是指在自然条件下采取相应安全措施所进行的中规模的试验。生产性试验,是指在生产和应用前进行的较大规模的试验。

农业转基因生物在实验室研究结束后,需要转入中间试验的,试验单位应当向国务院农业行政主管部门报告。

农业转基因生物试验需要从上一试验阶段转入下一试验阶段的,试验单位应当向国务院农业行政主管部门提出申请;经农业转基因生物安全委员会进行安全评价合格的,由国务院农业行政主管部门批准转入下一试验阶段。试验单位提出该申请,应当提供下列材料:(1)农业转基因生物的安全等级和确定安全等级的依据;(2)农业转基因生物技术检测机构出具的检测报告;(3)相应的安全管理、防范措施;(4)上一试验阶段的试验报告。

从事农业转基因生物试验的单位在生产性试验结束后,可以向国务院农业行政主管部门申请领取农业转基因生物安全证书。试验单位提出该申请,应当提供下列材料:(1)农业转基因生物的安全等级和确定安全等级的依据;(2)生产性试验的总结报告;(3)国务院农业行政主管部门规定的试验材料、检测方法等其他材料。

国务院农业行政主管部门收到申请后,应当委托具备检测条件和能力的技术检测机构进行检测,并组织农业转基因生物安全委员会进行安全评价;安全评价合格的,方可颁发农业转基因生物安全证书。

2. 生产与加工

生产转基因植物种子、种畜禽、水产苗种,应当取得国务院农业行政主管部门颁发的种子、种畜禽、水产苗种生产许可证。

生产单位和个人申请转基因植物种子、种畜禽、水产苗种生产许可证,除应当符合有关法律、行政法规规定的条件外,还应当符合下列条件。

(1)取得农业转基因生物安全证书并通过品种审定;
(2)在指定的区域种植或者养殖;
(3)有相应的安全管理、防范措施;
(4)国务院农业行政主管部门规定的其他条件。

生产转基因植物种子、种畜禽、水产苗种的单位和个人,应当建立生产档案,载明生产地点、基因及其来源、转基因的方法以及种子、种畜禽、水产苗种流向等内容。

从事农业转基因生物生产、加工的单位和个人,应当按照批准的品种、范围、安全管理要求和相应的技术标准组织生产、加工,并定期向所在地县级人民政府农业行政主管部门提供生产、加工、安全管理情况和产品流向的报告。

农业转基因生物在生产、加工过程中发生基因安全事故时,生产、加工单位和个人应当立即采取安全补救措施,并向所在地县级人民政府农业行政主管部门报告。

3. 经营

经营转基因植物种子、种畜禽、水产苗种的单位和个人,应当取得国务院农业行政主管部门颁发的种子、种畜禽、水产苗种经营许可证。

经营单位和个人申请转基因植物种子、种畜禽、水产苗种经营许可证,除应当符合有关法律、行政法规规定的条件外,还应当符合下列条件。

（1）有专门的管理人员和经营档案；

（2）有相应的安全管理、防范措施；

（3）国务院农业行政主管部门规定的其他条件。

经营转基因植物种子、种畜禽、水产苗种的单位和个人,应当建立经营档案,载明种子、种畜禽、水产苗种的来源、贮存、运输和销售去向等内容。

在中华人民共和国境内销售列入农业转基因生物目录的农业转基因生物,应当有明显的标识。

列入农业转基因生物目录的农业转基因生物,由生产、分装单位和个人负责标识；未标识的,不得销售。经营单位和个人在进货时,应当对货物和标识进行核对。经营单位和个人拆开原包装进行销售的,应当重新标识。

农业转基因生物标识应当载明产品中含有转基因成分的主要原料名称；有特殊销售范围要求的,还应当载明销售范围,并在指定范围内销售。

农业转基因生物的广告,应当经国务院农业行政主管部门审查批准后,方可刊登、播放、设置和张贴。

4. 进口与出口

从中华人民共和国境外引进农业转基因生物用于研究、试验的,引进单位应当向国务院农业行政主管部门提出申请；符合下列条件的,国务院农业行政主管部门方可批准。

（1）具有国务院农业行政主管部门规定的申请资格；

（2）引进的农业转基因生物在国（境）外已经进行了相应的研究、试验；

（3）有相应的安全管理、防范措施。

境外公司向中华人民共和国出口转基因植物种子、种畜禽、水产苗种和利用农业转基因生物生产的或者含有农业转基因生物成分的植物种子、种畜禽、水产苗种、农药、兽药、肥料和添加剂的,应当向国务院农业行政主管部门提出申请；符合下列条件的，国务院农业行政主管部门方可批准试验材料入境并依照《农业转基因生物安全管理条例》的规定进行中间试验、环境释放和生产性试验。

（1）输出国家或者地区已经允许作为相应用途并投放市场；

（2）输出国家或者地区经过科学试验证明对人类、动植物、微生物和生态环境无害；

（3）有相应的安全管理、防范措施。

生产性试验结束后，经安全评价合格，并取得农业转基因生物安全证书后，方可依照有关法律、行政法规的规定办理审定、登记或者评价、审批手续。

从中华人民共和国境外引进农业转基因生物的，或者向中华人民共和国出口农业转基因生物的，引进单位或者境外公司应当凭国务院农业行政主管部门颁发的农业转基因生物安全证书和相关批准文件，向口岸出入境检验检疫机构报检；经检疫合格后，方可向海关申请办理有关手续。

5．监督检查

农业行政主管部门履行监督检查职责时，有权采取下列措施。

（1）询问被检查的研究、试验、生产、加工、经营或者进口、出口的单位和个人、利害关系人、证明人，并要求其提供与农业转基因生物安全有关的证明材料或者其他资料；

（2）查阅或者复制农业转基因生物研究、试验、生产、加工、经营或者进口、出口的有关档案、账册和资料等；

（3）要求有关单位和个人就有关农业转基因生物安全的问题作出说明；

（4）责令违反农业转基因生物安全管理的单位和个人停止违法行为；

（5）在紧急情况下，对非法研究、试验、生产、加工、经营或者进口、出口的农业转基因生物实施封存或者扣押。

有关单位和个人对农业行政主管部门的监督检查，应当予以支持、配合，不得拒绝、阻碍监督检查人员依法执行职务。

发现农业转基因生物对人类、动植物和生态环境存在危险时,国务院农业行政主管部门有权宣布禁止生产、加工、经营和进口,收回农业转基因生物安全证书,销毁有关存在危险的农业转基因生物。

材料阅读:

转基因食品应确保消费者的知情权

超市的货架上摆放着转基因食品,餐馆里天天使用转基因原料,单位食堂的饭菜中就含有转基因食品成分,每个人都可能有意无意地吃到转基因食品。在无法简单规避的情况下,消费者首先应知道吃的是什么,然后才能决定吃还是不吃,也就是要充分保护消费者的知情权和选择权。

转基因食品的安全性是一个全球性的争议话题。支持者认为迄今为止并没有确凿的科学证据证明转基因产品对人体健康或环保有明显危害,而反对者称人为改变自然基因的潜在影响在这几十年的实验中是显现不出来的。反映到政策上,前者要求政府对转基因食品与传统食品一视同仁,后者则要求对其施加持续而严密的风险测试与监控。

在这种情况下,相关部门以事实澄清谣言,避免大众无理由的过度恐惧是必需的,但与此同时,以科学的名义要求所有消费者无视转基因食品与传统食品的区别也不太合适。转基因食品毕竟是一种大众不熟悉的新事物,消费者也拥有哪怕是基于不那么"科学"的担忧而衍生的知情权,何况一些消费者的考虑并非只是健康,还有伦理或宗教方面的需求。所以,相关法规要求转基因食品的生产者和销售者充分披露信息,做出明显标识也是合理的。

国际上,美国的自愿标识和欧盟的强制标识是两种代表性做法,其所反映的是对转基因食品所持的宽松与谨慎的不同态度。不过,美国近年来的民意调查也普遍显示,多数消费者赞同对转基因食品进行强制标识,在联邦和州的层面上都有立法建议,只是目前仍未成功上升为法律。欧盟之所以保持戒备心态要求强制标识，与其所遭受的"疯牛病"等历史教训有一定关系。

从立法上看，中国也可以说是建立了强制标识制度。2001年国务院发布的《农业转基因生物安全管理条例》（后于2011年和2017年修订）就明确了标识的必要性，但因法规层级与执法能力有限，这些规定在现实中并未严格执行，一些厂家并不标注，做了标识的也存在隐蔽、不清晰的问题，而且没有确定商家违反标识规定所应承担的民事责任，所以消费者的知情权并未得到充分保障。未来，可考虑对转基因食品制定专门法律并规范其标识行为，更透明的信息也更有利于驱散大众的非理性恐惧。

资料来源：作者根据相关资料整理改写。

第六节 农产品质量安全法

农产品质量安全，是指农产品质量达到农产品质量安全标准，符合保障人的健康、安全的要求。具体而言，就是指农产品的可靠性、使用性和内在价值，包括在生产、贮存、流通和使用过程中形成、残存的营养、危害及外在特征因子，既有等级、规格、品质等特性要求，也有对人、环境的危害等级水平的要求。农产品质量既包括涉及人体健康、安全的质量要求，也包括涉及产品的营养成分、口感、色香味等非安全性的一般质量指标。其中，需要法律强制规范的主要是农产品质量中的安全性要求。这里说的农产品，是指来源于种植业、林业、畜牧业和渔业等的初级产品，即在农业活动中获得的植物、动物、微生物及其产品。

"民以食为天，食以安为先。"农产品的质量问题是事关老百姓吃得安全、吃得放心的大事。为保障农产品质量安全，维护公众健康，促进农业和农村经济发展，我国专门制定了《中华人民共和国农产品质量安全法》。该法针对保障农产品质量安全的主要环节，确立了安全管理体制、安全标准的强制实施制度、农产品产地管理制度、包装和标识管理制度、监督检查制度、风险评估和信息发布制度、责任追究制度等七项制度。这些基本制度具有很强的针对性和可操作性,建立了农产品从农田到餐桌的全程监管体系,是完善农产品质量安全监管长效机制的制度保障。由于农产品生产链条长,生产环境开放,不可控因素多,各个生产环节对农产品的质量安全都有不同程度的影响,因而,必须对农产品生产经营的各个环节进行全程控制,确保消费者购买到符合要求的农产品,切实守护人民群众"舌尖上的安全"(见图5-3)。

图5-3　吃得更放心

(资料来源:人民日报海外版,2013-03-16,新华社发,谢正军作。)

一、农产品质量安全监管机构

国务院农业农村主管部门、市场监督管理部门依照本法和规定的职责,对农产品质量安全实施监督管理。国务院其他有关部门依照本法和规定的职责承担农产品质量安全的有关工作。

县级以上地方人民政府对本行政区域的农产品质量安全工作负责,统一领导、组织、协调本行政区域的农产品质量安全工作,建立健全农产品质量安全工作机制,提高农产品质量安全水平。

县级以上地方人民政府应当依照本法和有关规定,确定本级农业农村主管部门、市场监督管理部门和其他有关部门的农产品质量安全

第五章 农业生产安全法律制度

监督管理工作职责。各有关部门在职责范围内负责本行政区域的农产品质量安全监督管理工作。

乡镇人民政府应当落实农产品质量安全监督管理责任,协助上级人民政府及有关部门做好农产品质量安全监督管理工作。

县级以上人民政府应当将农产品质量安全管理工作纳入本级国民经济和社会发展规划,所需经费列入本级预算,加强农产品质量安全监督管理能力建设。

各级人民政府及有关部门应当加强农产品质量安全知识的宣传,发挥基层群众性自治组织、农村集体经济组织的优势和作用,指导农产品生产经营者加强质量安全管理,保障农产品消费安全。

新闻媒体应当开展农产品质量安全法律、法规和农产品质量安全知识的公益宣传,对违法行为进行舆论监督。有关农产品质量安全的宣传报道应当真实、公正。

农民专业合作社和农产品行业协会等应当及时为其成员提供生产技术服务,建立农产品质量安全管理制度,健全农产品质量安全控制体系,加强自律管理。

二、农产品质量安全风险管理和标准制定

(一)国家建立农产品质量安全风险监测制度

农产品质量安全风险监测是为了掌握农产品质量安全状况和开展农产品质量安全风险评估,系统地对影响农产品质量安全的有害因素进行检验、分析和评价的过程。在长期实践的基础上,《农产品质量安全法》确立了国家统筹、各有侧重、分级实施的风险监测制度。

国务院农业农村主管部门应当制定国家农产品质量安全风险监测计划,并对重点区域、重点农产品品种进行质量安全风险监测。省、自治区、直辖市人民政府农业农村主管部门应当根据国家农产品质量安全风险监测计划,结合本行政区域农产品生产经营实际,制定本行政区域的农产品质量安全风险监测实施方案,并报国务院农业农村主管部门备案。县级以上地方人民政府农业农村主管部门负责组织实施本行政区域的农产品质量安全风险监测。

县级以上人民政府市场监督管理部门和其他有关部门获知有关农产品质量安全风险信息后,应当立即核实并向同级农业农村主管部门通报。接到通报的农业农村主管部门应当及时上报。制定农产品质量安全风险监测计划、实施方案的部门应当及时研究分析,必要时进行调整。

(二)国家建立农产品质量安全风险评估制度

风险评估是农产品质量安全管理的国际通行做法,更是实现我国农产品质量安全科学监管和风险防控不可或缺的重要基础。农产品质量安全风险评估是通过科学技术手段,发现和验证可能影响农产品质量安全的危害因子及其代谢产物,并对其危害程度进行评价的过程。主要包括对已知危害因子危害程度的科学评估和对未知危害因子潜在危害的探索。农产品质量安全风险评估针对的主要危害因素有:农业种养殖过程可能产生的危害;农产品保鲜包装储运过程可能产生的危害;农产品自身的生长或发育过程中可能产生的危害;农业生产中新技术的应用可能产生的危害。

根据《农产品质量安全法》规定,国务院农业农村主管部门应当设立农产品质量安全风险评估专家委员会,对可能影响农产品质量安全的潜在危害进行风险分析和评估。国务院卫生健康、市场监督管理等部门发现需要对农产品进行质量安全风险评估的,应当向国务院农业农村主管部门提出风险评估建议。农产品质量安全风险评估专家委员会由农业、食品、营养、生物、环境、医学、化工等方面的专家组成。

国务院农业农村主管部门应当根据农产品质量安全风险监测、风险评估结果采取相应的管理措施,并将农产品质量安全风险监测、风险评估结果及时通报国务院市场监督管理、卫生健康等部门和有关省、自治区、直辖市人民政府农业农村主管部门。

县级以上人民政府农业农村主管部门开展农产品质量安全风险监测和风险评估工作时,可以根据需要进入农产品产地、储存场所及批发、零售市场。采集样品应当按照市场价格支付费用。

(三)国家建立健全农产品质量安全标准体系

农产品质量安全标准是政府履行农产品质量安全监督管理职能的

基础,是农产品生产经营者自控的准绳,是判断农产品质量安全的依据,是开展农产品产地认定和产品认证的依据,更是各级政府部门开展例行监测和市场监督抽查的依据。农产品质量安全标准包括两个大的方面:一个是农产品质量和卫生方面的限量要求;另一个是以保障人的健康、安全的生产技术规范和检验检测方法。农产品质量安全标准特别是安全限量标准,具有很强的约束性和法制性。标准制定的程序、方法和科学性、适应性、可靠性都非常重要。农产品质量安全标准的制定,有两个最基本的立足点:一个是要保障人体健康和安全;另一个是要有利于产业发展和环境安全,这也是国际标准制定的两个最重要原则。

农产品质量安全标准的制定和发布,依照法律、行政法规的规定执行。制定农产品质量安全标准,应当充分考虑农产品质量安全风险评估结果,并听取农产品生产经营者、消费者、有关部门、行业协会等的意见,保障农产品消费安全。农产品质量安全标准应当根据科学技术发展水平以及农产品质量安全的需要,及时修订。农产品质量安全标准由农业农村主管部门商有关部门推进实施。

农产品质量安全标准是强制执行的标准,包括以下与农产品质量安全有关的要求:

(1) 农业投入品质量要求、使用范围、用法、用量、安全间隔期和休药期规定;

(2) 农产品产地环境、生产过程管控、储存、运输要求;

(3) 农产品关键成分指标等要求;

(4) 与屠宰畜禽有关的检验规程;

(5) 其他与农产品质量安全有关的强制性要求。

三、农产品产地

农产品产地是影响农产品质量安全的重要源头。工业"三废"和城市垃圾的不合理排放,农产品种养殖过程中投入品的不合理使用,产地自身的重金属状况等,都可能给部分农业用地、畜牧生产环境、渔业水域环境造成污染。

为了从源头上控制污染物进入农产品生产过程,防止因农产品产地污染而危及农产品质量安全,《农产品质量安全法》规定,国家建立健全农产品产地监测制度。县级以上地方人民政府农业农村主管部门应当会同同级生态环境、自然资源等部门制定农产品产地监测计划,加强农产品产地安全调查、监测和评价工作。

县级以上地方人民政府农业农村主管部门应当会同同级生态环境、自然资源等部门按照保障农产品质量安全的要求,根据农产品品种特性和产地安全调查、监测、评价结果,依照土壤污染防治等法律、法规的规定提出划定特定农产品禁止生产区域的建议,报本级人民政府批准后实施。任何单位和个人不得在特定农产品禁止生产区域种植、养殖、捕捞、采集特定农产品和建立特定农产品生产基地。

任何单位和个人不得违反有关环境保护法律、法规的规定向农产品产地排放或者倾倒废水、废气、固体废物或者其他有毒有害物质。农业生产用水和用作肥料的固体废物,应当符合法律、法规和国家有关强制性标准的要求。

农产品生产者应当科学合理地使用农药、兽药、肥料、农用薄膜等农业投入品,防止对农产品产地造成污染。农药、肥料、农用薄膜等农业投入品的生产者、经营者、使用者应当按照国家有关规定回收并妥善处置包装物和废弃物。

县级以上人民政府应当采取措施,加强农产品基地建设,推进农业标准化示范建设,改善农产品的生产条件。

四、农产品生产

优质安全的农产品是生产出来的。生产者只有严格按照规定的技术要求和操作规程进行农产品生产,科学合理地使用符合国际要求的农药、塑料及塑料添加剂等农业投入品,适时地收获、捕捞和屠宰动植物或其产品,才能生产出符合质量安全标准要求的农产品,才能保证消费安全。

根据《农产品质量安全法》规定,县级以上地方人民政府农业农村主管部门应当根据本地区的实际情况,制定保障农产品质量安全的生产技术要求和操作规程,并加强对农产品生产经营者的培训和指导。农业技术推广机构应当加强对农产品生产经营者质量安全知识和技能的培训。国家鼓励科研教育机构开展农产品质量安全培训。

农产品生产企业、农民专业合作社、农业社会化服务组织应当加强农产品质量安全管理。农产品生产企业应当建立农产品质量安全管理制度,配备相应的技术人员;不具备配备条件的,应当委托具有专业技术知识的人员进行农产品质量安全指导。国家鼓励和支持农产品生产企业、农民专业合作社、农业社会化服务组织建立和实施危害分析和关键控制点体系,实施良好农业规范,提高农产品质量安全管理水平。

农产品生产企业、农民专业合作社、农业社会化服务组织应当建立农产品生产记录,如实记载下列事项:(1)使用农业投入品的名称、来源、用法、用量和使用、停用的日期;(2)动物疫病、农作物病虫害的发生和防治情况;(3)收获、屠宰或者捕捞的日期。农产品生产记录应当至少保存两年。禁止伪造、变造农产品生产记录。国家鼓励其他农产品生产者建立农产品生产记录。

对可能影响农产品质量安全的农药、兽药、饲料和饲料添加剂、肥料、兽医器械,依照有关法律、行政法规的规定实行许可制度。省级以上人民政府农业农村主管部门应当定期或者不定期组织对可能危及农产品质量安全的农药、兽药、饲料和饲料添加剂、肥料等农业投入品进行监督抽查,并公布抽查结果。农药、兽药经营者应当依照有关法律、行政法规的规定建立销售台账,记录购买者、销售日期和药品施用范围等内容。

农产品生产经营者应当依照有关法律、行政法规和国家有关强制性标准、国务院农业农村主管部门的规定,科学合理地使用农药、兽药、饲料和饲料添加剂、肥料等农业投入品,严格执行农业投入品使用安全间隔期或者休药期的规定;不得超范围、超剂量使用农业投入品危及农产品质量安全。禁止在农产品生产经营过程中使用国家禁止使用的农业投入品以及其他有毒有害物质。农产品生产场所以及生产活动中使用的设施、设备、消毒剂、洗涤剂等应当符合国家有关质量安全规定,防止污染农产品。

县级以上人民政府农业农村主管部门应当加强对农业投入品使用

的监督管理和指导,建立健全农业投入品的安全使用制度,推广农业投入品科学使用技术,普及安全、环保农业投入品的使用。

国家鼓励和支持农产品生产经营者选用优质特色农产品品种,采用绿色生产技术和全程质量控制技术,生产绿色优质农产品,实施分等分级,提高农产品品质,打造农产品品牌。

国家支持农产品产地冷链物流基础设施建设,健全有关农产品冷链物流标准、服务规范和监管保障机制,保障冷链物流农产品畅通高效、安全便捷,扩大高品质市场供给。从事农产品冷链物流的生产经营者应当依照法律、法规和有关农产品质量安全标准,加强冷链技术创新与应用、质量安全控制,执行对冷链物流农产品及其包装、运输工具、作业环境等的检验检测检疫要求,保证冷链农产品质量安全。

五、农产品销售

销售的农产品应当符合农产品质量安全标准。农产品生产企业、农民专业合作社应当根据质量安全控制要求自行或者委托检测机构对农产品质量安全进行检测;经检测不符合农产品质量安全标准的农产品,应当及时采取管控措施,且不得销售。农业技术推广等机构应当为农户等农产品生产经营者提供农产品检测技术服务。

农产品在包装、保鲜、储存、运输中所使用的保鲜剂、防腐剂、添加剂、包装材料等,应当符合国家有关强制性标准以及其他农产品质量安全规定。储存、运输农产品的容器、工具和设备应当安全、无害。禁止将农产品与有毒有害物质一同储存、运输,防止污染农产品。

《农产品质量安全法》规定,有下列情形之一的农产品,不得销售。

(1) 含有国家禁止使用的农药、兽药或者其他化合物的;

(2) 农药、兽药等化学物质残留或者含有的重金属等有毒有害物质不符合农产品质量安全标准的;

(3) 含有的致病性寄生虫、微生物或者生物毒素不符合农产品质量安全标准;

(4) 未按照国家有关强制性标准以及其他农产品质量安全规定使用保鲜剂、防腐剂、添加剂、包装材料等,或者使用的保鲜剂、防腐剂、添加剂、包装材料等不符合国家有关强制性标准以及其他质量安全规定；

（5）病死、毒死或者死因不明的动物及其产品；

（6）其他不符合农产品质量安全标准的情形。

农产品批发市场应当按照规定设立或者委托检测机构，对进场销售的农产品质量安全状况进行抽查检测；发现不符合农产品质量安全标准的，应当要求销售者立即停止销售，并向所在地市场监督管理、农业农村等部门报告。农产品销售企业对其销售的农产品，应当建立健全进货检查验收制度；经查验不符合农产品质量安全标准的，不得销售。食品生产者采购农产品等食品原料，应当依照《食品安全法》的规定查验许可证和合格证明，对无法提供合格证明的，应当按照规定进行检验。

农产品生产企业、农民专业合作社以及从事农产品收购的单位或者个人销售的农产品，按照规定应当包装或者附加承诺达标合格证等标识的，须经包装或者附加标识后方可销售。包装物或者标识上应当按照规定标明产品的品名、产地、生产者、生产日期、保质期、产品质量等级等内容；使用添加剂的，还应当按照规定标明添加剂的名称。

农产品生产企业、农民专业合作社应当执行法律、法规的规定和国家有关强制性标准，保证其销售的农产品符合农产品质量安全标准，并根据质量安全控制、检测结果等开具承诺达标合格证，承诺不使用禁用的农药、兽药及其他化合物且使用的常规农药、兽药残留不超标等。鼓励和支持农户销售农产品时开具承诺达标合格证。从事农产品收购的单位或者个人应当按照规定收取、保存承诺达标合格证或者其他质量安全合格证明，对其收购的农产品进行混装或者分装后销售的，应当按照规定开具承诺达标合格证。农产品批发市场应当建立健全农产品承诺达标合格证查验等制度。县级以上人民政府农业农村主管部门应当做好承诺达标合格证有关工作的指导服务，加强日常监督检查。

农产品生产经营者通过网络平台销售农产品的，应当依照相关法律、法规的规定，严格落实质量安全责任，保证其销售的农产品符合质量安全标准。网络平台经营者应当依法加强对农产品生产经营者的管理。

国家对列入农产品质量安全追溯目录的农产品实施追溯管理。国务院农业农村主管部门应当会同国务院市场监督管理等部门建立农产品质量安全追溯协作机制。农产品质量安全追溯管理办法和追溯目录由国务院农业农村主管部门会同国务院市场监督管理等部门制定。国家鼓励具备信息化条件的农产品生产经营者采用现代信息技术手段采集、留存生产记录、购销记录等生产经营信息。

农产品质量符合国家规定的有关优质农产品标准的,农产品生产经营者可以申请使用农产品质量标志。禁止冒用农产品质量标志。国家加强地理标志农产品保护和管理。

建立农产品承诺达标合格证制度和追溯管理制度,强化农产品质量安全意识,能够实现生产记录可查询、产品流向可追踪、责任可明晰,也有利于保障消费者的知情权和选择权。

六、监督管理

农产品质量安全是"产出来",更是"管出来"的。《农产品质量安全法》规定,县级以上人民政府农业农村主管部门和市场监督管理等部门应当建立健全农产品质量安全全程监督管理协作机制,确保农产品从生产到消费各环节的质量安全;应当加强收购、储存、运输过程中农产品质量安全监督管理的协调配合和执法衔接,及时通报和共享农产品质量安全监督管理信息,并按照职责权限,发布有关农产品质量安全日常监督管理信息。

县级以上人民政府农业农村主管部门应当根据农产品质量安全风险监测、风险评估结果和农产品质量安全状况等,制定监督抽查计划,确定农产品质量安全监督抽查的重点、方式和频次,并实施农产品质量安全风险分级管理。县级以上人民政府农业农村主管部门应当建立健全随机抽查机制,按照监督抽查计划,组织开展农产品质量安全监督抽查。农产品质量安全监督抽查检测应当委托符合法律规定条件的农产品质量安全检测机构进行。监督抽查不得向被抽查人收取费用,抽取的样品应当按照市场价格支付费用,并不得超过国务院农业农村主管部门规定的数量。上级农业农村主管部门监督抽查的同批次农产品,下级农业农村主管部门不得另行重复抽查。

从事农产品质量安全检测工作的人员，应当具备相应的专业知识和实际操作技能，遵纪守法，恪守职业道德。农产品质量安全检测机构对出具的检测报告负责。检测报告应当客观公正，检测数据应当真实可靠，禁止出具虚假检测报告。

县级以上地方人民政府农业农村主管部门应当加强对农产品生产的监督管理，开展日常检查，重点检查农产品产地环境、农业投入品购买和使用、农产品生产记录、承诺达标合格证开具等情况。县级以上人民政府农业农村等部门应当加强农产品质量安全信用体系建设，建立农产品生产经营者信用记录，记载行政处罚等信息，推进农产品质量安全信用信息的应用和管理。农产品生产经营过程中存在质量安全隐患，未及时采取措施消除的，县级以上地方人民政府农业农村主管部门可以对农产品生产经营者的法定代表人或者主要负责人进行责任约谈。农产品生产经营者应当立即采取措施，进行整改，消除隐患。

国家鼓励消费者协会和其他单位或者个人对农产品质量安全进行社会监督，对农产品质量安全监督管理工作提出意见和建议。任何单位和个人有权对违反本法的行为进行检举控告、投诉举报。县级以上人民政府农业农村主管部门应当建立农产品质量安全投诉举报制度，公开投诉举报渠道，收到投诉举报后，应当及时处理。

上级人民政府应当督促下级人民政府履行农产品质量安全职责。对农产品质量安全责任落实不力、问题突出的地方人民政府，上级人民政府可以对其主要负责人进行责任约谈。被约谈的地方人民政府应当立即采取整改措施。

国务院农业农村主管部门应当会同国务院有关部门制定国家农产品质量安全突发事件应急预案，并与国家食品安全事故应急预案相衔接。县级以上地方人民政府应当根据有关法律、行政法规的规定和上级人民政府的农产品质量安全突发事件应急预案，制定本行政区域的农产品质量安全突发事件应急预案。发生农产品质量安全事故时，有关单位和个人应当采取控制措施，及时向所在地乡镇人民政府和县级人民政府农业农村等部门报告；收到报告的机关应当按照农产品质量安全突发事件应急预案及时处理并报本级人民政府、上级人民政府有关部门。发生重大农产品质量安全事故时,按照规定上报国务院及其有关部门。任何单位和个人不得隐瞒、谎报、缓报农产品质量安全事故,不得隐匿、伪造、毁灭有关证据。

县级以上地方人民政府市场监督管理部门依照法律、法规的规定,对农产品进入批发、零售市场或者生产加工企业后的生产经营活动进行监督检查。

 材料阅读:

守好百姓"米袋子""菜篮子",筑牢农产品质量安全基石

如何守护好老百姓的"米袋子""菜篮子"?为什么要支持推广绿色生产技术,发展高效低毒低残留的绿色农业投入品?为什么应力推农产品快速检验技术?带着这些业内普遍关注的问题,记者专访了全国政协委员、中国农业科学院研究员王静。

守好农产品质量安全底线,实现绿色生产方式

记者:中央一直提倡守住农产品质量安全的底线,这也是粮食安全的重要组成部分。作为长期从事农产品质量安全研究的科学工作者,您如何理解"农产品生产不仅要保数量,还要保多样、保质量,更要守好安全底线"?

王静:中华人民共和国成立以来,我国农产品的数量和质量均发生了天翻地覆的变化,从4亿人吃不饱到现在14亿人吃得饱、吃得好、吃得健康,这一变化令世界瞩目。

2001年,我国开始实施无公害食品行动计划,针对重要农产品开展例行监测,当时的监测蔬菜农药残留合格率为62.5%,现在的监测合格率已连续7年达97%以上。那时我们重点解决的是菜篮子丰富的问题,对农产品质量安全、营养健康关注不够。发展到今天,一是要在质量和安全的基础上保数量;二是要保农产品丰富多样,满足人们身体健康的多样化需求。尤其是习近平总书记最近提出的"大食物观","向耕地草原森林海洋、向植物动物微

生物要热量、要蛋白,全方位多途径开发食物资源",这对食物生产制造过程中保证质量和安全提出了更高的要求。

记者:中国农产品质量安全标准体系与国际 CAC 标准相比,有什么不同?

王静:中国农产品质量安全标准体系与国际 CAC 标准相比,仅以农药残留限量标准为例,从数量上,现在已经远远超过 CAC;从限量数值上,绝大部分与 CAC 一致,有些农产品的限量标准更加严格。以芹菜百菌清农药残留标准为例,我国的标准是 5 mg/kg,CAC 是 20 mg/kg,美国是 15 mg/kg,日本是 10 mg/kg。

为什么很多指标在不同国家或组织的限量标准有差别呢?一般而言,某种农产品中的某种物质残留限量标准是经毒理学安全性评价,再结合国民的膳食结构和饮食文化而制定的。比如,欧美国家的人少食米饭而喜吃面包,他们吃牛肉多而中国人吃猪肉更多;另外,还要看贸易需要,要综合考量。

2019 年之前,我国主要推行包括无公害农产品认证体系在内的"三品一标"产品认证体系,现在农产品的最低市场准入门槛必须是无公害,所以,农产品承诺达标合格证制度取代了无公害农产品认证。

记者:什么是绿色生产方式?实现的路径包括哪些?在最近的三五年,从专业的角度来看,绿色生产方式有了什么样的提升?

王静:绿色农业生产方式是通过包括生物、物理、化学等手段以及科学的田间管理综合施策实现的农产品绿色高质量发展模式,就是从源头开始,进行优良品种的选育,如果品种健康,其免疫、抵抗病虫杂草害的能力天生就强。其次是土壤的质量,土壤的肥力和养分足够,在自然生长过程中就可以少施肥。再次是用药,农产品在生产过程一旦得病就需要用药,有时候可能还会用一些预防性药物来防止生长过程中可能发生的病虫害、杂草丛生等情况。化学性药物往往见效快,但病害一旦产生抗药性,易导致药物的超量超范围使用。现在有很多被推广使用的生物性药物,但大多生物性药物的价格比化学性药物高,农民不愿用。生物性与化学性药物配合使用,可以达到很好的效果,但需要精心设计;而结合物理的方法,比如使用杀虫灯、粘板等也有很多成功的案例,对生物天敌控害也可发挥重要作用。根据农作物不同的病害,结合上述几种办法,就可以找到一个综合解决方案。

记者:在科技加快融合的时代,从"产出来""管出来"两个方面如何综合施策?从支持绿色生产技术推广、支持快速产品研发应用、支持农产品风险监测评估这三方面,您有哪些建议?

王静:"产出来"就是生产者按照标准要求,从生产源头、从全产业链安全角度选择优良的农业投入品,并在整个生产过程中进行精心科学的管理。"管出来"则是在整个生产过程中和产后,我们都要严格监管,通过严格监管倒逼生产者,以保证其生产的农产品进入市场流通环节是安全的。

现在基本上县一级地方政府都设有检测室,有些乡镇也设有快检室,每个乡镇也都会由一些农技特派员来指导农业生产。监测制度要求在乡镇一级就应有能力第一时间发现问题,然后才能进入下一个环节;农产品进入批发市场后也要第一时间进行检测,进入超市前也要进行检测……进入每个流通环节我们都会检测,这可能就面临着一个问题——需要大量的人力、财力、物力。还有技术水平问题,事实上,批发市场和超市的检测水平目前还达不到要求。所以现在的批发市场和超市对农产品入市检测均属于被动应对,检测滞后于销售和消费,不利于把好农产品质量安全关。

因此,从政府部门到企业、消费者都亟须快速检测农药残留,这需要设计出又快又便宜的快速检测技术和产品。应通过市场和制度倒逼改革,从源头上就实施精准定位,对生产进行溯源管理,让生产者杜绝侥幸心理,确保源头安全;还要对整个运输链条实施全过程监管,实现产管结合,保证农产品全流程安全。对产运销全流程实施监管,就是在为老百姓筑牢农产品质量安全的基石。

资料来源:高妍蕊、刘长杰,《中国发展观察》,2022年第3期,有节选。

一、选择题

1. （　　）是指选育新品种的基础材料,包括各种植物的栽培种、野生种的繁殖材料以及利用上述繁殖材料人工创造的各种植物的遗传材料。

　　A. 种质资源　　　　　B. 种子
　　C. 有机农产品　　　　D. 粮食

2. 建立农产品承诺达标合格证制度和（　　）管理制度,强化农产品质量安全意识,能够实现生产记录可查询、产品流向可追踪、责任可明晰,也有利于保障消费者的知情权和选择权。

　　A. 追溯　　　B. 追踪　　　C. 质量　　　D. 溯源

二、思考题

1. 如何维护种子使用者的合法权益?
2. 为什么要进行转基因生物安全管理?
3. 对农产品质量安全有哪些监督检查措施?

第六章 自然资源和环境保护法律制度

 **本章要点**

本章主要介绍自然资源和环境保护法律制度。自然资源和环境保护法律制度旨在规范人们开发利用自然资源的行为,促使人们保护和合理利用自然资源和自然环境,以阻止人类与自然资源以及自然环境的关系恶化,维护人类社会与自然资源以及自然环境之间的和谐发展,改善与增强人类赖以生存和发展的自然环境和物质基础。通过本章学习,应了解和掌握水法、森林法、渔业法、矿产资源法和环境保护法的立法目的和主要制度。

第一节 自然资源和环境保护法律制度概述

一、自然资源法概述

自然资源通常是指人类从自然环境中可以获得的用于生产和生活的各种物质和能量,它是发展生产和改善生活的物质基础,是劳动对象的组成部分①。

---

① 李昌麒.经济法学(修订版)[M].北京:中国政法大学出版社,1997:555.

第六章 自然资源和环境保护法律制度

自然资源一般包括土地资源、矿产资源、森林资源、草原资源、水资源、海洋资源和野生动植物资源等自然因素,但是不包括经过人工改造的那一部分自然因素,如被人们加工制作的各种产品。丰富的自然资源客观上为一国经济发展提供了便利条件,但必须有一定的开发利用能力并达到一定水平,自然资源的优势才能充分发挥。

人与自然是生命共同体。生态环境没有替代品,用之不觉,失之难存。当人类合理利用、友好保护自然时,自然的回报常常是慷慨的;当人类无序开发、粗暴掠夺自然时,自然的惩罚必然是无情的。人类对大自然的伤害最终会伤及人类自身,这是无法抗拒的规律。在整个发展过程中,我们都要坚持节约优先、保护优先、自然恢复为主的方针,要像保护眼睛一样保护生态环境,像对待生命一样对待生态环境,让群众望得见山、看得见水、记得住乡愁,让自然生态美景永驻人间,还自然以宁静、和谐、美丽。

自然资源法是调整人们在自然资源的开发、利用、保护和管理过程中所发生的各种社会关系的法律规范的总称。自然资源法旨在规范人们开发利用自然资源的行为,促使人们保护和合理利用自然资源,以阻止人类与自然资源的关系恶化,维护人类社会与自然资源之间的和谐发展,改善与增强人类赖以生存和发展的自然环境和物质基础。

我国一直重视自然资源的保护,制定了一系列相关的法律、法规。我国《宪法》第 9 条明确规定,矿藏、水流、森林、山岭、草原、荒地、滩涂等自然资源,都属于国家所有,即全民所有;由法律规定属于集体所有的森林和山岭、草原、荒地、滩涂除外。国家保障自然资源的合理利用,保护珍贵的动物和植物。禁止任何组织或者个人用任何手段侵占或者破坏自然资源。《中华人民共和国土地管理法》《中华人民共和国矿产资源法》《中华人民共和国野生动物保护法》《中华人民共和国森林法》《中华人民共和国草原法》《中华人民共和国渔业法》《中华人民共和国水法》等单项法律都对自然资源的保护作出了详细规定。这些相互联系、相互协调的部门资源法共同组成一个相对完整的自然资源法律体系[①]。

---

① 土地资源保护的内容主要体现在《土地管理法》当中,本章不再赘述。

二、环境保护法概述

环境是指影响人类生存和发展的各种天然的和经过人工改造的自然因素的总体,包括大气、水、海洋、土地、矿藏、森林、草原、野生生物、自然遗迹、人文遗迹、自然保护区、风景名胜区、城市和乡村等。人类既是大自然的组成部分,又是自然环境长期演化的产物,从人类诞生起,就与自然环境相互作用和相互影响。

环境问题是由于自然原因或人为原因使环境条件发生不利于人类的变化,以致影响人类的生产和生活的现象。18 世纪末 19 世纪初的产业革命,使社会生产力空前发展,但也使大气污染和水污染日趋严重。20 世纪后,化学和石油工业的发展对环境的污染更为严重。一些国家先后采取立法措施,以保护人类赖以生存的生态环境。一般先是地区性立法,后发展成全国性立法,其内容最初也只限于工业污染,后来发展为全面的环境保护立法。

保护环境是我国的基本国策。所谓环境保护,是指以协调人与自然的关系,保障经济社会的持续发展为目的而采取的各种措施和所进行的各种活动的总称。环境保护法是指为实现人类与自然的和谐和经济社会的可持续发展,调整人们在开发、利用、保护和改善环境的活动中所产生的各种社会关系的法律规范的总称。我国非常重视环境保护立法工作。《中华人民共和国宪法》明确规定:"国家保护和改善生活环境和生态环境,防治污染和其他公害。"1979 年,全国人民代表大会常务委员会颁布了《中华人民共和国环境保护法(试行)》。自 1982 年以后,全国人民代表大会常务委员会先后通过了《中华人民共和国海洋环境保护法》《中华人民共和国水污染防治法》和《中华人民共和国大气污染防治法》。1989 年 12 月 26 日,第七届全国人民代表大会常务委员会第十一次会议通过了《中华人民共和国环境保护法》。2014 年 4 月 24 日,第十二届全国人大常委会第八次会议又对该法进行了修订。另外,国务院还颁布了一系列保护环境、防治污染及其他公害的行政法规。

三、自然资源法和环境保护法的关系

环境和资源是角度不同、侧重各异,却又相互交叉的两个概念。人类环境由环境因素构成,而各种环境因素在一定条件下均可成为对人有用的物质和能量(自然资源),从这一意义上讲,人类环境由不同种类的自然资源构成。同时,各种自然资源又都存在于环境之中,依赖环境而存在。环境概念强调整体性、生态联系性,人类环境无国界,环境保护需要国际合作;资源概念则强调使用价值、可开发利用性,按国界划分,受国界限制。

自然资源法与环境保护法既联系密切、相互交叉,又有所不同。其联系在于:自然资源法所涉及的自然资源都是环境保护法中的环境要素,大部分环境要素也就是自然资源;许多法律规范既是自然资源法的组成部分,又是环境保护法的组成部分;两个法律部分都有综合性、广泛性、技术性和社会性的特点。自然资源法着重调整自然资源的开发和合理利用,环境保护法则着重调整各种环境要素及其综合体的保护。然而,开发、利用自然资源必须同时保护环境,保护环境实质上又是保护自然资源、合理利用自然资源。

与环境保护法相比,自然资源法有如下特点。

(1) 自然资源法以自然资源的权属为核心,对自然资源的开发利用与管理制度基本都与确定自然资源的权属密切相关,环境保护法则是以公众环境利益为核心的①。

(2) 自然资源法的立法宗旨在于保障充分利用各种自然资源的物质利益和经济价值,即使是考虑对自然资源的保护,也是从利用的角度来进行的,环境保护法则注重环境要素的整体效益或生态效益。

(3) 自然资源法的调整手段主要依赖于传统的行政法、民法、刑法以及经济法规范,环境保护法则有很大突破,形成了独特的理论体系和调整方法。

---

① 参见巩固:《公众环境利益:环境保护法的核心范畴与完善重点》,环境法治与建设和谐社会——2007年全国环境资源法学研讨会论文集,未出版,第30页。

(4) 自然资源法的客体范围窄于环境保护法。自然资源是环境要素的组成部分,自然资源法的客体主要是作为物质财富的那一部分环境要素,环境保护法的客体则是无法用经济价值来衡量的整个环境要素和环境效益。

  材料阅读:

"世界环境日"与《人类环境宣言》

1972年6月5—16日,联合国在瑞典首都斯德哥尔摩召开人类环境会议。这是人类历史上第一次在全球范围内研究保护人类环境的会议。来自113个国家的1 300多名代表出席会议。会议讨论了当代世界的环境问题,制定了对策和措施。会前,联合国人类环境会议秘书长莫里斯·夫·斯特朗委托58个国家的152位科学界和知识界的知名人士组成一个大型委员会,由雷内·杜博斯博士任专家顾问小组组长,为大会起草了一份非正式报告——《只有一个地球》。这次会议提出了响彻世界的环境保护口号:只有一个地球!会议经过12天的讨论交流后,形成并公布了著名的《联合国人类环境会议宣言》(简称《人类环境宣言》)和具有109条建议的保护全球环境的"行动计划",呼吁各国政府和人民为维护和改善人类环境,造福全体人民,造福子孙后代而共同努力。

《人类环境宣言》提出7个共同观点和26项共同原则,引导和鼓励全世界人民保护和改善人类环境。《人类环境宣言》规定了人类对环境的权利和义务,呼吁"为了这一代和将来的世世代代而保护和改善环境,已经成为人类一个紧迫的目标"。"这个目标将同争取和平和全世界的经济与社会发展这两个既定的基本目标共同和协调地实现。"会议提出建议将这次大会的开幕日这天作为"世界环境日"。

1972年10月,第27届联合国大会通过了联合国人类环境会议的建议,规定每年的6月5日为"世界环境日",让世界各国人民永远纪念它。联合国系统和各国政府要在每年的这一天开展各种活动,提醒全世界注意全球环境状况和人类活动对环境的危害,强调保护和改善人类环境的重要性。许多国家、团体和人民群众在"世界环境日"这一天开展各种活动来宣传强调保护和改善人类环境的重要性。

我国从1985年6月5日开始举办纪念"世界环境日"的活动,以"青年、人口、环境"为主题。从此之后,每年的6月5日全国各地都要举办纪念活动。

资料来源:根据网络资料整理改写。

第二节　环境保护法律制度

一、农业环境保护的概念

农业环境是指影响农业生物生存和发展的各种天然的和经过人工改造的自然因素的总体,包括农业用地、用水、大气、生物等,是人类赖以生存的自然环境中的一个重要组成部分。农业生产的发展,主要取决于农业生物群体、农业生态结构和农业自然资源之间相互协调、相互适应的程序,以及人类对农业环境的改善程度。近些年来,农村环境污染和生态破坏问题层出不穷,地下水位下降,植被大量破坏,水土流失严重,土壤荒漠化加剧,生物多样性锐减,自然灾害频发,化肥和农药滥用,食品安全隐患不少,雾霾天气多发,环境保护和生态文明引起了社会各界的广泛关注。

农业环境保护就是利用法律的、经济的、技术的各种手段,使农业环境质量和生态状况维持良好的状态,防止其遭受污染和生态破坏。农业环境保护不仅对发展农业生产至关重要,而且在整个环境保护工作中也占有极为重要的地位。保护和改善农业环境的主要措施如下。

(1) 强化农业环境管理,制定保护和改善农业环境、防止污染和生态破坏的法规,建立健全农业环境管理体制;

(2) 积极防治工矿企业(包括乡镇企业在内)的"三废"污染;

(3) 防治农药、化肥污染,积极推广综合防治病虫害技术,大力发展有机肥、复合肥,合理施用化肥,提高化肥的利用率;

(4) 制定有利于农业综合开发的技术经济政策;

(5) 加强农业环境监测网建设。

保护农业环境的核心是积极保护农业资源,要按照自然生态规律合理调整农业结构和布局,充分利用农业自然资源,实现农业的科学发展。立法作为改善和调整农业生态平衡的主要手段,在环境保护方面发挥了重要作用。我国的《土地管理法》《森林法》《草原法》《渔业法》等对土地的利用和保护都作了相应的规定。《环境保护法》第 33 条明确规定:"各级人民政府应当加强对农业环境的保护,促进农业环境保护新技术的使用,加强对农业污染源的监测预警,统筹有关部门采取措施,防治土壤污染和土地沙化、盐渍化、贫瘠化、石漠化、地面沉降以及防治植被破坏、水土流失、水体富营养化、水源枯竭、种源灭绝等生态失调现象,推广植物病虫害的综合防治。县级、乡级人民政府应当提高农村环境保护公共服务水平,推动农村环境综合整治。"这些都是我国农业环境保护的基本法律依据。

 材料阅读:

雾霾治理的伦敦经验

有环保专家指出,我国正处于工业化中后期和城镇化加速发展的阶段,不少地区污染排放严重超过环境容量,一些地区生态环境质量甚至倒退了几十年,雾霾天气多发即是明证。国家气候中心监测显示,1961—2010 年,全国平均的年霾日数呈显著增加趋势。21 世纪以来,全国霾日数增加明显,中东部地区霾日数有显著增多的趋势。2014 年 1 月 4 日,国家减灾办、民政部首次将危害健康的雾霾天气纳入自然灾情进行通报。

其实,雾霾并非新鲜事物,早在 20 世纪 50 年代,伦敦毒雾就曾导致万余人死亡。但是现在,伦敦全年大部分时间是蓝天白云,成功告别"雾都"称号,伦敦是怎么做到的?有哪些经验值得我们借鉴?

立法和新技术推广功不可没

1952年,伦敦市因大雾中饱含的硫化物和粉尘造成万余人死亡。此事件极大地推动了英国环境保护立法的进程,也拉开了英国人为摘掉"雾都"帽子进行空气污染治理的大幕。

1956年,世界第一部空气污染防治法案《清洁空气法》出台,一系列措施有效地减少了烧煤产生的烟尘和二氧化硫污染,这部法规在随后的几年里被多次修订。1975年,伦敦的雾霾天气由每年几十天减少到15天,1980年降到5天。此外,英国还出台一系列法律法规,并制定了治理污染的全国战略。

除了立法,英国还着力推广新技术,提高电能使用率,推广清洁能源运用。

此外,英国的处罚很严明,在推动新能源汽车、自行车交通后,还出台一系列举措对汽车尾气排放进行严格限制。

低碳转型,提高民众环保意识

伦敦成功治理雾霾得益于低碳转型,许多火力发电站被核能和可再生能源电力代替。"有人始终担心污染控制成本及其对经济增长的影响,但目前鲜有证据能够揭示出两者之间的平衡,没有人希望再次目睹伦敦空气质量变坏。"

除了政府层面和市场层面,伦敦雾霾的成功治理还得益于公民团体。据统计,伦敦大气中50%的烟尘来自家庭用煤(其余为火车燃煤和工业燃煤),更多的家庭开始自主更换清洁炉灶,有效降低了家庭烟尘排放。民间网站伦敦空气质量网络给公众提供即时、全面的空气监测数据。

资料来源:武汉雾霾天气持续可考虑借鉴伦敦经验立法,长江商报,2014年1月10日。

二、环境保护法的基本原则

《环境保护法》第5条明确规定了环境保护的原则:"环境保护坚持

保护优先、预防为主、综合治理、公众参与、损害担责的原则。"

(一)保护优先原则

保护优先原则,是指在环境保护管理活动中应当把环境保护放在优先的位置加以考虑,在社会的环境利益和其他利益发生冲突的情况下,应当优先考虑社会的环境利益,满足环境保护和生态安全的需要,作出有利于环境保护的管理决定。

保护优先原则,主要是在处理经济增长与生态环境保护之间的关系问题上所进行的决策权衡,它是随着人们对环境问题和环境保护认识的不断深化、生态保护理念的提升以及环境法制建设的逐步完善,而在立法中确立的一项用以指导调整生态社会关系的法律原则,也是对以往实行的协调发展原则的修正。以往的协调发展原则强调环境保护与经济建设和社会发展统筹规划、同步实施、协调发展,以实现经济效益、社会效益和环境效益的统一。但是实际上,根据各个国家的实践经

图6-1 宣传环境保护

(资料来源:自然资源部宣传教育中心。)

验,如果采取协调发展原则,环境保护永远协调不过经济发展。最后都成了环境保护配合经济发展、环境保护保障经济发展,甚至环境保护让位于经济发展。我国的经济发展水平已经大幅度提升,环境保护也进入一个新的时代,因此,《环境保护法》积极回应社会需求,借鉴国外的先进理念和经验,在坚持协调发展的基础上,明确规定了保护优先的原则。

(二) 预防为主、综合治理原则

这一原则是对国内外防治环境污染和生态破坏的经验教训的科学总结。该原则主张采取各种手段,对环境问题防患于未然,对已产生的污染积极进行治理。在治理环境问题时,要正确处理防与治、单项治理与区域治理的关系,综合运用各种防治手段治理污染、保护和改善环境。

贯彻这一原则的具体要求是:建立以预防为主的环境保护责任制度,对工业和农业、城市和乡村、生产和生活、经济发展和环境保护各方面的关系作通盘考虑,进行全面规划和合理布局;严格执行环境影响评价制度和"三同时"制度,加强对建设项目的环境管理;积极治理老污染源,实行城市环境综合整治。

(三) 公众参与原则

公众参与原则是指环境保护必须依靠社会公众的广泛参与,公众有权参与解决环境问题的决策过程,参与环境管理并对环境管理部门以及单位、个人与生态环境有关的行为进行监督。《环境保护法》规定,一切单位和个人都有保护环境的义务,并有权对污染和破坏环境的单位和个人进行检举和控告。对保护和改善环境有显著成绩的单位和个人,由人民政府给予奖励,国务院和省、自治区、直辖市人民政府环境保护行政主管部门定期发布环境状况公报。这都是公众参与原则的立法体现。

为了贯彻公众参与原则,要加强环境保护宣传教育,提高公民环境意识和法治观念,定期发布环境状况公报,保障公众的知情权,并发挥公众的监督作用,建立健全公众参与环境保护的制度。

(四) 损害担责原则

损害担责原则是确定造成环境污染和环境破坏的危害后果和不利

影响的责任归属的基本原则。该原则的主要内容包括：污染者付费、利用者补偿、开发者保护、破坏者恢复，即排污者承担污染环境造成的损失及治理污染的费用，开发利用资源者承担经济补偿的责任，开发利用环境资源者有保护环境资源的义务，造成环境资源破坏的单位和个人负有恢复整治环境资源的责任。

《环境保护法》第64条规定："因污染环境和破坏生态造成损害的，应当依照《中华人民共和国侵权责任法》的有关规定承担侵权责任。"损害担责原则要求落实环境保护目标责任制，地方政府切实对环境质量负责，建立健全单位环境保护责任制和考核制度，运用征收排污费、资源费、资源税和生态环境补偿费等经济杠杆，促使污染者、破坏者积极治理污染和保护生态环境。

三、环境保护法的基本制度

（一）环境监测制度

国家建立、健全环境监测制度。国务院环境保护主管部门制定监测规范，会同有关部门组织监测网络，统一规划国家环境质量监测站（点）的设置，建立监测数据共享机制，加强对环境监测的管理。省级以上人民政府应当组织有关部门或者委托专业机构，对环境状况进行调查、评价，建立环境资源承载能力监测预警机制。

国家建立跨行政区域的重点区域、流域环境污染和生态破坏联合防治协调机制，实行统一规划、统一标准、统一监测、统一防治的措施。

（二）环境规划制度

环境规划是指为使环境与社会、经济协调发展，国家依据各地区的自然条件、资源状况和经济发展需要，对其发展变化趋势进行研究而对人类自身活动所做的时间和空间的合理安排。

《环境保护法》第4条规定："国家采取有利于节约和循环利用资源、保护和改善环境、促进人与自然和谐的经济、技术政策和措施，使经济社会发展与环境保护相协调。"该法第13条规定："县级以上人民政府应当将环境保护工作纳入国民经济和社会发展规划。国务院环境保护主管部门会同有关部门,根据国民经济和社会发展规划编制国家环境保护规划,报国务院批准并公布实施。县级以上地方人民政府环境保护主管部门会同有关部门,根据国家环境保护规划的要求,编制本行政区域的环境保护规划,报同级人民政府批准并公布实施。环境保护规划的内容应当包括生态保护和污染防治的目标、任务、保障措施等,并与主体功能区规划、土地利用总体规划和城乡规划等相衔接。"这些规定都是环境规划制度的重要法律依据。

(三) 环境影响评价制度

环境影响评价是指在一定区域内进行开发建设活动,事先对拟建项目可能对周围环境造成的影响进行分析、预测和评估,并提出相应的预防或者减轻不良环境影响的措施和对策,为项目决策提供科学依据,防止开发建设活动对环境可能产生的污染和破坏。《环境保护法》第19条规定:"编制有关开发利用规划,建设对环境有影响的项目,应当依法进行环境影响评价。未依法进行环境影响评价的开发利用规划,不得组织实施;未依法进行环境影响评价的建设项目,不得开工建设。"

实践证明,环境影响评价制度是贯彻预防为主原则,防止新的环境污染和生态破坏的一项重要法律制度。环境影响评价制度的执行,可以防止一些建设项目对环境产生严重的不良影响,也可以通过对可行性方案的比较和筛选,把某些建设项目对环境的影响减少到最小的程度。

(四) 清洁生产制度

清洁生产是指不断采取改进设计、使用清洁的能源和原料、采用先进的工艺技术与设备、改善管理、综合利用等措施,从源头削减污染,提高资源利用效率,减少或者避免生产、服务和产品使用过程中污染物的产生和排放,以减轻或者消除对人类健康和环境的危害。清洁生产制度则是对上述各环节、内容和措施的法定化、正规化和制度化。

《环境保护法》第40条规定:"国家促进清洁生产和资源循环利用。国务院有关部门和地方各级人民政府应当采取措施,推广清洁能源的生产和使用。企业应当优先使用清洁能源,采用资源利用率高、污染物排放量少的工艺、设备以及废弃物综合利用技术和污染物无害化处理技术,减少污染物的产生。"

清洁生产的实施以企业为主,主要是通过对企业设置其在清洁生产方面的权利和义务来进行。企业既有依法采取清洁生产措施、提交清洁生产的有关报告、资料的义务,也有依法从政府获得清洁生产信息、资料和资金、技术援助的权利。

(五)"三同时"制度

"三同时"制度是指建设项目中防治污染的设施,应当与主体工程同时设计、同时施工、同时投产使用的环境法律制度。这是我国首创的一项环境保护管理制度。

"三同时"制度与环境影响评价制度结合起来同时贯彻执行,成为我国执行"预防为主"的环境保护方针的配套环境管理制度,真正做到合理布局,最大限度地消除和减轻污染。

同时设计是指建设单位在委托设计时,要将防治污染和生态破坏的设施与主体工程一并委托设计,承担设计的部门必须按照国家有关规定,把防治污染和生态破坏的设施与主体工程同时设计。

同时施工是指施工单位在接受有污染的建设项目施工任务时,要同时承包防治污染和生态破坏的设施的施工任务。环境保护部门对于施工过程中的环境保护措施的实施情况有权进行检查。建设单位应给予积极的协助,提供必要的资料。

同时投产是指防治污染和生态破坏的设施建成后,建设项目才能与其一并投产使用。

(六)排污收费制度

排污收费制度是指国家环境管理机关根据法律、法规的规定,对排污者征收一定数额的费用的一项制度。这一制度充分体现了损害担责的原则,并可有效地促进污染治理和新技术的发展。

我国征收排污费是以环境标准作依据,排放污染物不超过国家规定的排放标准的不收费,超过国家排放标准排放污染物的单位,不论是企业还是事业单位,都要交纳排污费。《水污染防治法》规定,凡是向水体排污都要交纳排污费,超标准排污则要交纳超标排污费。《环境保护法》第 43 条规定:"排放污染物的企业事业单位和其他生产经营者,应当按照国家有关规定缴纳排污费。排污费应当全部专项用于环境污染防治,任何单位和个人不得截留、挤占或者挪作他用。依照法律规定征收环境保护税的,不再征收排污费。"

对排污者而言,其缴纳了排污费,并不免除其负担治理污染、赔偿污染损失和法律规定的其他义务和责任。

(七) 许可证制度

许可证制度是指凡对环境有不良影响的开发、建设、排污活动以及各种设施的企业建设和经营,均须由经营者向主管机关申请,经批准领取许可证后方能进行。这是国家为加强环境管理而采用的一种行政管理制度。在许可证制度中,使用最广泛的是排污许可证。

国家依照法律规定实行排污许可管理制度。实行排污许可管理的企业事业单位和其他生产经营者,应当按照排污许可证的要求排放污染物;未取得排污许可证的,不得排放污染物。

(八) 环境标准制度

环境标准制度是为了防治环境污染,维护生态平衡,保护人体健康和社会物质财富,依据国家有关法律的规定,对环境保护工作中需要统一的各项技术规范和技术要求依法定程序所制定的各种标准的总称。

我国的环境标准是由国家环境标准、地方环境标准和国家环境保护总局标准三级,以及环境质量标准、污染物排放标准、环境监测方法标准、环境标准样品标准和环境基础标准五类构成的。环境质量标准和污染物排放标准是环境标准体系中最重要的两类标准。环境质量标准是环境中所允许含有有害物质或因素的最高限额。环境质量标准是确认环境是否被污染以及排污者是否应承担相应民事责任的根据。

污染物排放标准是为了实现环境质量标准目标,结合技术经济条件和环境特点,对排入环境的污染物或有害因素所做的控制规定。污染物排放标准是认定排污行为是否合法以及排污者是否应承担相应行政法律责任的根据。

(九) 信息公开和公众参与制度

公民、法人和其他组织依法享有获取环境信息、参与和监督环境保护的权利。各级人民政府环境保护主管部门和其他负有环境保护监督管理职责的部门,应当依法公开环境信息、完善公众参与程序,为公民、法人和其他组织参与和监督环境保护提供便利。

重点排污单位应当如实向社会公开其主要污染物的名称、排放方式、排放浓度和总量、超标排放情况,以及防治污染设施的建设和运行情况,接受社会监督。

对依法应当编制环境影响报告书的建设项目,建设单位应当在编制时向可能受影响的公众说明情况,充分征求意见。负责审批建设项目环境影响评价文件的部门在收到建设项目环境影响报告书后,除涉及国家秘密和商业秘密的事项外,应当全文公开;发现建设项目未充分征求公众意见的,应当责成建设单位征求公众意见。

公民、法人和其他组织发现任何单位和个人有污染环境和破坏生态行为的,有权向环境保护主管部门或者其他负有环境保护监督管理职责的部门举报。公民、法人和其他组织发现地方各级人民政府、县级以上人民政府环境保护主管部门和其他负有环境保护监督管理职责的部门不依法履行职责的,有权向其上级机关或者监察机关举报。接受举报的机关应当对举报人的相关信息予以保密,保护举报人的合法权益。

(十) 生态保护制度

《环境保护法》将生态破坏作为与环境污染相并列的治理对象,明确规定环境保护规划的内容应当包括生态保护和污染防治的目标、任务、保障措施等。建立了生态保护制度。根据《环境保护法》规定,国家在重点生态功能区、生态环境敏感区和脆弱区等区域划定生态保护红线,实行严格保护。开发利用自然资源,应当合理开发,保护生物多样性,保障生态安全,依法制定有关生态保护和恢复治理方案并予以实施。引进外来物种以及研究、开发和利用生物技术,应当采取措施,防止对生物多样性的破坏。国家建立、健全生态保护补偿制度。国家加大对生态保护地区的财政转移支付力度。有关地方人民政府应当落实生态保护补偿资金,确保其用于生态保护补偿。

第三节　水资源保护法

水是人类及一切生物赖以生存的必不可少的重要物质,是工农业生产、经济发展和环境改善不可替代的极为宝贵的自然资源。水法所称的水资源,主要是指地表水和地下水,不包括海水。

我国是一个干旱缺水严重的国家,是全球13个人均水资源最贫乏的国家之一。当前,我国水资源面临的形势十分严峻,水资源短缺、水污染严重、水生态环境恶化等问题日益突出,已成为制约经济社会可持续发展的主要瓶颈。因此,加强水资源的保护已成为刻不容缓的当务之急。

水资源保护法是调整人们在开发、利用、保护和管理水资源过程中所发生的各种社会关系的法律规范的总称。在我国,有关水资源保护的法律和法规主要有《中华人民共和国宪法》《中华人民共和国水法》《中华人民共和国水污染防治法》《中华人民共和国环境保护法》《中华人民共和国水土保持法》《中华人民共和国水土保持法实施条例》《城市供水条例》《城市节约用水管理规定》《淮河流域水污染防治暂行条例》等。

一、水法的相关规定

(一) 水资源权属制度

《中华人民共和国宪法》第9条规定,水流属于国家所有。《中华人民共和国水法》第3条规定,水资源属于国家所有。水资源的所有权由国务院代表国家行使。因此,我国水资源所有权的唯一主体是国家,水资源所有权不能由国家以外的其他主体享有。

《中华人民共和国水法》第3条规定:"农村集体经济组织的水塘和由农村集体经济组织修建管理的水库中的水,归各该农村集体经济组织使用。"农村集体经济组织的水塘和由农村集体经济组织修建管理的水库中的水,是指农民集体投资兴办的水库、水塘所拦蓄或引取的水。

这部分水或是经过拦蓄尚未进入江河、湖泊的水，或是通过取得取水权从江河、湖泊引取的水。这些水是已经开发并从自然状态下分离出来的水，与自然状态下的水资源有所区别。

（二）水资源保护的原则和方针

（1）开发、利用、节约、保护水资源和防治水害，应当全面规划、统筹兼顾、标本兼治、综合利用、讲求效益，发挥水资源的多种功能，协调好生活、生产经营和生态环境用水。

（2）国家鼓励单位和个人依法开发、利用水资源，并保护其合法权益。开发、利用水资源的单位和个人有依法保护水资源的义务。国家鼓励和支持开发、利用、节约、保护、管理水资源和防治水害的先进科学技术的研究、推广和应用。在开发、利用、节约、保护、管理水资源和防治水害等方面成绩显著的单位和个人，由人民政府给予奖励。

（3）国家对水资源依法实行取水许可制度和有偿使用制度。但是，农村集体经济组织及其成员使用本集体经济组织的水塘、水库中的水除外。国务院水行政主管部门负责全国取水许可制度和水资源有偿使用制度的组织实施。

（4）国家厉行节约用水，大力推行节约用水措施，推广节约用水新技术、新工艺，发展节水型工业、农业和服务业，建立节水型社会。单位和个人有节约用水的义务。

（5）国家保护水资源，采取有效措施，保护植被，植树种草，涵养水源，防治水土流失和水体污染，改善生态环境。

（6）国家对水资源实行流域管理与行政区域管理相结合的管理体制。国务院水行政主管部门负责全国水资源的统一管理和监督工作。国务院水行政主管部门在国家确定的重要江河、湖泊设立的流域管理机构（以下简称流域管理机构），在所管辖的范围内行使法律、行政法规规定的和国务院水行政主管部门授予的水资源管理和监督职责。县级以上地方人民政府水行政主管部门按照规定的权限，负责本行政区域内水资源的统一管理和监督工作。国务院有关部门按照职责分工，负责水资源开发、利用、节约和保护的有关工作。县级以上地方人民政府有关部门按照职责分工，负责本行政区域内水资源开发、利用、节约和保护的有关工作。

（三）水资源规划制度

《水法》理顺了水资源管理体制，实现了水资源的统一管理，注重水资源合理配置。《水法》规定，国家制定全国水资源战略规划。开发、利用、节约、保护水资源和防治水害，应当按照流域、区域统一制定规划。规划分为流域规划和区域规划。流域规划包括流域综合规划和流域专业规划；区域规划包括区域综合规划和区域专业规划。其中，综合规划是指根据经济社会发展需要和水资源开发利用现状编制的开发、利用、节约、保护水资源和防治水害的总体部署。专业规划是指防洪、治涝、灌溉、航运、供水、水力发电、竹木流放、渔业、水资源保护、水土保持、防沙治沙、节约用水等规划。

流域范围内的区域规划应当服从流域规划，专业规划应当服从综合规划。流域综合规划和区域综合规划以及与土地利用关系密切的专业规划，应当与国民经济和社会发展规划以及土地利用总体规划、城市总体规划和环境保护规划相协调，兼顾各地区、各行业的需要。

制定规划必须进行水资源综合科学考察和调查评价。水资源综合科学考察和调查评价，由县级以上人民政府水行政主管部门会同同级有关部门组织进行。县级以上人民政府应当加强水文、水资源信息系统建设。县级以上人民政府水行政主管部门和流域管理机构应当加强对水资源的动态监测。基本水文资料应当按照国家有关规定予以公开。

国家确定的重要江河、湖泊的流域综合规划，由国务院水行政主管部门会同国务院有关部门和有关省、自治区、直辖市人民政府编制，报国务院批准。跨省、自治区、直辖市的其他江河、湖泊的流域综合规划和区域综合规划，由有关流域管理机构会同江河、湖泊所在地的省、自治区、直辖市人民政府水行政主管部门和有关部门编制，分别经有关省、自治区、直辖市人民政府审查提出意见后，报国务院水行政主管部门审核；国务院水行政主管部门征求国务院有关部门意见后，报国务院或者其授权的部门批准。其他江河、湖泊的流域综合规划和区域综合规划，由县级以上地方人民政府水行政主管部门会同同级有关部门和有关地方人民政府编制，报本级人民政府或者其授权的部门批准，并报上一级水行政主管部门备案。专业规划由县级以上人民政府有关部门编制,征求同级其他有关部门意见后,报本级人民政府批准。其中,防洪规划、水土保持规划的编制、批准,依照防洪法、水土保持法的有关规定执行。

建设水工程,必须符合流域综合规划。在国家确定的重要江河、湖泊和跨省、自治区、直辖市的江河、湖泊上建设水工程,未取得有关流域管理机构签署的符合流域综合规划要求的规划同意书的,建设单位不得开工建设;在其他江河、湖泊上建设水工程,未取得县级以上地方人民政府水行政主管部门按照管理权限签署的符合流域综合规划要求的规划同意书的,建设单位不得开工建设。水工程建设涉及防洪的,依照防洪法的有关规定执行;涉及其他地区和行业的,建设单位应当事先征求有关地区和部门的意见。

(四)水资源、水域和水工程的保护

1. 水资源的保护

县级以上人民政府水行政主管部门、流域管理机构以及其他有关部门在制定水资源开发、利用规划和调度水资源时,应当注意维持江河的合理流量和湖泊、水库以及地下水的合理水位,维护水体的自然净化能力。

从事水资源开发、利用、节约、保护和防治水害等水事活动,应当遵守经批准的规划;因违反规划造成江河和湖泊水域使用功能降低、地下水超采、地面沉降、水体污染的,应当承担治理责任。开采矿藏或者建设地下工程,因疏于排水导致地下水水位下降、水源枯竭或者地面塌陷,采矿单位或者建设单位应当采取补救措施;对他人生活和生产造成损失的,依法给予补偿。

县级以上人民政府水行政主管部门或者流域管理机构应当按照水功能区对水质的要求和水体的自然净化能力,核定该水域的纳污能力,向环境保护行政主管部门提出该水域的限制排污总量意见。县级以上地方人民政府水行政主管部门和流域管理机构应当对水功能区的水质状况进行监测,发现重点污染物排放总量超过控制指标的,或者水功能区的水质未达到水域使用功能对水质的要求的,应当及时报告有关人

民政府采取治理措施,并向环境保护行政主管部门通报。

国家建立饮用水水源保护区制度。省、自治区、直辖市人民政府应当划定饮用水水源保护区,并采取措施,防止水源枯竭和水体污染,保证城乡居民饮用水安全。在江河、湖泊新建、改建或者扩大排污口,应当经过有管辖权的水行政主管部门或者流域管理机构同意,由环境保护行政主管部门负责对该建设项目的环境影响报告书进行审批。从事工程建设,占用农业灌溉水源、灌排工程设施,或者对原有灌溉用水、供水水源有不利影响的,建设单位应当采取相应的补救措施;造成损失的,依法给予补偿。在地下水超采地区,县级以上地方人民政府应当采取措施,严格控制开采地下水。在地下水严重超采地区,经省、自治区、直辖市人民政府批准,可以划定地下水禁止开采或者限制开采区。在沿海地区开采地下水,应当经过科学论证,并采取措施,防止地面沉降和海水入侵。

2. 水域的保护

禁止在江河、湖泊、水库、运河、渠道内弃置、堆放阻碍行洪的物体和种植阻碍行洪的林木及高秆作物。禁止在河道管理范围内建设妨碍行洪的建筑物、构筑物以及从事影响河势稳定、危害河岸堤防安全和其他妨碍河道行洪的活动。在河道管理范围内建设桥梁、码头和其他拦河、跨河、临河建筑物、构筑物,铺设跨河管道、电缆,应当符合国家规定的防洪标准和其他有关的技术要求,工程建设方案应当依照防洪法的有关规定报经有关水行政主管部门审查同意。

国家实行河道采砂许可制度。在河道管理范围内采砂,影响河势稳定或者危及堤防安全的,有关县级以上人民政府水行政主管部门应当划定禁采区和规定禁采期,并予以公告。

禁止围湖造地。已经围垦的,应当按照国家规定的防洪标准有计划地退地还湖。禁止围垦河道。确需围垦的,应当经过科学论证,经省、自治区、直辖市人民政府水行政主管部门或者国务院水行政主管部门同意后,报本级人民政府批准。

3. 水工程的保护

单位和个人有保护水工程的义务,不得侵占、毁坏堤防、护岸、防汛、水文监测、水文地质监测等工程设施。县级以上地方人民政府应当采取措施，保障本行政区域内水工程，特别是水坝和堤防的安全，限期消除险情。水行政主管部门应当加强对水工程安全的监督管理。

国家对水工程实施保护。国家所有的水工程应当按照国务院的规定划定工程管理和保护范围。国务院水行政主管部门或者流域管理机构管理的水工程，由主管部门或者流域管理机构的有关省、自治区、直辖市人民政府划定工程管理和保护范围。在水工程保护范围内，禁止从事影响水工程运行和危害水工程安全的爆破、打井、采石、取土等活动。

二、水土保持法的相关规定

我国是一个多山国家，山地面积占国土面积的 2/3，又是世界上黄土分布最广的国家。黄土或松散的风化壳在缺乏植被保护的情况下极易发生侵蚀。我国大部分地区属于季风气候，降水量集中，雨季降水量常达年降水量的 60%—80%，且多暴雨。易于发生水土流失的地质地貌条件和气候条件是造成中国发生水土流失的主要原因。此外，造成水土流失的人为原因也不容忽视，如滥伐森林、滥垦草地、陡坡地开荒等。水土流失已经成为国家面临的首要生态环境问题，水土保持也成为国家在生态环境保护方面的首要任务。

所谓水土保持，是指对自然因素和人为活动造成水土流失所采取的预防和治理措施。为了预防和治理水土流失，保护和合理利用水土资源，减轻水、旱、风沙灾害，改善生态环境，保障经济社会可持续发展，国家制定了《中华人民共和国水土保持法》。该法的主要规定如下：

（一）水土保持工作的方针

《中华人民共和国水土保持法》第 3 条规定："水土保持工作实行预防为主、保护优先、全面规划、综合治理、因地制宜、突出重点、科学管理、注重效益的方针。"

"预防为主，保护优先"体现的是预防保护在水土保持工作中的重要地位和作用，即在水土保持工作中，首要的是预防产生新的水土流失，要保护好原有植被和地貌，把人为活动产生的新的水土流失控制在最低程度,不能走先破坏后治理的老路。

"全面规划,综合治理"体现的是水土保持工作的全局性、长期性、重要性和水土流失治理措施的综合性。对水土流失防治工作必须进行全面规划,统筹预防、统筹治理的需要与投入的可能、统筹各区域的治理需求、统筹治理的各项措施。对已发生水土流失的治理,必须坚持以小流域为单元,工程措施、生物措施和农业技术措施优化配置,山水田林路村综合治理,形成综合防护体系。

"因地制宜,突出重点"体现的是水土保持措施要因地制宜,防治工程要突出重点。水土流失治理,要根据各地的自然和社会经济条件,分类指导,科学确定当地水土流失防治工作的目标和关键措施。当前,我国水土流失防治任务十分艰巨,国家财力还较为有限,因此,水土流失治理一定要突出重点,由点带面,整体推进。

"科学管理,注重效益"体现的是对水土保持管理手段和水土保持工作效果的要求。随着现代化、信息化的发展,水土保持管理也要与时俱进,引入现代管理科学的理念和先进技术手段,促进水土保持由传统向现代的转变,提高管理效率。注重效益是水土保持工作的生命力。水土保持效益主要包括生态、经济和社会三大效益。在防治水土流失工作中要统筹兼顾三大效益,妥善处理国家生态建设、区域社会发展与当地群众增加经济收入需求三者的关系,把治理水土流失与改善民生、促进群众脱贫致富紧密结合起来,充分调动群众参与治理的积极性。

(二) 水土保持的规划、预防和治理

1. 水土保持的规划

水土保持规划应当在水土流失调查结果及水土流失重点预防区和重点治理区划定的基础上,遵循统筹协调、分类指导的原则编制。

水土保持规划的内容应当包括水土流失状况,水土流失类型区划分,水土流失防治目标、任务和措施等。水土保持规划包括对流域或者区域预防和治理水土流失、保护和合理利用水土资源作出的整体部署,以及根据整体部署对水土保持专项工作或者特定区域预防和治理水土流失作出的专项部署。水土保持规划应当与土地利用总体规划、水资源规划、城乡规划和环境保护规划等相协调。编制水土保持规划，应当征求专家和公众的意见。

县级以上人民政府水行政主管部门会同同级人民政府有关部门编制水土保持规划，报本级人民政府或者其授权的部门批准后，由水行政主管部门组织实施。水土保持规划一经批准，应当严格执行；经批准的规划根据实际情况需要修改的，应当按照规划编制程序报原批准机关批准。

有关基础设施建设、矿产资源开发、城镇建设、公共服务设施建设等方面的规划，在实施过程中可能造成水土流失的，规划的组织编制机关应当在规划中提出水土流失预防和治理的对策和措施，并在规划报请审批前征求本级人民政府水行政主管部门的意见。

2. 水土保持的预防

地方各级人民政府应当按照水土保持规划，采取封育保护、自然修复等措施，组织单位和个人植树种草，扩大林草覆盖面积，涵养水源，预防和减轻水土流失。地方各级人民政府应当加强对取土、挖砂、采石等活动的管理，预防和减轻水土流失。

水土流失严重、生态脆弱的地区，应当限制或者禁止可能造成水土流失的生产建设活动，严格保护植物、沙壳、结皮、地衣等。禁止在二十五度以上的陡坡地开垦种植农作物。在二十五度以上的陡坡地种植经济林的，应当科学选择树种，合理确定规模，采取水土保持措施，防止造成水土流失。禁止毁林、毁草开垦和采集发菜。禁止在水土流失重点预防区和重点治理区铲草皮、挖树兜或者滥挖虫草、甘草、麻黄等。林木采伐应当采用合理方式，严格控制皆伐；对水源涵养林、水土保持林、防风固沙林等防护林，只能进行抚育和更新性质的采伐；对采伐区和集材道应当采取防止水土流失的措施，并在采伐后及时更新造林。在五度以上的坡地植树造林、抚育幼林、种植中药材等，应当采取水土保持措施。

在山区、丘陵区、风沙区以及水土保持规划确定的容易发生水土流失的其他区域开办可能造成水土流失的生产建设项目，生产建设单位应当编制水土保持方案，报县级以上人民政府水行政主管部门审批,并按照经批准的水土保持方案,采取水土流失预防和治理措施。没有能力编制水土保持方案的,应当委托具备相应技术条件的机构编制。

3. 水土保持的治理

国家加强水土流失重点预防区和重点治理区的坡耕地改梯田、淤地坝等水土保持重点工程建设,加大生态修复力度。县级以上人民政府水行政主管部门应当加强对水土保持重点工程的建设管理,建立和完善运行管护制度。国家加强江河源头区、饮用水水源保护区和水源涵养区水土流失的预防和治理工作,多渠道筹集资金,将水土保持生态效益补偿纳入国家建立的生态效益补偿制度。

开办生产建设项目或者从事其他生产建设活动造成水土流失的,应当进行治理。在山区、丘陵区、风沙区以及水土保持规划确定的容易发生水土流失的其他区域开办生产建设项目或者从事其他生产建设活动,损坏水土保持设施、地貌植被,不能恢复原有水土保持功能的,应当缴纳水土保持补偿费,专项用于水土流失预防和治理。

国家鼓励单位和个人按照水土保持规划参与水土流失治理,并在资金、技术、税收等方面予以扶持。国家鼓励和支持承包治理荒山、荒沟、荒丘、荒滩,防治水土流失,保护和改善生态环境,促进土地资源的合理开发和可持续利用,并依法保护土地承包合同当事人的合法权益。承包治理荒山、荒沟、荒丘、荒滩和承包水土流失严重地区农村土地的,在依法签订的土地承包合同中应当包括预防和治理水土流失责任的内容。

国家鼓励和支持在山区、丘陵区、风沙区以及容易发生水土流失的其他区域,采取下列有利于水土保持的措施。

(1) 免耕、等高耕作、轮耕轮作、草田轮作、间作套种等;

(2) 封禁抚育、轮封轮牧、舍饲圈养;

(3) 发展沼气、节柴灶,利用太阳能、风能和水能,以煤、电、气代替薪柴等;

(4) 从生态脆弱地区向外移民;

(5) 其他有利于水土保持的措施。

材料阅读：

《水污染防治法》中关于农业和农村水污染防治的规定

为了保护和改善环境，防治水污染，保护水生态，保障饮用水安全，维护公众健康，推进生态文明建设，促进经济社会可持续发展，国家制定了《水污染防治法》。该法规定，水污染防治应当坚持预防为主、防治结合、综合治理的原则，优先保护饮用水水源，严格控制工业污染、城镇生活污染，防治农业面源污染，积极推进生态治理工程建设，预防、控制和减少水环境污染和生态破坏。该法第四章第四节对农业和农村水污染防治作了专门规定。

第四节　农业和农村水污染防治

第五十二条　国家支持农村污水、垃圾处理设施的建设，推进农村污水、垃圾集中处理。

地方各级人民政府应当统筹规划建设农村污水、垃圾处理设施，并保障其正常运行。

第五十三条　制定化肥、农药等产品的质量标准和使用标准，应当适应水环境保护要求。

第五十四条　使用农药，应当符合国家有关农药安全使用的规定和标准。

运输、存贮农药和处置过期失效农药，应当加强管理，防止造成水污染。

第五十五条　县级以上地方人民政府农业主管部门和其他有关部门，应当采取措施，指导农业生产者科学、合理地施用化肥和农药，推广测土配方施肥技术和高效低毒低残留农药，控制化肥和农药的过量使用，防止造成水污染。

第五十六条　国家支持畜禽养殖场、养殖小区建设畜禽粪便、废水的综合利用或者无害化处理设施。

畜禽养殖场、养殖小区应当保证其畜禽粪便、废水的综合利用或者无害化处理设施正常运转，保证污水达标排放，防止污染水环境。

畜禽散养密集区所在地县、乡级人民政府应当组织对畜禽粪便污水进行分户收集、集中处理利用。

第五十七条 从事水产养殖应当保护水域生态环境，科学确定养殖密度，合理投饵和使用药物，防止污染水环境。

第五十八条 农田灌溉用水应当符合相应的水质标准，防止污染土壤、地下水和农产品。

禁止向农田灌溉渠道排放工业废水或者医疗污水。向农田灌溉渠道排放城镇污水以及未综合利用的畜禽养殖废水、农产品加工废水的，应当保证其下游最近的灌溉取水点的水质符合农田灌溉水质标准。

第四节　森林资源保护法

"树木撑起了天空，如果森林消失，世界之顶的天空就会塌落，自然和人类就一起灭亡。"[①]森林资源包括森林、林木、林地以及依托森林、林木、林地生存的野生动物、植物和微生物。森林资源法是调整人们在森林保护及森林的合理利用活动中所发生的各种社会关系的法律规范的总称。我国森林资源方面的法律法规主要有《中华人民共和国森林法》《中华人民共和国森林法实施条例》《森林病虫害防治条例》《退耕还林条例》《森林防火条例》等。这里主要介绍《中华人民共和国森林法》的相关规定。

一、总则

《中华人民共和国森林法》在总则部分规定了该法的立法目的、适用范围、保护原则和保护措施等。

---

① 施里达斯·拉夫尔.我们的家园——地球[M].夏堃堡,等译.北京:中国环境科学出版社,1993:60.

1. 立法目的

践行绿水青山就是金山银山理念,保护、培育和合理利用森林资源,加快国土绿化,保障森林生态安全,建设生态文明,实现人与自然和谐共生。

2. 适用范围

在中华人民共和国领域内从事森林、林木的保护、培育、利用和森林、林木、林地的经营管理活动,适用《森林法》。

3. 四项原则

保护、培育、利用森林资源应当尊重自然、顺应自然,坚持生态优先、保护优先、保育结合、可持续发展的原则。

4. 考核制度

国家实行森林资源保护发展目标责任制和考核评价制度。上级人民政府对下级人民政府完成森林资源保护发展目标和森林防火、重大林业有害生物防治工作的情况进行考核,并公开考核结果。地方人民政府可以根据本行政区域森林资源保护发展的需要,建立林长制。

5. 分类管理

国家以培育稳定、健康、优质、高效的森林生态系统为目标,对公益林和商品林实行分类经营管理,突出主导功能,发挥多种功能,实现森林资源永续利用。

6. 主管部门

国务院林业主管部门主管全国林业工作。县级以上地方人民政府林业主管部门,主管本行政区域的林业工作。乡镇人民政府可以确定相关机构或者设置专职、兼职人员承担林业相关工作。

7. 鼓励、宣传和奖励措施

(1) 国家采取财政、税收、金融等方面的措施,支持森林资源保护发展。各级人民政府应当保障森林生态保护修复的投入,促进林业发展。

(2) 国家建立森林生态效益补偿制度,加大公益林保护支持力度,完善重点生态功能区转移支付政策,指导受益地区和森林生态保护地区人民政府通过协商等方式进行生态效益补偿。

(3) 国务院和省、自治区、直辖市人民政府可以依照国家对民族自治地方自治权的规定,对民族自治地方的森林保护和林业发展实行更加优惠的政策。

(4)植树造林、保护森林,是公民应尽的义务。各级人民政府应当组织开展全民义务植树活动。每年三月十二日为植树节。

(5)国家采取措施,鼓励和支持林业科学研究,推广先进适用的林业技术,提高林业科学技术水平。

(6)各级人民政府应当加强森林资源保护的宣传教育和知识普及工作,鼓励和支持基层群众性自治组织、新闻媒体、林业企业事业单位、志愿者等开展森林资源保护宣传活动。教育行政部门、学校应当对学生进行森林资源保护教育。

(7)在造林绿化、森林保护、森林经营管理以及林业科学研究等方面成绩显著的组织或者个人,按照国家有关规定给予表彰、奖励。

二、森林权属

明确森林权属、加强产权保护,是加强生态保护、促进生态文明建设的重要基础性制度。

(一)森林权属登记制度

森林资源属于国家所有,由法律规定属于集体所有的除外。国家所有的森林资源的所有权由国务院代表国家行使。国务院可以授权国务院自然资源主管部门统一履行国有森林资源所有者职责。

林地和林地上的森林、林木的所有权、使用权,由不动产登记机构统一登记造册,核发证书。国务院确定的国家重点林区(以下简称重点林区)的森林、林木和林地,由国务院自然资源主管部门负责登记。森林、林木、林地的所有者和使用者的合法权益受法律保护,任何组织和个人不得侵犯。森林、林木、林地的所有者和使用者应当依法保护和合理利用森林、林木、林地,不得非法改变林地用途和毁坏森林、林木、林地。

(二)国有森林资源所有权行使制度

国家所有的林地和林地上的森林、林木可以依法确定给林业经营者使用。林业经营者依法取得的国有林地和林地上的森林、林木的使用权,经批准可以转让、出租、作价出资等。具体办法由国务院制定。

林业经营者应当履行保护、培育森林资源的义务,保证国有森林资源稳定增长,提高森林生态功能。

(三) 集体林地承包经营制度

集体所有和国家所有依法由农民集体使用的林地(以下简称集体林地)实行承包经营的,承包方享有林地承包经营权和承包林地上的林木所有权,合同另有约定的从其约定。承包方可以依法采取出租(转包)、入股、转让等方式流转林地经营权、林木所有权和使用权。

未实行承包经营的集体林地以及林地上的林木,由农村集体经济组织统一经营。经本集体经济组织成员的村民会议三分之二以上成员或者三分之二以上村民代表同意并公示,可以通过招标、拍卖、公开协商等方式依法流转林地经营权、林木所有权和使用权。

集体林地经营权流转应当签订书面合同。林地经营权流转合同一般包括流转双方的权利义务、流转期限、流转价款及支付方式、流转期限届满林地上的林木和固定生产设施的处置、违约责任等内容。受让方违反法律规定或者合同约定造成森林、林木、林地严重毁坏的,发包方或者承包方有权收回林地经营权。

(四) 林业经营者权益保护制度

国有企业事业单位、机关、团体、部队营造的林木,由营造单位管护并按照国家规定支配林木收益。农村居民在房前屋后、自留地、自留山种植的林木,归个人所有。城镇居民在自有房屋的庭院内种植的林木,归个人所有。集体或者个人承包国家所有和集体所有的宜林荒山荒滩营造的林木,归承包的集体或者个人所有;合同另有约定的从其约定。其他组织或者个人营造的林木,依法由营造者所有并享有林木收益;合同另有约定的从其约定。

为了生态保护、基础设施建设等公共利益的需要,确需征收、征用林地、林木的,应当依照《中华人民共和国土地管理法》等法律、行政法规的规定办理审批手续,并给予公平、合理的补偿。

单位之间发生的林木、林地所有权和使用权争议,由县级以上人民政府依法处理。个人之间、个人与单位之间发生的林木所有权和林地使用权争议,由乡镇人民政府或者县级以上人民政府依法处理。当事

第六章 自然资源和环境保护法律制度

人对有关人民政府的处理决定不服的,可以自接到处理决定通知之日起三十日内,向人民法院起诉。在林木、林地权属争议解决前,除因森林防火、林业有害生物防治、国家重大基础设施建设等需要外,当事人任何一方不得砍伐有争议的林木或者改变林地现状。

三、发展规划

县级以上人民政府应当将森林资源保护和林业发展纳入国民经济和社会发展规划。

县级以上人民政府应当落实国土空间开发保护要求,合理规划森林资源保护利用结构和布局,制定森林资源保护发展目标,提高森林覆盖率、森林蓄积量,提升森林生态系统质量和稳定性。

县级以上人民政府林业主管部门应当根据森林资源保护发展目标,编制林业发展规划。下级林业发展规划依据上级林业发展规划编制。县级以上人民政府林业主管部门可以结合本地实际,编制林地保护利用、造林绿化、森林经营、天然林保护等相关专项规划。

国家建立森林资源调查监测制度,对全国森林资源现状及变化情况进行调查、监测和评价,并定期公布。

四、森林保护

生态是统一的自然系统,是相互依存、紧密联系的有机链条。山水林田湖是一个生命共同体,人的命脉在田,田的命脉在水,水的命脉在山,山的命脉在土,土的命脉在树。国家加强森林资源保护,发挥森林蓄水保土、调节气候、改善环境、维护生物多样性和提供林产品等多种功能。

中央和地方财政分别安排资金,用于公益林的营造、抚育、保护、管理和非国有公益林权利人的经济补偿等,实行专款专用。国家支持重点林区的转型发展和森林资源保护修复,改善生产生活条件,促进所在地区经济社会发展。重点林区按照规定享受国家重点生态功能区转移支付等政策。

国家在不同自然地带的典型森林生态地区、珍贵动物和植物生长繁殖的林区、天然热带雨林区和具有特殊保护价值的其他天然林区,建立以国家公园为主体的自然保护地体系,加强保护管理。国家支持生态脆弱地区森林资源的保护修复。县级以上人民政府应当采取措施对具有特殊价值的野生植物资源予以保护。国家保护古树名木和珍贵树木。禁止破坏古树名木和珍贵树木及其生存的自然环境。

各级人民政府应当加强林业基础设施建设,应用先进适用的科技手段,提高森林防火、林业有害生物防治等森林管护能力。各有关单位应当加强森林管护。国有林业企业事业单位应当加大投入,加强森林防火、林业有害生物防治,预防和制止破坏森林资源的行为。

(一)关于天然林保护

国家实行天然林全面保护制度,严格限制天然林采伐,加强天然林管护能力建设,保护和修复天然林资源,逐步提高天然林生态功能。

(二)关于森林防火

地方各级人民政府应当组织有关部门建立护林组织,负责护林工作;根据实际需要建设护林设施,加强森林资源保护;督促相关组织订立护林公约、组织群众护林、划定护林责任区、配备专职或者兼职护林员。县级或者乡镇人民政府可以聘用护林员,其主要职责是巡护森林,发现火情、林业有害生物以及破坏森林资源的行为,应当及时处理并向当地林业等有关部门报告。

地方各级人民政府负责本行政区域的森林防火工作,发挥群防作用;县级以上人民政府组织领导应急管理、林业、公安等部门按照职责分工密切配合做好森林火灾的科学预防、扑救和处置工作:(1)组织开展森林防火宣传活动,普及森林防火知识;(2)划定森林防火区,规定森林防火期;(3)设置防火设施,配备防灭火装备和物资;(4)建立森林火灾监测预警体系,及时消除隐患;(5)制定森林火灾应急预案,发生森林火灾,立即组织扑救;(6)保障预防和扑救森林火灾所需费用。

(三)关于林业有害生物防治

县级以上人民政府林业主管部门负责本行政区域的林业有害生物的监测、检疫和防治。省级以上人民政府林业主管部门负责确定林业植物及其产品的检疫性有害生物,划定疫区和保护区。重大林业有害生物灾害防治实行地方人民政府负责制。发生暴发性、危险性等重大林业有害生物灾害时,当地人民政府应当及时组织除治。林业经营者在政府支持引导下,对其经营管理范围内的林业有害生物进行防治。

(四) 关于林地保护

林地是森林资源的载体,是林业最重要的生产要素。国家保护林地,严格控制林地转为非林地,实行占用林地总量控制,确保林地保有量不减少。各类建设项目占用林地不得超过本行政区域的占用林地总量控制指标。

矿藏勘查、开采以及其他各类工程建设,应当不占或者少占林地;确需占用林地的,应当经县级以上人民政府林业主管部门审核同意,依法办理建设用地审批手续。占用林地的单位应当缴纳森林植被恢复费。森林植被恢复费征收使用管理办法由国务院财政部门会同林业主管部门制定。县级以上人民政府林业主管部门应当按照规定安排植树造林,恢复森林植被,植树造林面积不得少于因占用林地而减少的森林植被面积。上级林业主管部门应当定期督促下级林业主管部门组织植树造林、恢复森林植被,并进行检查。

需要临时使用林地的,应当经县级以上人民政府林业主管部门批准;临时使用林地的期限一般不超过二年,并不得在临时使用的林地上修建永久性建筑物。临时使用林地期满后一年内,用地单位或者个人应当恢复植被和林业生产条件。

禁止毁林开垦、采石、采砂、采土以及其他毁坏林木和林地的行为。禁止向林地排放重金属或者其他有毒有害物质含量超标的污水、污泥,以及可能造成林地污染的清淤底泥、尾矿、矿渣等。禁止在幼林地砍柴、毁苗、放牧。禁止擅自移动或者损坏森林保护标志。

五、造林绿化

(一) 开展大规模国土绿化

国家统筹城乡造林绿化,开展大规模国土绿化行动,绿化美化城乡,推动森林城市建设,促进乡村振兴,建设美丽家园。

各级人民政府应当组织各行各业和城乡居民造林绿化。宜林荒山荒地荒滩，属于国家所有的，由县级以上人民政府林业主管部门和其他有关主管部门组织开展造林绿化；属于集体所有的，由集体经济组织组织开展造林绿化。城市规划区内、铁路公路两侧、江河两侧、湖泊水库周围，由各有关主管部门按照有关规定因地制宜组织开展造林绿化；工矿区、工业园区、机关、学校用地，部队营区以及农场、牧场、渔场经营地区，由各该单位负责造林绿化。组织开展城市造林绿化的具体办法由国务院制定。国家所有和集体所有的宜林荒山荒地荒滩可以由单位或者个人承包造林绿化。

(二) 发动全社会参与造林绿化

国家鼓励公民通过植树造林、抚育管护、认建认养等方式参与造林绿化。各级人民政府组织造林绿化，应当科学规划、因地制宜，优化林种、树种结构，鼓励使用乡土树种和林木良种、营造混交林，提高造林绿化质量。国家投资或者以国家投资为主的造林绿化项目，应当按照国家规定使用林木良种。

(三) 科学保护修复森林生态系统

各级人民政府应当采取以自然恢复为主、自然恢复和人工修复相结合的措施，科学保护修复森林生态系统。新造幼林地和其他应当封山育林的地方，由当地人民政府组织封山育林。各级人民政府应当对国务院确定的坡耕地、严重沙化耕地、严重石漠化耕地、严重污染耕地等需要生态修复的耕地，有计划地组织实施退耕还林还草。各级人民政府应当对自然因素等导致的荒废和受损山体、退化林地以及宜林荒山荒地荒滩，因地制宜实施森林生态修复工程，恢复植被。

六、经营管理

(一) 公益林和商品林的经营管理

为充分发挥森林的多种功能，满足全社会的多元需求，提高管理效能，既考虑生态效益和林业发展，又考虑林农权益和林区稳定，《森林法》规定，国家根据生态保护的需要，将森林生态区位重要或者生态状况脆弱，以发挥生态效益为主要目的的林地和林地上的森林划定为公益林。未划定为公益林的林地和林地上的森林属于商品林。公益林的经营管理的核心是严格保护，同时严格采伐管理、规范合理利用。商品林经营管理的核心是依法自主经营。

公益林由国务院和省、自治区、直辖市人民政府划定并公布。下列区域的林地和林地上的森林，应当划定为公益林：(1)重要江河源头汇水区域；(2)重要江河干流及支流两岸、饮用水水源地保护区；(3)重要湿地和重要水库周围；(4)森林和陆生野生动物类型的自然保护区；(5)荒漠化和水土流失严重地区的防风固沙林基干林带；(6)沿海防护林基干林带；(7)未开发利用的原始林地区；(8)需要划定的其他区域。

公益林划定涉及非国有林地的，应当与权利人签订书面协议，并给予合理补偿。公益林进行调整的，应当经原划定机关同意，并予以公布。国家级公益林划定和管理的办法由国务院制定；地方级公益林划定和管理的办法由省、自治区、直辖市人民政府制定。

国家对公益林实施严格保护。县级以上人民政府林业主管部门应当有计划地组织公益林经营者对公益林中生态功能低下的疏林、残次林等低质低效林，采取林分改造、森林抚育等措施，提高公益林的质量和生态保护功能。在符合公益林生态区位保护要求和不影响公益林生态功能的前提下，经科学论证，可以合理利用公益林林地资源和森林景观资源，适度开展林下经济、森林旅游等。利用公益林开展上述活动应当严格遵守国家有关规定。

国家鼓励发展下列商品林：(1)以生产木材为主要目的的森林；(2)以生产果品、油料、饮料、调料、工业原料和药材等林产品为主要目的的森林；(3)以生产燃料和其他生物质能源为主要目的的森林；(4)其他以发挥经济效益为主要目的的森林。

在保障生态安全的前提下，国家鼓励建设速生丰产、珍贵树种和大径级用材林，增加林木储备，保障木材供给安全。

商品林由林业经营者依法自主经营。在不破坏生态的前提下，可以采取集约化经营措施，合理利用森林、林木、林地，提高商品林经济效益。

(二) 林木采伐制度

1. 森林采伐限额制度

国家严格控制森林年采伐量。省、自治区、直辖市人民政府林业主管部门根据消耗量低于生长量和森林分类经营管理的原则，编制本行政区域的年采伐限额，经征求国务院林业主管部门意见，报本级人民政府批准后公布实施，并报国务院备案。重点林区的年采伐限额，由国务院林业主管部门编制，报国务院批准后公布实施。

采伐森林、林木应当遵守下列规定。

（1）公益林只能进行抚育、更新和低质低效林改造性质的采伐。但是，因科研或者实验、防治林业有害生物、建设护林防火设施、营造生物防火隔离带、遭受自然灾害等需要采伐的除外。

（2）商品林应当根据不同情况，采取不同采伐方式，严格控制皆伐面积，伐育同步规划实施。

（3）自然保护区的林木，禁止采伐。但是，因防治林业有害生物、森林防火、维护主要保护对象生存环境、遭受自然灾害等特殊情况必须采伐的和实验区的竹林除外。

2. 采伐许可证制度

采伐林地上的林木应当申请采伐许可证，并按照采伐许可证的规定进行采伐；采伐自然保护区以外的竹林，不需要申请采伐许可证，但应当符合林木采伐技术规程。农村居民采伐自留地和房前屋后个人所有的零星林木，不需要申请采伐许可证。非林地上的农田防护林、防风固沙林、护路林、护岸护堤林和城镇林木等的更新采伐，由有关主管部门按照有关规定管理。采挖移植林木按照采伐林木管理。具体办法由国务院林业主管部门制定。禁止伪造、变造、买卖、租借采伐许可证。

采伐许可证由县级以上人民政府林业主管部门核发。县级以上人民政府林业主管部门应当采取措施，方便申请人办理采伐许可证。农村居民采伐自留山和个人承包集体林地上的林木，由县级人民政府林业主管部门或者其委托的乡镇人民政府核发采伐许可证。有下列情形之一的，不得核发采伐许可证：（1）采伐封山育林期、封山育林区内的

第六章 自然资源和环境保护法律制度

林木;(2)上年度采伐后未按照规定完成更新造林任务;(3)上年度发生重大滥伐案件、森林火灾或者林业有害生物灾害,未采取预防和改进措施;(4)法律法规和国务院林业主管部门规定的禁止采伐的其他情形。

采伐林木的组织和个人应当按照有关规定完成更新造林。更新造林的面积不得少于采伐的面积,更新造林应当达到相关技术规程规定的标准。国家支持发展森林保险。县级以上人民政府依法对森林保险提供保险费补贴。林业经营者可以自愿申请森林认证,促进森林经营水平提高和可持续经营。木材经营加工企业应当建立原料和产品出入库台账。任何单位和个人不得收购、加工、运输明知是盗伐、滥伐等非法来源的林木。

 材料阅读:

加拿大不敢怠慢每棵树

2012年,加拿大西部城市——号称"全球公园占地面积比率最高的城市"素里,一位名叫保罗·巴尔的开发商不小心闯了个祸:他原本获准在144街5904号地块上开发住宅,便指挥工人砍倒了53棵树,可这53棵树中只有30棵是市政府允许可砍伐的,结果素里市长表示:"这种极不负责的行为在素里绝不能被接受。"建议素里规划局处以巴尔"每棵树1万加元的罚款"。

在加拿大,树木是否允许砍伐,是三级政府中最低一级——市政府的权限。许多城市都制定了专门的《树木法》,对什么树可以砍以及怎样砍都有详细规定,人们不敢怠慢任何一棵树。比如在多伦多市,任何树木只要树径超过30厘米,树高超过1.4米,树围超过94.2厘米,就必须向市政府申请砍伐许可证,如不申请或未获批即砍伐,则属于犯罪行为。所谓"任何树木",既包括公共场合的,也包括每家每户的前院、后院树木。因此,即便是自家院子里的树,也是不能说砍就砍的。

在加拿大的一些城市,砍伐树木需要由市政府指定的砍伐机构操作。无论是什么情况,砍树都是很"破财"的,合法砍掉一棵后院的树,花费几百甚至上千加币是家常便饭。在一些城市,如果某家后院的树木、树枝伸到别人家,砍树必须征得邻居同意,否则,属于违法行为;在个别城市,邻居甚至可以以"树木阴影在我家院内""树木根系可能在我家院子地下"为由,要求行使对邻居砍树的"干预权",而且经常能获得支持。在这种情况下,砍树的代价便更高昂了。

当然,大多数城市对砍树都有个"特别豁免范例"。例如在多伦多,如果树艺专家能出具证明,证实树木已经完全死亡,或树木如果不砍伐就会对人、建筑的安全构成即时危险,或树木感染疾病可能危及其他植物及人类健康,就可以不等许可证而立即砍伐。

以上所说的不过是常态,事实上,有些加拿大城市的相关规则要严厉得多:在个别城市,甚至规定任何树木不论高低、死活,都需要经市政府批准后才能砍伐。

资料来源:陶短房,《生命时报》,2014年2月21日第5版。

第五节　渔业资源保护法

渔业资源又称水产资源,是指水域中可以作为渔业生产经营的对象以及具有科学研究价值的水生生物的总称。渔业资源是一种可再生的生物资源,一般具有很大的流动性、洄游性、隐蔽性和集群性。

渔业资源法是调整渔业经济活动中有关渔业生产、渔业资源的养殖、捕捞、保护与管理的社会关系的法律规范的总称。中华人民共和国成立以后,国家制定了大量的渔业资源管理法规文件,主要有《关于渤海、黄海及东海机轮拖网渔业禁渔区的命令》《渔政管理工作暂行条例》《渔港监督管理规则(试行)》《渔业船舶检验条例》等。现行主要渔业资源保护法律法规是1986年颁布的《中华人民共和国渔业法》及其实施细则(后经多次修正)。

我国是一个渔业生产大国,目前在渔业资源保护管理方面存在如

第六章 自然资源和环境保护法律制度

下问题：酷渔滥捕、竭泽而渔造成渔业资源的衰退和枯竭；水域生态环境污染和破坏影响了渔业资源的生长条件；水域围垦与河湖水工程或设施对内陆水域鱼类资源造成严重影响等。因此，对渔业资源的保护管理应当从保护水生生物的增殖繁衍与生存环境的角度，以及加强对捕捞渔业资源的管理两方面出发来制定对策和措施。渔业资源的保护方法主要有：防治水污染和海洋环境污染，维护正常的水质和水量，以保护水生生物的生存环境；做好水土保持工作，防止水土流失所造成的水质浑浊；减少围海、围湖造田等减少水域面积、破坏水域环境的行为；合理规划、修建江河、湖泊以及海洋工程建筑，减少对渔业资源生存繁衍过程的妨害。

为了加强渔业资源的保护、增殖、开发和合理利用，发展人工养殖，保障渔业生产者的合法权益，促进渔业生产的发展，适应社会主义建设和人民生活的需要，我国于1986年制定了《渔业法》，并于2000年、2004年、2009年、2013年进行四次修正。在中华人民共和国的内水、滩涂、领海以及中华人民共和国管辖的一切其他海域从事养殖和捕捞水生动物、水生植物等渔业生产活动，都必须遵守该法。

一、渔业资源保护管理体制

国家对渔业生产实行以养殖为主，养殖、捕捞、加工并举，因地制宜，各有侧重的方针。各级人民政府应当把渔业生产纳入国民经济发展计划，采取措施，加强水域的统一规划和综合利用。国家对渔业资源的监督管理实行统一领导、分级管理的体制。

国务院渔业行政主管部门主管全国的渔业工作。县级以上地方人民政府渔业行政主管部门主管本行政区域内的渔业工作。县级以上人民政府渔业行政主管部门可以在重要渔业水域、渔港设渔政监督管理机构。县级以上人民政府渔业行政主管部门及其所属的渔政监督管理机构可以设渔政检查人员。渔政检查人员执行渔业行政主管部门及其所属的渔政监督管理机构交付的任务。

海洋渔业，除国务院划定由国务院渔业行政主管部门及其所属的渔政监督管理机构监督管理的海域和特定渔业资源渔场外，由毗邻海域的省、自治区、直辖市人民政府渔业行政主管部门监督管理。

江河、湖泊等水域的渔业,按照行政区划由有关县级以上人民政府渔业行政主管部门监督管理;跨行政区域的,由有关县级以上地方人民政府协商制定管理办法,或者由上一级人民政府渔业行政主管部门及其所属的渔政监督管理机构监督管理。

渔业行政主管部门和其所属的渔政监督管理机构及其工作人员不得参与和从事渔业生产经营活动。

二、关于渔业养殖和捕捞作业的规定

发展渔业养殖是解决渔业资源供需矛盾的重要途径之一。为了发展养殖业,《渔业法》第10条规定:"国家鼓励全民所有制单位、集体所有制单位和个人充分利用适于养殖的水域、滩涂,发展养殖业。"

为了规范渔业养殖,防止不合理的捕捞活动对渔业资源造成破坏,我国《渔业法》规定了下列管理措施。

(一) 实行渔业养殖使用证制度

国家对水域利用进行统一规划,确定可以用于养殖业的水域和滩涂。单位和个人使用国家规划确定用于养殖业的全民所有的水域、滩涂的,使用者应当向县级以上地方人民政府渔业行政主管部门提出申请,由本级人民政府核发养殖证,许可其使用该水域、滩涂从事养殖生产。核发养殖证的具体办法由国务院规定。集体所有的或者全民所有由农业集体经济组织使用的水域、滩涂,可以由个人或者集体承包,从事养殖生产。县级以上地方人民政府在核发养殖证时,应当优先安排当地的渔业生产者。

(二) 鼓励和扶持远洋捕捞

国家在财政、信贷和税收等方面采取措施,鼓励、扶持远洋捕捞业的发展,并根据渔业资源的可捕捞量,安排内水和近海捕捞力量。

从事外海、远洋捕捞业的,由经营者提出申请,经省、自治区、直辖市人民政府渔业行政主管部门审核后,报国务院渔业行政主管部门批准。从事外海生产的渔船,必须按照批准的海域和渔期作业,不得擅自进入近海捕捞。

（三）实行捕捞限额制度

国家根据捕捞量低于渔业资源增长量的原则，确定渔业资源的总可捕捞量，实行捕捞限额制度。国务院渔业行政主管部门负责组织渔业资源的调查和评估，为实行捕捞限额制度提供科学依据。中华人民共和国内海、领海、专属经济区和其他管辖海域的捕捞限额总量由国务院渔业行政主管部门确定，报国务院批准后逐级分解下达；国家确定的重要江河、湖泊的捕捞限额总量由有关省、自治区、直辖市人民政府确定或者协商确定，逐级分解下达。捕捞限额总量的分配应当体现公平、公正的原则，分配办法和分配结果必须向社会公开，并接受监督。国务院渔业行政主管部门和省、自治区、直辖市人民政府渔业行政主管部门应当加强对捕捞限额制度实施情况的监督检查，对超过上级下达的捕捞限额指标的，应当在其次年捕捞限额指标中予以核减。

（四）实行捕捞许可证制度

国家对捕捞业实行捕捞许可证制度。海洋大型拖网、围网作业以及到中华人民共和国与有关国家缔结的协定确定的共同管理的渔区或者公海从事捕捞作业的捕捞许可证，由国务院渔业行政主管部门批准发放。其他作业的捕捞许可证，由县级以上地方人民政府渔业行政主管部门批准发放。但是，批准发放海洋作业的捕捞许可证不得超过国家下达的船网工具控制指标，具体办法由省、自治区、直辖市人民政府规定。捕捞许可证不得买卖、出租和以其他形式转让，不得涂改、伪造、变造。

到他国管辖海域从事捕捞作业的，应当经国务院渔业行政主管部门批准，并遵守中华人民共和国缔结的或者参加的有关条约、协定和有关国家的法律。

从事捕捞作业的单位和个人，必须按照捕捞许可证关于作业类型、场所、时限、渔具数量和捕捞限额的规定进行作业，并遵守国家有关保护渔业资源的规定，大中型渔船应当填写渔捞日志。

重点保护的渔业资源品种及其可捕捞标准，禁渔区和禁渔期，禁止使用或者限制使用的渔具和捕捞方法，最小网目尺寸以及其他保护渔业资源的措施，由国务院渔业行政主管部门或者省、自治区、直辖市人民政府渔业行政主管部门规定。

根据《渔业法》规定,具备下列条件的,方可发给捕捞许可证。

(1) 有渔业船舶检验证书;

(2) 有渔业船舶登记证书;

(3) 符合国务院渔业行政主管部门规定的其他条件。

县级以上地方人民政府渔业行政主管部门批准发放的捕捞许可证,应当与上级人民政府渔业行政主管部门下达的捕捞限额指标相适应。

三、关于渔业资源的增殖和保护

(一) 实行征收渔业资源增殖保护费制度

县级以上人民政府渔业行政主管部门应当对其管理的渔业水域统一规划,采取措施,增殖渔业资源。县级以上人民政府渔业行政主管部门可以向受益的单位和个人征收渔业资源增殖保护费,专门用于增殖和保护渔业资源。渔业资源增殖保护费的征收办法由国务院渔业行政主管部门会同财政部门制定,报国务院批准后施行。

(二) 实行捕捞禁限和保护措施

为合理利用渔业资源,维持渔业再生产能力并获得最佳渔获量,《渔业法》规定了如下捕捞禁限和保护措施。

(1) 国家保护水产种质资源及其生存环境,并在具有较高经济价值和遗传育种价值的水产种质资源的主要生长繁育区域建立水产种质资源保护区。未经国务院渔业行政主管部门批准,任何单位或者个人不得在水产种质资源保护区内从事捕捞活动。

(2) 禁止某些严重破坏渔业资源的捕捞方法和渔具的使用。包括禁止使用炸鱼、毒鱼、电鱼等破坏渔业资源的方法进行捕捞;禁止制造、销售、使用禁用的渔具;禁止在禁渔区、禁渔期进行捕捞;禁止使用小于最小网目尺寸的网具进行捕捞;捕捞的渔获物中幼鱼不得超过规定的比例;在禁渔区或者禁渔期内禁止销售非法捕捞的渔获物。

(3) 禁止捕捞有重要经济价值的水生动物苗种。因养殖或者其他特殊需要,捕捞有重要经济价值的苗种或者禁捕的怀卵亲体的,必须经国务院渔业行政主管部门或者省、自治区、直辖市人民政府渔业行政主管部门批准,在指定的区域和时间内,按照限额捕捞。在水生动物苗种重点产区引水用水时,应当采取措施,保护苗种。

(4) 禁止围湖造田。沿海滩涂未经县级以上人民政府批准,不得围垦;重要的苗种基地和养殖场所不得围垦。

(5) 在鱼、虾、蟹洄游通道建闸、筑坝,对渔业资源有严重影响的,建设单位应当建造过鱼设施或者采取其他补救措施。用于渔业并兼有调蓄、灌溉等功能的水体,有关主管部门应当确定渔业生产所需的最低水位线。

(6) 进行水下爆破、勘探、施工作业,对渔业资源有严重影响的,作业单位应当事先同有关县级以上人民政府渔业行政主管部门协商,采取措施,防止或者减少对渔业资源的损害;造成渔业资源损失的,由有关县级以上人民政府责令赔偿。

(7) 各级人民政府应当采取措施,保护和改善渔业水域的生态环境,防治污染。

本章习题

一、选择题

1. 环境保护是我国的(　　)。
   A. 暂时政策　　B. 基本国策　　C. 基本政策　　D. 国策

2. 环境保护坚持(　　)的原则。
   A. 保护优先　　B. 预防为主　　C. 综合治理　　D. 公众参与
   E. 损害担责

3. (　　)是指违反了环境保护法,实施破坏或者污染环境的单位或者个人所应承担的行政方面的法律责任。
   A. 环境行政责任　　　　　　B. 环境民事责任
   C. 环境刑事责任　　　　　　D. 环境国际责任

二、思考题

1. 环境保护法有哪些基本制度?
2. 环境民事诉讼为什么要实行举证责任倒置?

第七章　农村社会发展政策

 **本章要点**

本章主要介绍农村劳动力转移、农业科技与农业教育政策、农民权益保护与农村社会保障、农业投入与支持保护以及新农村建设与城镇化建设。学习者须了解农村劳动力转移政策、农业科技和教育政策,理解和领会农民权益保护和农村社会保障的重要性,重点掌握新农村建设和城镇化建设的重大意义、主要内容和发展目标。

第一节　农村劳动力转移

一、农村劳动力概述

农村劳动力是指户籍所在地为农村社区的乡村人口中年龄在16岁以上、经常参加集体经济组织(包括乡镇企业、事业单位)和家庭副业劳务的劳动力。

我国农村人口数量庞大,人均耕地面积少,工业起步偏晚,城市化水平较低,大城市、大农村并存,城乡二元结构突出。这一现状导致农村劳动力一直供大于求,只不过在计划经济时期处于隐性状态。改革开放后,农业生产体制发生革命性变革,家庭联产承包责任制使农民获得了土地的使用权和经营权,解除了对农民经济活动的诸多限制,劳动生产率迅速提高,短缺经济和计划经济下将农民禁锢在农村的粮油副食品定量供给彻底改变,人多地少的矛盾开始凸显出来。20世纪90年代以来,农业领域容纳劳动力出现了绝对量下降的情况。由于长期以来农村就业非常不充分,加上每年新增劳动力以及农业技术进步释放出更多劳动力,我国农村劳动力供大于求的状况不仅现在存在,以后也会长期存在。

近年来,农村劳动力呈现出以下几个特点。

1. 农村劳动力转移就业人数总量居高不下,过半从事第三产业

我国实行社会主义市场经济以来,农村剩余劳动力逐步向非农产业转移和在地区间有序流动。尤其是2003年以来,中国政府关于农村劳动力的就业政策逐渐发生变化,为农村劳动力进城就业提供了制度性保障,农村劳动力不断向城镇劳动力市场转移,农民工的流动性明显增强,农民工总量呈现逐年上升趋势。目前,我国已有50%以上的农村劳动力实现了转移就业。2019年我国农民工总量逾2.9亿人,其中,本地农民工11 652万人,外出农民工17 425万人,外出农民工中,在省内就业的农民工9 917万人,跨省流动农民工7 508万人。2019年,从事第三产业的农民工比重为51%,其中,从事交通、运输、仓储、邮政业和住宿餐饮业的农民工比重约为6.9%,从事第二产业的农民工比重为48.6%。

2. 农村劳动力素质参差不齐

劳动力素质是指劳动者的身体素质、文化技术素质、思想素质和劳动经验等素质的综合。农村劳动力思想观念相对落后,文化素质普遍不高,以体力型为主,技能型较少,常陷入"外出找钱无技,在家致富无门"的困境。

3. 农村劳动力返乡创业成潮流

现代农业、乡村旅游等产业壮大,带动农民工返乡和高校毕业生等下乡人数增多,返乡下乡趋势显现。从昔日的"孔雀东南飞"到现在的"群凤归巢",农民工从城市回到农村,催生了众多民营小微企业和农业

新经营主体,成为推动县域经济发展的新生力量①。

农村劳动力是我国最为丰富的人力资源,是产业工人和城镇人口的主要来源,关乎我国未来竞争力的提升。农村劳动力的劳动素质和就业技能如何,直接关系到我国能否顺利地实施创新驱动发展战略,能否成功地进行经济转型升级,能否持续地提高产业国际竞争力。从更高层面上讲,农村劳动力如果不能接受良好的技能培训和职业教育,不仅农业农村发展会受到限制,而且会直接影响我国工业化水平和城镇化质量。

二、农村劳动力转移政策

(一)农村劳动力转移的基本情况

20世纪80年代以前,国家对农村劳动力就业实行基本"不予过问",由农村"就地消化"的政策。农村经济改革以来,这种情况发生了很大变化,农民就业有了一定的选择权,允许农民向非农产业转移,允许务工、经商、办服务业的农民自理口粮到城镇落户。当时,农业剩余劳动力的转移主要以发展乡镇企业为载体,采取"离土不离乡,进厂不进城"的农村内部就地转移方式。

进入20世纪90年代以后,这种转移模式的局限性已日益突出。由于乡镇企业技术进步加快,资本密集程度迅速提高,吸纳农业剩余劳动力的能力明显下降。1992年邓小平"南方谈话"发表后,我国经济发展进入新一轮增长期,对农民工的管理政策调整为"鼓励、引导和实行宏观调控下的有序流动",并对小城镇的户籍管理制度进行了改革。作为一系列制度变革和政策调整的结果,农村劳动力流动的规模日益扩大,形成了举世瞩目的"民工潮"。20世纪90年代后期,国家改革户籍制度,进一步放宽了农民进城的限制。

2000年之后,国家取消对农民进城就业的不合理限制,逐步实现城乡劳动力市场一体化,积极推进就业、保障、户籍、教育等多方面的配

---

① 王宝杰,李浏清,赵泽众.转移路径"渐变" 流动选择"多样"——2018农村劳动力转移情况观察[N].中国劳动保障报,2018-04-17(1).

套改革,农村劳动力就业进入"公平流动期"。农村就业政策的目标已经从原来的消极限制转变为积极引导,从城乡割离、偏重城市、确保城市就业逐渐向城乡协调、转变机制、提高农村劳动力利用水平与就业机会的轨道上来,通过加快农村工业化和城镇化进程,稳定转移农村劳动力①。

2004年的中央一号文件指出,进城就业的农民工已经成为产业工人的重要组成部分,为城市创造了财富、提供了税收。要"进一步清理和取消针对农民进城就业的歧视性规定和不合理收费,简化农民跨地区就业和进城务工的各种手续""健全有关法律法规,依法保障进城就业农民的各项权益。推进大中城市户籍制度改革,放宽农民进城就业和定居的条件"。

党的十八大以来,中国特色社会主义进入新时代。全面深化户籍制度改革、加快推进以人为核心的新型城镇化成为这一时期的政策主旋律,"农民工市民化"和"农业转移人口市民化"是政策的关键词。随后,一系列政策文件和法规的出台为深化户籍制度改革、有序推进农业转移人口市民化作出了科学部署,在农民工城镇落户、就业创业、劳动权益保障、子女教育、房屋租住和社会保障等方面进行了顶层设计,旨在不断完善进城农民工的各项权益,践行了"发展为了人民、发展依靠人民、发展成果由人民共享"的执政理念②。

 材料阅读:

全国31省份全面取消农业户口　农民权益有无影响?

取消农业户口对农民有何影响?农民能享受到什么福利?记者就公众关心的几个焦点问题进行了追踪。

焦点一:农民权益有无影响?

我国自1958年开始划分农业户口和非农业户口,由此带来权

---

① 钟甫宁.农业政策学[M].北京:中国农业大学出版社,2000:140—142.
② 张琛,孔祥智.农村劳动力流动的演变历程、趋势与政策建议[J].中国特色社会主义研究,2022(3):31—38.

益、保障和待遇的不同。农业户口的权益主要是责任地和宅基地，而非农业户口的权益主要是依附在户籍上的一些社会福利，包括教育、医疗、就业、保险、住房等方面。2014年7月，国务院发布的《关于进一步推进户籍制度改革的意见》提出，"建立城乡统一的户口登记制度，取消农业户口与非农业户口性质区分和由此衍生的蓝印户口等户口类型，统一登记为居民户口"。截至2016年9月，全国31个省份均已出台各自的户改方案，且全部取消农业户口，标志着在我国存在半个多世纪的"城里人"和"乡下人"二元户籍制度退出历史舞台。

有人担心，取消农业户口后会影响农民的既有权益。农村问题专家林亦府指出，此次户籍制度改革不是"农改非"，而是全面取消农民的农业户口身份，将农民和城镇居民统一改称居民，消除身份区隔和歧视，进而逐步实现居民社会管理城乡一体化、公共服务均等化。"因此，取消农业户口不会影响附着在农业户口背后的集体土地承包权、农村宅基地使用权、村集体经济分配权等'三权'。""统一身份仅仅是个标志，户籍改革能否取得成效的关键在于各项配套政策的跟进与落实，即消除依附在户口性质上的如医疗、就业、住房保障等方面的差别待遇，真正实现城镇基本公共服务的全覆盖。"

焦点二：能否和城里人一样享受各种福利？

北京、上海等地户籍新政中提出，建立完善与统一城乡户口登记制度相适应的教育、卫生计生、就业、社保、住房、土地及人口统计制度。

"农民和城镇居民的身份统一后，没有农业户口和非农业户口之分，只有地域区别。"武汉大学社会学教授周运清说，目前，城乡居民医疗基本保险各地正在陆续并轨，未来全国居民有望享受平等的身份和待遇。而原有农业户口的"含金量"反而上涨了，农民变成拥有土地的居民。国家行政学院教授汪玉凯表示，从农民到居民，不是简单改个名，还有教育、就业、医疗、养老这些基本公共服务差别的逐步消除。

"以前我们只能申报'新农合'医保,门诊报销比例为30%—40%,现在我们可以选择城镇医保,报销比例为70%。"浙江省湖州市吴兴区永福村书记沈国荣说,户籍改革不光是多了一个户口本,更是让农民多了一个选择。

国家发改委公布的数据显示,去年全国义务教育阶段随迁子女1810.9万人,入读公办学校的比例为79%;其中,进城务工人员随迁子女1367.1万人,入读公办学校的比例达80%。除义务教育外,目前,四川、重庆、浙江等地已将外来务工人员纳入公共租赁住房保障体系,与城市居民同样能够享受到申请公租房的待遇。

焦点三:城乡居民"自由迁徙"会否导致城市人口聚集?

户籍制度曾是城乡之间、大城市与小城市之间难以跨越的沟壑和障碍。党的十八大明确提出,要加快改革户籍制度,有序推进农业转移人口市民化,努力实现城镇基本公共服务常住人口全覆盖。

林亦府表示,取消农业户口和非农业户口的限制,可能短期内会出现教育、医疗等资源紧张的情况。然而,无论是城里人还是农村人,他们会考虑现实问题,有没有房子住,有没有工作做,基本生活有没有保障,而不会因为身份的改变一窝蜂地涌进城市。

此外,大城市和中小城市也有区分。周运清说,像北京、上海、深圳这样的大城市,虽然没有身份差异了,但对居住证进行积分制管理,存在准入门槛,不会造成新一轮大城市人口聚集;而一些中小城市门槛降低,短期内会吸引一些农民进城落户。

身份一样了,城里人是否更容易去农村?"城里人回流的'逆城镇化'现象不会出现。"周运清认为,过去农业户口背后的"三权",只针对本村集体成员。目前我国村集体实施村民自治,除非获得村集体同意,城市户口转入农村或购买农村宅基地,依旧无法享受"三权"和法律保护。

焦点四:户籍制度改革如何做好相关配套?

据中国社科院发布的《中国农业转移人口市民化进程报告》测算,目前我国农业转移人口市民化的人均公共成本约为13万元。

其中,东、中、西部地区人口转移的公共成本分别为17.6万元、10.4万元和10.6万元。

暨南大学管理学院胡刚教授表示,户籍制度的背后是与之挂钩的公共服务、社会资源等,而目前我国城乡、大城市与中小城市的公共服务水平相差较大。"取消农业户口,也要防止一些地方跃进式发展,单纯'逼农民进城上楼'。"

林亦府等专家认为,更应该考虑农村人在城市里的可持续发展问题,包括教育培训、工作机会、社会帮扶等。只有相关的配套政策、体制机制健全了,城镇化、农民变市民过程才会进行得更顺畅。

资料来源:周科、潘祺、李劲峰,等,新华网,2016年9月21日。

(二)农村劳动力转移的成效和出路

农村劳动力转移和流动是工业化和城市化过程中一个普遍发生的结构变化现象。改革开放以来,中国农村劳动力转移经历了从不流动到流动、从小规模流动到大规模流动的独特过程。这种人类发展史上最大规模的流动,不仅提高了劳动力资源的配置效率,而且促进了传统二元经济社会向一元化转换①。

随着我国城乡管理体制的不断改革,农民进城务工对城市发展的贡献逐步得到社会的承认,社会各方面对进城务工农民的思想观念和态度也发生了显著的变化。国家致力于统筹城乡发展,着力解决农民增收难的问题,高度重视农村劳动力转移就业工作,对农民外出就业积极引导,采取"多渠道分流,多种形式转移"的战略,依靠一、二、三产业的全面发展,全方位开拓就业门路,最大限度地增加就业机会,农村劳动力转移就业进入新的发展时期。近年来,农村劳动力转移就业呈现出外出就业总量平稳增长的态势;外出打工以年轻人为主,但平均年龄有所上升;外出就业劳动力从事各行业的比重比较稳定等特点。

---

① 蔡昉,王德文,都阳.中国农村改革与变迁:30年历程和经验分析[M].上海:格致出版社,上海人民出版社,2008:56.

第七章 农村社会发展政策

图7-1　云南省会泽县转移就业

（资料来源：新华网。）

　　农村改革效果要充分显现,归根结底必须从制度上疏通城乡之间的劳动力自由流动。在劳动力市场发育的基础上,创造尽可能多的就业机会,将有利于劳动力从农村到城市的有序转移,从机制上创造增加农民收入的持久性源泉[①]。促进农村劳动力转移,解决好农村劳动力的就业问题不仅是一个经济问题,也是一个政治问题。这不仅有利于增加农民收入、提高农民生活水平,也有利于经济的健康发展和社会的稳定。农村劳动力向城镇和非农产业有序转移,对于加快农业和农村经济发展,促进农民增收,统筹城乡发展,具有重要意义。与此同时,也要防止大量农村人口过度涌入城市,诱发"大城市病"。

　　解决我国农村剩余劳动力的出路问题,关键在于四点：一是把发展乡镇企业与新农村建设、城镇化建设和乡村振兴相结合,引导农业与旅游、康养、休闲、电商融合发展,形成新的就业形态,作为解决农村剩余劳动力出路的根本途径；二是把引导部分农村剩余劳动力向城市合理流动,作为解决农村剩余劳动力出路的重要途径；三是继续充分挖掘

---

① 蔡昉,王德文,都阳.中国农村改革与变迁：30年历程和经验分析[M].上海：格致出版社,上海人民出版社,2008：57.

农业内部的就业潜力,激活农村资源要素,鼓励农民工返乡就业,有效地发挥农业作为剩余劳动力"蓄水池"的作用①;四是切实破除劳动力转移的制度障碍,促进有效转移分类施策,完善农村劳动力转移制度。

材料阅读:

发达国家农业劳动力转移的主要模式

美国模式

美国是典型的人少地多、人均资源丰富的国家,因而从理论上讲,农业剩余劳动力的压力不大。但是,农业劳动力的大量转移同样存在,它的直接动因是非农产业部门的发展对劳动力的大量需求。美国工业化启动前,农业劳动力占社会总劳力的比重在70%以上,而到了19世纪末,该比重已降至40%以下。从1910年开始,美国的农业劳动力供给出现了相对减少和绝对减少并存的现象,并不断加剧。20世纪70年代以后,美国农业劳动力的转移速度显著减慢。美国的农业机械化与农业劳动力转移相伴而生、相互促进。从1920年起,资本主义世界开始了长达20年的慢性农业危机,农产品的储备增加、价格下跌、购买力指数下降。与此同时,美国的垄断资本从各方面不断加强对农业的掠夺,使农业,特别是广大中小农场的经营难以为继。大农场主不得不纷纷采用机器以降低成本,提高竞争力。机械化导致农业劳动生产率大幅度提高,为农业劳动力向城市非农产业的快速转移提供了重要条件。

英国模式

英国是世界上第一个进行工业革命和启动工业化的国家,也是第一个完成农业劳动力大规模转移的国家。工业革命完成后,现代工厂制度的确立和完善,加快了英国农业劳动力的转移进程,使整个19世纪成为英国农业劳动力转移速度最快的时期。19世纪初,英国的农业劳动力在社会总劳力中所占的比重为35%,到

---

① 农业部软科学委员会办公室编.农民收入与劳动力转移[M].北京:中国农业出版社,2001:166.

19世纪末,这一比重已降至10%以下;与此同时,城市人口比重则由30%左右上升到75%以上。这一时期英国农业劳动力转移的方向是由农村转移到城市的非农产业部门。进入20世纪,英国的农业劳动力转移趋缓。到70年代末,英国的农业劳动力比重进一步降到2.5%以下,城市人口比重已超过90%。这一时期,英国农业劳动力转移的主要方向是以服务业为核心的第三产业和农村非农产业。

日本模式

19世纪80年代,日本启动工业化进程。当时,日本的农业劳动力比例高达80%以上。但日本用了不到40年的时间,就将其农业劳动力份额由80%降到54%。日本农业劳动力转移具有以下特点:一是速度较快。日本工业化启动时,正逢第二次科技革命兴起,日本可以利用两次工业革命成果发展经济,因而其工业化进程和农业劳动力转移速度都很快。二是第三产业在吸纳农业劳动力方面发挥了重要作用。在日本经济发展史上,第三产业的劳动力份额一直高于第二产业。三是兼业化。日本劳动力由农业向非农业部门转移,主要是通过兼业方式实现的。兼业农户的增加,使工农业劳动者的家庭收入大大增加。日本农业劳动力转移的兼业化模式,主要是由其资源状况决定的。

资料来源:根据网络资料整理、改写。

第二节 农业科技与农业教育政策

一、农业科技政策

(一)农业科技的含义与特点

农业科技是指研究农业生物生长、发育、繁殖和环境规律的知识体系及运用其原理而创造的物质手段和技巧的总称。农业科技产生于农业生产,又反过来推动农业生产的发展。可以说,农业生产每一阶段的进步都以科学技术发展作为前提。现代社会由传统农业向现代农业的转化,就体现为以高科技为主导的高能量、高物质投入代替经验型的简单体力劳动,以此促进农业生产水平的提高。

农业科技的研究和应用与其他领域的科学技术相比,有着独特的特点。

1. 综合性和关联性

农业生产受自然条件的影响,又受社会经济环境的制约,这些因素的相互交织作用,反映在农业科技上,就表现为一定的综合性和关联性。农业科技成果是农业多学科、多部门综合发展的结晶。同时,农业科技的发展,又受制于国家经济状况、各地区、各部门发展水平以及自然条件等相关因素。

2. 区域性强

农业生产具有极强的地域依附性。不同的地域具有不同的自然条件和经济条件,生长着与周围环境相适应的不同类别、不同品种的农作物。农业科学技术的研究与应用,一定要从当地农业资源的实际出发,选择、开发和推广有效的适用技术。

3. 周期长、季节性强

农业生产过程是生物再生产的过程,受生物生长发育规律的限制,具有周期长和季节性强的特点,所以,农业科学技术从研究、试验到推广应用,需要经历较长的过程。农业科学技术应该努力做好农业科研长期规划,准确地选择重大科研项目。

4. 应用分散

农业生产规模受到土地经营规模的制约。我国实行家庭联产承包责任制,土地经营存在规模小、经营分散的特点,这在一定程度上削弱了科学技术成果转化为生产力的能力,也给农业科技推广工作带来困难。农业经营与劳动的分散性,决定了对分散的农业劳动者进行技术培训、技术指导和咨询服务工作的重要性。

5. 保密性差

与其他科学技术成果相比,农业技术成果由于其试验范围广、周期长的特性,往往保密性较差,在中间试验以后便会泄密,使其难以在大范围内销售。例如,有的优良品种一经推广之后,农民就可以自繁自用,邻里亲朋之间相互交换,便迅速地扩散开来。农业技术的这种特点,意味着对农业技术的投入不能完全由市场来决定,政府要承担在技术市场上无利或微利的农业技术投资。

(二)农业科技推动农业生产的作用

农业科技对农业的促进作用主要表现为以下三个方面。

1. 促进自然资源的开发利用

像其他科学技术的发明一样,农业科学技术的发明与进步,能使人类所拥有的有限的资源生产出不断增加的产品,显著地提高资源的产出率。例如,作物间种、套种技术的应用,提高了农作物的复种指数;旱、涝、盐、碱地的改造技术,使中、低产田变成高产田;海水、淡水养殖技术的进步,使沿海滩涂变成水产养殖场。农业科技使人类对自然资源的开发和利用水平不断提高。

2. 提高动植物的生产能力

农业科学技术的进步,能显著提高农业生产的劳动对象——动植物自身的生产性能。例如,遗传学理论的应用,培育出一系列高产优质的动植物良种;全价饲料的使用,缩短了动物的饲养周期,提高了饲料的转化率。运用科学技术还可以改善动植物生长的环境条件,从而提高动植物的生产率。例如,化肥的使用,使植物赖以生存的土壤肥力得到补充;栽培技术和饲养技术的使用,使动植物能够在更有利的条件下实现更高的产出。

3. 提高农业劳动生产率

人类农业生产率提高的历史就是农业机械进步的历史。农业动力机械和工程技术的应用,改变了农业生产手段,减轻了农业劳动者的劳动强度,也使劳动者摆脱生理条件的限制,扩大操作范围和管理幅度,从而提高劳动生产率。

(三)农业科技发展的现状

近年来,我国农业科技发展取得重大成就,农业装备水平显著提高,农业信息化快速发展,农业科研体系建设取得进展,科技队伍得到加强,科研条件进一步改善,为农业科技实现跨越式发展奠定了良好基础。但是,面对我国建设现代农业和社会主义新农村的历史任务,面对世界农业科学技术的快速发展,农业科技发展还存在许多不适应。主要表现如下。

1. 自主创新能力不强,科技的支撑和引领作用还未完全发挥

重大原始性创新成果和产业发展关键技术成果供给明显不足,除主要农作物育种外,一些畜产品、园艺产品的品种和重大农业装备还主要依赖进口;产前、产中、产后等系列技术集成、配套不够;拓展农业功能、延伸农业产业链的养殖业、加工业等重点领域的技术成果严重缺乏;提高农业资源的产出率、劳动生产率和农产品商品率的技术成果明显不足。

2. 科技投入严重不足,没有形成稳定的科技投入机制

据现有统计结果,农业科研财政投入占农业 GDP 的比重低于国际平均水平,科研基础条件不能适应新时期创新任务的需要。农业科技投入的结构、方式还不完善,一些长期性和基础性农业科技工作尚需建立稳定的支持机制。

3. 创新和应用体系不完备,还存在一些体制性和机制性障碍

农业科研体系条块分割、力量分散仍未得到根本解决;科研联合协作不强,导致突破性的成果少;科研和生产还有脱节现象,农科教、产学研的联系仍不紧密;高水平农业科技人才不足的问题比较突出,农业技术推广队伍不稳定,农业科研与推广的体制、机制有待进一步健全。

(四)农业科技工作的指导方针

目前,农业科技工作的指导方针是:自主创新,加速转化,提升产业,率先跨越。

自主创新就是通过原始创新、集成创新和引进消化吸收再创新,在事关国计民生的社会公益领域具备先进实用科技成果的持续供给能力,在农业科学前沿和高新技术领域拥有一批自主知识产权的核心技术,降低对外技术的依存度。

加速转化就是通过改善农业科技成果中试熟化条件,培育新型农民,推进农科教企大联合和产学研用相结合,突破农业科技成果成熟不够、转化不力和转移不畅的瓶颈,大幅度提高农业科技成果转化为现实农业生产力的速度和水平。

提升产业就是通过发挥科技的先导作用,着力培育具有比较优势的区域性农业支柱产业和主导产品,提高农产品生产科技含量和转化增值能力,提升农业产业发展的规模和层次,壮大现代农业发展的产业基础。

率先跨越就是通过体系建设和机制创新,大幅度提高创新能力和效率,加快创新型农业建设,使农业科技的整体实力率先进入世界前列。

中科院提出农业科技要从五大领域实现创新突破,如图7-2所示。

图7-2　中科院提出农业科技要从五大领域实现创新突破
(资料来源:中国政府网,2009-06-11,周大庆编制,新华社发。)

(五)农业科技政策的目标与任务

在现代农业中,技术创新是一项有科学理论知识指导,由专门人员从事,以"试验试错"的方式进行,通过国家组织推动的活动。农业科技政策在其中起着保驾护航的作用。农业科技政策是指政府为了社会经济发展而确定和落实的关于农业科技发展、应用和保护的一系列战略、规划、纲要以及相关制度和规定。

1. 农业科技政策的目标

世界农业科技的发展和我国社会经济对农业提出的要求,都促使我国农业科技必须进行新的技术革命。为此,农业科技政策设计的总体目标应是:实施科教兴农战略,使农业科技率先跃居世界先进水平,依靠农业科技革命,促进农业产业革命。具体目标是:到 2030 年,力争关键农业技术领域达到世界领先水平,农业科技总体水平在世界中等农业发达国家中居领先地位,为中国人口高峰期的食物安全提供可靠的技术保障。农业科技总体水平达到或接近世界先进水平,科技在农业增长中的贡献率达到 70%—80%。

2. 农业科技政策的任务

农业科技政策的任务主要是:为农产品增产,特别是为粮食安全提供可靠的技术保障;为调整农业结构,增加农民收入提供强有力的技术保障;为生态环境建设提供全面的技术服务;为提高我国农业国际竞争力提供坚实的技术支持。

(六) 农业技术推广法

为了加强农业技术推广工作,促使农科研成果和实用技术尽快应用于农业生产,增强科技支撑保障能力,促进农业和农村经济可持续发展,实现农业现代化,我国制定了《农业技术推广法》。

1. 总则

农业技术推广应当遵循下列原则:有利于农业、农村经济可持续发展和增加农民收入;尊重农业劳动者和农业生产经营组织的意愿;因地制宜,经过试验、示范;公益性推广与经营性推广分类管理;兼顾经济效益、社会效益,注重生态效益。

国家鼓励和支持科技人员开发、推广应用先进的农业技术,鼓励和支持农业劳动者和农业生产经营组织应用先进的农业技术。国家鼓励运用现代信息技术等先进传播手段,普及农业科学技术知识,创新农业技术推广方式方法,提高推广效率。国家鼓励和支持引进国外先进的农业技术,促进农业技术推广的国际合作与交流。

各级人民政府应当加强对农业技术推广工作的领导,组织有关部门和单位采取措施,提高农业技术推广服务水平,促进农业技术推广事业的发展。

2. 农业技术推广体系

农业技术推广,实行国家农业技术推广机构与农业科研单位、有关

第七章　农村社会发展政策

学校、农民专业合作社、涉农企业、群众性科技组织、农民技术人员等相结合的推广体系。国家鼓励和支持供销合作社、其他企业事业单位、社会团体以及社会各界的科技人员,开展农业技术推广服务。

根据科学合理、集中力量的原则以及县域农业特色、森林资源、水系和水利设施分布等情况,因地制宜设置县、乡镇国家农业技术推广机构。乡镇国家农业技术推广机构,可以实行县级人民政府农业技术推广部门管理为主或者乡镇人民政府管理为主、县级人民政府农业技术推广部门业务指导的体制。

3. 农业技术的推广与应用

向农业劳动者和农业生产经营组织推广的农业技术,必须在推广地区经过试验证明具有先进性、适用性和安全性。

国家鼓励和支持农业劳动者和农业生产经营组织参与农业技术推广。农业劳动者和农业生产经营组织在生产中应用先进的农业技术,有关部门和单位应当在技术培训、资金、物资和销售等方面给予扶持。农业劳动者和农业生产经营组织根据自愿的原则应用农业技术,任何单位或者个人不得强迫。推广农业技术,应当选择有条件的农户、区域或者工程项目,进行应用示范。县、乡镇国家农业技术推广机构应当组织农业劳动者学习农业科学技术知识,提高其应用农业技术的能力。

教育、人力资源和社会保障、农业、林业、水利、科学技术等部门应当支持农业科研单位、有关学校开展有关农业技术推广的职业技术教育和技术培训,提高农业技术推广人员和农业劳动者的技术素质。国家鼓励社会力量开展农业技术培训。

各级国家农业技术推广机构应当认真履行公益性职责,向农业劳动者和农业生产经营组织推广农业技术,实行无偿服务。国家农业技术推广机构以外的单位及科技人员以技术转让、技术服务、技术承包、技术咨询和技术入股等形式提供农业技术的,可以实行有偿服务,其合法收入和植物新品种、农业技术专利等知识产权受法律保护。进行农业技术转让、技术服务、技术承包、技术咨询和技术入股,当事人各方应当订立合同,约定各自的权利和义务。

国家鼓励和支持农民专业合作社、涉农企业,采取多种形式,为农民应用先进农业技术提供有关技术服务。国家鼓励和支持以大宗农产品和优势特色农产品生产为重点的农业示范区建设,发挥示范区对农业技术推广的引领作用,促进农业产业化发展和现代农业建设。各级人民政府可以采取购买服务等方式,引导社会力量参与公益性农业技术推广服务。

二、农业教育政策

(一) 农业教育概述

农民的文化、科学素质是促进农村经济发展、提高农民收入的一个重要因素。农民的文化水平决定着农民对党的政策的理解能力,及其对资源、资金、物资的利用程度,也决定着农民科技素质的高低。农民文化和科技水平的高低,影响着他们对科学技术的掌握和运用,影响着他们对生活门路的开拓和从业选择,影响着他们对当地资源的开发利用,影响着经济发展速度[①]。而农民文化、科技水平的提高,归根结底要依靠农业教育。

农业教育是指以农业科学技术知识为教学内容的学校教育,广义上也包括与农业技术推广有关的宣传、示范活动和农民教育等。农业发展的根本在于农业技术,而农业技术的基础在于农业教育,农业教育是科技兴农的基础。农业教育是传授农业科学知识和农业生产技术的重要手段,从知识、技能和思想品德上培养一定社会所需要的农业科技、管理人员和农业劳动者的活动。

农业教育起源于农业生产劳动实践,又反过来为发展农业生产服务。在现代社会,科学技术已成为农业生产力的重要因素。因此,农业教育的发展又受科学技术发展水平的制约,并对促使科学技术为农业劳动者和农业工作者所掌握,从而转化成为现实的生产力有十分重要的作用。农业教育和农业科学研究、农业推广三者密切结合、相互促进,已成为农业中智力投资的重要形式,推动农业生产发展的有效途径。

---

① 农业部软科学委员会办公室编.农民收入与劳动力转移[M].北京:中国农业出版社,2001:421.

(二) 农业教育的类型

农业教育作为社会主义教育体系的一个重要组成部分,其任务是为实现农业的社会主义现代化,培养从高级农业科学技术专家到中、初级技术人员、管理人员以及受过良好技术训练的农业劳动者。农业教育的实施,有高等农业教育、中等农业教育以及各种形式的成人农业教育等不同的层次。

1. 农业职业教育

农业职业教育是指在农村对农民或农业劳动者实施一种或多种技术的谋生教育。主要包括:(1)农业科学普通教育,是指高等农业教育和中等农业教育;(2)农业科技人员的继续教育,是指提高现有农业科技人员和农业科技管理人员的业务水平,是在普通教育的基础上更高层次的教育;(3)国家鼓励开展农业高等教育自学考试、远程开放教育等。

2. 农业专业技术人员继续教育

我国早在1989年就颁布了《农业专业技术人员继续教育暂行规定》,其目的在于使农业继续教育要面向现代化、面向世界、面向未来,坚持立足当前、着眼长远、讲求实效、按需施教、学用一致的原则,更好地为提高农业专门人才素质服务,为农业生产和农村经济建设服务。

农业继续教育是农业教育体系中的重要组成部分。其对象是具有中专以上文化程度或初级以上专业技术职务,从事农业生产、技术推广、科研、教育、管理及其他专业技术工作的在职人员。重点是具有中级以上专业技术职务的中、青年骨干。农业继续教育的任务是使受教育者的知识、技能不断得到补充、更新、拓宽和加深,以保持其先进性,更好地满足岗位职务的需要,促进农业科技进步、经济繁荣和社会发展。农业继续教育按照不同的层次确定培养目标。

(1)初级农业专业技术人员主要是学习专业基本知识和进行实际技能的训练,以提高岗位适应能力,为继续深造和加快成长打好基础。

(2)中级农业专业技术人员主要是更新知识和拓宽知识面,结合本职工作学习新理论、新技术、新方法,了解国内外科技发展动态,培养独立解决复杂技术问题的能力。

（3）高级农业专业技术人员要熟悉和掌握本专业、本学科新的科技和管理知识，研究解决重大技术课题，成为本行业的技术专家和学术（学科）带头人。

农业继续教育的内容要紧密结合农业技术进步，技术成果推广以及管理现代化的需要，按照不同专业、不同职务、不同岗位的知识结构和业务水平要求，注重新颖、实用，力求做到针对性、实有性、科学性和先进性四统一。农业继续教育以短期培训和业余自学为主，广开学路，采取多渠道、多层次、多形式进行。

3. 农业技术教育培训

农业技术教育培训的方式包括：通过实用技术培训，向农民普及推广农业科学技术，传授科学理论知识和生产技能；就农民外出打工的不同工种进行技术培训，提高本地农民外出就业的竞争能力；通过开展农民中等学历教育，培养一支能够适应农村经济发展需要的乡、村基层管理干部和技术人员队伍；通过实施绿色证书工程，对具有初、高中文化程度的农民进行岗位培训。

"绿色证书"是农民从事专项农业技术工作所需要具备的知识、技能和其他条件的资格证明，1997年，我国公布了《"绿色证书"制度管理办法》，由农业部（现农业农村部）主管全国的"绿色证书"工作。

 材料阅读：

"绿色证书"的由来

"绿色证书"最早产生于西方发达资本主义国家，如丹麦、法国、英国、瑞士等，已有上百年历史。

推行"绿色证书"制度是农业生产力发展的产物。西方国家从封建社会进入到资本主义社会的过程中，土地被相对集中，由农场主经营。而直接从事生产的是由农场主所雇佣的农业工人。农业工人技术水平的高低对于提高劳动生产率，减少农业机具的损坏有着直接影响。毫无疑问，一个技术娴熟、业务素质较高的农业工人能为农场主带来增产增收。这就促使农场主很重视农业工人技术培训,另一方面,技术水平高的农业工人就业也较容易,也能获得较高的薪酬待遇。

当资本主义国家的生产力发展到一定水平时,政府意识到能否充分利用有限的农业资源,不仅仅是一个农场的事,而是整个国家的问题。于是,许多国家把农业职业技术教育和培训作为加强和发展农业的一项重大国策,逐步建立了一整套比较完善的农民技术资格证书制度,以确保农民的业务素质。

中国的绿色证书制度,就是农民技术资格证书制度。它是指通过立法、行政等手段,把农民的技术资格要求、培训、考核、发证等规定下来,并制定相关配套政策,作为农民从业和培训的规程,确保从业人员的技术业务素质。由于人们把许多国家对农业劳动者实行的先培训、后就业的持证上岗制度称为绿色证书制度,所以,在中国开展农民技术资格证书制度试点工作时就采用了这一习惯说法。中国绿色证书制度的实施范围,包括种植、畜牧兽医、水产、农机管理、农村合作经济管理、农村能源和农业环境保护等行业。

资料来源:根据网络资料整理、改写。

第三节　农民权益保护与农村社会保障

一、农民权益保护立法

我国是一个传统的农业大国,农民占全国人口的大多数,有着特殊的地位,是中国特色社会主义事业的重要建设者。农民问题始终是一个关系到我国经济建设和社会发展全局的重要问题。社会主义新农村建设、城镇化建设和乡村振兴的宏伟目标能否实现,在很大程度上取决于能否解决好农民问题,而农民问题的根本又是如何保障农民权益的问题。

近年来,在党和政府的关怀下,农村发生了翻天覆地的变化,农民的经济状况和社会地位有了很大提高。但是,伴随着经济迅速发展,我国社会群体利益分化加速,农民弱势化趋势十分明显。各种惠农政策因缺乏稳定性,对农民权利的保护力度相当有限,部分有关农民权利保护的法律规定,也因缺乏明确性而影响了法律的实施效果。在法律、政策的实施过程中,农民权益保护不力,忽视甚至侵害农民权益的现象时有发生。在这种形势下,《中共中央关于推进农村改革发展若干重大问题决定》明确指出:"必须切实保障农民权益,始终把实现好、维护好、发展好广大农民根本利益作为农村一切工作的出发点和落脚点。坚持以人为本,尊重农民意愿,着力解决农民最关心最直接最现实的利益问题,保障农民政治、经济、文化、社会权益,提高农民综合素质,促进农民全面发展,充分发挥农民主体作用和首创精神,紧紧依靠亿万农民建设社会主义新农村。"

农民权益是指农村居民作为社会成员、国家公民应享有的权利以及这些权利在法律上的反映、体现和实现程度。农民权益的表现形式多种多样,但最重要的是关于农民经济和政治权利的法律保护。

(一) 农民经济权益保护

土地权益是农民诸多权益的重中之重,保护农民的土地权利,是对农民权益最直接、最具体、最实在的保护。但目前在土地征用方面普遍存在侵害农民权益的问题。因此,各级机关应加强执法监督,保证《土地管理法》《农村土地承包法》等法律法规得到切实有效的施行。要坚决纠正乱占滥用耕地,违法转让农村土地,随意破坏农村土地承包关系,造成农民失地又失业,严重损害农民利益和国家利益的行为。

保护农民的经济权益,首先要确认农民的土地承包权利。土地是农业生产的最基本要素,也是农民最基本的生活保障和最核心的利益问题。农民在土地方面面临的突出问题主要有:"一是土地承包关系不稳定。一些地方仍存在承包期内随意调整承包地的现象,一些村集体甚至违背农民意愿,违法收回农户承包地,侵害了农民的合法权益。农民承包地块面积不准、四至不清、位置不明、期限不定等情况也很普遍。二是土地流转机制不健全。一些地方土地流转存在求大、求快的倾向,超越了当地农村劳动力转移的速度。还有一些地方为吸引投资,用行政手段推动土地大规模向工商资本集中,出现了与农民争利和'土地非农化'现象。一些地方土地流转市场不完善,农民的土地流转收益得不到保障,农民对土地流转心存顾虑,不敢流转,不愿流转。三是财产权益保障不力。主要是征地过程中侵害农民利益的问题比较突出。一些地方征地规模过大,不尊重农民意愿,强行征地,补偿标准太低,对失地农民不能妥善安置。这方面的问题解决不好,会妨碍现代农业发展,损害农民利益,影响农村长期稳定"。[①]

改革开放前,法律对农民土地使用权的保护力度不够,以致挫伤了农民向土地长期投资的积极性,造成土地经营的短期行为,土地地力得不到维持和改善。改革开放初期,农村家庭联产承包责任制的推行,使中国基本解决了吃饭问题。土地承包期限开始确定为15年。1993年,中央提出在原定的耕地承包期到期后再延长30年不变。此后,2002年颁布的《农村土地承包法》和2007年颁布的《物权法》也都明确:耕地的承包期为30年。2018年12月,《农村土地承包法》修改,规定耕地承包期届满后再延长三十年。这一政策激发了农民群众增加农业投入、发展农业生产的积极性。

实际上,农村土地制度的核心产权是农民的土地承包经营权,因此,农村土地制度法治建设的关键是对农民的土地承包权进行法律界定和保护。对此,《农村土地承包法》明确规定:"农村集体经济组织成员有权依法承包由本集体经济组织发包的农村土地。任何组织和个人不得剥夺和非法限制农村集体经济组织成员承包土地的权利。""承包合同生效后,发包方不得因承包人或者负责人的变动而变更或解除,也不得因集体经济组织的分立或者合并而变更或解除。""国家机关及其工作人员不得利用职权干涉农村土地承包或者变更、解除承包合同。""承包期内,发包方不得收回承包地。国家保护进城农户的土地承包经营权。不得以退出土地承包经营权作为农户进城落户的条件。"这些规定,对于稳定农村土地承包关系,确认农民土地承包权起到非常重要的作用。目前,要加快推进农村集体土地的确权颁证工作,包括农村耕地承包经营权、农村集体建设用地使用权、农村集体资产收益权、农房所

---

① 韩长赋.正确认识和解决当今中国农民问题[J].求是,2014(2):20.

有权和林地使用权等,用权属证的形式确权到户,使之成为农民明确、法定的资产,尤其要做到程序公开透明公正,并在此基础上积极探索各类土地的使用权流转新机制,完善农业产业化利益联结机制,促使农民的土地物权由身份权向财产权转变,使农民的土地物权由虚变实,实现农村资源向资本的转变,从而为农村发展注入活力[①]。

保护农民的经济权益,还应充分发挥村民委员会、农民专业合作社等民间力量在农村纠纷中的调解作用,发挥各级行政机关的行政解决机制,发挥各级人民法院在农村纠纷中的诉讼解决机制,构建起农民权益受损后的多元救济途径。

(二) 农民政治权利保护

政治权利是经济利益的根本保障。一个政治权利没有保障的社会阶层,其经济利益也不会安全。因此,应切实加强对农民各项政治权利的保护。要在各级人民代表大会中增加农民代表的比例,扩大民意诉求通道,保证农民以合法正当的方式表达自己的权益。要解决县、乡(镇)农民代表中代表素质不高、代表意识不强的问题,不断提高农民代表履行职责的能力和水平,以有效地维护农民群众的合法权益。还要加强对《村民委员会组织法》实施情况的监督检查,加快推进基层民主政治建设,拓展农民利益表达渠道,健全村民议事会、监事会等农村自治组织和各类经济合作组织,积极推行村务公开、村民自治,真正做到民主选举、民主决策、民主管理、民主监督,使农民在村集体公共事务决策中有制度性的"话语权",保障农民公平竞争、平等发展的机会和条件。同时,要强化对农民的法律援助工作,为其保护自身合法权益提供免费的法律服务。

《村民委员会组织法》是保障村民充分行使民主自治权利的法律依据,反映了广大农民的愿望,代表了农民的根本利益。《村民委员会组织法》具体规定了民主选举、民主议事、民主决策以及财务公开、民主评议和村民委员会定期报告工作为主要内容的民主监督制度。其中,村务公开制度是实现民主监督的中心环节,也是实行村民自治的关键。

---

① 衡霞.注重农民权益保障的制度设计[N].光明日报,2012年4月15日第7版.

第七章 农村社会发展政策

该法规定了村民委员会应当及时公布的具体事项,即财务事项至少每六个月公布一次,接受村民的监督。而且要求村民委员会应当保证公布内容的真实性,并接受村民的查询。财务公开制度的贯彻落实具有多方面的积极意义和作用。

二、农民工权益保护立法

(一) 重视农民工权益保护的原因

农民工是我国改革开放和工业化、城镇化进程中涌现的一支新型劳动大军。他们的户籍仍在农村,主要从事非农产业,有的在农闲季节外出务工、亦工亦农,流动性强;有的长期在城市就业,已成为产业工人的重要组成部分。据统计,目前我国每年有上亿农民外出打工,其中,有1.6亿进城打工。大量农民进城务工或在乡镇企业就业,对我国现代化建设作出了重大贡献。农民外出务工,为城市创造了财富,为农村增加了收入,为城乡发展注入了活力,成为工业带动农业、城市带动农村、发达地区带动落后地区的有效形式,同时促进了市场导向、自主择业、竞争就业机制的形成,为改变城乡二元结构、解决"三农"问题闯出了一条新路。返乡创业的农民工,带回资金、技术和市场经济观念,直接促进社会主义新农村建设。进一步做好农民工工作,对于改革发展稳定的全局和顺利推进工业化、城镇化、农业现代化都具有重大意义。

(二) 农民工权益保护存在的问题

近年来,党中央、国务院高度重视农民工问题,制定了一系列保障农民工权益和改善农民工就业环境的政策措施,各地区、各部门做了大量工作,取得了明显成效。但农民工面临的问题仍然十分突出,侵害农民工合法权益问题仍然存在:一是就业和劳动权益保障不充分。现在,第二、第三产业持续发展面临诸多挑战,企业转型升级带来挤出效应,促进农民工特别是新生代农民工稳定就业是一个很大的难题。已经就业的农民工,由于城乡二元就业体制,劳动合同签订率低,劳动安全防护水平不高,恶意拖欠工资时有发生。二是农民工公共服务不完善。农民工还不能真正平等地享受城市基本公共服务,特别是子女上学、看病就医、社会保障、住房租购等面临许多困难,农民工市民化进程不顺畅。三是农民工社会归属面临困境。农民工特别是新生代农民工,大多处在城市最底层,很容易被边缘化。绝大部分新生代农民工本身没有地,从来就没有种过地,也不想再回去种地。如果他们不能融入城市、融入主流社会,就会成为"漂泊一族"甚或城市贫民,影响整个社会的和谐稳定①。

(三) 解决农民工问题的基本原则

解决农民工问题的基本原则主要如下。

1. 公平对待,一视同仁

尊重和维护农民工的合法权益,消除对农民进城务工的歧视性规定和体制性障碍,使他们和城市职工享有同等的权利和义务。

2. 强化服务,完善管理

转变政府职能,加强和改善对农民工的公共服务和社会管理,发挥企业、社区和中介组织作用,为农民工生活与劳动创造良好环境和有利条件。

3. 统筹规划,合理引导

实行农村劳动力异地转移与就地转移相结合。既要积极引导农民进城务工,又要大力发展乡镇企业和县域经济,扩大农村劳动力在当地转移就业。

4. 因地制宜,分类指导

输出地和输入地都要有针对性地解决农民工面临的各种问题。鼓励各地区从实际出发,探索保护农民工权益、促进农村富余劳动力有序流动的办法。

5. 立足当前,着眼长远

既要抓紧解决农民工面临的突出问题,又要依靠改革和发展,逐步解决深层次问题,形成从根本上保障农民工权益的体制和制度。

(四) 依法规范农民工劳动管理

依法规范农民工劳动管理的措施主要如下。

1. 严格执行劳动合同制度

所有用人单位招用农民工都必须依法订立并履行劳动合同,建立权责明确的劳动关系。严格执行国家关于劳动合同试用期的规定,不

---

① 韩长赋.正确认识和解决当今中国农民问题[J].求是,2014(2):20.

得滥用试用期侵犯农民工权益。劳动保障部门要制定和推行规范的劳动合同文本,加强对用人单位订立和履行劳动合同的指导和监督。任何单位都不得违反劳动合同约定损害农民工权益。

2. 依法保障农民工职业安全卫生权益

各地要严格执行国家职业安全和劳动保护规程及标准。企业必须按规定配备安全生产和职业病防护设施。强化用人单位职业安全卫生的主体责任,要向新招用的农民工告知劳动安全、职业危害事项,发放符合要求的劳动防护用品,对从事可能产生职业危害作业的人员定期进行健康检查。加强农民工职业安全、劳动保护教育,增强农民工自我保护能力。从事高危行业和特种作业的农民工要经专门培训、持证上岗。有关部门要切实履行职业安全和劳动保护监管职责。发生重大职业安全事故,除惩处直接责任人和企业负责人外,还要追究政府和有关部门领导的责任。

3. 切实保护女工和未成年工权益,严格禁止使用童工

用人单位要依法保护女工的特殊权益,不得以性别为由拒绝录用女工或提高女工录用标准,不得安排女工从事禁忌劳动范围工作,不得在女工孕期、产期、哺乳期降低其基本工资或单方面解除劳动合同。招用未成年工的用人单位,应当在工种、劳动时间、劳动强度和保护措施等方面严格执行国家有关规定。对介绍和使用童工的违法行为要从严惩处。

(五)健全维护农民工权益的保障机制

健全并维护农民工权益的保障机制包括以下措施。

1. 保障农民工依法享有的民主政治权利

招用农民工的单位,职工代表大会要有农民工代表,保障农民工参与企业民主管理的权利。农民工户籍所在地的村民委员会,在组织换届选举或决定涉及农民工权益的重大事务时,应及时通知农民工,并通过适当方式行使民主权利。有关部门和单位在评定技术职称、晋升职务、评选劳动模范和先进工作者等方面,要将农民工与城镇职工同等看待。依法保障农民工人身自由和人格尊严,严禁打骂、侮辱农民工的非法行为。

2. 深化户籍管理制度改革

逐步地、有条件地解决长期在城市就业和居住农民工的户籍问题。

中小城市和小城镇要适当放宽农民工落户条件；大城市要积极稳妥地解决符合条件的农民工户籍问题，对农民工中的劳动模范、先进工作者和高级技工、技师以及其他有突出贡献者，应优先准予落户。具体落户条件，由各地根据城市规划和实际情况自行制定。

3. 保护农民工土地承包权益

土地不仅是农民的生产资料，也是他们的生活保障。要坚持农村基本经营制度，稳定和完善农村土地承包关系，保障农民工土地承包权益。不得以农民进城务工为由收回承包地，纠正违法收回农民工承包地的行为。农民外出务工期间，所承包土地无力耕种的，可委托代耕或通过转包、出租、转让等形式流转土地经营权，但不能撂荒。农民工土地承包经营权流转，要坚持依法、自愿、有偿的原则，任何组织和个人不得强制或限制，也不得截留、扣缴或以其他方式侵占土地流转收益。

4. 加大维护农民工权益的执法力度

强化劳动保障监察执法，加强劳动保障监察队伍建设，完善日常巡视检查制度和责任制度，依法严厉查处用人单位侵犯农民工权益的违法行为。健全农民工维权举报投诉制度，有关部门要认真受理农民工举报投诉并及时调查处理。加强和改进劳动争议调解、仲裁工作。对农民工申诉的劳动争议案件，要简化程序、加快审理，涉及劳动报酬、工伤待遇的，要优先审理。

5. 做好对农民工的法律服务和法律援助工作

要把农民工列为法律援助的重点对象。对农民工申请法律援助，要简化程序，快速办理。对申请支付劳动报酬和工伤赔偿法律援助的，不再审查其经济困难条件。有关行政机关和行业协会应引导法律服务机构和从业人员积极参与涉及农民工的诉讼活动、非诉讼协调及调解活动。鼓励和支持律师和相关法律从业人员接受农民工委托，并对经济确有困难而又达不到法律援助条件的农民工适当减少或免除律师费。政府要根据实际情况安排一定的法律援助资金，为农民工获得法律援助提供必要的经费支持。

6. 强化工会维护农民工权益的作用

用人单位要依法保障农民工参加工会的权利。各级工会要以劳动合同、劳动工资、劳动条件和职业安全卫生为重点,督促用人单位履行法律法规规定的义务,维护农民工合法权益。充分发挥工会劳动保护监督检查的作用,完善群众性劳动保护监督检查制度,加强对安全生产的群众监督。同时,充分发挥共青团、妇联组织在农民工维权工作中的作用。

材料阅读:

《保障农民工工资支付条例》正式施行

2020年5月1日起,《保障农民工工资支付条例》(以下简称《条例》)正式施行。《条例》是国务院行政法规,是我国针对特殊群体(农民工)出台的第一部有关劳动权益维护的专门性法规,彰显了党中央、国务院对根治欠薪工作的高度重视。《条例》对工程建设领域作出了特别规定,为根治农民工工资拖欠问题明确了制度性安排,并提供了法律保障。《条例》的执行,将有利于解决现实中存在的三大问题:一是解决建设项目资金不到位导致的欠薪问题,二是解决建设市场秩序不规范导致的欠薪问题,三是解决施工企业劳动用工不规范导致的欠薪问题(见图7-3)。

图7-3 有效解决

(资料来源:新华社图片新闻官方账号,2020-09-01,朱慧卿作。)

以下是《保障农民工工资支付条例》的节选内容。

第一章 总则

第一条 为了规范农民工工资支付行为,保障农民工按时足额获得工资,根据《中华人民共和国劳动法》及有关法律规定,制定本条例。

第二条 保障农民工工资支付,适用本条例。

本条例所称农民工,是指为用人单位提供劳动的农村居民。

本条例所称工资,是指农民工为用人单位提供劳动后应当获得的劳动报酬。

第三条 农民工有按时足额获得工资的权利。任何单位和个人不得拖欠农民工工资。

农民工应当遵守劳动纪律和职业道德,执行劳动安全卫生规程,完成劳动任务。

第四条 县级以上地方人民政府对本行政区域内保障农民工工资支付工作负责,建立保障农民工工资支付工作协调机制,加强监管能力建设,健全保障农民工工资支付工作目标责任制,并纳入对本级人民政府有关部门和下级人民政府进行考核和监督的内容。

乡镇人民政府、街道办事处应当加强对拖欠农民工工资矛盾的排查和调处工作,防范和化解矛盾,及时调解纠纷。

第五条 保障农民工工资支付,应当坚持市场主体负责、政府依法监管、社会协同监督,按照源头治理、预防为主、防治结合、标本兼治的要求,依法根治拖欠农民工工资问题。

第六条 用人单位实行农民工劳动用工实名制管理,与招用的农民工书面约定或者通过依法制定的规章制度规定工资支付标准、支付时间、支付方式等内容。

第七条 人力资源社会保障行政部门负责保障农民工工资支付工作的组织协调、管理指导和农民工工资支付情况的监督检查,查处有关拖欠农民工工资案件。

住房城乡建设、交通运输、水利等相关行业工程建设主管部门按照职责履行行业监管责任,督办因违法发包、转包、违法分包、挂靠、拖欠工程款等导致的拖欠农民工工资案件。

发展改革等部门按照职责负责政府投资项目的审批管理，依法审查政府投资项目的资金来源和筹措方式，按规定及时安排政府投资，加强社会信用体系建设，组织对拖欠农民工工资失信联合惩戒对象依法依规予以限制和惩戒。

财政部门负责政府投资资金的预算管理，根据经批准的预算按规定及时足额拨付政府投资资金。

公安机关负责及时受理、侦办涉嫌拒不支付劳动报酬刑事案件，依法处置因农民工工资拖欠引发的社会治安案件。

司法行政、自然资源、人民银行、审计、国有资产管理、税务、市场监管、金融监管等部门，按照职责做好与保障农民工工资支付相关的工作。

第八条 工会、共产主义青年团、妇女联合会、残疾人联合会等组织按照职责依法维护农民工获得工资的权利。

第九条 新闻媒体应当开展保障农民工工资支付法律法规政策的公益宣传和先进典型的报道，依法加强对拖欠农民工工资违法行为的舆论监督，引导用人单位增强依法用工、按时足额支付工资的法律意识，引导农民工依法维权。

第十条 被拖欠工资的农民工有权依法投诉，或者申请劳动争议调解仲裁和提起诉讼。

任何单位和个人对拖欠农民工工资的行为，有权向人力资源社会保障行政部门或者其他有关部门举报。

人力资源社会保障行政部门和其他有关部门应当公开举报投诉电话、网站等渠道，依法接受对拖欠农民工工资行为的举报、投诉。对于举报、投诉的处理实行首问负责制，属于本部门受理的，应当依法及时处理；不属于本部门受理的，应当及时转送相关部门，相关部门应当依法及时处理，并将处理结果告知举报、投诉人。

资料来源：根据网络资料和法规内容整理。

三、农村社会保障政策

社会保障是指国家通过立法，积极动员社会各方面资源，保证无收入、低收入以及遭受各种意外灾害的公民能够维持生存,保障劳动者在年老、失业、患病、工伤、生育时的基本生活不受影响,同时根据经济和社会发展状况,逐步增进公共福利水平,提高国民生活质量。

中国农村社会保障体系在政策设计上应兼具消除贫困和支持转型两大功能。前者是对贫困人口和特殊人群的支持;后者是迎接工业化、城市化和老龄化的挑战,为农村社会经济发展提供制度支持。随着农村贫困在性质上的边缘化,未来的减贫策略应不宜继续通过开发式扶贫的方式摆脱贫困,而应以着眼于微观个体的政策为主,通过积极的劳动力市场政策(如就业服务、教育补贴、培训和迁移补贴)和农村最低生活保障体制的政策组合,帮助农村贫困人口摆脱贫困[①]。

20世纪80、90年代以来,农村正式的社会保障体系主要是社会救助体系,即"五保"供养制度、农村扶贫、社会救助和社会优抚等,近年来,又出现了新型农村合作医疗、新型农村社会养老保险等新政策。

(一) 农村五保供养

农村五保供养,是指依照《农村五保供养工作条例》规定,在吃、穿、住、医、葬方面给予村民的生活照顾和物质帮助。这一制度最早形成于农业合作化时期。为了做好农村五保供养工作,保障农村五保供养对象的正常生活,促进农村社会保障制度的发展,国务院于2006年通过了《农村五保供养工作条例》。

1. 供养对象

老年、残疾或者未满16周岁的村民,无劳动能力、无生活来源又无法定赡养、抚养、扶养义务人,或者其法定赡养、抚养、扶养义务人无赡养、抚养、扶养能力的,享受农村五保供养待遇。

享受农村五保供养待遇,应当由村民本人向村民委员会提出申请;因年幼或者智力残疾无法表达意愿的,由村民小组或者其他村民代为提出申请。经村民委员会民主评议,对符合规定条件的,在本村范围内公告;无重大异议的,由村民委员会将评议意见和有关材料报送乡、民

---

① 蔡昉,王德文,都阳.中国农村改革与变迁:30年历程和经验分析[M].上海:格致出版社,上海人民出版社,2008:224.

族乡、镇人民政府审核。乡、民族乡、镇人民政府应当自收到评议意见之日起20日内提出审核意见,并将审核意见和有关材料报送县级人民政府民政部门审批。县级人民政府民政部门应当自收到审核意见和有关材料之日起20日内作出审批决定。对批准给予农村五保供养待遇的,发给《农村五保供养证书》;对不符合条件不予批准的,应当书面说明理由。乡、民族乡、镇人民政府应当对申请人的家庭状况和经济条件进行调查核实;必要时,县级人民政府民政部门可以进行复核。申请人、有关组织或者个人应当配合、接受调查,如实提供有关情况。

农村五保供养对象不再符合规定条件的,村民委员会或者敬老院等农村五保供养服务机构应当向乡、民族乡、镇人民政府报告,由乡、民族乡、镇人民政府审核并报县级人民政府民政部门核准后,核销其《农村五保供养证书》。农村五保供养对象死亡,丧葬事宜办理完毕后,村民委员会或者农村五保供养服务机构应当向乡、民族乡、镇人民政府报告,由乡、民族乡、镇人民政府报县级人民政府民政部门核准后,核销其《农村五保供养证书》。

2. 供养内容

农村五保供养包括下列供养内容:供给粮油、副食品和生活用燃料;供给服装、被褥等生活用品和零用钱;提供符合基本居住条件的住房;提供疾病治疗,对生活不能自理的给予照料;妥善办理丧葬事宜。

农村五保供养对象未满16周岁或者已满16周岁仍在接受义务教育的,应当保障他们依法接受义务教育所需费用。农村五保供养对象的疾病治疗,应当与当地农村合作医疗和农村医疗救助制度相衔接。

农村五保供养标准不得低于当地村民的平均生活水平,并根据当地村民平均生活水平的提高适时调整。农村五保供养标准,可以由省、自治区、直辖市人民政府制定,在本行政区域内公布执行,也可以由设区的市级或者县级人民政府制定,报所在的省、自治区、直辖市人民政府备案后公布执行。国务院民政部门、国务院财政部门应当加强对农村五保供养标准制定工作的指导。

农村五保供养资金,在地方人民政府财政预算中安排。有农村集体经营等收入的地方,可以从农村集体经营等收入中安排资金,用于补助和改善农村五保供养对象的生活。农村五保供养对象将承包土地交由他人代耕的,其收益归该农村五保供养对象所有。中央财政对财政困难地区的农村五保供养,在资金上给予适当补助。农村五保供养资金,应当专门用于农村五保供养对象的生活,任何组织或者个人不得贪污、挪用、截留或者私分。

3. 供养形式

农村五保供养对象可以在当地的农村五保供养服务机构集中供养,也可以在家分散供养。农村五保供养对象可以自行选择供养形式。集中供养的农村五保供养对象,由农村五保供养服务机构提供供养服务;分散供养的农村五保供养对象,可以由村民委员会提供照料,也可以由农村五保供养服务机构提供有关供养服务。

各级人民政府应当把农村五保供养服务机构建设纳入经济社会发展规划。县级人民政府和乡、民族乡、镇人民政府应当为农村五保供养服务机构提供必要的设备、管理资金,并配备必要的工作人员。

农村五保供养服务机构应当建立健全内部民主管理和服务管理制度。农村五保供养服务机构工作人员应当经过必要的培训。农村五保供养服务机构可以开展以改善农村五保供养对象生活条件为目的的农副业生产。地方各级人民政府及其有关部门应当对农村五保供养服务机构开展农副业生产给予必要的扶持。

乡、民族乡、镇人民政府应当与村民委员会或者农村五保供养服务机构签订供养服务协议,保证农村五保供养对象享受符合要求的供养。村民委员会可以委托村民对分散供养的农村五保供养对象提供照料。

(二) 农村扶贫

农村扶贫是指对农村中有一定的生产经营能力的贫困户,从政策、思想、资金、物资、技术、信息等方面给予扶持,使其通过生产经营活动,摆脱贫困的社会救助项目。中华人民共和国成立后,特别是自20世纪70年代末实行改革开放政策以来,中国政府在致力于经济和社会全面发展的进程中,在全国范围内实施了以解决贫困人口温饱问题为主要目标的有计划、有组织的大规模扶贫开发,极大地缓解了贫困现象。1978年至今,中国的扶贫开发大致经过了四个阶段[①]。

---

① 参考《中国农村扶贫开发的新进展》白皮书。

第一阶段：体制改革推动扶贫阶段。

1978年，按中国政府确定的贫困标准统计，贫困人口为2.5亿人，占农村总人口的30.7%。导致这一时期大面积贫困的原因是多方面的，主要是农业经营体制不适应生产力发展的需要，造成农民生产积极性低下。因此，制度的变革就成为缓解贫困的主要途径。

中国自1978年开始的改革，首先是土地经营制度的变革，即以家庭承包经营制度取代人民公社的集体经营制度。这种土地制度的变革极大地激发了农民的劳动热情，从而极大地解放了生产力，提高了土地产出率。与此同时，在农村进行的农产品价格逐步放开、大力发展乡镇企业等多项改革，也为解决农村的贫困人口问题打开了出路。这些改革，促进了国民经济快速发展，并通过农产品价格的提升、农业产业结构向附加值更高的产业转化以及农村劳动力在非农领域就业三个方面的渠道，将利益传递到贫困人口，使贫困农民得以脱贫致富，农村贫困现象大幅度缓解。

第二阶段：大规模开发式扶贫阶段。

21世纪80年代中期，在改革开放政策的推动下，中国农村绝大多数地区凭借自身的发展优势，经济得到快速增长，但少数地区由于经济、社会、历史、自然、地理等方面的制约，发展相对滞后。贫困地区与其他地区，特别是与东部沿海发达地区在经济、社会、文化等方面的差距逐步扩大。中国农村发展不平衡问题凸显出来，低收入人口中有相当一部分人的经济收入不能维持其生存的基本需要。

为进一步加大扶贫力度，中国政府自1986年起采取了一系列重大措施：成立专门扶贫工作机构，安排专项资金，制定专门的优惠政策，并对传统的救济式扶贫进行彻底改革，确定了开发式扶贫方针。自此，中国政府在全国范围内开展了有计划、有组织和大规模的开发式扶贫，中国的扶贫工作进入一个新的历史时期。

第三阶段：扶贫攻坚阶段。

随着农村改革的深入发展和国家扶贫开发力度的不断加大，中国贫困人口逐年减少，贫困特征也随之发生较大变化，贫困人口分布呈现明显的地缘性特征。导致贫困的主要因素是自然条件恶劣、基础设施薄弱和社会发育落后等。

以1994年3月《国家八七扶贫攻坚计划》的公布实施为标志，中国的扶贫开发进入了攻坚阶段。《国家八七扶贫攻坚计划》明确提出，集中人力、物力、财力，动员社会各界力量，力争用七年左右的时间，到2000年年底基本解决农村贫困人口的温饱问题。这是新中国历史上第一个有明确目标、明确对象、明确措施和明确期限的扶贫开发行动纲领。到2000年年底，国家"八七"扶贫攻坚目标如期基本实现。

第四阶段：精准扶贫阶段。

精准扶贫是粗放扶贫的对称，是指针对不同贫困区域环境、不同贫困农户状况，运用科学有效的程序对扶贫对象实施精确识别、精确帮扶、精确管理的治贫方式。

"精准扶贫"重要思想的提出最早是在2013年11月，习近平总书记到湖南湘西考察时首次作出了"实事求是、因地制宜、分类指导、精准扶贫"的重要指示。2014年1月，中共中央办公厅详细规制了精准扶贫工作模式的顶层设计，推动了"精准扶贫"思想落地。2015年10月，习近平在2015减贫与发展高层论坛上强调，中国扶贫攻坚工作实施精准扶贫方略，增加扶贫投入，出台优惠政策措施，坚持中国制度优势，注重六个精准，坚持分类施策，因人因地施策，因贫困原因施策，因贫困类型施策，通过扶持生产和就业发展一批，通过易地搬迁安置一批，通过生态保护脱贫一批，通过教育扶贫脱贫一批，通过低保政策兜底一批，广泛动员全社会力量参与扶贫。

2017年10月18日，习近平总书记在十九大报告中指出，要动员全党全国全社会力量，坚持精准扶贫、精准脱贫，坚持中央统筹、省负总责、市县抓落实的工作机制，强化党政一把手负总责的责任制，坚持大扶贫格局，注重扶贫同扶志、扶智相结合，深入实施东西部扶贫协作，重点攻克深度贫困地区脱贫任务，确保到2020年我国现行标准下农村贫困人口实现脱贫，贫困县全部摘帽，解决区域性整体贫困，做到脱真贫、真脱贫。2020年年底，中国如期完成新时代脱贫攻坚目标任务，现行标准下，9 899万农村贫困人口全部脱贫，832个贫困县全部摘帽，12.8

第七章　农村社会发展政策

万个贫困村全部出列,创造了又一个彪炳史册的人间奇迹!

脱贫攻坚取得举世瞩目的成就,靠的是党的坚强领导,靠的是中华民族自力更生、艰苦奋斗的精神品质,靠的是新中国成立以来特别是改革开放以来积累的坚实物质基础,靠的是一任接着一任干的坚守执着,靠的是全党全国各族人民的团结奋斗。我们立足我国国情,把握减贫规律,出台一系列超常规政策举措,构建了一整套行之有效的政策体系、工作体系、制度体系,走出了一条中国特色减贫道路,形成了中国特色反贫困理论。

第一,坚持党的领导,为脱贫攻坚提供坚强的政治和组织保证。我们坚持党中央对脱贫攻坚的集中统一领导,把脱贫攻坚纳入"五位一体"总体布局、"四个全面"战略布局,统筹谋划,强力推进。我们强化中央统筹、省负总责、市县抓落实的工作机制,构建"五级书记"抓扶贫、全党动员促攻坚的局面。我们抓好以村党组织为核心的村级组织配套建设,把基层党组织建设成为带领群众脱贫致富的坚强战斗堡垒。

第二,坚持以人民为中心的发展思想,坚定不移地走共同富裕道路。我们始终坚定人民立场,强调消除贫困、改善民生、实现共同富裕是社会主义的本质要求,是我们党坚持全心全意为人民服务根本宗旨的重要体现,是党和政府的重大责任。我们把群众满意度作为衡量脱贫成效的重要尺度,集中力量解决贫困群众的基本民生需求。我们发挥政府投入的主体和主导作用,宁肯少上几个大项目,也优先保障脱贫攻坚资金投入。我们统筹整合使用财政涉农资金,强化扶贫资金监管,确保把钱用到刀刃上。真金白银的投入,为打赢脱贫攻坚战提供了强大的资金保障。

第三,坚持发挥我国社会主义制度能够集中力量办大事的政治优势,形成脱贫攻坚的共同意志、共同行动。我们广泛动员全党全国各族人民以及社会各方面力量共同向贫困宣战,举国同心,合力攻坚,党政军民学劲往一处使,东西南北中拧成一股绳。我们强化东西部扶贫协作,推动省市县各层面结对帮扶,促进人才、资金、技术向贫困地区流动。我们组织开展定点扶贫,中央和国家机关各部门、民主党派、人民团体、国有企业和人民军队等都积极行动,所有的国家扶贫开发工作重点县都有帮扶单位。各行各业发挥专业优势，开展产业扶贫、科技扶贫、教育扶贫、文化扶贫、健康扶贫、消费扶贫。民营企业、社会组织和公民个人热情参与，"万企帮万村"行动蓬勃开展。我们构建专项扶贫、行业扶贫、社会扶贫互为补充的大扶贫格局，形成跨地区、跨部门、跨单位、全社会共同参与的社会扶贫体系。

第四，坚持精准扶贫方略，用发展的办法消除贫困根源。我们始终强调，脱贫攻坚，贵在精准，重在精准。我们坚持对扶贫对象实行精细化管理、对扶贫资源实行精确化配置、对扶贫对象实行精准化扶持，建立了全国建档立卡信息系统，确保扶贫资源真正用在扶贫对象上、真正用在贫困地区。围绕扶持谁、谁来扶、怎么扶、如何退等问题，我们打出了一套政策组合拳，因村因户因人施策，因贫困原因施策，因贫困类型施策，对症下药、精准滴灌、靶向治疗，真正发挥拔穷根的作用。我们要求下足绣花功夫，扶贫扶到点上、扶到根上、扶到家庭，防止平均数掩盖大多数。我们坚持开发式扶贫方针，坚持把发展作为解决贫困的根本途径，改善发展条件，增强发展能力，实现由"输血式"扶贫向"造血式"帮扶转变，让发展成为消除贫困最有效的办法、创造幸福生活最稳定的途径。我们紧紧扭住教育这个脱贫致富的根本之策，强调再穷不能穷教育、再穷不能穷孩子，不让孩子输在起跑线上，努力让每个孩子都有人生出彩的机会，尽力阻断贫困的代际传递。

第五，坚持调动广大贫困群众的积极性、主动性、创造性，激发脱贫内生动力。脱贫必须摆脱思想意识上的贫困。我们注重把人民群众对美好生活的向往转化成脱贫攻坚的强大动能，实行扶贫和扶志、扶智相结合，既富口袋也富脑袋，引导贫困群众依靠勤劳的双手和顽强的意志摆脱贫困、改变命运。

第六，坚持弘扬和衷共济、团结互助的美德，营造全社会扶危济困的浓厚氛围。我们推动全社会践行社会主义核心价值观，传承中华民族守望相助、和衷共济、扶贫济困的传统美德，引导社会各界关爱贫困群众、关心减贫事业、投身脱贫行动。我们完善社会动员机制，搭建社会参与平台，创新社会帮扶方式，形成了人人愿为、人人可为、人人能为的社会帮扶格局。

第七章 农村社会发展政策 293

第七,坚持求真务实、较真碰硬,做到真扶贫、扶真贫、脱真贫。我们把全面从严治党要求贯穿脱贫攻坚全过程和各环节,拿出抓铁有痕、踏石留印的劲头,把脱贫攻坚一抓到底。我们突出实的导向、严的规矩,不搞花拳绣腿,不搞繁文缛节,不做表面文章,坚决反对大而化之、撒胡椒面,坚决反对搞不符合实际的"面子工程",坚决反对形式主义、官僚主义,把一切工作都落实到为贫困群众解决实际问题上。我们实行最严格的考核评估,开展扶贫领域的腐败和作风问题专项治理,建立全方位监督体系,真正让脱贫成效经得起历史和人民的检验。

材料阅读:

脱贫攻坚取得了重大历史性成就

党的十八大以来,党中央鲜明提出,全面建成小康社会最艰巨最繁重的任务在农村特别是在贫困地区,没有农村的小康特别是没有贫困地区的小康,就没有全面建成小康社会;强调贫穷不是社会主义,如果贫困地区长期贫困,面貌长期得不到改变,群众生活水平长期得不到明显提高,那就没有体现我国社会主义制度的优越性,那也不是社会主义,必须时不我待地抓好脱贫攻坚工作。2012年年底,党的十八大召开后不久,党中央就突出强调,"小康不小康,关键看老乡,关键在贫困的老乡能不能脱贫",承诺"决不能落下一个贫困地区、一个贫困群众",拉开了新时代脱贫攻坚的序幕。2013年,党中央提出精准扶贫理念,创新扶贫工作机制。2015年,党中央召开扶贫开发工作会议,提出实现脱贫攻坚目标的总体要求,实行扶持对象、项目安排、资金使用、措施到户、因村派人、脱贫成效"六个精准",实行发展生产、易地搬迁、生态补偿、发展教育、社会保障兜底"五个一批",发出打赢脱贫攻坚战的总攻令。2017年,党的十九大把精准脱贫作为三大攻坚战之一进行全面部署,锚定全面建成小康社会目标,聚力攻克深度贫困堡垒,决战决胜脱贫攻坚。2020年,为有力应对新冠肺炎疫情和特大洪涝灾情带来的影响,党中央要求全党全国以更大的决心、更强的力度,做好"加试题"、打好收官战,信心百倍向着脱贫攻坚的最后胜利进军。

8年来,党中央把脱贫攻坚摆在治国理政的突出位置,把脱贫攻坚作为全面建成小康社会的底线任务,组织开展了声势浩大的脱贫攻坚人民战争。党和人民披荆斩棘、栉风沐雨,发扬钉钉子精神,敢于啃硬骨头,攻克了一个又一个贫中之贫、坚中之坚,脱贫攻坚取得了重大历史性成就。

——农村贫困人口全部脱贫,为实现全面建成小康社会目标任务作出了关键性贡献。党的十八大以来,平均每年1 000多万人脱贫,相当于一个中等国家的人口脱贫。贫困人口收入水平显著提高,全部实现"两不愁三保障",脱贫群众不愁吃、不愁穿,义务教育、基本医疗、住房安全有保障,饮水安全也都有了保障。2 000多万贫困患者得到分类救治,曾经被病魔困扰的家庭挺起了生活的脊梁。近2 000万贫困群众享受低保和特困救助供养,2 400多万困难和重度残疾人拿到了生活和护理补贴。110多万贫困群众当上护林员,守护绿水青山,换来了金山银山。无论是雪域高原、戈壁沙漠,还是悬崖绝壁、大石山区,脱贫攻坚的阳光照耀到了每一个角落,无数人的命运因此而改变,无数人的梦想因此而实现,无数人的幸福因此而成就!

——脱贫地区经济社会发展大踏步赶上来,整体面貌发生历史性巨变。贫困地区发展步伐显著加快,经济实力不断增强,基础设施建设突飞猛进,社会事业长足进步,行路难、吃水难、用电难、通信难、上学难、就医难等问题得到历史性解决。义务教育阶段建档立卡贫困家庭辍学学生实现动态清零。具备条件的乡镇和建制村全部通硬化路、通客车、通邮路。新改建农村公路110万公里,新增铁路里程3.5万公里。贫困地区农网供电可靠率达到99%,大电网覆盖范围内贫困村通动力电比例达到100%,贫困村通光纤和4G比例均超过98%。790万户、2 568万贫困群众的危房得到改造,累计建成集中安置区3.5万个、安置住房266万套,960多万人"挪穷窝",摆脱了闭塞和落后,搬入了新家园。许多乡亲告别溜索桥、天堑变成了通途,告别苦咸水、喝上了清洁水,告别四面漏风的泥草屋、住上了宽敞明亮的砖瓦房。千百万贫困家庭的孩子享受到更公平的教育机会,孩子们告别了天天跋山涉水上学,实现了住学校、吃食堂。28个人口较少民族全部整族脱贫,一些新中国成立后"一步跨千年"进入社会主义社会的"直过民族",又实现了从贫穷落后到全面小康的第二次历史性跨越。所有深度贫困地区的最后堡垒被全部攻克。脱贫地区处处呈现山乡巨变、山河锦绣的时代画卷!

——脱贫群众精神风貌焕然一新,增添了自立自强的信心勇气。脱贫攻坚,取得了物质上的累累硕果,也取得了精神上的累累硕果。广大脱贫群众激发了奋发向上的精气神,社会主义核心价值观得到广泛传播,文明新风得到广泛弘扬,艰苦奋斗、苦干实干、用自己的双手创造幸福生活的精神在广大贫困地区蔚然成风。带领乡亲们历时7年在绝壁上凿出一条通向外界道路的重庆市巫山县竹贤乡下庄村党支部书记毛相林说:"山凿一尺宽一尺,路修一丈长一丈,就算我们这代人穷十年苦十年,也一定要让下辈人过上好日子。"身残志坚的云南省昆明市东川区乌龙镇坪子村芭蕉箐小组村民张顺东说:"我们虽然残疾了,但我们精神上不残,我们还有脑还有手,去想去做。"贫困群众的精神世界在脱贫攻坚中得到充实和升华,信心更坚、脑子更活、心气更足,发生了从内而外的深刻改变!

——党群干群关系明显改善,党在农村的执政基础更加牢固。各级党组织和广大共产党员坚决响应党中央号召,以热血赴使命、以行动践诺言,在脱贫攻坚这个没有硝烟的战场上呕心沥血、建功立业。广大扶贫干部舍小家为大家,同贫困群众结对子、认亲戚,常年加班加点、任劳任怨,困难面前豁得出,关键时候顶得上,把心血和汗水洒遍千山万水、千家万户。他们爬过最高的山,走过最险的路,去过最偏远的村寨,住过最穷的人家,哪里有需要,他们就战斗在哪里。有的村干部说:"只要我还干得动,我都永远为村里的老百姓做事! 带上我们村的老百姓,过上更美好的生活。""我是一个共产党员,我必须带领群众,拔掉老百姓的穷根。"基层党组织充分发挥战斗堡垒作用,在抓党建促脱贫中得到锻造,凝聚力、战斗力不断增强,基层治理能力明显提升。贫困地区广大群众听党话、感党恩、跟党走,都说"党员带头上、我们跟着干,脱贫有盼头"、"我们爱挂国旗,因为国旗最吉祥"、"吃水不忘挖井人,脱贫不忘共产党",党群关系、干群关系得到极大巩固和发展!

——创造了减贫治理的中国样本,为全球减贫事业作出了重大贡献。摆脱贫困一直是困扰全球发展和治理的突出难题。改革开放以来,按照现行贫困标准计算,我国7.7亿农村贫困人口摆脱贫困;按照世界银行国际贫困标准,我国减贫人口占同期全球减贫人口70%以上。特别是在全球贫困状况依然严峻、一些国家贫富分化加剧的背景下,我国提前10年实现《联合国2030年可持续发展议程》减贫目标,赢得国际社会广泛赞誉。我们积极开展国际减贫合作,履行减贫国际责任,为发展中国家提供力所能及的帮助,做世界减贫事业的有力推动者。纵览古今、环顾全球,没有哪一个国家能在这么短的时间内实现几亿人脱贫,这个成绩属于中国,也属于世界,为推动构建人类命运共同体贡献了中国力量!

资料来源:习近平,在全国脱贫攻坚总结表彰大会上的讲话(节选),新华网,2021-02-25。

(三) 农村社会救助

农村社会救助是指国家和集体对农村中无法定扶养义务人、无劳动能力、无生活来源的老年人、残疾人、未成年人和因病、灾、缺少劳动能力等造成生活困难的贫困对象,采取物质帮助、扶持生产等多种形式,保障他们的基本生活。社会救助制度坚持托底线、救急难、可持续,与其他社会保障制度相衔接,社会救助水平与经济社会发展水平相适应。

农村社会救助工作坚持依靠集体、依靠群众,开展社会互助互济和扶持生产自救,辅之以国家必要的救济,形成国家、集体、个人相结合的格局,走出一条具有中国特色的农村社会救助路子。

1. 国家救助与集体补助相结合

我国农村的贫困人口较多,全国有80%以上的贫困对象分布在农村,农村社会救助的任务十分艰巨。由于国家的财力有限,单纯依靠国家救济难以全部保障农村贫困对象的生活。因此,随着集体经济的产生和发展,采取国家救助与集体补助相结合,改变了单纯依靠国家救助的状况,形成了农村救助依靠国家和集体"两条腿走路"的新局面,进一步提高了农村的社会保障能力。农村社会救助坚持贯彻依靠集体,辅之以国家救助的原则,立足于集体,以集体补助为主,国家救助给予必要的补充,二者紧密结合,成为农村社会救助的主体力量。

2. 国家救助与社会互助互济相结合

社会互助互济是中华民族的传统美德,也是农村社会救助的重要方式。各级人民政府动员和组织城市支持农村、非贫困地区支援贫困地区,广泛开展村邻互帮、邻里互助,形成社会、集体、个人相结合,多层次、多种形式互助的新局面。

通过开展社会互助互济,不仅及时有效地解决了贫困对象的生活困难,也减轻了国家和集体的压力,而且还扩大了社会的参与和影响,取得了社会广泛的关心和支持,确立了互助友爱、扶弱济困的良好社会风尚,促进了社会主义精神文明建设。

3. 救助与扶持生产相结合

扶持贫困对象生产自救是救助工作的发展和延伸,它使救助的主体与对象密切合作,进一步提高了救助效率。从实际出发,积极探索创新,采取无偿扶持与有偿扶持相结合,对有偿还能力的贫困对象实行扶持生产资金有偿使用,收回的资金作为扶贫周转金滚动使用,使扶持贫困对象生产自救进入新的发展阶段。

为了加强社会救助,保障公民的基本生活,促进社会公平,维护社会和谐稳定,国务院于2014年5月1日公布和施行了《社会救助暂行办法》。这是我国第一部统筹各项社会救助制度的行政法规。《社会救助暂行办法》将社会救助上升为根本性、稳定性的法律制度,为保障群众基本生活、解决急难问题构建起完整严密的安全网。《社会救助暂行办法》从最低生活保障、特困人员供养、受灾人员救助、医疗救助、教育救助、住房救助、就业救助、临时救助、社会力量参与等方面规范了各项社会救助的内容。

(四) 农村社会优抚

农村社会优抚是指国家和社会对农村中军人及其家属所提供的各种优待、抚恤、养老、就业安置等待遇和服务的保障制度。

农村抚恤对象包括农村中服现役或者退出现役的残疾军人以及烈士遗属、因公牺牲军人遗属、病故军人遗属等;农村优待对象包括农村中现役军人军属和在乡老红军、老复员退伍军人等;农村安置对象包括农村中退伍义务兵、退伍志愿兵、复员干部、转业干部、离退休干部等。

农村社会优抚和安置主要包括三个方面的内容:第一,抚恤制度。这一制度是指国家对农村中因公伤残军人、因公牺牲以及病故军人家属所采取的伤残抚恤和死亡抚恤。农村伤残抚恤指对农村按规定确定为革命伤残人员的,给予一定的物质帮助。死亡抚恤指对农村中现役军人死亡后被确认为因公牺牲或者病故烈士的遗属发放一次性抚恤金或定期抚恤金。第二,优待制度。这一制度是指国家和社会按照立法规定和社会习俗对优待对象提供资金和服务的优待性保障制度。第三,退役安置。这是指国家和社会为农村中退出现役的军人提供资金和服务,以帮助其重新就业的一项优抚保障制度。

(五) 新型农村社会养老保险

新型农村社会养老保险(简称新农保)是以保障农村居民年老时的基本生活为目的,建立个人缴费、集体补助、政府补贴相结合的筹资模式,养老待遇由社会统筹与个人账户相结合,与家庭养老、土地保障、社会救助等其他社会保障政策措施相配套,由政府组织实施的一项社会养老保险制度,是国家社会保险体系的重要组成部分。新农保试点的基本原则是"保基本、广覆盖、有弹性、可持续"。

新农保基金由个人缴费、集体补助、政府补贴构成。

1. 个人缴费

参加新农保的农村居民应当按规定缴纳养老保险费。缴费标准设为5个档次,地方可以根据实际情况增设缴费档次。参保人自主选择档次缴费,多缴多得。国家依据农村居民人均纯收入增长等情况适时调整缴费档次。

2. 集体补助

有条件的村集体应当对参保人缴费给予补助,补助标准由村民委员会召开村民会议民主确定。鼓励其他经济组织、社会公益组织、个人为参保人缴费提供资助。

3. 政府补贴

政府对符合领取条件的参保人全额支付新农保基础养老金,其中,中央财政对中西部地区按中央确定的基础养老金标准给予全额补助,对东部地区给予50%的补助。

地方政府应当对参保人缴费给予补贴。对选择较高档次标准缴费的,可给予适当鼓励,具体标准和办法由省(自治区、直辖市)人民政府确定。对农村重度残疾人等缴费困难群体,地方政府为其代缴部分或全部最低标准的养老保险费。

新型农村社会养老保险是一项惠及民生的重大举措,使"老有所养"的目标得以进一步实现。新农保的意义主要有以下三点。

1. 有利于农民生活水平的提高

新农保按照基础养老金和个人账户养老金相结合的原则,实施以个人缴费、集体补助和政府补贴的缴费方法,由中央或地方政府对基础养老金给予全额补贴,在农民60岁的时候可以每月领取至少55元的基础养老金,并按照渐进原则,逐步提高其待遇水平。尽管现阶段的保障水平较低,但相比之前的"老农保"已有很大进步,成功地向社会养老迈进,在一定程度上减轻了子女的经济负担,使农民养老无后顾之忧,增加其消费能力,提高了农民的生活质量,为其老年生活提供了保障。

2. 有利于破解城乡二元的经济和社会结构

长期以来,我国实施以农业促工业、以农村支持城市的发展策略,加之城市居民有包括养老、医疗等较为全面的社会保障体系,而农村居民在这些方面的保障却极低甚至处于空缺状态的现实更加剧了城乡发展的二元化。通过对农村居民推行普惠制的养老保险和之前的新农合双管齐下,有助于减轻农民的生活负担,缩小城乡之间的社会保障水平,从而有益于加快农村劳动力的正常流动,扩大农民的就业渠道,增加非农收入,减小城乡居民的收入剪刀差,加快我国的城镇化进程,进而实现城乡统一发展的社会经济目标。

3. 有利于扩大内需和促进国民经济发展

在我国经济进入新常态化发展阶段的今天,实现经济发展的平稳增长显得尤为重要,扩大内需成为解决我国产品供应过剩问题的首要途径。我国大部分人口生活在农村,他们的消费需求潜力是巨大的,由于他们的社会保障水平低,对未来的不确定预期(养老、医疗、教育等)较大,极大地削弱了他们的消费能力。通过新农保这一民生政策的实施,实际上就是增加了农民的收入水平,无疑会有助于降低他们对未来养老的担忧,拉动消费,进而促进我国经济的持续发展,实现真正意义上的富民强国。

(六) 新型农村合作医疗

新型农村合作医疗(简称新农合)是指由政府组织、引导、支持,农民自愿参加,个人、集体和政府多方筹资,以大病统筹为主的农民医疗互助共济制度。

建立新型农村合作医疗制度,是从我国基本国情出发,解决农民看病难问题的一项重大举措,对于提高农民健康水平、缓解农民因病致贫和因病返贫、统筹城乡发展、实现全面建成小康社会目标具有重要作用。

新型农村合作医疗制度从 2003 年起在全国部分县(市)试点,到 2010 年逐步实现基本覆盖全国农村居民。2002 年 10 月,《中共中央、国务院关于进一步加强农村卫生工作的决定》明确指出,要逐步建立以大病统筹为主的新型合作医疗制度和医疗救助制度","到 2010 年,新型农村合作医疗制度要基本覆盖农村居民","从 2003 年起,中央财政对中西部地区除市区以外的参加新型合作医疗的农民每年按人均 10 元安排合作医疗补助资金,地方财政对参加新型合作医疗的农民补助每年不低于人均 10 元","农民为参加合作医疗、抵御疾病风险而履行缴费义务不能视为增加农民负担"。这是我国政府历史上第一次为解决农民的基本医疗卫生问题进行大规模的投入。从 2003 年开始,本着多方筹资、农民自愿参加的原则,新型农村合作医疗的试点地区正在不断地增加,通过试点地区的经验总结,为将来新型农村合作医疗在全国的全面开展创造了坚实的理论与实践基础。2008年,全国已全部实现了新型农村合作医疗全覆盖,提前实现了目标。

党的十八大以来,农村合作医疗制度不断深化、逐步升级。为了不让百姓因病致贫、因病返贫,2015年1月,各级财政提高了对新型农村合作医疗的人均补助标准。2016年,国家进一步将新型农村合作医疗与城镇职工、城镇居民医保进行整合,覆盖13亿城乡居民,补助标准进一步提高。截至2018年年底,中国已有581万因病致贫、返贫户实现脱贫。2018年7月,国家开始实施健康扶贫三年攻坚行动,对贫困人口兜底保障,在县域内看病实行先诊疗后付费。

材料阅读:

保障农民权益需重视法律制度顶层设计

"农民被上楼"——这大概是城镇化过程中农民利益受损最为直接的现象。如何在城镇化的过程中保障被征地农民的权益成为广受关注的焦点之一。

中国社会科学院城市发展与环境研究所博士后陈雪原认为,城乡二元结构体制和农村集体所有制是农民市民化进程所面临的最主要的制度性约束:一方面,城乡二元结构体制的制度障碍及其背后隐含的福利因素筑就了市民化的高成本门槛,造成农民进城后利益受损;另一方面,进城农民与村集体的产权关系无法理清,在离开农村的时候无法有效地处置在农村的集体资产,形成难以割断的"财产脐带"。

中国社会科学院城市发展与环境研究所副所长魏后凯表示,土地制度也是阻碍农业转移人口市民化的重要制度障碍。第一,从征地补偿标准来看,现有征地补偿标准较低,土地补偿款难以弥补农民的市民化成本,低价征地高价出售又抬高了房地产价格,增加了农业转移人口的居住成本。第二,从农村集体土地流转来看,对农村集体土地流转的限制,使农业转移人口无法获得土地及房产的增值收益,不能为其定居城市提供财力支持。第三,现阶段中国许多地区实行的"土地换社保、宅基地换房产"改革难以得到农民的积极配合。随着土地增值潜力的不断增长,农业转移人口放弃土地获得市民身份的机会成本越来越高。

魏后凯认为,要妥善解决城郊失地农民的市民化。进一步完善征地补偿安置制度,积极拓宽就业渠道,加强再就业技能培训,优先推荐和安排失地农民就业,鼓励失地农民自主创业,完善失地农民基本生活保障制度。陈雪原建议探索农民"带资进城"方案。"农民进城获得城镇户口,实现市民化,不能以放弃农村土地和集体资产权益为前提,而应把农民市民化与农村产权制度改革有机连接起来,通过对承包地、宅基地、林地等的确权颁证和集体资产处置,建立完善农村产权交易体系,将农民在农村占有和支配的各种资源转变为资产,并将这些资产变现为可交易、能抵押的资本,使离开农村进入城镇的农民成为有产者,让农民带着资产进城,从而跨越市民化的成本门槛。"

农民的财产权益是农业转移人口市民化最基本的经济保障。随着城市房价的高企,农业转移人口在城市定居的经济门槛也越来越高,农民的土地权益以及国家补贴的社会保险实际上起到了人口迁移风险的"保护垫"作用。"在城镇化过程中,一方面要坚决维护农民包括土地在内的财产权益,另一方面要按市场经济的原则,使包括进城农民在内的全体农民能够分享相应的资产收益,获得自由迁移的风险保障甚至是进城落户的资本,而不是沦为城市贫民。"魏后凯说,首先是要强化制度建设,维护农民的财产权益。另外还要从法律层面上明晰农村产权,实行全面的确权颁证,明确产权性质和利益所属,让农民享有与城市居民同等的财产权益。

此外,在农村集体产权制度改革的过程中,要重视法律和制度层面的顶层设计,制定系统的、配套完善的政策体系,形成长期稳定的体制机制。同时,应建立规范的农村土地流转制度,不断完善农民承包土地使用权的流转机制。

资料来源:赵丽,《法制日报》,2013年9月4日。

第四节 农业投入与支持保护

一、农业投入

(一) 农业投入的概念

农业投入是指用于种植业、林业(不包括森林工业)、水利、气象、畜牧业、渔业、农垦、农机以及农村其他事业方面的资金、物质投入和劳动积累。农业投入的主要形式有资金投入(包括物质投入)、技术投入和劳动投入,其中,资金投入是最基础的投入,又影响着技术投入和劳务投入的程度。农业资金投入的充足程度,反映了农业综合发展能力,增加农业投入是发展农业生产的最直接的途径和措施。对此,《农业法》第六章作了专门规定:"国家建立和完善农业支持保护体系,采取财政投入、税收优惠、金融支持等措施,从资金投入、科研与技术推广、教育培训、农业生产资料供应、市场信息、质量标准、检验检疫、社会化服务以及灾害救助等方面扶持农民和农业生产经营组织发展农业生产,提高农民的收入水平。"

(二) 农业投入的主体

农业投入主体是指对农业生产经营活动承担投入的义务,又对投入形成的设施、产品等物质享有使用、收益或处分等权利的社会经济组织和个人。我国现阶段农业投入的主体包括国家、农业生产经营组织和农业劳动者。其中,国家是农业投入的特殊主体,国家的农业资金投入对其他主体的投入具有导向作用。

1. 国家对农业的投入

对农业投入中,国家投入占主导地位。主要包括:(1)国家财政的直接投入,指的是国家将集中掌握的一部分财政收入,通过国家预算拨款的方式,对农业进行投入,用于发展农业生产;(2)农业利用外资,指的是政府和农业企事业单位根据国家批准的计划,通过各种不同的形式,从国外筹措发展资金;(3)农业信贷资金的投入,国家及地方财政为了支持农业生产和农业建设,根据国民经济发展规划和财政收支的实际情况,每年从财政预算中拨给农业银行一定数量的资金,作为农业银行的信贷基金;(4)农业专项基金,指的是国家为保证农业某一领域事业的发展,单独设立的一种专用资金形式。农业专项基金包括各种农业专门基金和农业专项资金,如农业发展基金、农业机械化发展基金、林业基金、发展粮食生产专项资金、水利专项资金等。

2. 农业生产经营组织和农业劳动者对农业的投入

农业生产经营组织投资是指各级农村组织和乡镇企业为支持农业生产和发展所投入的固定资产和流动资金。农业劳动者投资是指农民个人为维持和扩大农业生产对土地和购置各种生产资料的资金总投入。投入资金的主要来源包括贷款、乡镇企业支农资金、自身积累、举债、股份基金等。

 **材料阅读:**

增加农业投入是解决农业问题的必由之路

尽管随着科技的发展、生物技术的应用和农业管理能力的提高,不会出现由于粮食生产问题导致的世界性大饥荒,但是还得把农业问题、粮食问题作为一个根本问题来抓。

中国在保障粮食安全上做得非常好。中国不仅强调95%以上的粮食供应必须由国内提供,而且有一个比较统一的政策来协调粮食的生产和供给。在过去几十年中,中国在农业科技上的投入取得了很大成果。根据中科院的估计,农业科技投入已经带来了数倍的经济回报。

联合国粮农组织帮助非洲制定了一个非洲发展新方案,强调对农业的投入要占政府全部支出的10%。这个计划在某种程度上正是得益于来自中国的经验,即不但要有一个好政策,要有一个好计划,还要保障一个强有力的投资来执行这个计划。

联合国粮农组织强调,政府应该加大对农业的投资。中国是一个农业大国,农业科技投入还必须持续加强。在对农业的投资方面,首先仍是基础设施的投资,特别是在边远地区的道路、灌溉渠道、农村能源和其他农业基础设施上还有很大的投资缺口。第二方面是人才,农村教育仍是个大问题。第三是农村医疗。振兴中国农业的根本出路还在于科技,对农业科技的投入也应该继续。

发达国家用于农业人口的贴补平均一天约 1 亿美元,其中,有相当一部分直接转化为农民的收入。中国不太可能拿出这么多的贴补来吸引劳动力留在农村,所以,中国需要继续改变小农经济的结构,通过生产要素机制的改革扩大农业生产规模。同时要通过大力发展增值性农业为农业增收注入一种可能性。此外,要给农民信贷,有时小额信贷就已经够用。印度的小额信贷做得比较好。最后,政府还应该帮助农民寻找市场。

总之,中国农民基数庞大,中国农村的问题也已经积累到了一定程度,不可能一天解决,也不可能通过一个模式来解决。所以在政府的宏观调控下,中国各地区应该出台适合地区实际情况的扶植政策。

资料来源:汪时锋,《第一财经日报》,2008 年 2 月 21 日。

(三) 国家农业财政投入政策

我国在总体上已经进入以工促农、以城带乡、工业反哺农业的历史阶段,农业的稳定发展是国民经济持续、稳定发展的重要因素。但是我国财政对农业投入仅占农业总产值的 4% 左右,而一些发达国家仅政府对农业投入一项占农业总产值的比重就达到或超过 10%。因此,加大对农业、农村、农民的投入,才是解决"三农"问题的根本出路[①]。

国家财政农业投入总量是有限的,为使有限的资金发挥最大效益,现阶段农业财政投入的重点和方向如下。

1. 农业和农村基础设施建设

由于一些历史遗留问题,农村基础设施落后的状况仍然有很大的

---

① 丁文恩.我国财政农业投入的理论阐释与政策优化[J].技术经济与管理研究,2011(9):93.

改进空间,具体表现为:一是农村水利基础设施相对薄弱;二是道路交通基础设施发展较为滞后;三是电力、通信设施不足。因此,农业和农村的基础设施建设将是今后国家农业财政投入的重点。

2. 支持农业结构调整

农业结构调整有三个方面:一是提高农产品的质量和效益;二是优化布局,实施优势产业带工程;三是发展农产品加工。为此,财政要加大对种子工程、畜禽良种、优质饲料、区域化优质农产品基地、产业化龙头企业等方面的投入,使更多的资金流向具有比较优势和国际竞争力的农业产业和产品。

3. 加大农村基础教育和科技投入

美国著名的发展经济学家舒尔茨认为,改善穷人福利的决定性要素不是空间、能源和耕地,而是人口质量的改善和知识的增进。因此,中央财政要加大对农业基础教育的转移支付,增加对农民再就业培训和多种技术教育的支出,全面提高农民的文化素质,增加农民的就业机会。

4. 加强农村环境和生态保护投入

一是加大农村环境监测、污染治理、植被恢复和防护林建设的投入,二是加强农业病虫害预防、控制和农村公共卫生等方面的投入。

5. 加强农业社会化服务体系建设

主要包括加快农产品营销市场网络和营销组织建设的投入,为生产者提供储、运、销全方位的服务;加强农业信息系统的开发,为农民提供生产决策和管理咨询,减少农业生产的盲目性;加大对自然灾害预报服务和农业技术推广服务等方面的投入等。

6. 建立农业保险的资金支持体系

我国是世界上自然灾害最为严重的国家之一,灾害种类多、频度高、分布广、造成损失大。从长远来看,必须建立农业保险制度和保险体系:一方面,由政府提供直接补贴,包括对农业保险经营机构的管理费用进行补贴,也包括对农户提供保费补贴;另一方面,政府可利用金融手段进行间接支持,对农业保险经营机构提供筹资和用资便利、利用再保险机制分担风险、特殊情况下的紧急救助等。加快建立大宗粮食作物风险规避、损失补偿机制和灾后农田恢复能力建设的应急补助机制①。

二、农业支持保护

农业支持保护是指在市场经济和经济全球化的背景下,政府为加强农业综合实力,确保农业基础地位,实现国民经济各部门协调发展和社会稳定,而采取的一系列支持农业发展的政策措施。其目的是保护农业免受国内其他行业的冲击,同时也免受国际市场的冲击。因为农业具有公共性、多功能性,且受自然风险、市场风险等多重影响,对农业给予支持保护是国际上通行的做法。

粮食安全是"国之大者",是农业支持保护的重中之重。随着国内外形势的变化,为了更好地保障我国粮食总量和结构平衡,需要在投入"只增不减"的前提下,坚持市场化方向,改革原有的粮食等重要农产品收储制度,完善农业补贴制度,健全粮食生产者收益保障机制。21世纪以来,我国采取粮食最低收购价、重要农产品临时收储、直接补贴等方式,以保持粮食生产和市场基本稳定。但随着国内粮食供求关系的变化、国内外市场互动的增强,我国农业发展遭遇生产成本抬升的"一块地板"、农产品提价空间有限和直接补贴受世界贸易组织规则所限的"两个天花板"、生态环境和资源条件"两道紧箍咒"。保证农业产业安全、提升农业竞争力,要进一步加强对农业的支持保护。

以绿色生态为导向,是农业支持保护制度的题中应有之义。以绿色生态为导向的农业补贴制度,要求在确保国家粮食安全和农民收入稳定增长的前提下,坚持稳妥推进、渐进调整。要以现有补贴政策的改革完善为切入点,从制约农业可持续发展的重要领域和关键环节入手,突出绿色生态导向,加快推动落实相关农业补贴政策改革,强化耕地、草原、林业、湿地等主要生态系统补贴政策,探索重金属污染耕地治理、农业面源污染治理、农业高效节约用水等有效支持政策,把政策目标由

---

① 丁文恩.我国财政农业投入的理论阐释与政策优化[J].技术经济与管理研究,2011(9):94.

数量增长为主转到数量质量生态并重上来。

党的十八大以来,中央着眼于农业形势的发展变化,将健全农业支持保护制度作为深化农村改革的重要内容,作出一系列重大部署。经过多年探索,我国已经形成以保障粮食安全、促进农民增收和农业绿色发展为主要目标,由农民直接补贴、生产支持、价格支持、流通储备、灾害救助、基础设施、资源与环境保护等各类支出组成,涵盖农业产前、产中、产后各个环节和主要利益主体的农业支持保护政策体系,为稳住农业基本盘、更好地发挥"压舱石"作用夯实了制度基础。2015年,中共中央办公厅、国务院办公厅印发《深化农村改革综合性实施方案》,将健全农业支持保护制度作为农村改革五大领域之一,明确提出建立农业农村投入稳定增长机制,把农业农村作为财政支出的优先保障领域。2019年,中央全面深化改革委员会第十一次会议审议通过了《关于完善农业支持保护制度的意见》,强调坚持农业农村优先发展,以实施乡村振兴战略为总抓手,从农业投入保障、农业补贴补偿、支农资金使用管理等方面深化改革,不断增强政策的精准性、稳定性、实效性①。

对农业实行必要的支持保护是发展现代农业的客观需要,要坚持多予少取放活的基本方针,以保障主要农产品供给、促进农民增收、实现农业可持续发展为重点,加大农业支持保护的力度,提高农业支持保护的效能,完善农业生产激励机制,加快形成覆盖全面、指向明确、重点突出、措施配套、操作简便的农业支持保护制度。

1. 建立农业农村投入稳定增长机制

把农业农村作为财政支出的优先保障领域,中央预算内投资继续向农业农村倾斜,确保农业农村投入只增不减。进一步优化财政支农支出结构,转换财政资金投入方式,通过政府与社会资本合作、政府购买服务、担保贴息、以奖代补、民办公助、风险补偿等措施,带动金融和社会资本投向农业农村,发挥财政资金的引导和杠杆作用。大力清理、

---

① 房宁.农业支持保护制度:产业安全的重要保障[N].农民日报,2022年5月19日第1版。

整合、规范涉农转移支付资金,对"小、散、乱"及效果不明显的涉农专项资金要坚决整治;对目标接近、投入方向类同的涉农专项资金予以整合;对地方具有管理信息优势的涉农支出,划入一般性转移支付切块下达,由地方统筹支配,落实监管责任。建立规范透明的管理制度,杜绝任何形式的挤占挪用、层层截留、虚报冒领,切实提高涉农资金投入绩效。合理划分中央与地方支农事权,明确政府间应承担和分担的支出责任,推进各级政府支农事权规范化、法律化。

2. 完善农产品价格形成机制和农产品市场调控制度

根据各类主要农产品在国计民生中的重要程度,采取"分品种施策、渐进式推进"的办法,完善农产品价格形成机制。改进并继续执行稻谷、小麦最低收购价政策。按照"价补分离"的思路,继续实施棉花和大豆目标价格改革试点,完善补贴发放办法。改革、完善玉米收储政策。改进农产品市场调控方式,避免政府过度干预,搞活市场流通,增强市场活力。完善农产品收储政策,坚持按贴近市场和保障农民合理收益的原则确定收储价格,降低储备成本,提高储备效率。加强粮食现代仓储物流设施建设,积极鼓励引导流通、加工等各类企业主体参与粮食仓容建设和农产品收储,规范收储行为,培育多元化市场主体。创新农产品流通方式,强化以信息化为支撑的农产品现代流通体系建设,大力发展农产品流通新型业态,发挥电子商务平台在联结农户和市场方面的作用。

3. 完善农业补贴制度

保持农业补贴政策的连续性和稳定性,调整改进"黄箱"支持政策,逐步扩大"绿箱"支持政策的实施规模和范围,提高农业补贴政策的效能。开展农业补贴改革试点,将现行的"三项补贴"(农作物良种补贴、种粮直补、农资综合补贴)合并为农业支持保护补贴,优化补贴支持的方向,突出耕地保护和粮食安全。保持与现有政策的衔接,调整部分存量资金和新增补贴资金向各类适度规模经营的新型农业经营主体倾斜,合理确定支持力度,不人为地"垒大户"。进一步拓宽财政支农资金的渠道,突出财政对农业的支持重点,持续增加农业基础设施建设、农业综合开发投入,完善促进农业科技进步、加强农民技能培训的投入机制,强化对农业结构调整的支持,加大对农业投入品、农机具购置等的支持力度。健全粮食主产区利益补偿机制。健全快捷高效的补贴资金发放办法,鼓励有条件的地方探索对农民收入补贴的办法。

4. 建立农田水利建设管理新机制

积极推进农业水价综合改革,对农业用水实行总量控制和定额管理,配套完善供水计量设施,建立有利于节水的农业水价形成机制。建立农业用水精准补贴制度和节水激励机制。鼓励社会资本参与农田水利工程建设和运营维护。

5. 深化农业科技体制改革

坚持科技兴农、人才强农,推进农业科研院所改革,打破部门条块分割,有效整合科技资源,建立协同创新机制,促进产学研、农科教紧密结合。完善科研立项和成果转化评价机制,强化对科技人员的激励机制,促进农业科研成果转化。扶持种业发展,做强一批"育繁推"一体化的大型骨干种子企业。完善基层农技推广服务体系,探索公益性农技推广服务的多种实现形式。

6. 建立农业可持续发展机制

推广减量化和清洁化农业生产模式,健全农业标准化生产制度,完善农业投入品减量提效补偿机制。发展生态循环农业,构建农业废弃物资源化利用激励机制。实施耕地质量保护与提升行动,加强重金属污染耕地治理和东北黑土地保护。深入推进退耕还林还草、还湿还湖、限牧限渔。完善森林、草原、湿地、水源、水土保持等生态保护补偿制度。建立健全生态保护补偿资金稳定投入机制。

7. 加快农村金融制度创新

坚持商业性金融、合作性金融、政策性金融相结合,健全政策支持、公平准入和差异化监管制度,扩大农村金融服务规模和覆盖面,创新农村金融服务模式,全面提升农村金融服务水平,促进普惠金融发展,加快建立多层次、广覆盖、可持续、竞争适度、风险可控的现代农村金融体系。健全金融机构农村存款主要用于农业农村的制度,完善政策性金融支持农业开发和农村建设的制度。进一步完善中国农业银行"三农金融事业部"的管理体制和运行机制,全面提升服务

第七章 农村社会发展政策 311

"三农"和县域经济的能力和水平。稳定农村信用社县域法人地位，完善治理结构。鼓励邮政储蓄银行拓展农村金融业务。鼓励组建政府出资为主、重点开展涉农担保业务的县域融资担保机构或担保基金。完善农村信贷损失补偿机制，探索建立地方财政出资的涉农信贷风险补偿基金。稳妥开展农村承包土地的经营权和农民住房财产权抵押贷款试点，创新和完善林权抵押贷款机制，拓宽"三农"直接融资渠道。坚持社员制、封闭性原则，在不对外吸储放贷、不支付固定回报的前提下，以具备条件的农民合作社为依托，稳妥开展农民合作社内部资金互助试点，引导其向"生产经营合作＋信用合作"延伸。金融监管部门负责制定农村信用合作组织业务经营规则和监管规则，地方政府切实承担监管职责和风险处置责任。完善地方农村金融管理体制，推动地方建立市场化风险补偿机制，有效防范和化解地方金融风险。推进农村信用体系建设，开展新型农业经营主体信用评级与授信。完善农业保险制度，支持有条件的地区成立农业互助保险组织，扩大农业保险覆盖面，开发适合新型农业经营主体需求的保险品种，提高保障水平。深入开展农产品目标价格保险试点。研究完善农业保险大灾风险分散机制。

 材料阅读：

韩国调整农业政策，支持保护农业发展

韩国农业资源稀缺，是世界上人均耕地最少的国家之一。随着韩国经济的飞速发展，农业也遇到了总体经济份额下降、农业人口减少和老龄化严重等问题。韩国政府为此加大在政策、资金、劳动力等方面的扶持力度，推动农业向现代化和亲环境方向发展。

多渠道保证农业资金

早在新村运动时期，韩国政府就积极兴修灌溉设施和排水沟等生产性基础设施，以预防农业自然灾害；同时，进行农村道路拓宽，推进耕作道路机械化，提高农产品运输的效率。

近年来，韩国发起"一社一村"运动，就是一家公司、企业自愿与一处农村建立交流关系，对其进行"一帮一"的帮扶支持。三星、现代、韩国电力、韩国通讯等大型企业，都带头支持农村建设。这也是工业发展之后反哺落后的传统农业的一项举措。另外，政府还规定了一系列优惠政策，如废除农用耕地购买面积上限，设立农庄法人以大规模耕作土地，扶持农村第三产业，大力发展观光度假旅游等。

在韩国，资金来源的多样化和为农户打开吸纳资金的窗口措施为农业发展提供了坚实的物质基础。韩国农林畜产食品部的地方自治团体、农业政策资金管理团、融资机构、农协银行等基金管理机构，以及农协、农渔村公社、农信保等多样化的组织机构为农业政策资金提供资金支持。

除了直接的资金支持以外，农协中央会地区组织、山林组织、基金管理的流通公社、农村公社也提供直接贷款业务，而且贷款窗口都秉承开放方针。同时，商业银行也逐步涉及农业贷款业务。这些部门的资金支持行为可以说是民间资金的"二次保障"。在支农资金来源比重上，政府和民间基本上各占一半。

提高劳动力素质

为通过提高劳动力素质促进现代化农业发展，韩国政府鼓励农民走出国门，到发达国家学习先进的农业技术，如资助农民到欧洲学习兰花种植技术，到以色列学习无公害黄瓜种植技术。此外，农村振兴厅还定期派出技术指导员，将最实用的农业技术和经营方法传授给农民，并构建了集农民、技术指导员和农业经营专家为一体的帮扶体系。

保证农业生产中的青壮年资源也是一项重要任务。韩国政府为此实施了产业技能人员制度，即青年在农村连续务农三年以上即可免服兵役，鼓励青年劳动力流向农村。另外，在韩国读农业大学不仅能基本上免除学费，而且比较容易获得高额奖学金。

鼓励发展环境友好型农业

为保护环境，生产安全的农产品，提高国际竞争力，韩国将环境友好型农业定为未来发展的方向。韩国政府在1997年12月就颁布了《环境友好型农业推进法案》,并于2001年1月修改为《环境友好型中长期计划》,明确了环境友好型农业概念、发展方向以及政府、农民和民间团体应履行的责任。韩国政府近年来采取措施降低化肥、农药的使用量,对家畜粪便进行管理等方式来发展环境友好型农业;引进有力的直接支付制度,目的是使从事环境友好型农业的农户受到激励。韩国政府近年来重视对环境友好型农业的直接支付力度,目前,直补占韩国政府农业投融资额的比例已超过20%,约占农民收入的10%。

韩国政府重视农业科技投入,近年来,韩国的农业科研部门广泛收集、存储和管理新品种、海外种子资源及农作物的优质品种,并对优质农作物成分进行分析检测,以开发出既适合本地生产、又符合消费者口味的高品质农作物。另外,韩国农业科研部门还加强了农业环保技术的研究、开发,普及各种农作物栽培作业的环保农业技术标准;开发各类环保型农药、肥料,保持了农村环境的洁净。而这些经费主要来源于国家预算的农业科研成果,不论是新的品种还是新的栽培技术,都要上缴给农林部,然后由农林部按成本价转让给农民使用,使科研成果迅速转化为生产力,又使农民得到真正的实惠。

资料来源:杨明,《经济日报》,2013年12月3日第9版。

第五节 新农村建设、城镇化建设与乡村振兴战略

一、新农村建设

(一)概述

社会主义新农村建设是指在社会主义制度下,按照新时代的要求,对农村进行经济、政治、文化、社会和生态等方面的建设,最终实现把农

村建设成为经济繁荣、设施完善、环境优美、文明和谐的社会主义新农村的目标。

新农村建设是在我国总体上进入以工促农、以城带乡的发展新阶段后面临的崭新课题,是时代发展和构建和谐社会的必然要求。当前我国全面建成小康社会的重点和难点在农村,农业丰则基础强,农民富则国家盛,农村稳则社会安;没有农村的小康,就没有全社会的小康;没有农业的现代化,就没有国家的现代化。世界上许多国家在工业化有了一定发展基础之后都采取了工业支持农业、城市支持农村的发展战略。我国已经进入工业反哺农业的阶段,新农村建设重大战略性举措的实施正当其时。

(二)新农村建设的内容

1. 经济建设

是指在全面发展农村生产的基础上,建立农民增收长效机制,千方百计增加农民收入,实现农民的富裕和农村的发展,努力缩小城乡差距。

2. 政治建设

是指在加强农民民主素质教育的基础上,切实加强农村基层民主制度建设和农村法制建设,引导农民依法行使民主权利。

3. 社会建设

是指在加大公共财政对农村公共事业投入的基础上,加快农村公共基础设施的规划和建设,逐步实行城乡平等的社会政策,进一步发展农村的义务教育和职业教育,加强农村医疗卫生体系建设,建立和完善农村社会保障制度。

4. 文化建设

是指在加强农村公共文化建设的基础上,开展多种形式的、体现农村地方特色的群众文化活动,丰富农民的精神文化生活。

5. 法治建设

是指大力做好法治宣传工作,按照建设社会主义新农村的理念完善我国的法律制度;进一步增强农民的法律意识,提高农民依法维护自己的合法权益,依法行使自己的合法权利的觉悟和能力。建设社会主义新农村必须依法进行,因此,把保障农民利益和维护农民权利的相关制度用法的形式确定下来,是依法推进社会主义新农村建设的必然要求。

(三) 新农村建设的要求

1. 生产发展

生产发展是新农村建设的中心环节,是实现其他目标的物质基础。建设社会主义新农村好比修建一幢大厦,经济就是这幢大厦的基础。如果基础不牢固,大厦就无从建起。如果经济不发展,再美好的蓝图也无法变成现实。

2. 生活宽裕

生活富裕是新农村建设的目的,也是衡量新农村建设工作成就的基本尺度。只有农民收入上去了,衣食住行改善了,生活水平提高了,新农村建设才能取得实实在在的成果。

3. 乡风文明

乡村文明是农民素质的反映,体现农村精神文明建设的要求。只有农民群众的思想、文化、道德水平不断提高,崇尚文明、崇尚科学,形成家庭和睦、民风淳朴、互助合作、稳定和谐的良好社会氛围,教育、文化、卫生、体育事业蓬勃发展,新农村建设才是全面的、完整的。

4. 村容整洁

村容整洁是展现农村新貌的窗口,是实现人与环境和谐发展的必然要求。社会主义新农村呈现在人们眼前的,应该是脏乱差状况从根本上得到治理、人居环境明显改善、农民安居乐业的景象。这是新农村建设最直观的体现。

5. 管理民主

民主管理是新农村建设的政治保证,显示了对农民群众政治权利的尊重和维护。只有进一步扩大农村基层民主,完善村民自治制度,真正让农民群众当家作主,才能调动农民群众的积极性,真正建设好社会主义新农村。

(四) 新农村建设政策的意义

1. 建设社会主义新农村,是贯彻落实科学发展观的重大举措

科学发展观的一个重要内容,就是经济社会的全面协调可持续发

展,城乡协调发展是其重要的组成部分。全面落实科学发展观,必须保证占人口大多数的农民参与发展进程,共享发展成果。如果忽视农民群众的愿望和切身利益,农村经济社会发展长期滞后,发展就不可能是全面协调可持续的,科学发展观就无法落实。

2. 建设社会主义新农村,是确保我国现代化建设顺利推进的必然要求

国际经验表明,工农城乡之间的协调发展,是现代化建设成功的重要前提。有些国家较好地处理了工农城乡关系,经济社会得到了迅速发展,较快地迈进了现代化国家行列。也有一些国家没有处理好工农城乡关系,导致农村长期落后,致使整个国家经济停滞甚至倒退,现代化进程严重受阻。我们要深刻汲取国外的经验教训,把农村发展纳入整个现代化进程,使社会主义新农村建设与工业化、城镇化同步推进,让亿万农民共享现代化成果,走具有中国特色的工业与农业协调发展、城市与农村共同繁荣的现代化道路。

3. 建设社会主义新农村,是保持国民经济平稳较快发展的持久动力

扩大国内需求,是我国发展经济的长期战略方针和基本立足点。农村集中了我国数量最多、潜力最大的消费群体,是我国经济增长最可靠、最持久的动力源泉。通过推进社会主义新农村建设,可以加快农村经济发展,增加农民收入,使亿万农民的潜在购买意愿转化为巨大的现实消费需求,拉动整个经济的持续增长。特别是通过加强农村道路、住房、能源、水利、通信等建设,既可以改善农民的生产生活条件和消费环境,又可以消化当前部分行业的过剩生产能力,促进相关产业的发展。

4. 建设社会主义新农村,是构建社会主义和谐社会的重要基础

社会和谐离不开广阔农村的和谐。当前,我国农村社会关系总体是健康、稳定的,但也存在一些不容忽视的矛盾和问题。建设社会主义新农村,加快农村经济社会发展,有利于更好地维护农民群众的合法权益,缓解农村的社会矛盾,减少农村的不稳定因素,为构建社会主义和谐社会打下坚实基础。

第七章　农村社会发展政策

 材料阅读：

"人的新农村"究竟应新在哪里？

与"物的新农村"相比，"人的新农村"①是一个更宏大的命题，需要政府部门创造条件，让农村的生产、生活方式和条件向更符合小康社会标准的方向发展，全面提升农村幸福指数。

建设"人的新农村"，农民的生产方式要更新。千百年来，中国农民"面朝黄土背朝天"的生产方式至今仍在部分地区和一些农业生产领域延续，农业生产的组织化、机械化程度还比较低。要实现"人的新农村"，就应当让农民按照现代化的方式来组织农业生产，通过土地流转、培育新型农业经营主体、发展特色农业等方式，推动农业生产机械化、集约化，提高劳动效率和劳动产出效益。

"人的新农村"关键要新在生活品质。经过多年的建设发展，农村在吃穿住行等物质层面与城市的差距不断缩小，但生活品质的全面提升仍有差距。一些新农村的社区建设不输城市社区，但居民却只能在家里生火盆取暖；农村垃圾、污水集中处理设施严重欠缺，整体卫生面貌较差。在新农村建设中，如果居住条件"进城"了而公共服务没有跟上，导致农民生活方式停留在农村，那就"新"得不完整、不彻底。

农村"空巢老人""留守儿童"等问题突出，最主要的原因就是农村经济落后，无法为当地闲置劳动力提供足够的就业机会，大量农村青壮年只能外出务工。解决这些问题，需要地方政府结合农村特点，在引入合适项目的同时，推动农民自主创业，尽可能实现就近就业。

社会保障体系和公共资源对农民的服务也要"破旧迎新"。现阶段我国农村医疗、养老、低保等社会保障水平与城市差距明显，

---

① "物的新农村"是指道路、饮水、电力设施和住房条件等人居环境的改善。"人的新农村"是指建立健全农村基本公共服务、关爱农村"三留守"群体、留住乡土文化和建设农村的生态文明。"人的新农村"是在2014年12月23日举行的中央农村工作会议上首次提出来的。

以养老金为例，数省份农村老年人口每月发放的生活补贴不超过60元，远低于城市低保和退休职工的养老标准。

同时，卫生、教育、文化等领域公共资源在农村普遍稀缺，早已成为社会关注的焦点。建设"人的新农村"，需要大力推进基本公共服务和社会保障体系的城乡一体化，让城乡居民都能平等地享受国家改革和发展的红利。

"人的新农村"要新在农村社会管理方式上。村民自治政策在保障农村民主的同时，也为农村社会管理水平的提升制造了障碍。农民整体文化程度较低、年龄结构偏大，导致农村社会管理和服务水平进步缓慢，甚至出现"小官巨贪"和"村霸"。

近年来，我国选聘大批高校毕业生到村任职，取得了一些成效，但"输血"毕竟只是一时之举。要留住人才，需要政策的倾斜，需要解决农村干部收入低、工作环境差等不少问题。各级政府都应当创造条件为农村"造血"，让有文化、有能力的年轻人成为农村的接班人。

农民的精神面貌是"人的新农村"的重中之重。富裕起来的农村人，开阔了视野，更高层次的精神文化需求也随之而来。但农村精神文化生活相对缺乏，一些农村春节聚赌成风，就是最直接的体现。推动农民精神面貌的转变，需要加强农村文化建设的人力和物资投入，普及农村文化科学技术教育，丰富农村精神文化生活。

归根结底，"人的新农村"才是新农村建设的目标。只有确保"人的新农村"与"物的新农村"同步推进，才能建成生产发展、生活宽裕、乡风文明、村容整洁、管理民主的社会主义新农村，从而确保全面小康社会的顺利建成。

资料来源：陈灏，《新华每日电讯》，2014年12月26日第3版。

二、城镇化建设

（一）概述

城镇化是指工业化过程中社会生产力的发展引起的地域空间上城

镇数量的增加和城镇规模的扩大,农村人口向城镇的转移流动和集聚,城镇经济在国民经济中占据主导地位,以及城市的经济关系和生活方式广泛地渗透到农村的一个持续发展的过程。城镇化的过程是各国在实现工业化、现代化过程中所经历社会变迁的一种反映,也是一个国家经济发达程度特别是工业化水平高低的一个重要标志。

经济学家斯蒂格利茨曾预言,中国的城镇化与美国的高科技发展将是深刻影响21世纪人类发展的两大课题。城镇化不仅是城市数量和城市人口规模的扩张过程,更是生产方式、生活方式和居民精神文化发生变迁的自然历史过程。农村人口转变为城市人口、农业人口转变为非农业人口、城市人口绝对量和比重提高等只是城镇化的表现形式,而不是城镇化的本质内容。城镇化的本质是产业聚集和人口聚集,通过聚集产生较高的经济、社会、文化要素的配置效率,从而不断地推动经济规模的扩张,带动经济结构的优化,创新发展方式,传播城市文明,使城镇成为经济发展和社会进步的综合体现。

中国现代化最重要、最艰巨的任务是解决"三农"问题,实现农业的现代化和多数农民的城镇化;最大的风险是工业化、城镇化快速发展,而农业和农村发展严重滞后,城乡发展严重失衡①。大规模的、快速的工业化和城镇化,给农业发展带来了前所未有的机遇和挑战。从1978年到2021年年末,城镇人口从1.72亿人增加到9.14亿人,城镇化率从17.92%提升到64.72%,虽然从表面上看,中国城镇化建设已经超过世界平均水平,但背后潜藏的诸多矛盾、问题也日益凸显。中国已经步入城镇化的加速阶段和工业化后期,国家迈进了经济增长结构转换的关键时期,经济增长的驱动力将由投资变为创新和效率,以往的投资加出口的粗放型道路受阻,城镇化面临着城乡二元结构突出、城市发展模式粗放、资源利用效率不高、城市建设缺乏特色、城市管理不善等一系列问题。

党的十八大提出,推动城乡发展一体化,形成以工促农、以城带乡、工农互惠、城乡一体的新型工农城乡关系。十八届三中全会也明确提

---

① 农业部部长.城镇化不是"去农村化"[OL].新华网,2013年12月22日。

出,要促进城镇化和新农村建设协调推进。因此,城乡规划要统筹考虑,要健全城乡一体化体制机制,让广大农民平等地参与现代化进程、共同分享现代化成果。城镇化要带动新农村建设,而不能取代新农村建设,搞所谓的"去农村化"。城乡一体化不是城乡同样化,新农村应该是升级版的农村,而不应该是缩小版的城市。城镇和农村要和谐一体,各具特色,相互辉映,既不能有巨大反差,也不能没有区别,否则,就会城镇不像城镇,农村不像农村。一些地方在推进城镇化过程中的某些"去农村化"的做法,是不符合中国国情的,也是不符合城乡统筹发展原则和大国现代化规律的①。

(二)城镇化建设的意义

《国家新型城镇化规划》(以下简称《规划》)明确了未来城镇化的发展路径、主要目标和战略任务,统筹相关领域制度和政策创新,是今后一个时期指导全国城镇化健康发展的宏观性、战略性、基础性规划。《规划》全面地解答了"人往哪里去""钱从哪里来""城市怎么建""土地怎么用"等新型城镇化建设的一系列重大问题。制定实施《规划》,努力走出一条以人为本、"四化"同步、优化布局、生态文明、文化传承的中国特色新型城镇化道路,对全面建成小康社会、加快推进社会主义现代化具有重大的现实意义和深远的历史意义。

1. 城镇化是现代化的必由之路

工业革命以来的经济社会发展史表明,一国要成功实现现代化,在工业化发展的同时,必须注重城镇化发展。当今中国,城镇化与工业化、信息化和农业现代化同步发展,是现代化建设的核心内容,彼此相辅相成。工业化处于主导地位,是发展的动力;农业现代化是重要基础,是发展的根基;信息化具有后发优势,为发展注入新的活力;城镇化是载体和平台,承载工业化和信息化发展的空间,带动农业现代化加快发展,发挥着不可替代的融合作用。

2. 城镇化是保持经济持续健康发展的强大引擎

内需是我国经济发展的根本动力,扩大内需的最大潜力在于城

---

① 农业部部长.城镇化不是"去农村化"[OL].新华网,2013年12月22日。

镇化。城镇化水平持续提高,会使更多农民通过转移就业提高收入,通过转为市民享受更好的公共服务,从而使城镇消费群体不断扩大、消费结构不断升级、消费潜力不断释放,也会带来城市基础设施、公共服务设施和住宅建设等巨大投资需求,这将为经济发展提供持续的动力。

3. 城镇化是加快产业结构转型升级的重要抓手

产业结构转型升级是转变经济发展方式的战略任务,加快发展服务业是产业结构优化升级的主攻方向。城镇化与服务业发展密切相关,服务业是就业的最大容纳器。城镇化过程中的人口集聚、生活方式的变革、生活水平的提高,都会扩大生活性服务需求;生产要素的优化配置、三次产业的联动、社会分工的细化,也会扩大生产性服务需求。城镇化带来的创新要素集聚和知识传播扩散,有利于增强创新活力,驱动传统产业升级和新兴产业发展。

4. 城镇化是解决农业农村农民问题的重要途径

我国农村人口过多,农业水土资源紧缺,在城乡二元体制下,土地规模经营难以推行,传统的生产方式难以改变,这是"三农"问题的根源。城镇化总体上有利于集约节约利用土地,为发展现代农业腾出宝贵的空间。随着农村人口逐步向城镇转移,农民人均资源占有量相应增加,可以促进农业生产规模化和机械化,提高农业现代化水平和农民生活水平。城镇经济实力提升,会进一步增强以工促农、以城带乡的能力,加快农村经济社会发展。

5. 城镇化是推动区域协调发展的有力支撑

改革开放以来,我国东部沿海地区率先开放发展,形成了京津冀、长江三角洲、珠江三角洲等一批城市群,有力推动了东部地区快速发展,成为国民经济重要的增长极。但与此同时,中西部地区发展相对滞后,一个重要原因就是城镇化发展很不平衡,中西部城市发展明显不足。随着西部大开发和中部崛起战略的深入推进,东部沿海地区产业转移加快,在中西部资源环境承载能力较强的地区,加快城镇化进程,培育形成新的增长极,有利于促进经济增长和市场空间由东向西、由南向北的梯次拓展,推动人口经济布局更加合理、区域发展更加协调。

6. 城镇化是促进社会全面进步的必然要求

城镇化作为人类文明进步的产物,既能提高生产活动效率,又能富裕农民、造福人民,全面提升生活质量。随着城镇经济的繁荣,城镇功能的完善,公共服务水平和生态环境质量的提升,人们的物质生活会更加殷实充裕,精神生活会更加丰富多彩;随着城乡二元体制逐步破除,城市内部二元结构矛盾逐步化解,全体人民将共享现代文明成果。这既有利于维护社会公平正义,消除社会风险隐患,也有利于促进人的全面发展和社会和谐进步。

 材料阅读:

美国推进城镇化进程的做法

美国是当今世界城镇化水平最高的国家之一,美国政府通过基础设施建设、产业政策、社会福利机制和统筹城乡发展等措施引导和推进城镇化进程,使城镇化水平由1970年的5%提高到现在的80%。美国促进城镇发展的各项政策措施值得我们学习借鉴。

加强基础设施建设,推动城镇化在区域间平衡发展

主要措施有:修建铁路网,带动西部城镇建设;建设高速公路,引导郊区发展;完善基础设施,推进农村地区城镇化进程。

健全社会保障,着力解决住房和就业难题

主要措施有:创新住房政策,缓解城区住房紧缺;多管齐下,创造就业岗位;鼓励民间参与,加强社区建设。

推动技术革命,实现城镇化与工业化、产业化协调发展

主要措施有:顺应工业革命浪潮,推动西部产业化发展;借力新技术革命,提供城镇化新动力;升级产业结构,振兴老工业区。

协调城乡发展,保障城镇化持续健康推进

城镇化早期,积极扩大城市规模。城镇化早期,城市数量少且规模较小,政府投资修建运河、建造蒸汽船和治理河道等工程,扩大城市及周边地区商业市场空间。在城市内部,着力改革市政机构,提高城市管理水平;铺设电车及地铁线路,推动城市边缘向外扩张;倡导社区改良运动,深入社区改善贫民窟居民生活和文化水平,增强城市吸引力。

城镇化中后期,引导人口和产业外迁郊区。20世纪以来,城镇化的快速发展导致城市中心区拥挤不堪,社会问题凸显,为此,美国政府积极开发城市周边地区,引导城镇化从中心区向郊区转移。第二次世界大战结束后,实施向郊区和西部倾斜的税收政策,美国东部大城市的人均税收高于中小城市及郊区20%—40%,制造业厂商和纳税人纷纷从中心区迁往郊区和小城镇。

城镇化成熟期,积极改造城市中心区,推动城乡一体化。针对郊区化带来城市中心区的日益贫困和衰落,美国政府开始对大城市中心区进行再开发。20世纪90年代,克林顿政府强调城市和郊区兴衰与共,遏制郊区化无节制蔓延,平衡城郊发展。目前,依托大城市的辐射作用,美国中小城镇发展迅速,吸纳了全国75%的人口。中小城镇聚集在大城市周围,最终形成今天城乡一体的美国大都市圈。

资料来源:李潇潇,《当代世界》,2010年第6期第60页。

(三)城镇化的指导思想和基本原则

城镇化的指导思想是:高举中国特色社会主义伟大旗帜,以邓小平理论、"三个代表"重要思想、科学发展观、习近平新时代中国特色社会主义思想为指导,紧紧围绕全面提高城镇化质量,加快转变城镇化发展方式,以"人的城镇化"为核心,以满足人民日益增长的美好生活需要为根本目的,有序推进农业转移人口市民化;以城市群为主体形态,推动大中小城市和小城镇协调发展;以综合承载能力为支撑,提升城市可持续发展水平;以体制机制创新为保障,通过改革释放城镇化发展潜力,走以人为本、"四化"同步、优化布局、生态文明、文化传承的中国特色新型城镇化道路,促进经济转型升级和社会和谐进步,为全面建设社会主义现代化国家提供强劲动力和坚实支撑。

城镇化的基本原则如下。

1. 以人为本，公平共享

以"人的城镇化"为核心，合理引导人口流动，有序推进农业转移人口市民化，稳步推进城镇基本公共服务常住人口全覆盖，不断提高人口素质，促进人的全面发展和社会公平正义，使全体居民共享现代化建设成果。

2. "四化"同步，统筹城乡

推动信息化和工业化深度融合、工业化和城镇化良性互动、城镇化和农业现代化相互协调，促进城镇发展与产业支撑、就业转移和人口集聚相统一，促进城乡要素平等交换和公共资源均衡配置，形成以工促农、以城带乡、工农互惠、城乡一体的新型工农、城乡关系。

3. 优化布局，集约高效

根据资源环境承载能力构建科学合理的城镇化宏观布局，以综合交通网络和信息网络为依托，科学规划建设城市群，严格控制城镇建设用地规模，严格划定永久基本农田，合理控制城镇开发边界，优化城市内部空间结构，促进城市紧凑发展，提高国土空间利用效率。

4. 生态文明，绿色低碳

把生态文明理念全面融入城镇化进程，着力推进绿色发展、循环发展、低碳发展，节约集约利用土地、水、能源等资源，强化环境保护和生态修复，减少对自然的干扰和损害，推动形成绿色低碳的生产生活方式和城市建设运营模式。

5. 文化传承，彰显特色

根据不同地区的自然历史文化禀赋，体现区域差异性，提倡形态多样性，防止千城一面，发展有历史记忆、文化脉络、地域风貌、民族特点的美丽城镇，形成符合实际、各具特色的城镇化发展模式。

6. 市场主导，政府引导

正确处理政府和市场的关系，更加尊重市场规律，坚持使市场在资源配置中起决定性作用，更好地发挥政府作用，切实履行政府制定规划政策、提供公共服务和营造制度环境的重要职责，使城镇化成为市场主导、自然发展的过程，成为政府引导、科学发展的过程。

7. 统筹规划,分类指导

中央政府统筹总体规划、战略布局和制度安排,加强分类指导;地方政府因地制宜、循序渐进地抓好贯彻落实;尊重基层首创精神,鼓励探索创新和试点先行,凝聚各方共识,实现重点突破,总结推广经验,积极稳妥扎实有序地推进新型城镇化。

材料阅读:

县域城镇化要更好满足人们的精神需求

日前,中共中央办公厅、国务院办公厅印发了《关于推进以县城为重要载体的城镇化建设的意见》。以县城为重要载体的城镇化是新型城镇化的重要途径,在国家现代化进程中具有重要意义。推进以县城为重要载体的城镇化,要坚持规划引导,要做大产业规模,要在充分获取大城市辐射效应的同时避开大城市的虹吸效应。

2021年,我国的城镇化率已接近65%,但城镇化依然还有很长的路要走,不仅要继续提高城镇化水平,而且要更加注重提高城镇化的质量。城镇化质量涉及城乡关系、城镇公共设施建设、城镇就业质量、城镇各社会阶层的关系、人们精神需求的满足状况等各个方面。推进新时期的城镇化,要继续发挥大中城市的作用,同时,也要更加重视以县城为重要载体的城镇化。

第一,以县城为重要载体的城镇化是更好地满足人们多元化的、更高层次需求的良好路径。这里涉及如何理解以人为核心的城镇化?所谓以人为核心,就是以人各方面、全方位的需求为核心。而人的需求是多方面、多层次的,就物质需求来说,主要是吃穿用住行;就精神需求来说,既包括知识、文化、娱乐、信仰等方面,也包括家庭之乐、父母之爱、子女之孝等方面。在物质需求得到基本满足后,人们在精神方面的需求与日俱增。如何满足人们的精神需求是进一步推进城镇化必须回答的问题。在城镇化早期,人们为找到提供更高收入的就业机会,不得不背井离乡,与亲人分离。其背后的逻辑是，由于当时生产力不够发达，社会物质财富总量不足，城镇没有足够的能力为人们提供充裕的居住空间和教育、医疗等一系列公共服务。

在城镇化的较高阶段，由于社会财富已有明显增长，城镇已有一定的能力向人们提供更好的生活条件，家庭团聚具备了一定的物质基础。这个时候，应该把满足人们的精神需求作为推进城镇化的重要任务。至于如何满足城镇居民的精神需求，则取决于实施什么样的城镇化战略和政策。以县城为载体，大力发展县域经济，以产业聚集带动人口聚集，使农村劳动力就近到县城就业和生活，就近成为城镇居民，有助于更好地解决城镇化进程中满足人们精神需求的问题。

第二，以县城为重要载体的城镇化是合理化大尺度上的人口空间分布的有效途径。从经济效率的逻辑上说，人口在一定空间范围内大规模聚集有合理性。但是，这种大规模聚集可能会带来其他问题，包括交通拥堵、环境污染、生活空间逼仄等，也就是人们常说的大城市病。更为重要的是，人口聚集规模过大，会给城市治理带来很大挑战。因此，人口在空间上的分布必须合理，聚集必须有度。推进以县城为重要载体的城镇化，有助于人口在国土空间上合理分布，避免人口向大城市过度聚集。

第三，以县城为重要载体的城镇化也是实现区域均衡发展的需要。区域发展不平衡是新发展阶段要着力解决的矛盾。解决这一矛盾的基本途径就是加快相对落后地区的发展。而这些地区的发展，需要各方的要素投入，包括资本、技术和人才等。发展，归根结底是人类的活动。尤其是，正在展开的新一轮科技革命和产业变革具有知识密集特性，人才的聚集对一个地区的发展至关重要。以县城为重要载体的城镇化有助于发展程度相对较低的地区，尤其是广大中西部地区，聚集人力资本，实现更快的发展。

资料来源：侯永志，《经济参考报》，2022年6月21日第7版，内容有删减。

(四) 城镇化建设的发展目标

城镇化建设的发展目标是坚持走中国特色新型城镇化道路,深入推进"以人为核心"的新型城镇化战略,以城市群、都市圈为依托,促进大中小城市和小城镇协调联动、特色化发展,使更多人民群众享有更高品质的城市生活(见图7-4)。

图7-4 推进城镇化的主要任务

(资料来源:新华网,新华社记者 肖潇 编制。)

1. 加快农业转移人口市民化

坚持存量优先、带动增量,统筹推进户籍制度改革和城镇基本公共服务常住人口全覆盖,健全农业转移人口市民化配套政策体系,加快推动农业转移人口全面融入城市。

(1) 深化户籍制度改革。

放开放宽除个别超大城市外的落户限制,试行以经常居住地登记户口制度。全面取消城区常住人口300万以下的城市落户限制,确保外地与本地农业转移人口进城落户标准一视同仁。全面放宽城区常住人口300万至500万的Ⅰ型大城市落户条件。完善城区常住人口500

万以上的超大特大城市积分落户政策,精简积分项目,确保社会保险缴纳年限和居住年限分数占主要比例,鼓励取消年度落户名额限制。健全以居住证为载体、与居住年限等条件相挂钩的基本公共服务提供机制,鼓励地方政府提供更多基本公共服务和办事便利,提高居住证持有人城镇义务教育、住房保障等服务的实际享有水平。

(2)健全农业转移人口市民化机制。

完善财政转移支付与农业转移人口市民化挂钩相关政策,提高均衡性转移支付分配中常住人口折算比例,中央财政市民化奖励资金分配主要依据跨省落户人口数量确定。建立财政性建设资金对吸纳落户较多城市的基础设施投资补助机制,加大中央预算内投资支持力度。调整城镇建设用地年度指标分配依据,建立同吸纳农业转移人口落户数量和提供保障性住房规模挂钩机制。根据人口流动实际调整人口流入流出地区教师、医生等编制定额和基本公共服务设施布局。依法保障进城落户农民农村土地承包权、宅基地使用权、集体收益分配权,建立农村产权流转市场体系,健全农户"三权"市场化退出机制和配套政策。

2. 完善城镇化空间布局

发展壮大城市群和都市圈,分类引导大中小城市发展方向和建设重点,形成疏密有致、分工协作、功能完善的城镇化空间格局。

(1)推动城市群一体化发展。

以促进城市群发展为抓手,全面形成"两横三纵"城镇化战略格局。优化提升京津冀、长三角、珠三角、成渝、长江中游等城市群,发展壮大山东半岛、粤闽浙沿海、中原、关中平原、北部湾等城市群,培育发展哈长、辽中南、山西中部、黔中、滇中、呼包鄂榆、兰州—西宁、宁夏沿黄、天山北坡等城市群。建立健全城市群一体化协调发展机制和成本共担、利益共享机制,统筹推进基础设施协调布局、产业分工协作、公共服务共享、生态共建环境共治。优化城市群内部空间结构,构筑生态和安全屏障,形成多中心、多层级、多节点的网络型城市群。

(2)建设现代化都市圈。

依托辐射带动能力较强的中心城市,提高1小时通勤圈协同发展

第七章 农村社会发展政策

水平,培育发展一批同城化程度高的现代化都市圈。以城际铁路和市域(郊)铁路等轨道交通为骨干,打通各类"断头路"、"瓶颈路",推动市内市外交通有效衔接和轨道交通"四网融合",提高都市圈基础设施连接性和贯通性。鼓励都市圈社保和落户积分互认、教育和医疗资源共享,推动科技创新券通兑通用、产业园区和科研平台合作共建。鼓励有条件的都市圈建立统一的规划委员会,实现规划统一编制、统一实施,探索推进土地、人口等统一管理。

(3) 优化提升超大特大城市中心城区功能。

统筹兼顾经济、生活、生态、安全等多元需要,转变超大特大城市开发建设方式,加强超大特大城市治理中的风险防控,促进高质量、可持续发展。有序疏解中心城区一般性制造业、区域性物流基地、专业市场等功能和设施,以及过度集中的医疗和高等教育等公共服务资源,合理降低开发强度和人口密度。增强全球资源配置、科技创新策源、高端产业引领功能,率先形成以现代服务业为主体、先进制造业为支撑的产业结构,提升综合能级与国际竞争力。坚持产城融合,完善郊区新城功能,实现多中心、组团式发展。

(4) 完善大中城市宜居宜业功能。

充分利用综合成本相对较低的优势,主动承接超大特大城市产业转移和功能疏解,夯实实体经济发展基础。立足特色资源和产业基础,确立制造业差异化定位,推动制造业规模化集群化发展,因地制宜建设先进制造业基地、商贸物流中心和区域专业服务中心。优化市政公用设施布局和功能,支持三级医院和高等院校在大中城市布局,增加文化体育资源供给,营造现代时尚的消费场景,提升城市生活品质。

(5) 推进以县城为重要载体的城镇化建设。

加快县城补短板强弱项,推进公共服务、环境卫生、市政公用、产业配套等设施提级扩能,增强综合承载能力和治理能力。支持东部地区基础较好的县城建设,重点支持中西部和东北城镇化地区县城建设,合理支持农产品主产区、重点生态功能区县城建设。健全县城建设投融资机制,更好发挥财政性资金作用,引导金融资本和社会资本加大投入力度。稳步有序地推动符合条件的县和镇区常住人口20万以上的特大镇设市。按照区位条件、资源禀赋和发展基础,因地制宜发展小城镇,促进特色小镇规范健康发展。

3. 全面提升城市品质

加快转变城市发展方式,统筹城市规划建设管理,实施城市更新行动,推动城市空间结构优化和品质提升。

(1) 转变城市发展方式。

按照资源环境承载能力合理确定城市规模和空间结构,统筹安排城市建设、产业发展、生态涵养、基础设施和公共服务。推行功能复合、立体开发、公交导向的集约紧凑型发展模式,统筹地上地下空间利用,增加绿化节点和公共开敞空间,新建住宅推广街区制。推行城市设计和风貌管控,落实适用、经济、绿色、美观的新时期建筑方针,加强新建高层建筑管控。加快推进城市更新,改造提升老旧小区、老旧厂区、老旧街区和城中村等存量片区功能,推进老旧楼宇改造,积极扩建新建停车场、充电桩。

(2) 推进新型城市建设。

顺应城市发展新理念新趋势,开展城市现代化试点示范,建设宜居、创新、智慧、绿色、人文、韧性城市。提升城市智慧化水平,推行城市楼宇、公共空间、地下管网等"一张图"数字化管理和城市运行一网统管。科学规划布局城市绿环绿廊绿楔绿道,推进生态修复和功能完善工程,优先发展城市公共交通,建设自行车道、步行道等慢行网络,发展智能建造,推广绿色建材、装配式建筑和钢结构住宅,建设低碳城市。保护和延续城市文脉,杜绝大拆大建,让城市留下记忆、让居民记住乡愁。建设源头减排、蓄排结合、排涝除险、超标应急的城市防洪排涝体系,推动城市内涝治理取得明显成效。增强公共设施应对风暴、干旱和地质灾害的能力,完善公共设施和建筑应急避难功能。加强无障碍环境建设。拓展城市建设资金来源渠道,建立期限匹配、渠道多元、财务可持续的融资机制。

(3) 提高城市治理水平。

坚持党建引领、重心下移、科技赋能,不断提升城市治理科学化精细化智能化水平,推进市域社会治理现代化。改革完善城市管理体制。推广"街乡吹哨、部门报到、接诉即办"等基层管理机制经验,推动资源、管理、服务向街道社区下沉,加快建设现代社区。运用数字技术推动城市管理手段、管理模式、管理理念创新,精准高效地满足群众需求。加强物业服务监管,提高物业服务的覆盖率、服务质量和标准化水平。

(4)完善住房市场体系和住房保障体系。

坚持房子是用来住的、不是用来炒的定位,加快建立多主体供给、多渠道保障、租购并举的住房制度,让全体人民住有所居、职住平衡。坚持因地制宜、多策并举,夯实城市政府的主体责任,稳定地价、房价和预期。建立住房和土地联动机制,加强房地产金融调控,发挥住房税收调节作用,支持合理自住需求,遏制投资投机性需求。加快培育和发展住房租赁市场,有效盘活存量住房资源,有力有序地扩大城市租赁住房供给,完善长租房政策,逐步使租购住房在享受公共服务上具有同等权利。加快住房租赁法规建设,加强租赁市场监管,保障承租人和出租人的合法权益。有效增加保障性住房供给,完善住房保障基础性制度和支持政策。以人口流入多、房价高的城市为重点,扩大保障性租赁住房供给,着力解决困难群体和新市民的住房问题。单列租赁住房用地计划,探索利用集体建设用地和企事业单位自有闲置土地建设租赁住房,支持将非住宅房屋改建为保障性租赁住房。完善土地出让收入分配机制,加大财税、金融支持力度。因地制宜地发展共有产权住房。处理好基本保障和非基本保障的关系,完善住房保障方式,健全保障对象、准入门槛、退出管理等政策。改革完善住房公积金制度,健全缴存、使用、管理和运行机制。

 材料阅读

换挡提质 新一轮新型城镇化开启

当前,中国新型城镇化仍处于发展机遇期。进入新发展阶段,城镇化建设的基础条件和任务要求发生重大变化,新一轮新型城镇化应如何展开？

记者获悉，为了进一步提升我国城镇化发展质量，明确主要目标任务和发展方向，《国家新型城镇化规划（2021—2035年）》（以下简称《规划》）已通过相关部门审批并下发至地方。这是继2014年我国出台首个新型城镇化规划《国家新型城镇化规划（2014—2020年）》后，面向2035年的新一轮新型城镇化顶层设计。

党的十八大以来，我国新型城镇化取得重大进展，城镇化水平和质量大幅提升，有力支撑了我国经济持续增长和居民生活水平不断提高。截至2021年年底，我国常住人口城镇化率已提升至64.72%。

有关人士表示，我国是一个拥有14亿多人口的发展中国家，要实现城镇化，这在人类历史上没有先例，复杂程度可想而知。"也正是源于此，上一轮快速城镇化过程中，我国城市发展暴露出一些应予以重视的问题。例如，部分超大、特大城市功能过度集中，中心城区人口过度集聚，小城市及县城集聚产业和人口不足，部分城市建设忽视资源环境承载能力，贪大求洋。

与此同时，随着经济发展进入新历史阶段，城镇化进程面临增速换挡。上述人士表示，我国农业和非农产业劳动生产率、城乡居民收入差距仍然较大，城镇化动力依然强劲，农民进城仍是大趋势。但经济进入中高速增长周期，人口总量和结构或发生变化，进城务工人员规模将趋于下降，城镇化将从快速发展后期转向平台发展期。

"由于发展基础和条件的改变，我国城镇化战略必须作出调整，此次《规划》便是对这个重要历史阶段给予明确指引。"上述人士透露，根据目前城镇化率已近65%的现状，我国城镇化率的阶段性新目标稍有调整。同时，对于农业转移人口市民化进程也给出了时间表。

根据《规划》，新型城镇化建设要"立足基本国情、遵循客观规律、因势利导、顺势而为"。要将新发展理念完整、准确、全面贯彻到城镇化全过程，切实转变城市发展方式，让创新成为城市发展主动力。同时，树立全周期管理意识，根据资源环境承载能力，框定总量，限定容量，盘活存量，做优增量，提高质量，着力增强城市发展的持续性、宜居性。

值得一提的是，我国新一轮新型城镇化发展将以城市群为主体形态，大中小城市和小城镇协调发展。通过推动城市集约紧凑发展和绿色低碳转型，全面提高城镇化发展质量。对此，刚刚批复的《"十四五"新型城镇化实施方案》也作了相关表述。

"两轮新型城镇化发力点的变化，可以看到背后政策导向的变化。"中国城市规划设计研究院院长王凯在中国城市百人论坛2022春季论坛上表示，新一轮规划的一个新亮点是大中小城市和小城镇协调发展，并以县城为重要载体的城镇化建设。强调城乡融合，以县域为基本单元推进城乡融合发展，坚持以工补农、以城带乡，推进城乡要素双向自由流动和公共资源合理配置。

县域作为就地城镇化的载体作用正在不断显现。以农业人口大省河南省为例，根据河南省的官方数据显示，县级城市（县城）吸纳城镇人口比重上升较为明显，2010年—2020年县级城市（县城）新增城镇常住人口年均增长率接近5%，高于市辖区的城镇人口年均增速。从城镇化率增长速度比较看，县级市、县城2010年—2020年城镇化年均增长率均明显高于市辖区。县级城市已逐步成为新型城镇化的主要承载单元和农村劳动力转移落户的主阵地。

国泰君安分析师表示，我国城镇化发展进入成熟阶段，以县城为重要载体的城镇化成为新特征，在实施乡村振兴战略和构建"双循环"新发展格局的背景下，县城的上下衔接功能和对城镇化的带动作用愈发凸显。县城是我国城镇体系的重要一环，加码县城投资既有必要又有潜力。

城镇化是我国扩大内需的最大潜力所在。进一步提升城镇化水平，有利于更多农民通过转移就业提高收入，从而使城镇消费群体不断扩大、消费结构不断升级、消费潜力不断释放。同时，也会带来城市基础设施、公共服务设施和住宅建设等方面的投资需求。

资料来源：梁倩,"换挡提质,新一轮新型城镇化开启",《经济参考报》,2022年6月8日第1版。

三、乡村振兴战略

乡村振兴战略是习近平总书记2017年10月18日在党的十九大报告中提出的战略。十九大报告指出,农业农村农民问题是关系国计民生的根本性问题,必须始终把解决好"三农"问题作为全党工作的重中之重,实施乡村振兴战略。2018年2月4日,中共中央和国务院公布了2018年中央一号文件,即《中共中央国务院关于实施乡村振兴战略的意见》。

（一）新时代实施乡村振兴战略的重大意义

农业农村农民问题是关系国计民生的根本性问题。没有农业农村的现代化,就没有国家的现代化。当前,我国发展不平衡不充分问题在乡村最为突出,主要表现在：农产品阶段性供过于求和供给不足并存,农业供给质量亟待提高；农民适应生产力发展和市场竞争的能力不足,新型职业农民队伍建设亟须加强；农村基础设施和民生领域欠账较多,农村环境和生态问题比较突出,乡村发展整体水平亟待提升；国家支农体系相对薄弱,农村金融改革任务繁重,城乡之间要素合理流动机制亟待健全；农村基层党建存在薄弱环节,乡村治理体系和治理能力亟待强化。实施乡村振兴战略,是解决人民日益增长的美好生活需要和不平衡不充分的发展之间矛盾的必然要求,是实现"两个一百年"奋斗目标的必然要求,是实现全体人民共同富裕的必然要求。

在中国特色社会主义新时代,乡村是一个可以大有作为的广阔天地,迎来了难得的发展机遇。我们有党的领导的政治优势,有社会主义的制度优势,有亿万农民的创造精神,有强大的经济实力支撑,有历史悠久的农耕文明,有旺盛的市场需求,完全有条件有能力实施乡村振兴战略（见图7-5）。必须立足国情农情,顺势而为,切实增强责任感使命感紧迫感,举全党全国全社会之力,以更大的决心、更明确的目标、更有力的举措,推动农业全面升级、农村全面进步、农民全面发展,谱写新时代乡村全面振兴新篇章。

图7-5　宣传乡村振兴

(资料来源:中国日报网。)

(二)实施乡村振兴战略的总体要求

1. 指导思想

全面贯彻党的十九大、二十大精神,以习近平新时代中国特色社会主义思想为指导,加强党对"三农"工作的领导,坚持稳中求进工作总基调,牢固树立新发展理念,落实高质量发展的要求,紧紧围绕统筹推进"五位一体"总体布局和协调推进"四个全面"战略布局,坚持把解决好"三农"问题作为全党工作的重中之重,坚持农业农村优先发展,按照产业兴旺、生态宜居、乡风文明、治理有效、生活富裕的总要求,建立健全城乡融合发展体制机制和政策体系,统筹推进农村经济建设、政治建设、文化建设、社会建设、生态文明建设和党的建设,加快推进乡村治理体系和治理能力现代化,加快推进农业农村现代化,走中国特色社会主义乡村振兴道路,让农业成为有奔头的产业,让农民成为有吸引力的职业,让农村成为安居乐业的美丽家园。

2. 目标任务

实施乡村振兴战略的目标任务是:到2020年,乡村振兴取得重要进展,制度框架和政策体系基本形成。农业综合生产能力稳步提升,农业供给体系质量明显提高,农村一二三产业融合发展水平进一步提升;农民增收渠道进一步拓宽,城乡居民生活水平的差距持续缩小;现行标准下农村贫困人口实现脱贫,贫困县全部摘帽,解决区域性整体贫困;农村基础设施建设深入推进,农村人居环境明显改善,美丽宜居乡村建设扎实推进;城乡基本公共服务均等化水平进一步提高,城乡融合发展体制机制初步建立;农村对人才的吸引力逐步增强;农村生态环境明显好转,农业生态服务能力进一步提高;以党组织为核心的农村基层组织建设进一步加强,乡村治理体系进一步完善;党的农村工作领导体制机制进一步健全;各地区各部门推进乡村振兴的思路举措得以确立。

到2035年,乡村振兴取得决定性进展,农业农村现代化基本实现。农业结构得到根本性改善,农民就业质量显著提高,相对贫困进一步缓解,共同富裕迈出坚实步伐;城乡基本公共服务均等化基本实现,城乡融合发展体制机制更加完善;乡风文明达到新高度,乡村治理体系更加完善;农村生态环境根本好转,美丽宜居乡村基本实现。

到2050年,乡村全面振兴,农业强、农村美、农民富全面实现。

3. 基本原则

(1)坚持党管农村工作。毫不动摇地坚持和加强党对农村工作的领导,健全党管农村工作领导体制机制和党内法规,确保党在农村工作中始终总揽全局、协调各方,为乡村振兴提供坚强有力的政治保障。

(2)坚持农业农村优先发展。把实现乡村振兴作为全党的共同意志、共同行动,做到认识统一、步调一致,在干部配备上优先考虑,在要素配置上优先满足,在资金投入上优先保障,在公共服务上优先安排,加快补齐农业农村短板(见图7-6)。

(3)坚持农民的主体地位。充分尊重农民意愿,切实发挥农民在

图7-6　扶持农业发展

(资料来源：新华社图片新闻官方账号，2021-04-24，程硕作。)

乡村振兴中的主体作用，调动亿万农民的积极性、主动性、创造性，把维护农民群众根本利益、促进农民共同富裕作为出发点和落脚点，促进农民持续增收，不断提升农民的获得感、幸福感、安全感。

(4)坚持乡村全面振兴。准确把握乡村振兴的科学内涵，挖掘乡村多种功能和价值，统筹谋划农村经济建设、政治建设、文化建设、社会建设、生态文明建设和党的建设，注重协同性、关联性，整体部署，协调推进。

(5)坚持城乡融合发展。坚决破除体制机制弊端，使市场在资源配置中起决定性作用，更好地发挥政府作用，推动城乡要素自由流动、平等交换，推动新型工业化、信息化、城镇化、农业现代化同步发展，加快形成工农互促、城乡互补、全面融合、共同繁荣的新型工农城乡关系。

(6)坚持人与自然和谐共生。牢固树立和践行绿水青山就是金山银山的理念，落实节约优先、保护优先、自然恢复为主的方针，统筹山水林田湖草系统治理，严守生态保护红线，以绿色发展引领乡村振兴。

(7) 坚持因地制宜、循序渐进。科学把握乡村的差异性和发展走势分化的特征，做好顶层设计，注重规划先行、突出重点、分类施策、典型引路。既尽力而为，又量力而行，不搞层层加码，不搞一刀切，不搞形式主义，久久为功，扎实推进。

（三）乡村振兴的总要求

2019年6月1日出版的第11期《求是》杂志发表中共中央总书记、国家主席、中央军委主席习近平的重要文章《把乡村振兴战略作为新时代"三农"工作总抓手》。文章强调，党的十九大报告对乡村振兴战略进行了概括，提出要坚持农业农村优先发展，按照产业兴旺、生态宜居、乡风文明、治理有效、生活富裕的总要求，建立健全城乡融合发展体制机制和政策体系，加快推进农业农村现代化。其中，农业农村现代化是实施乡村振兴战略的总目标，建立健全城乡融合发展体制机制和政策体系是制度保障，坚持农业农村优先发展是总方针，产业兴旺、生态宜居、乡风文明、治理有效、生活富裕是总要求。

文章指出，产业兴旺、生态宜居、乡风文明、治理有效、生活富裕，"二十个字"的总要求，反映了乡村振兴战略的丰富内涵。21世纪初，我国刚刚实现总体小康，面临着全面建设小康社会的任务，我们党就提出了"生产发展、生活宽裕、乡风文明、村容整洁、管理民主"的社会主义新农村建设总要求，这在当时是符合实际的。现在，中国特色社会主义进入了新时代，社会主要矛盾、农业主要矛盾发生了很大变化，广大农民群众有更高的期待，需要对农业农村发展提出更高要求。产业兴旺，是解决农村一切问题的前提，从"生产发展"到"产业兴旺"，反映了农业农村经济适应市场需求变化、加快优化升级、促进产业融合的新要求。生态宜居，是乡村振兴的内在要求，从"村容整洁"到"生态宜居"，反映了农村生态文明建设质的提升，体现了广大农民群众对建设美丽家园的追求。乡风文明是乡村振兴的紧迫任务，重点是弘扬社会主义核心价值观，保护和传承农村优秀传统文化，加强农村公共文化建设，开展移风易俗，改善农民精神风貌，提高乡村社会文明程度。治理有效是乡村振兴的重要保障，从"管理民主"到"治理有效"，是要推进乡村治理能力和治理水平现代化，让农村既充满活力又和谐有序。生活富裕是乡村振兴的主要目的,从"生活宽裕"到"生活富裕",反映了广大农民群众日益增长的美好生活需要。

1. 乡村振兴,产业兴旺是重点

必须坚持质量兴农、绿色兴农,以农业供给侧结构性改革为主线,加快构建现代农业产业体系、生产体系、经营体系,提高农业创新力、竞争力和全要素生产率,加快实现由农业大国向农业强国转变。

(1) 夯实农业生产能力基础。深入实施藏粮于地、藏粮于技战略,严守耕地红线,确保国家粮食安全,把中国人的饭碗牢牢端在自己手中。全面落实永久基本农田特殊保护制度,加快划定和建设粮食生产功能区、重要农产品生产保护区,完善支持政策。

(2) 实施质量兴农战略。制定和实施国家质量兴农战略规划,建立健全质量兴农评价体系、政策体系、工作体系和考核体系。深入推进农业绿色化、优质化、特色化、品牌化,调整优化农业生产力布局,推动农业由增产导向转向提质导向。

(3) 构建农村一二三产业融合发展体系。大力开发农业多种功能,延长产业链、提升价值链、完善利益链,通过保底分红、股份合作、利润返还等多种形式,让农民合理分享全产业链增值收益。发展乡村共享经济、创意农业、特色文化产业。

(4) 构建农业对外开放新格局。优化资源配置,着力节本增效,提高我国农产品的国际竞争力。积极支持农业走出去,培育具有国际竞争力的大粮商和农业企业集团。积极参与全球粮食安全治理和农业贸易规则制定,促进形成更加公平合理的农业国际贸易秩序。

(5) 促进小农户和现代农业发展有机衔接。统筹兼顾培育新型农业经营主体和扶持小农户,采取有针对性的措施,把小农生产引入现代农业发展轨道。

2. 乡村振兴,生态宜居是关键

良好的生态环境是农村最大优势和宝贵财富。必须尊重自然、顺应自然、保护自然,推动乡村自然资本加快增值,实现百姓富、生态美的统一。

(1) 统筹山水林田湖草系统治理。把山水林田湖草作为一个生命共同体,进行统一保护、统一修复。实施重要生态系统保护和修复工程。健全耕地草原森林河流湖泊休养生息制度,分类有序地退出超载的边际产能。

(2) 加强农村突出环境问题综合治理。加强农业面源污染防治,开展农业绿色发展行动,实现投入品减量化、生产清洁化、废弃物资源化、产业模式生态化。

(3) 建立市场化多元化生态补偿机制。落实农业功能区制度,加大重点生态功能区转移支付力度,完善生态保护成效与资金分配挂钩的激励约束机制。推行生态建设和保护以工代赈做法,提供更多生态公益岗位。

(4) 增加农业生态产品和服务供给。正确处理开发与保护的关系,运用现代科技和管理手段,将乡村生态优势转化为发展生态经济的优势,提供更多更好的绿色生态产品和服务,促进生态和经济良性循环。

3. 乡村振兴,乡风文明是保障

必须坚持物质文明和精神文明一起抓,提升农民精神风貌,培育文明乡风、良好家风、淳朴民风,不断提高乡村社会文明程度。

(1) 加强农村思想道德建设。以社会主义核心价值观为引领,坚持教育引导、实践养成、制度保障三管齐下,采取符合农村特点的有效方式,深化中国特色社会主义和中国梦宣传教育,大力弘扬民族精神和时代精神。

(2) 传承发展提升农村优秀传统文化。立足乡村文明,吸取城市文明及外来文化优秀成果,在保护传承的基础上,创造性转化、创新性发展,不断赋予时代内涵、丰富表现形式。

(3) 加强农村公共文化建设。按照有标准、有网络、有内容、有人才的要求,健全乡村公共文化服务体系。发挥县级公共文化机构辐射作用,推进基层综合性文化服务中心建设,实现乡村两级公共文化服务全覆盖,提升服务效能。

(4) 开展移风易俗行动。广泛开展文明村镇、星级文明户、文明家庭等群众性精神文明创建活动,遏制大操大办、厚葬薄养、人情攀比等陈规陋习。加强无神论宣传教育，丰富农民群众的精神文化生活，抵制封建迷信活动。深化农村殡葬改革。加强农村科普工作，提高农民科学文化素养。

4. 乡村振兴，治理有效是基础

必须把夯实基层基础作为固本之策，建立健全党委领导、政府负责、社会协同、公众参与、法治保障的现代乡村社会治理体制，坚持自治、法治、德治相结合，确保乡村社会充满活力、和谐有序。

（1）加强农村基层党组织建设。扎实推进抓党建促乡村振兴，突出政治功能，提升组织力，抓乡促村，把农村基层党组织建成坚强的战斗堡垒。

（2）深化村民自治实践。坚持自治为基，加强农村群众性自治组织建设，健全和创新村党组织领导的充满活力的村民自治机制。发挥自治章程、村规民约的积极作用。全面建立健全村务监督委员会，推行村级事务阳光工程。依托村民会议、村民代表会议、村民议事会、村民理事会、村民监事会等，形成民事民议、民事民办、民事民管的多层次基层协商格局。

（3）建设法治乡村。坚持法治为本，树立依法治理理念，强化法律在维护农民权益、规范市场运行、农业支持保护、生态环境治理、化解农村社会矛盾等方面的权威地位。增强基层干部的法治观念和法治为民的意识，将政府涉农各项工作纳入法治化轨道。加大农村普法力度，提高农民法治素养，引导广大农民增强尊法学法守法用法意识。

（4）提升乡村德治水平。深入挖掘乡村熟人社会蕴含的道德规范，结合时代要求进行创新，强化道德教化作用，引导农民向上向善、孝老爱亲、重义守信、勤俭持家。建立道德激励约束机制，引导农民自我管理、自我教育、自我服务、自我提高，实现家庭和睦、邻里和谐、干群融洽。

（5）建设平安乡村。健全落实社会治安综合治理领导责任制，大力推进农村社会治安防控体系建设，推动社会治安防控力量下沉。探索以网格化管理为抓手、以现代信息技术为支撑，实现基层服务和管理精细化精准化。推进农村"雪亮工程"建设。

5. 乡村振兴，生活富裕是根本

要坚持人人尽责、人人享有，按照抓重点、补短板、强弱项的要求，围绕农民群众最关心最直接最现实的利益问题，一件事情接着一件事情办，一年接着一年干，把乡村建设成为幸福美丽新家园。

（1）优先发展农村教育事业。高度重视发展农村义务教育，推动建立以城带乡、整体推进、城乡一体、均衡发展的义务教育发展机制。以市县为单位，推动优质学校辐射农村薄弱学校常态化。统筹配置城乡师资，并向乡村倾斜，建好建强乡村教师队伍。

（2）促进农村劳动力转移就业和农民增收。健全覆盖城乡的公共就业服务体系，大规模开展职业技能培训，促进农民工多渠道转移就业，提高就业质量。深化户籍制度改革，促进有条件、有意愿、在城镇有稳定就业和住所的农业转移人口在城镇有序落户，依法平等享受城镇公共服务。拓宽农民增收渠道，鼓励农民勤劳守法致富，增加农村低收入者收入，扩大农村中等收入群体，保持农村居民收入增速快于城镇居民。

（3）推动农村基础设施提档升级。继续把基础设施建设重点放在农村，加快农村公路、供水、供气、环保、电网、物流、信息、广播电视等基础设施建设，推动城乡基础设施互联互通。

（4）加强农村社会保障体系建设。完善统一的城乡居民基本医疗保险制度和大病保险制度，做好农民重特大疾病救助工作。完善城乡居民基本养老保险制度，建立城乡居民基本养老保险待遇确定和基础养老金标准正常调整机制。统筹城乡社会救助体系，完善最低生活保障制度，做好农村社会救助兜底工作。

（5）推进健康乡村建设。强化农村公共卫生服务，加强慢性病综合防控，大力推进农村地区精神卫生、职业病和重大传染病防治。完善基本公共卫生服务项目补助政策，加强基层医疗卫生服务体系建设，支持乡镇卫生院和村卫生室改善条件。加强乡村中医药服务。开展和规范家庭医生签约服务，加强妇幼、老人、残疾人等重点人群健康服务。倡导优生优育。深入开展乡村爱国卫生运动。

（6）持续改善农村人居环境。以农村垃圾、污水治理和村容村貌提升为主攻方向,整合各种资源,强化各种举措,稳步有序地推进农村人居环境突出问题治理。持续推进宜居宜业的美丽乡村建设。

四、实施乡村振兴战略的条件保障

1. 实施乡村振兴战略,必须把制度建设贯穿其中

要以完善产权制度和要素市场化配置为重点,激活主体、激活要素、激活市场,着力增强改革的系统性、整体性、协同性。

(1) 巩固和完善农村基本经营制度。落实农村土地承包关系稳定并长久不变的政策,衔接落实好第二轮土地承包到期后再延长30年的政策,让农民吃上长效"定心丸"。全面完成土地承包经营权确权登记颁证工作,实现承包土地信息联通共享。完善农村承包地"三权分置"制度,在依法保护集体土地所有权和农户承包权的前提下,平等保护土地经营权。

(2) 深化农村土地制度改革。系统总结农村土地征收、集体经营性建设用地入市、宅基地制度改革试点经验,逐步扩大试点,加快土地管理法修改,完善农村土地利用管理政策体系。

(3) 深入推进农村集体产权制度改革。全面开展农村集体资产清产核资、集体成员身份确认,加快推进集体经营性资产股份合作制改革。推动资源变资产、资金变股金、农民变股东,探索农村集体经济新的实现形式和运行机制。

(4) 完善农业支持保护制度。以提升农业质量效益和竞争力为目标,强化绿色生态导向,创新完善政策工具和手段,扩大"绿箱"政策①的实施范围和规模,加快建立新型农业支持保护政策体系。

2. 实施乡村振兴战略,必须破解人才瓶颈制约

要把人力资本开发放在首要位置,畅通智力、技术、管理下乡通道,造就更多乡土人才,聚天下人才而用之。

(1) 大力培育新型职业农民。全面建立职业农民制度,完善配套

---

① "绿箱"政策是WTO成员国对农业实施支持与保护的重要措施。"绿箱"政策是用来描述在乌拉圭回合农业协议下不需要作出减让承诺的国内支持政策的术语,是指政府通过服务计划,提供没有或仅有最微小的贸易扭曲作用的农业支持补贴。

政策体系。实施新型职业农民培育工程。

(2) 加强农村专业人才队伍建设。建立县域专业人才统筹使用制度,提高农村专业人才服务保障能力。推动人才管理职能部门简政放权,保障和落实基层用人主体自主权。扶持培养一批农业职业经理人、经纪人、乡村工匠、文化能人、非遗传承人等。

(3) 发挥科技人才的支撑作用。全面建立高等院校、科研院所等事业单位专业技术人员到乡村和企业挂职、兼职和离岗创新创业制度,保障其在职称评定、工资福利、社会保障等方面的权益。

(4) 鼓励社会各界投身乡村建设。建立有效激励机制,以乡情乡愁为纽带,吸引支持企业家、党政干部、专家学者、医生教师、规划师、建筑师、律师、技能人才等,通过下乡担任志愿者、投资兴业、包村包项目、行医办学、捐资捐物、法律服务等方式服务乡村振兴事业。

(5) 创新乡村人才培育引进使用机制。建立自主培养与人才引进相结合,学历教育、技能培训、实践锻炼等多种方式并举的人力资源开发机制。建立城乡、区域、校地之间人才培养合作与交流机制。全面建立城市医生教师、科技文化人员等定期服务乡村机制。研究制定鼓励城市专业人才参与乡村振兴的政策。

3. 实施乡村振兴战略,必须解决钱从哪里来的问题

要健全投入保障制度,创新投融资机制,加快形成财政优先保障、金融重点倾斜、社会积极参与的多元投入格局,确保投入力度不断增强、总量持续增加。

(1) 确保财政投入持续增长。建立健全实施乡村振兴战略财政投入保障制度,公共财政要大力度地向"三农"倾斜,确保财政投入与乡村振兴目标任务相适应。

(2) 拓宽资金筹集渠道。调整完善土地出让收入使用范围,进一步提高农业农村投入比例。

(3) 提高金融服务水平。坚持农村金融改革发展的正确方向,健全适合农业农村特点的农村金融体系,推动农村金融机构回归本源,把更多金融资源配置到农村经济社会发展的重点领域和薄弱环节,更好地满足乡村振兴多样化的金融需求。

第七章 农村社会发展政策 345

材料阅读（一）：

为全面实施乡村振兴战略提供有力的法治保障

2021年4月29日，《乡村振兴促进法》由第十三届全国人民代表大会常务委员会第二十八次会议通过，自2021年6月1日起施行。会后，全国人大常委会法制工作委员会和农业农村部有关部门负责人就《乡村振兴促进法》回答记者提问，对《乡村振兴促进法》给予详细解析。

问：如何理解制定出台《乡村振兴促进法》的重要意义？

答：实施乡村振兴战略，是新时代做好"三农"工作的总抓手。制定《乡村振兴促进法》，是贯彻落实党中央决策部署，保障乡村振兴战略全面实施的重要举措；是立足新发展阶段，推动实现"两个一百年"奋斗目标的重要支撑；是充分总结"三农"法治实践，完善和发展中国特色"三农"法律体系的重要成果。

制定出台《乡村振兴促进法》，为全面实施乡村振兴战略提供有力法治保障，对促进农业全面升级、农村全面进步、农民全面发展，全面建设社会主义现代化国家，实现中华民族伟大复兴的"中国梦"，具有重要意义。

问：能否介绍一下《乡村振兴促进法》的主要特色及其亮点？

答：首先，坚持走中国特色社会主义乡村振兴道路。将坚持中国共产党的领导，贯彻创新、协调、绿色、开放、共享的新发展理念，走中国特色社会主义乡村振兴道路，促进共同富裕作为全面实施乡村振兴战略的指导思想。

坚持乡村全面振兴。统筹推进农村经济建设、政治建设、文化建设、社会建设、生态文明建设和党的建设，整体部署促进乡村产业振兴、人才振兴、文化振兴、生态振兴、组织振兴的制度举措。坚持农业农村优先发展。按照干部配备优先考虑、要素配置优先满足、资金投入优先保障、公共服务优先安排的要求，建立健全实施乡村振兴战略的组织保障、资金投入、政策支持等制度政策体系。

坚持农民主体地位。将维护农民主体地位、尊重农民意愿、保障农民合法权益摆在突出位置、贯穿法律始终,真正使农民成为乡村振兴的参与者、支持者和受益者。坚持城乡融合发展。顺应农业农村发展要求和城乡关系变化的趋势,协同推进乡村振兴战略和新型城镇化战略的实施,促进城乡要素有序流动、平等交换和公共资源均衡配置,坚持以工补农、以城带乡,推动形成工农互促、城乡互补、协调发展、共同繁荣的新型工农城乡关系。

问:《乡村振兴促进法》在坚持农民主体地位方面有哪些规定和体现?

答:实施乡村振兴战略是一篇大文章,要充分尊重农民意愿,调动农民的积极性、主动性、创造性。在实施乡村振兴战略应遵循的基本原则中,强调要坚持农民的主体地位,保障农民民主权利和其他合法权益,维护农民的根本利益。

在促进产业发展和农民增收方面,规定了发展壮大集体经济、促进乡村产业发展的一系列举措,要求各级人民政府建立健全有利于农民收入稳定增长的机制,保障成员从集体经营收入中获得收益分配的权利。

在乡村治理方面,完善农村基层群众自治制度,健全村民委员会民主决策机制和村务公开制度,完善乡村治理体系,建设充满活力、和谐有序的善治乡村。在公共服务方面,提出实现基本公共服务均等化的明确要求,从传承和发展乡村优秀传统文化、加强基础教育和公共卫生服务保障、培养高素质农民、统筹规划、建设公共基础设施、发展农村社会事业等各方面提出具体举措。

在社会保障方面,完善城乡统筹的社会保障制度,确保城乡居民基本养老保险待遇随经济社会发展逐步提高;加强对农村留守儿童、妇女和老年人以及残疾人、困境儿童的关爱服务;保障进城落户农民和农民工的合法权益。

在乡村建设方面,加强农村住房建设管理和服务,严格禁止违

第七章 农村社会发展政策

法占用耕地建房;严格规范村庄撤并,严禁违背农民意愿、违反法定程序撤并村庄;加强乡村生态保护和修复,采取措施加强农业面源污染治理,持续改善农村人居环境。

问:乡村建设行动是全面推进乡村振兴的重要抓手,请问《乡村振兴促进法》对此作出哪些方面的规定?

答:乡村建设行动既是实施乡村振兴战略的重要任务,也是国家现代化建设的重要内容。《乡村振兴促进法》主要从四个方面作出规定。

(1)规划引领。明确要坚持因地制宜、规划先行、循序渐进,顺应村庄发展规律,安排村庄布局,依法编制村庄规划,分类有序地推进村庄建设。同时,针对个别地方合村并居中损害农民利益的现象,规定要严格规范村庄撤并,严禁违背农民意愿、违反法定程序撤并村庄。

(2)建强硬件。要求地方政府统筹规划、建设、管护城乡道路、垃圾污水处理、消防减灾等公共基础设施和新型基础设施,推动城乡基础设施互联互通;建立政府、村级组织、企业、农民各方参与的共建共管共享机制,综合整治农村水系,治理农村垃圾和污水,推广卫生厕所,持续改善农村人居环境。

(3)抓好软件。要求发展农村社会事业,促进公共教育、医疗卫生、社会保障等资源向农村倾斜;健全乡村便民服务体系,培育服务机构与服务类社会组织;完善城乡统筹的社会保障制度,支持乡村提高社会保障管理服务水平,同时还要提高农村特困人员供养等社会救助水平,支持发展农村普惠型养老服务和互助型养老等。

(4)保护传统村落。法律要求,地方政府应当加强对历史文化名城名镇名村、传统村落和乡村风貌、少数民族特色村寨的保护,开展保护状况监测和评估,采取措施防御和减轻火灾、洪水、地震等灾害,鼓励农村住房设计体现地域、民族和乡土特色等。

资料来源:李秀萍、侯馨远,《农民日报》,2021年5月1日第2版,有删改。

材料阅读(二):

上海:超大城市的乡村振兴之路

近年来,上海的城市形态日趋成熟,城市边界逐渐确定,人们对城市反哺农村、提升郊野地区发展水平的呼声愈来愈高,乡村振兴已成为新形势下越来越迫切的新课题。针对乡村地区长期发展滞后的问题,上海市规划和国土资源管理局进行了诸多有益的探索,如郊野公园、"土地整治+"等。但村庄规划滞后、存量土地盘活困难等问题制约了乡村发展,亟待从规划土地政策入手,为乡村振兴保驾护航。

以"土地整治+"激活乡村内生动力

为补足乡村地区发展短板,加大对经济薄弱镇村的扶持力度,近年来,上海探索了"土地整治+"的乡村振兴模式,通过市级土地整治项目、郊野公园等重点项目,切实改善乡村地区基础服务设施和生产、生活环境,适时导入和孵化体验式农场、民宿等农村新业态,促进试点区域生产、生活、生态融合,激活乡村发展内生动力,已初步取得一定成效。

据了解,上海的"土地整治+"是在原有以土地整治从业单位为主体的专业服务队伍的基础上,整合社会资源,引入跨专业的科研团队、艺术家、社会调查团队、互联网金融机构等社会化创新力量参与土地整治,不断扩大土地整治的"朋友圈"。

在此基础上,上海还以郊野公园为苗圃,孕育出第一、第二、第三产业融合新业态。廊下郊野公园是上海第一个郊野公园,也是目前城乡互动最频繁、产业发展最活跃的郊野公园。廊下郊野公园开园以来,山塘老街、山塘民俗苑、枫叶岛等景点成为旅游观光的热门,为当地村民带来看得见、摸得着的经济利益。

村庄规划滞后制约乡村发展

随着城市发展的日新月异,上海郊区的乡村振兴之路却并未如预想的这般顺利。

一方面,村庄规划缺失,无法有效指导土地开发利用。据了解,上海城市规划起步很早,但村庄规划滞后,城市规划在分解落地时最多只到镇(乡)级,未能进一步细化。乡村地区既缺少高质量的村庄规划,自然村零星分散又割裂了现有的土地利用规划,使其无法指导乡村地区土地开发利用,加之缺少法定规划作为依据,农村土地开发利用面临诸多隐患。

另一方面,农村用地指标难以保障,存量土地盘活困难。上海自2015年开始启动低效建设用地减量化,《上海城市总体规划(2017—2035年)》确定了建设用地总规模3 200平方公里的"天花板",新增建设用地指标格外稀缺。今后各区民生工程、基础设施以及各类建设项目的用地指标,均需依靠减量化腾挪空间,而减量化成本高昂,再加上城乡地价差距较大,导致农村用地比较效益递减,用地指标难以保障。如乡村道路、郊野公园厕所和停车场等,群众有需求,基层呼声很高,却没有相应的用地指标,导致项目始终停留在方案阶段。

统筹规划土地政策振兴乡村

规划是统筹推进乡村振兴的"纲"。上海正有计划、有步骤地提炼乡村建筑、乡村文化的要素和符号,形成"1+9"大调研。"1"是归纳和概括上海与苏浙皖有别的特色;"9"是根植于上海9个涉农区,聚焦历史与文脉积淀。基于大调研成果,上海市规划和国土资源管理局将优化完善《上海市乡村风貌规划设计导则》,重点强化江南田园环境肌理、江南水乡村庄布局、"粉墙黛瓦"江南民居的典型特征传承等。此外,上海市规划和国土资源管理局结合土地整治项目和美丽乡村建设,拟开展"精品村"村庄设计试点,建立乡村规划师制度。乡村规划师团队不局限于规划专业,建筑、艺术、文化领域均有涉及,形成乡村规划师储备库。

上海市规划和国土资源管理局还从政策设计入手,旨在为乡村振兴保驾护航。一方面,加强对村庄发展的分类引导,锁定风貌"保护村",在现有基础上固化用地格局,进一步提升品质,优化功能;合理确定"保留村"规模,适应村庄发展需求;"撤并村"复垦为农用地或生态用地,实施集中居住,研究多元安置模式。另一方面,大力推进新市镇总体规划编制。下一步将简化规划层级,建立"郊野单元规划＋村庄建设规划"的"1＋1"行动规划机制,启用规划调整快速通道,加强规划工作区域统筹,以促进村庄规划实施落地,优先保障农村用地需求。

此外,上海还以松江区为试点,对宅基地基本情况进行全面梳理,计划选取试点镇探索宅基地有偿使用、退出、历史遗留问题处置等内容,研究出台规划和土地管理支持政策,推进土地复合利用,完善宅基地管理制度。

据悉,上海市规划和国土资源管理局正研究制定"新江南田园"乡村振兴计划,试图通过整合相关规划土地支持政策,建设立足上海乡村实际、富有乡村风貌特色、承载江南文化内核的新江南田园乡村,进一步探索"田沃宜耕,水清可濯,径通可至,林幽可隐,景美可赏,人居可适,民富可留,业优可达,乡风可咏"的新江南田园乡村建设路径。

资料来源:卢为民、张天风,《国土资源》2018 年第 6 期。

材料阅读(三):

日本乡村振兴战略的借鉴和启示

20 世纪末,随着经济全球化深入发展,日本农业农村经济发展出现诸多问题,面临巨大挑战。主要表现为:农产品自给率不断下降;人口老龄化、农村过疏化及凋敝现象日趋严重;开放农产品市场的压力日益增大;农业竞争力不足问题突出。为此,日本政府于 1999 年出台《食物、农业、农村基本法》,提出了"乡村振兴战略",并采取种种措施落实乡村振兴战略,推动解决农业农村可持续发展问题。

制定乡村振兴发展规划

根据新农业基本法规定,中央政府每五年制定包括乡村振兴在内的农业发展规划,第四个五年规划已于 2015 年发布。地方政府则负责编制本地区乡村振兴五年规划。日本农林水产省牵头国土交通省、厚生劳动省、环境省、经济产业省,成立乡村振兴联席会议机制,指导地方编制乡村振兴规划,确保地方与中央规划的衔接与配合。在发展规划制定过程中尊重各利益攸关方,包括农村居民、涉农企业、农民协会、地方政府的愿望和意见,通过自下而上编制、自上而下实施,确保了规划制定合理、实施高效。

设置乡村振兴专门机构

日本农林水产省进行机构调整,设立乡村振兴局,将原结构调整局和日本国土厅下属的地方振兴局职能并入该局。乡村振兴局下设农村规划、地区振兴、城乡交流、农村环境、农地改良、工程设计、水资源、土地资源、地区建设、防灾减灾等11个处,研究制定乡村振兴综合性政策和规划,组织实施乡村振兴项目,指导和协调地方政府、团体和农民组织参与乡村振兴计划的制定和实施工作。

统筹推进乡村发展振兴

日本政府在实施乡村振兴战略时,立足国情农情,大力发展山区、半山区农村经济,注重发挥农业多功能性,提升农业附加值及效益。全面改善农业生产基础设施与农村生活环境,提高社会福利。完善农村公路网建设,使村道与国道、省道相通。建设完善的信息和通讯基础设施、农村污水处理设施及下水道、社会教育及体育设施、农村医疗制度、农村休闲活动场所。促进城市与农村交流,推进农村观光休闲产业发展。

确保乡村振兴资金支持

日本乡村振兴资金种类多、数额大,主要涉及农地改良、农业基础设施建设、环境保护、城乡交流、休闲农业发展等方面,具体项目包括丘陵地区增收扶持政策、特殊土壤地区扶持政策、梯田建设基金、减少农地撂荒专项补贴、丘陵地区农业复兴补贴、水利设施建设与合理利用补贴、草地畜牧业基础设施建设补贴、生态农业直补、农业多功能性转移支付、城乡交流促进专项、农村生活体验专项等。据统计,2016年日本的乡村振兴专项资金为6 281亿日元,占日本财政支农资金的23%。

加强人才培养和文化挖掘

通过实施各种人才培训、城乡交流、市民农园体验等项目,在培养造就一批新型青年职业农民的同时,充分发掘和弘扬日本传统农耕文化,进而促进了农村地区的乡风文明建设。

通过近20年的持续努力,日本乡村振兴取得阶段性成效,有力地促进了农业农村发展。农业现代化水平不断提升,农业生产条件持续改善。2015年,日本水田现代设施装备比重占64%,旱田灌溉设施装备比重占24%,高标准农用道路比重占76%,农田水利设施等农业固定资产超过3500亿美元。农村过疏化和凋敝问题得到一定缓解。多年来,日本政府持续加大对偏远山区发展的支持力度,以缓解农村过疏化和凋敝问题。2016年日本政府支持偏远山区乡村发展的直接补贴为770亿日元,占农业财政支农资金的2%左右,新增农业劳动力比20世纪90年代增加了3倍。农业支持政策逐步与国际规则接轨。通过实施乡村振兴战略,日本国内支持政策逐步由"黄箱"向"绿箱"转变。这一转变也有利于在农业生产经营中更多地引入市场机制,提高农业经营效率和国际竞争力。日本乡村振兴虽未能从根本上改变食物自给率低下的问题,但让城市居民认识到了农业多功能的重要性,让部分国民成为本国农产品的拥趸,在国内市场不断开放、国外农产品大势进入的背景下,基本稳定了国内农产品的供求关系。

资料来源:洪志杰,《农民日报》,2019年2月12日第4版。

本章习题

一、选择题

1. 农业科技的特点包括(　　)。
A. 区域性强　　　　　　　　B. 周期长、季节性强
C. 综合性　　　　　　　　　D. 保密性差

2. 我国现阶段农业投入的主体包括(　　)。
A. 国家　　　　　　　　　　B. 农业生产经营组织

C. 农业劳动者 D. 非政府组织

3. (　　)是新农村建设的中心环节。

A. 生产发展 B. 生活宽裕

C. 乡风文明 D. 村容整洁

4. 保护农民的(　　)权利,是对农民权益最直接、最具体、最实在的保护。

A. 土地 B. 财产 C. 经济 D. 教育

二、思考题

1. 农村社会保障政策包括哪些?

2. 新农村建设的意义和要求是什么?

3. 城镇化的含义和发展目标是什么?

4. 实施乡村振兴战略,为什么必须把制度建设贯穿其中?

附　录

附录一　《中华人民共和国农业法》

（1993年7月2日第八届全国人民代表大会常务委员会第二次会议通过　2002年12月28日第九届全国人民代表大会常务委员会第三十一次会议修订　根据2009年8月27日第十一届全国人民代表大会常务委员会第十次会议《关于修改部分法律的决定》第一次修正　根据2012年12月28日第十一届全国人民代表大会常务委员会第三十次会议《关于修改〈中华人民共和国农业法〉的决定》第二次修正）

第一章　总　则

第一条　为了巩固和加强农业在国民经济中的基础地位,深化农村改革,发展农业生产力,推进农业现代化,维护农民和农业生产经营组织的合法权益,增加农民收入,提高农民科学文化素质,促进农业和农村经济的持续、稳定、健康发展,实现全面建设小康社会的目标,制定本法。

第二条　本法所称农业,是指种植业、林业、畜牧业和渔业等产业,包括与其直接相关的产前、产中、产后服务。

本法所称农业生产经营组织,是指农村集体经济组织、农民专业合作经济组织、农业企业和其他从事农业生产经营的组织。

第三条　国家把农业放在发展国民经济的首位。

农业和农村经济发展的基本目标是：建立适应发展社会主义市场经济要求的农村经济体制，不断解放和发展农村生产力，提高农业的整体素质和效益，确保农产品供应和质量，满足国民经济发展和人口增长、生活改善的需求，提高农民的收入和生活水平，促进农村富余劳动力向非农产业和城镇转移，缩小城乡差别和区域差别，建设富裕、民主、文明的社会主义新农村，逐步实现农业和农村现代化。

第四条 国家采取措施，保障农业更好地发挥在提供食物、工业原料和其他农产品，维护和改善生态环境，促进农村经济社会发展等多方面的作用。

第五条 国家坚持和完善公有制为主体、多种所有制经济共同发展的基本经济制度，振兴农村经济。

国家长期稳定农村以家庭承包经营为基础、统分结合的双层经营体制，发展社会化服务体系，壮大集体经济实力，引导农民走共同富裕的道路。

国家在农村坚持和完善以按劳分配为主体、多种分配方式并存的分配制度。

第六条 国家坚持科教兴农和农业可持续发展的方针。

国家采取措施加强农业和农村基础设施建设，调整、优化农业和农村经济结构，推进农业产业化经营，发展农业科技、教育事业，保护农业生态环境，促进农业机械化和信息化，提高农业综合生产能力。

第七条 国家保护农民和农业生产经营组织的财产及其他合法权益不受侵犯。

各级人民政府及其有关部门应当采取措施增加农民收入，切实减轻农民负担。

第八条 全社会应当高度重视农业，支持农业发展。

国家对发展农业和农村经济有显著成绩的单位和个人，给予奖励。

第九条 各级人民政府对农业和农村经济发展工作统一负责，组织各有关部门和全社会做好发展农业和为发展农业服务的各项工作。

国务院农业行政主管部门主管全国农业和农村经济发展工作，国务院林业行政主管部门和其他有关部门在各自的职责范围内，负责有关的农业和农村经济发展工作。

县级以上地方人民政府各农业行政主管部门负责本行政区域内的种植业、畜牧业、渔业等农业和农村经济发展工作,林业行政主管部门负责本行政区域内的林业工作。县级以上地方人民政府其他有关部门在各自的职责范围内,负责本行政区域内有关的为农业生产经营服务的工作。

第二章 农业生产经营体制

第十条 国家实行农村土地承包经营制度,依法保障农村土地承包关系的长期稳定,保护农民对承包土地的使用权。

农村土地承包经营的方式、期限、发包方和承包方的权利义务、土地承包经营权的保护和流转等,适用《中华人民共和国土地管理法》和《中华人民共和国农村土地承包法》。

农村集体经济组织应当在家庭承包经营的基础上,依法管理集体资产,为其成员提供生产、技术、信息等服务,组织合理开发、利用集体资源,壮大经济实力。

第十一条 国家鼓励农民在家庭承包经营的基础上自愿组成各类专业合作经济组织。

农民专业合作经济组织应当坚持为成员服务的宗旨,按照加入自愿、退出自由、民主管理、盈余返还的原则,依法在其章程规定的范围内开展农业生产经营和服务活动。

农民专业合作经济组织可以有多种形式,依法成立、依法登记。任何组织和个人不得侵犯农民专业合作经济组织的财产和经营自主权。

第十二条 农民和农业生产经营组织可以自愿按照民主管理、按劳分配和按股分红相结合的原则,以资金、技术、实物等入股,依法兴办各类企业。

第十三条 国家采取措施发展多种形式的农业产业化经营,鼓励和支持农民和农业生产经营组织发展生产、加工、销售一体化经营。

国家引导和支持从事农产品生产、加工、流通服务的企业、科研单位和其他组织,通过与农民或者农民专业合作经济组织订立合同或者建立各类企业等形式,形成收益共享、风险共担的利益共同体,推进农业产业化经营,带动农业发展。

第十四条 农民和农业生产经营组织可以按照法律、行政法规成立各种农产品行业协会,为成员提供生产、营销、信息、技术、培训等服务,发挥协调和自律作用,提出农产品贸易救济措施的申请,维护成员和行业的利益。

第三章 农业生产

第十五条 县级以上人民政府根据国民经济和社会发展的中长期规划、农业和农村经济发展的基本目标和农业资源区划,制定农业发展规划。

省级以上人民政府农业行政主管部门根据农业发展规划,采取措施发挥区域优势,促进形成合理的农业生产区域布局,指导和协调农业和农村经济结构调整。

第十六条 国家引导和支持农民和农业生产经营组织结合本地实际按照市场需求,调整和优化农业生产结构,协调发展种植业、林业、畜牧业和渔业,发展优质、高产、高效益的农业,提高农产品国际竞争力。

种植业以优化品种、提高质量、增加效益为中心,调整作物结构、品种结构和品质结构。

加强林业生态建设,实施天然林保护、退耕还林和防沙治沙工程,加强防护林体系建设,加速营造速生丰产林、工业原料林和薪炭林。

加强草原保护和建设,加快发展畜牧业,推广圈养和舍饲,改良畜禽品种,积极发展饲料工业和畜禽产品加工业。

渔业生产应当保护和合理利用渔业资源,调整捕捞结构,积极发展水产养殖业、远洋渔业和水产品加工业。

县级以上人民政府应当制定政策,安排资金,引导和支持农业结构调整。

第十七条 各级人民政府应当采取措施,加强农业综合开发和农田水利、农业生态环境保护、乡村道路、农村能源和电网、农产品仓储和流通、渔港、草原围栏、动植物原种良种基地等农业和农村基础设施建设,改善农业生产条件,保护和提高农业综合生产能力。

第十八条 国家扶持动植物品种的选育、生产、更新和良种的推广使用,鼓励品种选育和生产、经营相结合,实施种子工程和畜禽良种工程。国务院和省、自治区、直辖市人民政府设立专项资金,用于扶持动植物良种的选育和推广工作。

第十九条　各级人民政府和农业生产经营组织应当加强农田水利设施建设,建立健全农田水利设施的管理制度,节约用水,发展节水型农业,严格依法控制非农业建设占用灌溉水源,禁止任何组织和个人非法占用或者毁损农田水利设施。

国家对缺水地区发展节水型农业给予重点扶持。

第二十条　国家鼓励和支持农民和农业生产经营组织使用先进、适用的农业机械,加强农业机械安全管理,提高农业机械化水平。

国家对农民和农业生产经营组织购买先进农业机械给予扶持。

第二十一条　各级人民政府应当支持为农业服务的气象事业的发展,提高对气象灾害的监测和预报水平。

第二十二条　国家采取措施提高农产品的质量,建立健全农产品质量标准体系和质量检验检测监督体系,按照有关技术规范、操作规程和质量卫生安全标准,组织农产品的生产经营,保障农产品质量安全。

第二十三条　国家支持依法建立健全优质农产品认证和标志制度。

国家鼓励和扶持发展优质农产品生产。县级以上地方人民政府应当结合本地情况,按照国家有关规定采取措施,发展优质农产品生产。

符合国家规定标准的优质农产品可以依照法律或者行政法规的规定申请使用有关的标志。符合规定产地及生产规范要求的农产品可以依照有关法律或者行政法规的规定申请使用农产品地理标志。

第二十四条　国家实行动植物防疫、检疫制度,健全动植物防疫、检疫体系,加强对动物疫病和植物病、虫、杂草、鼠害的监测、预警、防治,建立重大动物疫情和植物病虫害的快速扑灭机制,建设动物无规定疫病区,实施植物保护工程。

第二十五条　农药、兽药、饲料和饲料添加剂、肥料、种子、农业机械等可能危害人畜安全的农业生产资料的生产经营,依照相关法律、行政法规的规定实行登记或者许可制度。

各级人民政府应当建立健全农业生产资料的安全使用制度,农民和农业生产经营组织不得使用国家明令淘汰和禁止使用的农药、兽药、饲料添加剂等农业生产资料和其他禁止使用的产品。

农业生产资料的生产者、销售者应当对其生产、销售的产品的质量负责,禁止以次充好、以假充真、以不合格的产品冒充合格的产品;禁止生产和销售国家明令淘汰的农药、兽药、饲料添加剂、农业机械等农业生产资料。

第四章　农产品流通与加工

第二十六条　农产品的购销实行市场调节。国家对关系国计民生的重要农产品的购销活动实行必要的宏观调控,建立中央和地方分级储备调节制度,完善仓储运输体系,做到保证供应,稳定市场。

第二十七条　国家逐步建立统一、开放、竞争、有序的农产品市场体系,制定农产品批发市场发展规划。对农村集体经济组织和农民专业合作经济组织建立农产品批发市场和农产品集贸市场,国家给予扶持。

县级以上人民政府工商行政管理部门和其他有关部门按照各自的职责,依法管理农产品批发市场,规范交易秩序,防止地方保护与不正当竞争。

第二十八条　国家鼓励和支持发展多种形式的农产品流通活动。支持农民和农民专业合作经济组织按照国家有关规定从事农产品收购、批发、贮藏、运输、零售和中介活动。鼓励供销合作社和其他从事农产品购销的农业生产经营组织提供市场信息,开拓农产品流通渠道,为农产品销售服务。

县级以上人民政府应当采取措施,督促有关部门保障农产品运输畅通,降低农产品流通成本。有关行政管理部门应当简化手续,方便鲜活农产品的运输,除法律、行政法规另有规定外,不得扣押鲜活农产品的运输工具。

第二十九条　国家支持发展农产品加工业和食品工业,增加农产品的附加值。县级以上人民政府应当制定农产品加工业和食品工业发展规划,引导农产品加工企业形成合理的区域布局和规模结构,扶持农民专业合作经济组织和乡镇企业从事农产品加工和综合开发利用。

国家建立健全农产品加工制品质量标准,完善检测手段,加强农产品加工过程中的质量安全管理和监督,保障食品安全。

第三十条 国家鼓励发展农产品进出口贸易。

国家采取加强国际市场研究、提供信息和营销服务等措施,促进农产品出口。

为维护农产品产销秩序和公平贸易,建立农产品进口预警制度,当某些进口农产品已经或者可能对国内相关农产品的生产造成重大的不利影响时,国家可以采取必要的措施。

第五章 粮食安全

第三十一条 国家采取措施保护和提高粮食综合生产能力,稳步提高粮食生产水平,保障粮食安全。

国家建立耕地保护制度,对基本农田依法实行特殊保护。

第三十二条 国家在政策、资金、技术等方面对粮食主产区给予重点扶持,建设稳定的商品粮生产基地,改善粮食收贮及加工设施,提高粮食主产区的粮食生产、加工水平和经济效益。

国家支持粮食主产区与主销区建立稳定的购销合作关系。

第三十三条 在粮食的市场价格过低时,国务院可以决定对部分粮食品种实行保护价制度。保护价应当根据有利于保护农民利益、稳定粮食生产的原则确定。

农民按保护价制度出售粮食,国家委托的收购单位不得拒收。

县级以上人民政府应当组织财政、金融等部门以及国家委托的收购单位及时筹足粮食收购资金,任何部门、单位或者个人不得截留或者挪用。

第三十四条 国家建立粮食安全预警制度,采取措施保障粮食供给。国务院应当制定粮食安全保障目标与粮食储备数量指标,并根据需要组织有关主管部门进行耕地、粮食库存情况的核查。

国家对粮食实行中央和地方分级储备调节制度,建设仓储运输体系。承担国家粮食储备任务的企业应当按照国家规定保证储备粮的数量和质量。

第三十五条 国家建立粮食风险基金,用于支持粮食储备、稳定粮食市场和保护农民利益。

第三十六条 国家提倡珍惜和节约粮食,并采取措施改善人民的食物营养结构。

第六章 农业投入与支持保护

第三十七条 国家建立和完善农业支持保护体系,采取财政投入、税收优惠、金融支持等措施,从资金投入、科研与技术推广、教育培训、农业生产资料供应、市场信息、质量标准、检验检疫、社会化服务以及灾害救助等方面扶持农民和农业生产经营组织发展农业生产,提高农民的收入水平。

在不与我国缔结或加入的有关国际条约相抵触的情况下,国家对农民实施收入支持政策,具体办法由国务院制定。

第三十八条 国家逐步提高农业投入的总体水平。中央和县级以上地方财政每年对农业总投入的增长幅度应当高于其财政经常性收入的增长幅度。

各级人民政府在财政预算内安排的各项用于农业的资金应当主要用于:加强农业基础设施建设;支持农业结构调整,促进农业产业化经营;保护粮食综合生产能力,保障国家粮食安全;健全动植物检疫、防疫体系,加强动物疫病和植物病、虫、杂草、鼠害防治;建立健全农产品质量标准和检验检测监督体系、农产品市场及信息服务体系;支持农业科研教育、农业技术推广和农民培训;加强农业生态环境保护建设;扶持贫困地区发展;保障农民收入水平等。

县级以上各级财政用于种植业、林业、畜牧业、渔业、农田水利的农业基本建设投入应当统筹安排,协调增长。

国家为加快西部开发,增加对西部地区农业发展和生态环境保护的投入。

第三十九条 县级以上人民政府每年财政预算内安排的各项用于农业的资金应当及时足额拨付。各级人民政府应当加强对国家各项农业资金分配、使用过程的监督管理,保证资金安全,提高资金的使用效率。

任何单位和个人不得截留、挪用用于农业的财政资金和信贷资金。审计机关应当依法加强对用于农业的财政和信贷等资金的审计监督。

第四十条 国家运用税收、价格、信贷等手段,鼓励和引导农民和农业生产经营组织增加农业生产经营性投入和小型农田水利等基本建设投入。

国家鼓励和支持农民和农业生产经营组织在自愿的基础上依法采取多种形式,筹集农业资金。

第四十一条 国家鼓励社会资金投向农业,鼓励企业事业单位、社会团体和个人捐资设立各种农业建设和农业科技、教育基金。

国家采取措施,促进农业扩大利用外资。

第四十二条 各级人民政府应当鼓励和支持企业事业单位及其他各类经济组织开展农业信息服务。

县级以上人民政府农业行政主管部门及其他有关部门应当建立农业信息搜集、整理和发布制度,及时向农民和农业生产经营组织提供市场信息等服务。

第四十三条 国家鼓励和扶持农用工业的发展。

国家采取税收、信贷等手段鼓励和扶持农业生产资料的生产和贸易,为农业生产稳定增长提供物质保障。

国家采取宏观调控措施,使化肥、农药、农用薄膜、农业机械和农用柴油等主要农业生产资料和农产品之间保持合理的比价。

第四十四条 国家鼓励供销合作社、农村集体经济组织、农民专业合作经济组织、其他组织和个人发展多种形式的农业生产产前、产中、产后的社会化服务事业。县级以上人民政府及其各有关部门应当采取措施对农业社会化服务事业给予支持。

对跨地区从事农业社会化服务的,农业、工商管理、交通运输、公安等有关部门应当采取措施给予支持。

第四十五条 国家建立健全农村金融体系,加强农村信用制度建设,加强农村金融监管。

有关金融机构应当采取措施增加信贷投入,改善农村金融服务,对农民和农业生产经营组织的农业生产经营活动提供信贷支持。

农村信用合作社应当坚持为农业、农民和农村经济发展服务的宗旨,优先为当地农民的生产经营活动提供信贷服务。

国家通过贴息等措施,鼓励金融机构向农民和农业生产经营组织的农业生产经营活动提供贷款。

第四十六条 国家建立和完善农业保险制度。

国家逐步建立和完善政策性农业保险制度。鼓励和扶持农民和农业生产经营组织建立为农业生产经营活动服务的互助合作保险组织,鼓励商业性保险公司开展农业保险业务。

农业保险实行自愿原则。任何组织和个人不得强制农民和农业生产经营组织参加农业保险。

第四十七条 各级人民政府应当采取措施,提高农业防御自然灾害的能力,做好防灾、抗灾和救灾工作,帮助灾民恢复生产,组织生产自救,开展社会互助互济;对没有基本生活保障的灾民给予救济和扶持。

第七章 农业科技与农业教育

第四十八条 国务院和省级人民政府应当制定农业科技、农业教育发展规划,发展农业科技、教育事业。

县级以上人民政府应当按照国家有关规定逐步增加农业科技经费和农业教育经费。

国家鼓励、吸引企业等社会力量增加农业科技投入,鼓励农民、农业生产经营组织、企业事业单位等依法举办农业科技、教育事业。

第四十九条 国家保护植物新品种、农产品地理标志等知识产权,鼓励和引导农业科研、教育单位加强农业科学技术的基础研究和应用研究,传播和普及农业科学技术知识,加速科技成果转化与产业化,促进农业科学技术进步。

国务院有关部门应当组织农业重大关键技术的科技攻关。国家采取措施促进国际农业科技、教育合作与交流,鼓励引进国外先进技术。

第五十条 国家扶持农业技术推广事业,建立政府扶持和市场引导相结合,有偿与无偿服务相结合,国家农业技术推广机构和社会力量相结合的农业技术推广体系,促使先进的农业技术尽快应用于农业生产。

第五十一条 国家设立的农业技术推广机构应当以农业技术试验示范基地为依托,承担公共所需的关键性技术的推广和示范等公益性职责,为农民和农业生产经营组织提供无偿农业技术服务。

县级以上人民政府应当根据农业生产发展需要,稳定和加强农业技术推广队伍,保障农业技术推广机构的工作经费。

各级人民政府应当采取措施,按照国家规定保障和改善从事农业技术推广工作的专业科技人员的工作条件、工资待遇和生活条件,鼓励他们为农业服务。

第五十二条 农业科研单位、有关学校、农民专业合作社、涉农企业、群众性科技组织及有关科技人员,根据农民和农业生产经营组织的需要,可以提供无偿服务,也可以通过技术转让、技术服务、技术承包、技术咨询和技术入股等形式,提供有偿服务,取得合法收益。农业科研单位、有关学校、农民专业合作社、涉农企业、群众性科技组织及有关科技人员应当提高服务水平,保证服务质量。

对农业科研单位、有关学校、农业技术推广机构举办的为农业服务的企业,国家在税收、信贷等方面给予优惠。

国家鼓励和支持农民、供销合作社、其他企业事业单位等参与农业技术推广工作。

第五十三条 国家建立农业专业技术人员继续教育制度。县级以上人民政府农业行政主管部门会同教育、人事等有关部门制定农业专业技术人员继续教育计划,并组织实施。

第五十四条 国家在农村依法实施义务教育,并保障义务教育经费。国家在农村举办的普通中小学校教职工工资由县级人民政府按照国家规定统一发放,校舍等教学设施的建设和维护经费由县级人民政府按照国家规定统一安排。

第五十五条 国家发展农业职业教育。国务院有关部门按照国家职业资格证书制度的统一规定,开展农业行业的职业分类、职业技能鉴定工作,管理农业行业的职业资格证书。

第五十六条 国家采取措施鼓励农民采用先进的农业技术,支持农民举办各种科技组织,开展农业实用技术培训、农民绿色证书培训和其他就业培训,提高农民的文化技术素质。

第八章　农业资源与农业环境保护

第五十七条 发展农业和农村经济必须合理利用和保护土地、水、森林、草原、野生动植物等自然资源,合理开发和利用水能、沼气、太阳能、风能等可再生能源和清洁能源,发展生态农业,保护和改善生态环境。

县级以上人民政府应当制定农业资源区划或者农业资源合理利用和保护的区划,建立农业资源监测制度。

第五十八条 农民和农业生产经营组织应当保养耕地,合理使用化肥、农药、农用薄膜,增加使用有机肥料,采用先进技术,保护和提高地力,防止农用地的污染、破坏和地力衰退。

县级以上人民政府农业行政主管部门应当采取措施,支持农民和农业生产经营组织加强耕地质量建设,并对耕地质量进行定期监测。

第五十九条 各级人民政府应当采取措施,加强小流域综合治理,预防和治理水土流失。从事可能引起水土流失的生产建设活动的单位和个人,必须采取预防措施,并负责治理因生产建设活动造成的水土流失。

各级人民政府应当采取措施,预防土地沙化,治理沙化土地。国务院和沙化土地所在地区的县级以上地方人民政府应当按照法律规定制定防沙治沙规划,并组织实施。

第六十条 国家实行全民义务植树制度。各级人民政府应当采取措施,组织群众植树造林,保护林地和林木,预防森林火灾,防治森林病虫害,制止滥伐、盗伐林木,提高森林覆盖率。

国家在天然林保护区域实行禁伐或者限伐制度,加强造林护林。

第六十一条 有关地方人民政府,应当加强草原的保护、建设和管理,指导、组织农(牧)民和农(牧)业生产经营组织建设人工草场、饲草饲料基地和改良天然草原,实行以草定畜,控制载畜量,推行划区轮牧、休牧和禁牧制度,保护草原植被,防止草原退化沙化和盐渍化。

第六十二条 禁止毁林毁草开垦、烧山开垦以及开垦国家禁止开垦的陡坡地,已经开垦的应当逐步退耕还林、还草。

禁止围湖造田以及围垦国家禁止围垦的湿地。已经围垦的,应当逐步退耕还湖、还湿地。

对在国务院批准规划范围内实施退耕的农民,应当按照国家规定予以补助。

第六十三条 各级人民政府应当采取措施,依法执行捕捞限额和禁渔、休渔制度,增殖渔业资源,保护渔业水域生态环境。

国家引导、支持从事捕捞业的农(渔)民和农(渔)业生产经营组织从事水产养殖业或者其他职业,对根据当地人民政府统一规划转产转业的农(渔)民,应当按照国家规定予以补助。

第六十四条 国家建立与农业生产有关的生物物种资源保护制度,保护生物多样性,对稀有、濒危、珍贵生物资源及其原生地实行重点保护。从境外引进生物物种资源应当依法进行登记或者审批,并采取相应安全控制措施。

农业转基因生物的研究、试验、生产、加工、经营及其他应用,必须依照国家规定严格实行各项安全控制措施。

第六十五条 各级农业行政主管部门应当引导农民和农业生产经营组织采取生物措施或者使用高效低毒低残留农药、兽药,防治动植物病、虫、杂草、鼠害。

农产品采收后的秸秆及其他剩余物质应当综合利用,妥善处理,防止造成环境污染和生态破坏。

从事畜禽等动物规模养殖的单位和个人应当对粪便、废水及其他废弃物进行无害化处理或者综合利用,从事水产养殖的单位和个人应当合理投饵、施肥、使用药物,防止造成环境污染和生态破坏。

第六十六条 县级以上人民政府应当采取措施,督促有关单位进行治理,防治废水、废气和固体废弃物对农业生态环境的污染。排放废水、废气和固体废弃物造成农业生态环境污染事故的,由环境保护行政主管部门或者农业行政主管部门依法调查处理;给农民和农业生产经营组织造成损失的,有关责任者应当依法赔偿。

第九章 农民权益保护

第六十七条 任何机关或者单位向农民或者农业生产经营组织收取行政、事业性费用必须依据法律、法规的规定。收费的项目、范围和标准应当公布。没有法律、法规依据的收费,农民和农业生产经营组织有权拒绝。

任何机关或者单位对农民或者农业生产经营组织进行罚款处罚必须依据法律、法规、规章的规定。没有法律、法规、规章依据的罚款,农民和农业生产经营组织有权拒绝。

任何机关或者单位不得以任何方式向农民或者农业生产经营组织进行摊派。除法律、法规另有规定外,任何机关或者单位以任何方式要求农民或者农业生产经营组织提供人力、财力、物力的,属于摊派。农民和农业生产经营组织有权拒绝任何方式的摊派。

第六十八条 各级人民政府及其有关部门和所属单位不得以任何方式向农民或者农业生产经营组织集资。

没有法律、法规依据或者未经国务院批准,任何机关或者单位不得在农村进行任何形式的达标、升级、验收活动。

第六十九条 农民和农业生产经营组织依照法律、行政法规的规定承担纳税义务。税务机关及代扣、代收税款的单位应当依法征税,不得违法摊派税款以及以其他违法方法征税。

第七十条 农村义务教育除按国务院规定收取的费用外,不得向农民和学生收取其他费用。禁止任何机关或者单位通过农村中小学校向农民收费。

第七十一条 国家依法征收农民集体所有的土地,应当保护农民和农村集体经济组织的合法权益,依法给予农民和农村集体经济组织征地补偿,任何单位和个人不得截留、挪用征地补偿费用。

第七十二条 各级人民政府、农村集体经济组织或者村民委员会在农业和农村经济结构调整、农业产业化经营和土地承包经营权流转等过程中,不得侵犯农民的土地承包经营权,不得干涉农民自主安排的生产经营项目,不得强迫农民购买指定的生产资料或者按指定的渠道销售农产品。

第七十三条 农村集体经济组织或者村民委员会为发展生产或者兴办公益事业,需要向其成员(村民)筹资筹劳的,应当经成员(村民)会议或者成员(村民)代表会议过半数通过后,方可进行。

农村集体经济组织或者村民委员会依照前款规定筹资筹劳的,不得超过省级以上人民政府规定的上限控制标准,禁止强行以资代劳。

农村集体经济组织和村民委员会对涉及农民利益的重要事项,应当向农民公开,并定期公布财务账目,接受农民的监督。

第七十四条　任何单位和个人向农民或者农业生产经营组织提供生产、技术、信息、文化、保险等有偿服务,必须坚持自愿原则,不得强迫农民和农业生产经营组织接受服务。

第七十五条　农产品收购单位在收购农产品时,不得压级压价,不得在支付的价款中扣缴任何费用。法律、行政法规规定代扣、代收税款的,依照法律、行政法规的规定办理。

农产品收购单位与农产品销售者因农产品的质量等级发生争议的,可以委托具有法定资质的农产品质量检验机构检验。

第七十六条　农业生产资料使用者因生产资料质量问题遭受损失的,出售该生产资料的经营者应当予以赔偿,赔偿额包括购货价款、有关费用和可得利益损失。

第七十七条　农民或者农业生产经营组织为维护自身的合法权益,有向各级人民政府及其有关部门反映情况和提出合法要求的权利,人民政府及其有关部门对农民或者农业生产经营组织提出的合理要求,应当按照国家规定及时给予答复。

第七十八条　违反法律规定,侵犯农民权益的,农民或者农业生产经营组织可以依法申请行政复议或者向人民法院提起诉讼,有关人民政府及其有关部门或者人民法院应当依法受理。

人民法院和司法行政主管机关应当依照有关规定为农民提供法律援助。

第十章　农村经济发展

第七十九条　国家坚持城乡协调发展的方针,扶持农村第二、第三产业发展,调整和优化农村经济结构,增加农民收入,促进农村经济全面发展,逐步缩小城乡差别。

第八十条　各级人民政府应当采取措施,发展乡镇企业,支持农业的发展,转移富余的农业劳动力。

国家完善乡镇企业发展的支持措施,引导乡镇企业优化结构,更新技术,提高素质。

第八十一条　县级以上地方人民政府应当根据当地的经济发展水平、区位优势和资源条件,按照合理布局、科学规划、节约用地的原则,有重点地推进农村小城镇建设。

地方各级人民政府应当注重运用市场机制,完善相应政策,吸引农民和社会资金投资小城镇开发建设,发展第二、第三产业,引导乡镇企业相对集中发展。

第八十二条　国家采取措施引导农村富余劳动力在城乡、地区间合理有序流动。地方各级人民政府依法保护进入城镇就业的农村劳动力的合法权益,不得设置不合理限制,已经设置的应当取消。

第八十三条　国家逐步完善农村社会救济制度,保障农村五保户、贫困残疾农民、贫困老年农民和其他丧失劳动能力的农民的基本生活。

第八十四条　国家鼓励、支持农民巩固和发展农村合作医疗和其他医疗保障形式,提高农民健康水平。

第八十五条　国家扶持贫困地区改善经济发展条件,帮助进行经济开发。省级人民政府根据国家关于扶持贫困地区的总体目标和要求,制定扶贫开发规划,并组织实施。

各级人民政府应当坚持开发式扶贫方针,组织贫困地区的农民和农业生产经营组织合理使用扶贫资金,依靠自身力量改变贫穷落后面貌,引导贫困地区的农民调整经济结构、开发当地资源。扶贫开发应当坚持与资源保护、生态建设相结合,促进贫困地区经济、社会的协调发展和全面进步。

第八十六条　中央和省级财政应当把扶贫开发投入列入年度财政预算,并逐年增加,加大对贫困地区的财政转移支付和建设资金投入。

国家鼓励和扶持金融机构、其他企业事业单位和个人投入资金支持贫困地区开发建设。

禁止任何单位和个人截留、挪用扶贫资金。审计机关应当加强扶贫资金的审计监督。

第十一章　执法监督

第八十七条　县级以上人民政府应当采取措施逐步完善适应社会主义市场经济发展要求的农业行政管理体制。

县级以上人民政府农业行政主管部门和有关行政主管部门应当加强规划、指导、管理、协调、监督、服务职责，依法行政，公正执法。

县级以上地方人民政府农业行政主管部门应当在其职责范围内健全行政执法队伍，实行综合执法，提高执法效率和水平。

第八十八条 县级以上人民政府农业行政主管部门及其执法人员履行执法监督检查职责时，有权采取下列措施：

（一）要求被检查单位或者个人说明情况，提供有关文件、证照、资料；

（二）责令被检查单位或者个人停止违反本法的行为，履行法定义务。

农业行政执法人员在履行监督检查职责时，应当向被检查单位或者个人出示行政执法证件，遵守执法程序。有关单位或者个人应当配合农业行政执法人员依法执行职务，不得拒绝和阻碍。

第八十九条 农业行政主管部门与农业生产、经营单位必须在机构、人员、财务上彻底分离。农业行政主管部门及其工作人员不得参与和从事农业生产经营活动。

第十二章 法律责任

第九十条 违反本法规定，侵害农民和农业生产经营组织的土地承包经营权等财产权或者其他合法权益的，应当停止侵害，恢复原状；造成损失、损害的，依法承担赔偿责任。

国家工作人员利用职务便利或者以其他名义侵害农民和农业生产经营组织的合法权益的，应当赔偿损失，并由其所在单位或者上级主管机关给予行政处分。

第九十一条 违反本法第十九条、第二十五条、第六十二条、第七十一条规定的，依照相关法律或者行政法规的规定予以处罚。

第九十二条 有下列行为之一的，由上级主管机关责令限期归还被截留、挪用的资金，没收非法所得，并由上级主管机关或者所在单位给予直接负责的主管人员和其他直接责任人员行政处分；构成犯罪的，依法追究刑事责任：

（一）违反本法第三十三条第三款规定，截留、挪用粮食收购资金的；

（二）违反本法第三十九条第二款规定，截留、挪用用于农业的财政资金和信贷资金的；

（三）违反本法第八十六条第三款规定，截留、挪用扶贫资金的。

第九十三条 违反本法第六十七条规定，向农民或者农业生产经营组织违法收费、罚款、摊派的，上级主管机关应当予以制止，并予公告；已经收取钱款或者已经使用人力、物力的，由上级主管机关责令限期归还已经收取的钱款或者折价偿还已经使用的人力、物力，并由上级主管机关或者所在单位给予直接负责的主管人员和其他直接责任人员行政处分；情节严重，构成犯罪的，依法追究刑事责任。

第九十四条 有下列行为之一的，由上级主管机关责令停止违法行为，并给予直接负责的主管人员和其他直接责任人员行政处分，责令退还违法收取的集资款、税款或者费用：

（一）违反本法第六十八条规定，非法在农村进行集资、达标、升级、验收活动的；

（二）违反本法第六十九条规定，以违法方法向农民征税的；

（三）违反本法第七十条规定，通过农村中小学校向农民超额、超项目收费的。

第九十五条 违反本法第七十三条第二款规定，强迫农民以资代劳的，由乡（镇）人民政府责令改正，并退还违法收取的资金。

第九十六条 违反本法第七十四条规定，强迫农民和农业生产经营组织接受有偿服务的，由有关人民政府责令改正，并返还其违法收取的费用；情节严重的，给予直接负责的主管人员和其他直接责任人员行政处分；造成农民和农业生产经营组织损失的，依法承担赔偿责任。

第九十七条 县级以上人民政府农业行政主管部门的工作人员违反本法规定参与和从事农业生产经营活动的，依法给予行政处分；构成犯罪的，依法追究刑事责任。

第十三章 附 则

第九十八条 本法有关农民的规定，适用于国有农场、牧场、林场、渔场等企业事业单位实行承包经营的职工。

第九十九条 本法自2003年3月1日起施行。

附录二 《中国共产党农村工作条例》

第一章 总　则

第一条　为了坚持和加强党对农村工作的全面领导，贯彻党的基本理论、基本路线、基本方略，深入实施乡村振兴战略，提高新时代党全面领导农村工作的能力和水平，根据《中国共产党章程》，制定本条例。

第二条　党的农村工作必须高举中国特色社会主义伟大旗帜，坚持以马克思列宁主义、毛泽东思想、邓小平理论、"三个代表"重要思想、科学发展观、习近平新时代中国特色社会主义思想为指导，增强政治意识、大局意识、核心意识、看齐意识，坚定道路自信、理论自信、制度自信、文化自信，坚决维护习近平总书记党中央的核心、全党的核心地位，坚决维护党中央权威和集中统一领导，紧紧围绕统筹推进"五位一体"总体布局和协调推进"四个全面"战略布局，坚持稳中求进工作总基调，贯彻新发展理念，落实高质量发展要求，以实施乡村振兴战略为总抓手，健全党领导农村工作的组织体系、制度体系和工作机制，加快推进乡村治理体系和治理能力现代化，加快推进农业农村现代化，让广大农民过上更加美好的生活。

第三条　农业农村农民（以下简称"三农"）问题是关系国计民生的根本性问题。坚持把解决好"三农"问题作为全党工作重中之重，把解决好吃饭问题作为治国安邦的头等大事，坚持农业农村优先发展，坚持多予少取放活，推动城乡融合发展，集中精力做好脱贫攻坚、防贫减贫工作，走共同富裕道路。

第四条　党的农村工作必须遵循以下原则：

（一）坚持党对农村工作的全面领导，确保党在农村工作中总揽全局、协调各方，保证农村改革发展沿着正确的方向前进；

（二）坚持以人民为中心，尊重农民主体地位和首创精神，切实保障农民物质利益和民主权利，把农民拥护不拥护、支持不支持作为制定党的农村政策的依据；

（三）坚持巩固和完善农村基本经营制度，夯实党的农村政策基石；

（四）坚持走中国特色社会主义乡村振兴道路，推进乡村产业振兴、人才振兴、文化振兴、生态振兴、组织振兴；

（五）坚持教育引导农民听党话、感党恩、跟党走，把农民群众紧紧团结在党的周围，筑牢党在农村的执政基础；

（六）坚持一切从实际出发，分类指导、循序渐进，不搞强迫命令、不刮风、不一刀切。

第二章　组织领导

第五条　实行中央统筹、省负总责、市县乡抓落实的农村工作领导体制。

第六条　党中央全面领导农村工作，统一制定农村工作大政方针，统一谋划农村发展重大战略，统一部署农村重大改革。党中央定期研究农村工作，每年召开农村工作会议，根据形势任务研究部署农村工作，制定出台指导农村工作的文件。

第七条　党中央设立中央农村工作领导小组，在中央政治局及其常务委员会的领导下开展工作，对党中央负责，向党中央和总书记请示报告工作。

中央农村工作领导小组发挥农村工作牵头抓总、统筹协调等作用，定期分析农村经济社会形势，研究协调"三农"重大问题，督促落实党中央关于农村工作重要决策部署。

中央农村工作领导小组各成员单位应当加强对本单位本系统农村工作的领导，落实职责任务，加强部门协同，形成农村工作合力。

中央农村工作领导小组下设办公室，承担中央农村工作领导小组日常事务。

第八条　省（自治区、直辖市）党委应当定期研究本地区农村工作，定期听取农村工作汇报，决策农村工作重大事项，召开农村工作会议，制定出台农村工作政策举措，抓好重点任务分工、重大项目实施、重要资源配置等工作。

第九条 市(地、州、盟)党委应当把农村工作摆上重要议事日程,做好上下衔接、域内协调、督促检查工作,发挥好以市带县作用。

第十条 县(市、区、旗)党委处于党的农村工作前沿阵地,应当结合本地区实际,制定具体管用的工作措施,建立健全职责清晰的责任体系,贯彻落实党中央以及上级党委关于农村工作的要求和决策部署。县委书记应当把主要精力放在农村工作上,深入基层调查研究,加强统筹谋划,狠抓工作落实。

第十一条 县级以上地方党委应当设立农村工作领导小组,省市级农村工作领导小组一般由同级党委副书记任组长,县级农村工作领导小组由县委书记任组长,其成员由党委和政府有关负责人以及相关部门主要负责人组成。

第十二条 加强各级党委农村工作部门建设,做好机构设置和人员配置工作。各级党委农村工作部门履行决策参谋、统筹协调、政策指导、推动落实、督导检查等职能。

第十三条 各级党委应当完善农村工作领导决策机制,注重发挥人大代表和政协委员作用,注重发挥智库和专业研究机构作用,提高决策科学化水平。

第三章 主要任务

第十四条 加强党对农村经济建设的领导。巩固和加强农业基础地位,实施藏粮于地、藏粮于技战略,严守耕地红线,确保谷物基本自给、口粮绝对安全。深化农业供给侧结构性改革,构建现代农业产业体系、生产体系、经营体系,促进农村一二三产业融合发展,发展壮大农村集体经济,促进农民持续增收致富。坚决打赢脱贫攻坚战,巩固和扩大脱贫攻坚成果。

第十五条 加强党对农村社会主义民主政治建设的领导。完善基层民主制度,深化村民自治实践,健全村党组织领导的充满活力的村民自治机制,丰富基层民主协商形式,保证农民依法实行民主选举、民主协商、民主决策、民主管理、民主监督。严厉打击农村黑恶势力、宗族恶势力,严厉打击各类违法犯罪,严厉打击暴力恐怖活动,保障人民生命财产安全,促进农村社会公平正义。坚决取缔各类非法宗教传播活动,巩固农村基层政权。

第十六条 加强党对农村社会主义精神文明建设的领导。培育和践行社会主义核心价值观，在农民群众中深入开展中国特色社会主义、习近平新时代中国特色社会主义思想宣传教育，建好用好新时代文明实践中心。加强农村思想道德建设，传承发展提升农村优秀传统文化，推进移风易俗。加强农村思想政治工作，广泛开展民主法治教育。深入开展农村群众性精神文明创建活动，丰富农民精神文化生活，提高农民科学文化素质和乡村社会文明程度。

第十七条 加强党对农村社会建设的领导。坚持保障和改善农村民生，大力发展教育、医疗卫生、养老、文化体育、社会保障等农村社会事业，加快改善农村公共基础设施和基本公共服务条件，提升农民生活质量。建立健全党委领导、政府负责、社会协同、公众参与、法治保障、科技支撑的现代乡村社会治理体制，健全党组织领导下的自治、法治、德治相结合的乡村治理体系，建设充满活力、和谐有序的乡村社会。

第十八条 加强党对农村生态文明建设的领导。牢固树立和践行绿水青山就是金山银山的发展理念，统筹山水林田湖草系统治理，促进农业绿色发展，加强农村生态环境保护，改善农村人居环境，建设生态宜居美丽乡村。

第十九条 加强农村党的建设。以提升组织力为重点，突出政治功能，把农村基层党组织建设成为宣传党的主张、贯彻党的决定、领导基层治理、团结动员群众、推动改革发展的坚强战斗堡垒，发挥党员先锋模范作用。坚持农村基层党组织领导地位不动摇，乡镇党委和村党组织全面领导乡镇、村的各类组织和各项工作。村党组织书记应当通过法定程序担任村民委员会主任和村级集体经济组织、合作经济组织负责人，推行村"两委"班子成员交叉任职。加强村党组织对共青团、妇联等群团组织的领导，发挥它们的积极作用。健全村党组织领导下的议事决策机制、监督机制，建立健全村务监督委员会，村级重大事项决策实行"四议两公开"。各级党委特别是县级党委应当认真履行农村基层党建主体责任，坚持抓乡促村，选优配强村党组织书记，整顿软弱涣散村党组织，加强党内激励关怀帮扶，健全以财政投入为主的稳定的村级组织运转经费保障制度，持续加强基本队伍、基本活动、基本阵地、基本制度、基本保障建设。

各级党委应当推动全面从严治党向基层延伸，深入推进农村党风廉政建设，加强农村纪检监察工作，把落实农村政策情况作为巡视巡察重要内容，建立健全农村权力运行监督制度，持续整治侵害农民利益的不正之风和群众身边的腐败问题。

第四章　队伍建设

第二十条　各级党委应当把懂农业、爱农村、爱农民作为基本要求，加强农村工作队伍建设。

各级党委和政府主要负责人应当懂"三农"、会抓"三农"，分管负责人应当成为抓"三农"的行家里手。加强农村工作干部队伍的培养、配备、管理、使用，健全培养锻炼制度，选派优秀干部到县乡挂职任职、到村担任第一书记，把到农村一线工作锻炼、干事创业作为培养干部的重要途径，注重提拔使用实绩优秀的农村工作干部。

农村工作干部应当增强做群众工作的本领，改进工作作风，深入基层，认真倾听农民群众呼声，不断增进与农民群众的感情，坚决反对"四风"特别是形式主义、官僚主义。

第二十一条　各级党委应当加强农村人才队伍建设。建立县域专业人才统筹使用制度和农村人才定向委托培养制度。大力提高乡村教师、医生队伍素质。加强农业科技人才队伍和技术推广队伍建设。培养一支有文化、懂技术、善经营、会管理的高素质农民队伍，造就更多乡土人才。

第二十二条　各级党委应当发挥工会、共青团、妇联、科协、残联、计生协等群团组织的优势和力量，发挥各民主党派、工商联、无党派人士等积极作用，支持引导农村社会工作和志愿服务发展，鼓励社会各界投身乡村振兴。

第五章　保障措施

第二十三条　各级党委应当注重发挥改革对农业农村发展的推动作用。以处理好农民和土地的关系为主线推动深化农村改革，坚持农村土地农民集体所有，坚持家庭经营基础性地位，坚持保持土地承包关系稳定并长久不变,健全符合社会主义市场经济要求的农村经济体制,把实现好、维护好、发展好广大农民的根本利益作为出发点和落脚点,与时俱进推动"三农"理论创新、实践创新、制度创新,调动亿万农民的积极性、主动性、创造性,不断解放和发展农村社会生产力。

第二十四条 各级党委应当注重发挥投入对农业农村发展的支撑作用。推动建立"三农"财政投入稳定增长机制,加大强农惠农富农政策力度,完善农业支持保护制度,健全商业性金融、合作性金融、政策性金融相结合的农村金融服务体系,拓宽资金筹措渠道,确保"三农"投入力度不断增强、总量持续增加。

第二十五条 各级党委应当注重发挥科技教育对农业农村发展的引领作用。深入实施科教兴农战略,健全国家农业科技创新体系、现代农业教育体系、农业技术推广服务体系,把农业农村发展转到创新驱动发展的轨道上来。

第二十六条 各级党委应当注重发挥乡村规划对农业农村发展的导向作用。坚持规划先行,突出乡村特色,保持乡村风貌,加强各类规划统筹管理和系统衔接,推动形成城乡融合、区域一体、多规合一的规划体系,科学有序推进乡村建设发展。

第二十七条 各级党委应当注重发挥法治对农业农村发展的保障作用。坚持法治思维,增强法治观念,健全农业农村法律体系,加强农业综合执法,保障农民合法权益,自觉运用法治方式深化农村改革、促进农村发展、维护农村稳定,提高党领导农村工作法治化水平。

第六章 考核监督

第二十八条 健全五级书记抓乡村振兴考核机制。地方各级党委和政府主要负责人、农村基层党组织书记是本地区乡村振兴工作第一责任人。上级党委和政府应当对下级党委和政府主要负责人、农村基层党组织书记履行第一责任人职责情况开展督查考核,并将考核结果作为干部选拔任用、评先奖优、问责追责的重要参考。

第二十九条 各省(自治区、直辖市)党委和政府每年向党中央、国务院报告乡村振兴战略实施情况,省以下各级党委和政府每年向上级党委和政府报告乡村振兴战略实施情况。

第三十条 实行市县党政领导班子和领导干部推进乡村振兴战略实绩考核制度,将抓好农村工作特别是推进乡村振兴战略实绩、贫困县精准脱贫成效作为政绩考核的重要内容,由上级党委统筹安排实施,考核结果作为对市县党政领导班子和有关领导干部综合考核评价的重要依据。

第三十一条 地方各级党政领导班子和主要负责人不履行或者不正确履行农村工作职责的,应当依照有关党内法规和法律法规予以问责;对农村工作履职不力、工作滞后的,上级党委应当约谈下级党委,本级党委应当约谈同级有关部门。

第三十二条 中央和地方党政机关各涉农部门应当认真履行贯彻落实党中央关于农村工作各项决策部署的职责,贴近基层服务农民群众,不得将部门职责转嫁给农村基层组织。不履行或者不正确履行职责的,应当依照有关党内法规和法律法规予以问责。

第三十三条 各级党委应当建立激励机制,鼓励干部敢于担当作为、勇于改革创新、乐于奉献为民,按照规定表彰和奖励在农村工作中作出突出贡献的集体和个人。

第七章 附 则

第三十四条 各省(自治区、直辖市)党委可以根据本条例,结合本地区情况制定实施办法。

第三十五条 本条例由中央农村工作领导小组办公室负责解释。

第三十六条 本条例自2019年8月19日起施行。

附录三 《中华人民共和国土地管理法》

（1986年6月25日第六届全国人民代表大会常务委员会第十六次会议通过 根据1988年12月29日第七届全国人民代表大会常务委员会第五次会议《关于修改〈中华人民共和国土地管理法〉的决定》第一次修正 1998年8月29日第九届全国人民代表大会常务委员会第四次会议修订 根据2004年8月28日第十届全国人民代表大会常务委员会第十一次会议《关于修改〈中华人民共和国土地管理法〉的决定》第二次修正 根据2019年8月26日第十三届全国人民代表大会常务委员会第十二次会议《关于修改〈中华人民共和国土地管理法〉、〈中华人民共和国城市房地产管理法〉的决定》第三次修正）

第一章 总则

第一条 为了加强土地管理，维护土地的社会主义公有制，保护、开发土地资源，合理利用土地，切实保护耕地，促进社会经济的可持续发展，根据宪法，制定本法。

第二条 中华人民共和国实行土地的社会主义公有制，即全民所有制和劳动群众集体所有制。

全民所有，即国家所有土地的所有权由国务院代表国家行使。

任何单位和个人不得侵占、买卖或者以其他形式非法转让土地。土地使用权可以依法转让。

国家为了公共利益的需要，可以依法对土地实行征收或者征用并给予补偿。

国家依法实行国有土地有偿使用制度。但是，国家在法律规定的范围内划拨国有土地使用权的除外。

第三条 十分珍惜、合理利用土地和切实保护耕地是我国的基本国策。各级人民政府应当采取措施，全面规划，严格管理，保护、开发土地资源，制止非法占用土地的行为。

第四条 国家实行土地用途管制制度。

国家编制土地利用总体规划,规定土地用途,将土地分为农用地、建设用地和未利用地。严格限制农用地转为建设用地,控制建设用地总量,对耕地实行特殊保护。

前款所称农用地是指直接用于农业生产的土地,包括耕地、林地、草地、农田水利用地、养殖水面等;建设用地是指建造建筑物、构筑物的土地,包括城乡住宅和公共设施用地、工矿用地、交通水利设施用地、旅游用地、军事设施用地等;未利用地是指农用地和建设用地以外的土地。

使用土地的单位和个人必须严格按照土地利用总体规划确定的用途使用土地。

第五条 国务院自然资源主管部门统一负责全国土地的管理和监督工作。

县级以上地方人民政府自然资源主管部门的设置及其职责,由省、自治区、直辖市人民政府根据国务院有关规定确定。

第六条 国务院授权的机构对省、自治区、直辖市人民政府以及国务院确定的城市人民政府土地利用和土地管理情况进行督察。

第七条 任何单位和个人都有遵守土地管理法律、法规的义务,并有权对违反土地管理法律、法规的行为提出检举和控告。

第八条 在保护和开发土地资源、合理利用土地以及进行有关的科学研究等方面成绩显著的单位和个人,由人民政府给予奖励。

第二章 土地的所有权和使用权

第九条 城市市区的土地属于国家所有。

农村和城市郊区的土地,除由法律规定属于国家所有的以外,属于农民集体所有;宅基地和自留地、自留山,属于农民集体所有。

第十条 国有土地和农民集体所有的土地,可以依法确定给单位或者个人使用。使用土地的单位和个人,有保护、管理和合理利用土地的义务。

第十一条 农民集体所有的土地依法属于村农民集体所有的,由村集体经济组织或者村民委员会经营、管理;已经分别属于村内两个以上农村集体经济组织的农民集体所有的,由村内各该农村集体经济组织或者村民小组经营、管理;已经属于乡(镇)农民集体所有的,由乡(镇)农村集体经济组织经营、管理。

第十二条　土地的所有权和使用权的登记,依照有关不动产登记的法律、行政法规执行。

依法登记的土地的所有权和使用权受法律保护,任何单位和个人不得侵犯。

第十三条　农民集体所有和国家所有依法由农民集体使用的耕地、林地、草地,以及其他依法用于农业的土地,采取农村集体经济组织内部的家庭承包方式承包,不宜采取家庭承包方式的荒山、荒沟、荒丘、荒滩等,可以采取招标、拍卖、公开协商等方式承包,从事种植业、林业、畜牧业、渔业生产。家庭承包的耕地的承包期为三十年,草地的承包期为三十年至五十年,林地的承包期为三十年至七十年;耕地承包期届满后再延长三十年,草地、林地承包期届满后依法相应延长。

国家所有依法用于农业的土地可以由单位或者个人承包经营,从事种植业、林业、畜牧业、渔业生产。

发包方和承包方应当依法订立承包合同,约定双方的权利和义务。承包经营土地的单位和个人,有保护和按照承包合同约定的用途合理利用土地的义务。

第十四条　土地所有权和使用权争议,由当事人协商解决;协商不成的,由人民政府处理。

单位之间的争议,由县级以上人民政府处理;个人之间、个人与单位之间的争议,由乡级人民政府或者县级以上人民政府处理。

当事人对有关人民政府的处理决定不服的,可以自接到处理决定通知之日起三十日内,向人民法院起诉。

在土地所有权和使用权争议解决前,任何一方不得改变土地利用现状。

第三章　土地利用总体规划

第十五条　各级人民政府应当依据国民经济和社会发展规划、国土整治和资源环境保护的要求、土地供给能力以及各项建设对土地的需求,组织编制土地利用总体规划。

土地利用总体规划的规划期限由国务院规定。

第十六条 下级土地利用总体规划应当依据上一级土地利用总体规划编制。

地方各级人民政府编制的土地利用总体规划中的建设用地总量不得超过上一级土地利用总体规划确定的控制指标,耕地保有量不得低于上一级土地利用总体规划确定的控制指标。

省、自治区、直辖市人民政府编制的土地利用总体规划,应当确保本行政区域内耕地总量不减少。

第十七条 土地利用总体规划按照下列原则编制:

(一)落实国土空间开发保护要求,严格土地用途管制;

(二)严格保护永久基本农田,严格控制非农业建设占用农用地;

(三)提高土地节约集约利用水平;

(四)统筹安排城乡生产、生活、生态用地,满足乡村产业和基础设施用地合理需求,促进城乡融合发展;

(五)保护和改善生态环境,保障土地的可持续利用;

(六)占用耕地与开发复垦耕地数量平衡、质量相当。

第十八条 国家建立国土空间规划体系。编制国土空间规划应当坚持生态优先,绿色、可持续发展,科学有序统筹安排生态、农业、城镇等功能空间,优化国土空间结构和布局,提升国土空间开发、保护的质量和效率。

经依法批准的国土空间规划是各类开发、保护、建设活动的基本依据。已经编制国土空间规划的,不再编制土地利用总体规划和城乡规划。

第十九条 县级土地利用总体规划应当划分土地利用区,明确土地用途。

乡(镇)土地利用总体规划应当划分土地利用区,根据土地使用条件,确定每一块土地的用途,并予以公告。

第二十条 土地利用总体规划实行分级审批。

省、自治区、直辖市的土地利用总体规划,报国务院批准。

省、自治区人民政府所在地的市、人口在一百万以上的城市以及国务院指定的城市的土地利用总体规划，经省、自治区人民政府审查同意后，报国务院批准。

本条第二款、第三款规定以外的土地利用总体规划，逐级上报省、自治区、直辖市人民政府批准；其中，乡（镇）土地利用总体规划可以由省级人民政府授权的设区的市、自治州人民政府批准。

土地利用总体规划一经批准，必须严格执行。

第二十一条 城市建设用地规模应当符合国家规定的标准，充分利用现有建设用地，不占或者尽量少占农用地。

城市总体规划、村庄和集镇规划，应当与土地利用总体规划相衔接，城市总体规划、村庄和集镇规划中建设用地规模不得超过土地利用总体规划确定的城市和村庄、集镇建设用地规模。

在城市规划区内、村庄和集镇规划区内，城市和村庄、集镇建设用地应当符合城市规划、村庄和集镇规划。

第二十二条 江河、湖泊综合治理和开发利用规划，应当与土地利用总体规划相衔接。在江河、湖泊、水库的管理和保护范围以及蓄洪滞洪区内，土地利用应当符合江河、湖泊综合治理和开发利用规划，符合河道、湖泊行洪、蓄洪和输水的要求。

第二十三条 各级人民政府应当加强土地利用计划管理，实行建设用地总量控制。

土地利用年度计划，根据国民经济和社会发展计划、国家产业政策、土地利用总体规划以及建设用地和土地利用的实际状况编制。土地利用年度计划应当对本法第六十三条规定的集体经营性建设用地作出合理安排。土地利用年度计划的编制审批程序与土地利用总体规划的编制审批程序相同，一经审批下达，必须严格执行。

第二十四条 省、自治区、直辖市人民政府应当将土地利用年度计划的执行情况列为国民经济和社会发展计划执行情况的内容，向同级人民代表大会报告。

第二十五条 经批准的土地利用总体规划的修改，须经原批准机关批准；未经批准，不得改变土地利用总体规划确定的土地用途。

经国务院批准的大型能源、交通、水利等基础设施建设用地,需要改变土地利用总体规划的,根据国务院的批准文件修改土地利用总体规划。

经省、自治区、直辖市人民政府批准的能源、交通、水利等基础设施建设用地,需要改变土地利用总体规划的,属于省级人民政府土地利用总体规划批准权限内的,根据省级人民政府的批准文件修改土地利用总体规划。

第二十六条 国家建立土地调查制度。

县级以上人民政府自然资源主管部门会同同级有关部门进行土地调查。土地所有者或者使用者应当配合调查,并提供有关资料。

第二十七条 县级以上人民政府自然资源主管部门会同同级有关部门根据土地调查成果、规划土地用途和国家制定的统一标准,评定土地等级。

第二十八条 国家建立土地统计制度。

县级以上人民政府统计机构和自然资源主管部门依法进行土地统计调查,定期发布土地统计资料。土地所有者或者使用者应当提供有关资料,不得拒报、迟报,不得提供不真实、不完整的资料。

统计机构和自然资源主管部门共同发布的土地面积统计资料是各级人民政府编制土地利用总体规划的依据。

第二十九条 国家建立全国土地管理信息系统,对土地利用状况进行动态监测。

第四章　耕地保护

第三十条 国家保护耕地,严格控制耕地转为非耕地。

国家实行占用耕地补偿制度。非农业建设经批准占用耕地的,按照"占多少,垦多少"的原则,由占用耕地的单位负责开垦与所占用耕地的数量和质量相当的耕地;没有条件开垦或者开垦的耕地不符合要求的,应当按照省、自治区、直辖市的规定缴纳耕地开垦费,专款用于开垦新的耕地。

省、自治区、直辖市人民政府应当制定开垦耕地计划,监督占用耕地的单位按照计划开垦耕地或者按照计划组织开垦耕地,并进行验收。

第三十一条 县级以上地方人民政府可以要求占用耕地的单位将所占用耕地耕作层的土壤用于新开垦耕地、劣质地或者其他耕地的土壤改良。

第三十二条 省、自治区、直辖市人民政府应当严格执行土地利用总体规划和土地利用年度计划,采取措施,确保本行政区域内耕地总量不减少、质量不降低。耕地总量减少的,由国务院责令在规定期限内组织开垦与所减少耕地的数量与质量相当的耕地;耕地质量降低的,由国务院责令在规定期限内组织整治。新开垦和整治的耕地由国务院自然资源主管部门会同农业农村主管部门验收。

个别省、直辖市确因土地后备资源匮乏,新增建设用地后,新开垦耕地的数量不足以补偿所占用耕地的数量的,必须报经国务院批准减免本行政区域内开垦耕地的数量,易地开垦数量和质量相当的耕地。

第三十三条 国家实行永久基本农田保护制度。下列耕地应当根据土地利用总体规划划为永久基本农田,实行严格保护:

(一)经国务院农业农村主管部门或者县级以上地方人民政府批准确定的粮、棉、油、糖等重要农产品生产基地内的耕地;

(二)有良好的水利与水土保持设施的耕地,正在实施改造计划以及可以改造的中、低产田和已建成的高标准农田;

(三)蔬菜生产基地;

(四)农业科研、教学试验田;

(五)国务院规定应当划为永久基本农田的其他耕地。

各省、自治区、直辖市划定的永久基本农田一般应当占本行政区域内耕地的百分之八十以上,具体比例由国务院根据各省、自治区、直辖市耕地实际情况规定。

第三十四条 永久基本农田划定以乡(镇)为单位进行,由县级人民政府自然资源主管部门会同同级农业农村主管部门组织实施。永久基本农田应当落实到地块,纳入国家永久基本农田数据库严格管理。

乡(镇)人民政府应当将永久基本农田的位置、范围向社会公告,并设立保护标志。

第三十五条　永久基本农田经依法划定后,任何单位和个人不得擅自占用或者改变其用途。国家能源、交通、水利、军事设施等重点建设项目选址确实难以避让永久基本农田,涉及农用地转用或者土地征收的,必须经国务院批准。

禁止通过擅自调整县级土地利用总体规划、乡(镇)土地利用总体规划等方式规避永久基本农田农用地转用或者土地征收的审批。

第三十六条　各级人民政府应当采取措施,引导因地制宜轮作休耕,改良土壤,提高地力,维护排灌工程设施,防止土地荒漠化、盐渍化、水土流失和土壤污染。

第三十七条　非农业建设必须节约使用土地,可以利用荒地的,不得占用耕地;可以利用劣地的,不得占用好地。

禁止占用耕地建窑、建坟或者擅自在耕地上建房、挖砂、采石、采矿、取土等。

禁止占用永久基本农田发展林果业和挖塘养鱼。

第三十八条　禁止任何单位和个人闲置、荒芜耕地。已经办理审批手续的非农业建设占用耕地,一年内不用而又可以耕种并收获的,应当由原耕种该幅耕地的集体或者个人恢复耕种,也可以由用地单位组织耕种;一年以上未动工建设的,应当按照省、自治区、直辖市的规定缴纳闲置费;连续二年未使用的,经原批准机关批准,由县级以上人民政府无偿收回用地单位的土地使用权;该幅土地原为农民集体所有的,应当交由原农村集体经济组织恢复耕种。

在城市规划区范围内,以出让方式取得土地使用权进行房地产开发的闲置土地,依照《中华人民共和国城市房地产管理法》的有关规定办理。

第三十九条　国家鼓励单位和个人按照土地利用总体规划,在保护和改善生态环境、防止水土流失和土地荒漠化的前提下,开发未利用的土地;适宜开发为农用地的,应当优先开发成农用地。

国家依法保护开发者的合法权益。

第四十条　开垦未利用的土地,必须经过科学论证和评估,在土地利用总体规划划定的可开垦的区域内,经依法批准后进行。禁止毁坏森林、草原开垦耕地,禁止围湖造田和侵占江河滩地。

根据土地利用总体规划,对破坏生态环境开垦、围垦的土地,有计划有步骤地退耕还林、还牧、还湖。

第四十一条 开发未确定使用权的国有荒山、荒地、荒滩从事种植业、林业、畜牧业、渔业生产的,经县级以上人民政府依法批准,可以确定给开发单位或者个人长期使用。

第四十二条 国家鼓励土地整理。县、乡(镇)人民政府应当组织农村集体经济组织,按照土地利用总体规划,对田、水、路、林、村综合整治,提高耕地质量,增加有效耕地面积,改善农业生产条件和生态环境。

地方各级人民政府应当采取措施,改造中、低产田,整治闲散地和废弃地。

第四十三条 因挖损、塌陷、压占等造成土地破坏,用地单位和个人应当按照国家有关规定负责复垦;没有条件复垦或者复垦不符合要求的,应当缴纳土地复垦费,专项用于土地复垦。复垦的土地应当优先用于农业。

第五章 建设用地

第四十四条 建设占用土地,涉及农用地转为建设用地的,应当办理农用地转用审批手续。

永久基本农田转为建设用地的,由国务院批准。

在土地利用总体规划确定的城市和村庄、集镇建设用地规模范围内,为实施该规划而将永久基本农田以外的农用地转为建设用地的,按土地利用年度计划分批次按照国务院规定由原批准土地利用总体规划的机关或者其授权的机关批准。在已批准的农用地转用范围内,具体建设项目用地可以由市、县人民政府批准。

在土地利用总体规划确定的城市和村庄、集镇建设用地规模范围外,将永久基本农田以外的农用地转为建设用地的,由国务院或者国务院授权的省、自治区、直辖市人民政府批准。

第四十五条 为了公共利益的需要,有下列情形之一,确需征收农民集体所有的土地的,可以依法实施征收:

(一)军事和外交需要用地的;

(二)由政府组织实施的能源、交通、水利、通信、邮政等基础设施建设需要用地的;

(三)由政府组织实施的科技、教育、文化、卫生、体育、生态环境和资源保护、防灾减灾、文物保护、社区综合服务、社会福利、市政公用、优抚安置、英烈保护等公共事业需要用地的;

(四)由政府组织实施的扶贫搬迁、保障性安居工程建设需要用地的;

(五)在土地利用总体规划确定的城镇建设用地范围内,经省级以上人民政府批准由县级以上地方人民政府组织实施的成片开发建设需要用地的;

(六)法律规定为公共利益需要可以征收农民集体所有的土地的其他情形。

前款规定的建设活动,应当符合国民经济和社会发展规划、土地利用总体规划、城乡规划和专项规划;第(四)项、第(五)项规定的建设活动,还应当纳入国民经济和社会发展年度计划;第(五)项规定的成片开发并应当符合国务院自然资源主管部门规定的标准。

第四十六条 征收下列土地的,由国务院批准:

(一)永久基本农田;

(二)永久基本农田以外的耕地超过三十五公顷的;

(三)其他土地超过七十公顷的。

征收前款规定以外的土地的,由省、自治区、直辖市人民政府批准。

征收农用地的,应当依照本法第四十四条的规定先行办理农用地转用审批。其中,经国务院批准农用地转用的,同时办理征地审批手续,不再另行办理征地审批;经省、自治区、直辖市人民政府在征地批准权限内批准农用地转用的,同时办理征地审批手续,不再另行办理征地审批,超过征地批准权限的,应当依照本条第一款的规定另行办理征地审批。

第四十七条 国家征收土地的,依照法定程序批准后,由县级以上地方人民政府予以公告并组织实施。

县级以上地方人民政府拟申请征收土地的,应当开展拟征收土现状调查和社会稳定风险评估,并将征收范围、土地现状、征收目的、补偿标准、安置方式和社会保障等在拟征收土地所在的乡(镇)和村、村民小组范围内公告至少三十日,听取被征地的农村集体经济组织及其成员、村民委员会和其他利害关系人的意见。

多数被征地的农村集体经济组织成员认为征地补偿安置方案不符合法律、法规规定的,县级以上地方人民政府应当组织召开听证会,并根据法律、法规的规定和听证会情况修改方案。

拟征收土地的所有权人、使用权人应当在公告规定期限内,持不动产权属证明材料办理补偿登记。县级以上地方人民政府应当组织有关部门测算并落实有关费用,保证足额到位,与拟征收土地的所有权人、使用权人就补偿、安置等签订协议;个别确实难以达成协议的,应当在申请征收土地时如实说明。

相关前期工作完成后,县级以上地方人民政府方可申请征收土地。

第四十八条 征收土地应当给予公平、合理的补偿,保障被征地农民原有生活水平不降低、长远生计有保障。

征收土地应当依法及时足额支付土地补偿费、安置补助费以及农村村民住宅、其他地上附着物和青苗等的补偿费用,并安排被征地农民的社会保障费用。

征收农用地的土地补偿费、安置补助费标准由省、自治区、直辖市通过制定公布区片综合地价确定。制定区片综合地价应当综合考虑土地原用途、土地资源条件、土地产值、土地区位、土地供求关系、人口以及经济社会发展水平等因素,并至少每三年调整或者重新公布一次。

征收农用地以外的其他土地、地上附着物和青苗等的补偿标准,由省、自治区、直辖市制定。对其中的农村村民住宅,应当按照先补偿后搬迁、居住条件有改善的原则,尊重农村村民意愿,采取重新安排宅基地建房、提供安置房或者货币补偿等方式给予公平、合理的补偿,并对因征收造成的搬迁、临时安置等费用予以补偿,保障农村村民居住的权利和合法的住房财产权益。

县级以上地方人民政府应当将被征地农民纳入相应的养老等社会保障体系。被征地农民的社会保障费用主要用于符合条件的被征地农民的养老保险等社会保险缴费补贴。被征地农民社会保障费用的筹集、管理和使用办法,由省、自治区、直辖市制定。

第四十九条 被征地的农村集体经济组织应当将征收土地的补偿费用的收支状况向本集体经济组织的成员公布,接受监督。

禁止侵占、挪用被征收土地单位的征地补偿费用和其他有关费用。

第五十条 地方各级人民政府应当支持被征地的农村集体经济组织和农民从事开发经营,兴办企业。

第五十一条 大中型水利、水电工程建设征收土地的补偿费标准和移民安置办法,由国务院另行规定。

第五十二条 建设项目可行性研究论证时,自然资源主管部门可以根据土地利用总体规划、土地利用年度计划和建设用地标准,对建设用地有关事项进行审查,并提出意见。

第五十三条 经批准的建设项目需要使用国有建设用地的,建设单位应当持法律、行政法规规定的有关文件,向有批准权的县级以上人民政府自然资源主管部门提出建设用地申请,经自然资源主管部门审查,报本级人民政府批准。

第五十四条 建设单位使用国有土地,应当以出让等有偿使用方式取得;但是,下列建设用地,经县级以上人民政府依法批准,可以以划拨方式取得:

(一)国家机关用地和军事用地;

(二)城市基础设施用地和公益事业用地;

(三)国家重点扶持的能源、交通、水利等基础设施用地;

(四)法律、行政法规规定的其他用地。

第五十五条 以出让等有偿使用方式取得国有土地使用权的建设单位,按照国务院规定的标准和办法,缴纳土地使用权出让金等土地有偿使用费和其他费用后,方可使用土地。

自本法施行之日起,新增建设用地的土地有偿使用费,百分之三十上缴中央财政,百分之七十留给有关地方人民政府。具体使用管理办法由国务院财政部门会同有关部门制定,并报国务院批准。

第五十六条 建设单位使用国有土地的,应当按照土地使用权出让等有偿使用合同的约定或者土地使用权划拨批准文件的规定使用土地;确需改变该幅土地建设用途的,应当经有关人民政府自然资源主管部门同意,报原批准用地的人民政府批准。其中,在城市规划区内改变土地用途的,在报批前,应当先经有关城市规划行政主管部门同意。

第五十七条 建设项目施工和地质勘查需要临时使用国有土地或者农民集体所有的土地的,由县级以上人民政府自然资源主管部门批准。其中,在城市规划区内的临时用地,在报批前,应当先经有关城市规划行政主管部门同意。土地使用者应当根据土地权属,与有关自然资源主管部门或者农村集体经济组织、村民委员会签订临时使用土地合同,并按照合同的约定支付临时使用土地补偿费。

临时使用土地的使用者应当按照临时使用土地合同约定的用途使用土地,并不得修建永久性建筑物。

临时使用土地期限一般不超过二年。

第五十八条 有下列情形之一的,由有关人民政府自然资源主管部门报经原批准用地的人民政府或者有批准权的人民政府批准,可以收回国有土地使用权:

(一)为实施城市规划进行旧城区改建以及其他公共利益需要,确需使用土地的;

(二)土地出让等有偿使用合同约定的使用期限届满,土地使用者未申请续期或者申请续期未获批准的;

(三)因单位撤销、迁移等原因,停止使用原划拨的国有土地的;

(四)公路、铁路、机场、矿场等经核准报废的。

依照前款第(一)项的规定收回国有土地使用权的,对土地使用权人应当给予适当补偿。

第五十九条 乡镇企业、乡(镇)村公共设施、公益事业、农村村民住宅等乡(镇)村建设,应当按照村庄和集镇规划,合理布局,综合开发,配套建设;建设用地,应当符合乡(镇)土地利用总体规划和土地利用年度计划,并依照本法第四十四条、第六十条、第六十一条、第六十二条的规定办理审批手续。

第六十条 农村集体经济组织使用乡(镇)土地利用总体规划确定的建设用地兴办企业或者与其他单位、个人以土地使用权入股、联营等形式共同举办企业的,应当持有关批准文件,向县级以上地方人民政府自然资源主管部门提出申请,按照省、自治区、直辖市规定的批准权限,由县级以上地方人民政府批准;其中,涉及占用农用地的,依照本法第四十四条的规定办理审批手续。

按照前款规定兴办企业的建设用地,必须严格控制。省、自治区、直辖市可以按照乡镇企业的不同行业和经营规模,分别规定用地标准。

第六十一条 乡(镇)村公共设施、公益事业建设,需要使用土地的,经乡(镇)人民政府审核,向县级以上地方人民政府自然资源主管部门提出申请,按照省、自治区、直辖市规定的批准权限,由县级以上地方人民政府批准;其中,涉及占用农用地的,依照本法第四十四条的规定办理审批手续。

第六十二条 农村村民一户只能拥有一处宅基地,其宅基地的面积不得超过省、自治区、直辖市规定的标准。

人均土地少、不能保障一户拥有一处宅基地的地区,县级人民政府在充分尊重农村村民意愿的基础上,可以采取措施,按照省、自治区、直辖市规定的标准保障农村村民实现户有所居。

农村村民建住宅,应当符合乡(镇)土地利用总体规划、村庄规划,不得占用永久基本农田,并尽量使用原有的宅基地和村内空闲地。编制乡(镇)土地利用总体规划、村庄规划应当统筹并合理安排宅基地用地,改善农村村民居住环境和条件。

农村村民住宅用地,由乡(镇)人民政府审核批准;其中,涉及占用农用地的,依照本法第四十四条的规定办理审批手续。

农村村民出卖、出租、赠予住宅后,再申请宅基地的,不予批准。

国家允许进城落户的农村村民依法自愿有偿退出宅基地,鼓励农村集体经济组织及其成员盘活利用闲置宅基地和闲置住宅。

国务院农业农村主管部门负责全国农村宅基地改革和管理有关工作。

第六十三条 土地利用总体规划、城乡规划确定为工业、商业等经营性用途,并经依法登记的集体经营性建设用地,土地所有权人可以通过出让、出租等方式交由单位或者个人使用,并应当签订书面合同,载明土地界址、面积、动工期限、使用期限、土地用途、规划条件和双方其他权利义务。

前款规定的集体经营性建设用地出让、出租等,应当经本集体经济组织成员的村民会议三分之二以上成员或者三分之二以上村民代表的同意。

通过出让等方式取得的集体经营性建设用地使用权可以转让、互换、出资、赠予或者抵押,但法律、行政法规另有规定或者土地所有权人、土地使用权人签订的书面合同另有约定的除外。

集体经营性建设用地的出租,集体建设用地使用权的出让及其最高年限、转让、互换、出资、赠予、抵押等,参照同类用途的国有建设用地执行。具体办法由国务院制定。

第六十四条 集体建设用地的使用者应当严格按照土地利用总体规划、城乡规划确定的用途使用土地。

第六十五条 在土地利用总体规划制定前已建的不符合土地利用总体规划确定的用途的建筑物、构筑物,不得重建、扩建。

第六十六条 有下列情形之一的,农村集体经济组织报经原批准用地的人民政府批准,可以收回土地使用权:

(一)为乡(镇)村公共设施和公益事业建设,需要使用土地的;

(二)不按照批准的用途使用土地的;

(三)因撤销、迁移等原因而停止使用土地的。

依照前款第(一)项规定收回农民集体所有的土地的,对土地使用权人应当给予适当补偿。

收回集体经营性建设用地使用权,依照双方签订的书面合同办理,法律、行政法规另有规定的除外。

第六章 监督检查

第六十七条 县级以上人民政府自然资源主管部门对违反土地管理法律、法规的行为进行监督检查。

县级以上人民政府农业农村主管部门对违反农村宅基地管理法

律、法规的行为进行监督检查的，适用本法关于自然资源主管部门监督检查的规定。

土地管理监督检查人员应当熟悉土地管理法律、法规，忠于职守、秉公执法。

第六十八条　县级以上人民政府自然资源主管部门履行监督检查职责时，有权采取下列措施：

（一）要求被检查的单位或者个人提供有关土地权利的文件和资料，进行查阅或者予以复制；

（二）要求被检查的单位或者个人就有关土地权利的问题作出说明；

（三）进入被检查单位或者个人非法占用的土地现场进行勘测；

（四）责令非法占用土地的单位或者个人停止违反土地管理法律、法规的行为。

第六十九条　土地管理监督检查人员履行职责，需要进入现场进行勘测、要求有关单位或者个人提供文件、资料和作出说明的，应当出示土地管理监督检查证件。

第七十条　有关单位和个人对县级以上人民政府自然资源主管部门就土地违法行为进行的监督检查应当支持与配合，并提供工作方便，不得拒绝与阻碍土地管理监督检查人员依法执行职务。

第七十一条　县级以上人民政府自然资源主管部门在监督检查工作中发现国家工作人员的违法行为，依法应当给予处分的，应当依法予以处理；自己无权处理的，应当依法移送监察机关或者有关机关处理。

第七十二条　县级以上人民政府自然资源主管部门在监督检查工作中发现土地违法行为构成犯罪的，应当将案件移送有关机关，依法追究刑事责任；尚不构成犯罪的，应当依法给予行政处罚。

第七十三条　依照本法规定应当给予行政处罚，而有关自然资源主管部门不给予行政处罚的，上级人民政府自然资源主管部门有权责令有关自然资源主管部门作出行政处罚决定或者直接给予行政处罚，并给予有关自然资源主管部门的负责人处分。

第七章 法律责任

第七十四条 买卖或者以其他形式非法转让土地的,由县级以上人民政府自然资源主管部门没收违法所得;对违反土地利用总体规划擅自将农用地改为建设用地的,限期拆除在非法转让的土地上新建的建筑物和其他设施,恢复土地原状,对符合土地利用总体规划的,没收在非法转让的土地上新建的建筑物和其他设施;可以并处罚款;对直接负责的主管人员和其他直接责任人员,依法给予处分;构成犯罪的,依法追究刑事责任。

第七十五条 违反本法规定,占用耕地建窑、建坟或者擅自在耕地上建房、挖砂、采石、采矿、取土等,破坏种植条件的,或者因开发土地造成土地荒漠化、盐渍化的,由县级以上人民政府自然资源主管部门、农业农村主管部门等按照职责责令限期改正或者治理,可以并处罚款;构成犯罪的,依法追究刑事责任。

第七十六条 违反本法规定,拒不履行土地复垦义务的,由县级以上人民政府自然资源主管部门责令限期改正;逾期不改正的,责令缴纳复垦费,专项用于土地复垦,可以处以罚款。

第七十七条 未经批准或者采取欺骗手段骗取批准,非法占用土地的,由县级以上人民政府自然资源主管部门责令退还非法占用的土地,对违反土地利用总体规划擅自将农用地改为建设用地的,限期拆除在非法占用的土地上新建的建筑物和其他设施,恢复土地原状,对符合土地利用总体规划的,没收在非法占用的土地上新建的建筑物和其他设施,可以并处罚款;对非法占用土地单位的直接负责的主管人员和其他直接责任人员,依法给予处分;构成犯罪的,依法追究刑事责任。

超过批准的数量占用土地,多占的土地以非法占用土地论处。

第七十八条 农村村民未经批准或者采取欺骗手段骗取批准,非法占用土地建住宅的,由县级以上人民政府农业农村主管部门责令退还非法占用的土地,限期拆除在非法占用的土地上新建的房屋。

超过省、自治区、直辖市规定的标准,多占的土地以非法占用土地论处。

第七十九条　无权批准征收、使用土地的单位或者个人非法批准占用土地的,超越批准权限非法批准占用土地的,不按照土地利用总体规划确定的用途批准用地的,或者违反法律规定的程序批准占用、征收土地的,其批准文件无效,对非法批准征收、使用土地的直接负责的主管人员和其他直接责任人员,依法给予处分;构成犯罪的,依法追究刑事责任。非法批准、使用的土地应当收回,有关当事人拒不归还的,以非法占用土地论处。

非法批准征收、使用土地,对当事人造成损失的,依法应当承担赔偿责任。

第八十条　侵占、挪用被征收土地单位的征地补偿费用和其他有关费用,构成犯罪的,依法追究刑事责任;尚不构成犯罪的,依法给予处分。

第八十一条　依法收回国有土地使用权当事人拒不交出土地的,临时使用土地期满拒不归还的,或者不按照批准的用途使用国有土地的,由县级以上人民政府自然资源主管部门责令交还土地,处以罚款。

第八十二条　擅自将农民集体所有的土地通过出让、转让使用权或者出租等方式用于非农业建设,或者违反本法规定,将集体经营性建设用地通过出让、出租等方式交由单位或者个人使用的,由县级以上人民政府自然资源主管部门责令限期改正,没收违法所得,并处罚款。

第八十三条　依照本法规定,责令限期拆除在非法占用的土地上新建的建筑物和其他设施的,建设单位或者个人必须立即停止施工,自行拆除;对继续施工的,作出处罚决定的机关有权制止。建设单位或者个人对责令限期拆除的行政处罚决定不服的,可以在接到责令限期拆除决定之日起十五日内,向人民法院起诉;期满不起诉又不自行拆除的,由作出处罚决定的机关依法申请人民法院强制执行,费用由违法者承担。

第八十四条　自然资源主管部门、农业农村主管部门的工作人员玩忽职守、滥用职权、徇私舞弊,构成犯罪的,依法追究刑事责任;尚不构成犯罪的,依法给予处分。

第八章 附 则

第八十五条 外商投资企业使用土地的,适用本法;法律另有规定的,从其规定。

第八十六条 在根据本法第十八条的规定编制国土空间规划前,经依法批准的土地利用总体规划和城乡规划继续执行。

第八十七条 本法自1999年1月1日起施行。

附录四 《中华人民共和国乡村振兴促进法》

(2021年4月29日第十三届全国人民代表大会常务委员会第二十八次会议通过)

第一章 总　则

第一条　为了全面实施乡村振兴战略,促进农业全面升级、农村全面进步、农民全面发展,加快农业农村现代化,全面建设社会主义现代化国家,制定本法。

第二条　全面实施乡村振兴战略,开展促进乡村产业振兴、人才振兴、文化振兴、生态振兴、组织振兴,推进城乡融合发展等活动,适用本法。

本法所称乡村,是指城市建成区以外具有自然、社会、经济特征和生产、生活、生态、文化等多重功能的地域综合体,包括乡镇和村庄等。

第三条　促进乡村振兴应当按照产业兴旺、生态宜居、乡风文明、治理有效、生活富裕的总要求,统筹推进农村经济建设、政治建设、文化建设、社会建设、生态文明建设和党的建设,充分发挥乡村在保障农产品供给和粮食安全、保护生态环境、传承发展中华民族优秀传统文化等方面的特有功能。

第四条　全面实施乡村振兴战略,应当坚持中国共产党的领导,贯彻创新、协调、绿色、开放、共享的新发展理念,走中国特色社会主义乡村振兴道路,促进共同富裕,遵循以下原则:

(一)坚持农业农村优先发展,在干部配备上优先考虑,在要素配置上优先满足,在资金投入上优先保障,在公共服务上优先安排;

(二)坚持农民主体地位,充分尊重农民意愿,保障农民民主权利和其他合法权益,调动农民的积极性、主动性、创造性,维护农民根本利益;

(三)坚持人与自然和谐共生,统筹山水林田湖草沙系统治理,推

动绿色发展,推进生态文明建设;

（四）坚持改革创新,充分发挥市场在资源配置中的决定性作用,更好发挥政府作用,推进农业供给侧结构性改革和高质量发展,不断解放和发展乡村社会生产力,激发农村发展活力;

（五）坚持因地制宜、规划先行、循序渐进,顺应村庄发展规律,根据乡村的历史文化、发展现状、区位条件、资源禀赋、产业基础分类推进。

第五条 国家巩固和完善以家庭承包经营为基础、统分结合的双层经营体制,发展壮大农村集体所有制经济。

第六条 国家建立健全城乡融合发展的体制机制和政策体系,推动城乡要素有序流动、平等交换和公共资源均衡配置,坚持以工补农、以城带乡,推动形成工农互促、城乡互补、协调发展、共同繁荣的新型工农城乡关系。

第七条 国家坚持以社会主义核心价值观为引领,大力弘扬民族精神和时代精神,加强乡村优秀传统文化保护和公共文化服务体系建设,繁荣发展乡村文化。

每年农历秋分日为中国农民丰收节。

第八条 国家实施以我为主、立足国内、确保产能、适度进口、科技支撑的粮食安全战略,坚持藏粮于地、藏粮于技,采取措施不断提高粮食综合生产能力,建设国家粮食安全产业带,完善粮食加工、流通、储备体系,确保谷物基本自给、口粮绝对安全,保障国家粮食安全。

国家完善粮食加工、储存、运输标准,提高粮食加工出品率和利用率,推动节粮减损。

第九条 国家建立健全中央统筹、省负总责、市县乡抓落实的乡村振兴工作机制。

各级人民政府应当将乡村振兴促进工作纳入国民经济和社会发展规划,并建立乡村振兴考核评价制度、工作年度报告制度和监督检查制度。

第十条 国务院农业农村主管部门负责全国乡村振兴促进工作的统筹协调、宏观指导和监督检查;国务院其他有关部门在各自职责范围内负责有关的乡村振兴促进工作。

县级以上地方人民政府农业农村主管部门负责本行政区域内乡村振兴促进工作的统筹协调、指导和监督检查；县级以上地方人民政府其他有关部门在各自职责范围内负责有关的乡村振兴促进工作。

第十一条 各级人民政府及其有关部门应当采取多种形式，广泛宣传乡村振兴促进相关法律法规和政策，鼓励、支持人民团体、社会组织、企事业单位等社会各方面参与乡村振兴促进相关活动。

对在乡村振兴促进工作中作出显著成绩的单位和个人，按照国家有关规定给予表彰和奖励。

第二章 产业发展

第十二条 国家完善农村集体产权制度，增强农村集体所有制经济发展活力，促进集体资产保值增值，确保农民受益。

各级人民政府应当坚持以农民为主体，以乡村优势特色资源为依托，支持、促进农村一二三产业融合发展，推动建立现代农业产业体系、生产体系和经营体系，推进数字乡村建设，培育新产业、新业态、新模式和新型农业经营主体，促进小农户和现代农业发展有机衔接。

第十三条 国家采取措施优化农业生产力布局，推进农业结构调整，发展优势特色产业，保障粮食和重要农产品有效供给和质量安全，推动品种培优、品质提升、品牌打造和标准化生产，推动农业对外开放，提高农业质量、效益和竞争力。

国家实行重要农产品保障战略，分品种明确保障目标，构建科学合理、安全高效的重要农产品供给保障体系。

第十四条 国家建立农用地分类管理制度，严格保护耕地，严格控制农用地转为建设用地，严格控制耕地转为林地、园地等其他类型农用地。省、自治区、直辖市人民政府应当采取措施确保耕地总量不减少、质量有提高。

国家实行永久基本农田保护制度，建设粮食生产功能区、重要农产品生产保护区，建设并保护高标准农田。

地方各级人民政府应当推进农村土地整理和农用地科学安全利用，加强农田水利等基础设施建设，改善农业生产条件。

第十五条 国家加强农业种质资源保护利用和种质资源库建设,支持育种基础性、前沿性和应用技术研究,实施农作物和畜禽等良种培育、育种关键技术攻关,鼓励种业科技成果转化和优良品种推广,建立并实施种业国家安全审查机制,促进种业高质量发展。

第十六条 国家采取措施加强农业科技创新,培育创新主体,构建以企业为主体、产学研协同的创新机制,强化高等学校、科研机构、农业企业创新能力,建立创新平台,加强新品种、新技术、新装备、新产品研发,加强农业知识产权保护,推进生物种业、智慧农业、设施农业、农产品加工、绿色农业投入品等领域创新,建设现代农业产业技术体系,推动农业农村创新驱动发展。

国家健全农业科研项目评审、人才评价、成果产权保护制度,保障对农业科技基础性、公益性研究的投入,激发农业科技人员创新积极性。

第十七条 国家加强农业技术推广体系建设,促进建立有利于农业科技成果转化推广的激励机制和利益分享机制,鼓励企业、高等学校、职业学校、科研机构、科学技术社会团体、农民专业合作社、农业专业化社会化服务组织、农业科技人员等创新推广方式,开展农业技术推广服务。

第十八条 国家鼓励农业机械生产研发和推广应用,推进主要农作物生产全程机械化,提高设施农业、林草业、畜牧业、渔业和农产品初加工的装备水平,推动农机农艺融合、机械化信息化融合,促进机械化生产与农田建设相适应、服务模式与农业适度规模经营相适应。

国家鼓励农业信息化建设,加强农业信息监测预警和综合服务,推进农业生产经营信息化。

第十九条 各级人民政府应当发挥农村资源和生态优势,支持特色农业、休闲农业、现代农产品加工业、乡村手工业、绿色建材、红色旅游、乡村旅游、康养和乡村物流、电子商务等乡村产业的发展;引导新型经营主体通过特色化、专业化经营,合理配置生产要素,促进乡村产业深度融合;支持特色农产品优势区、现代农业产业园、农业科技园、农村创业园、休闲农业和乡村旅游重点村镇等的建设;统筹农产品生产地、集散地、销售地市场建设,加强农产品流通骨干网络和冷链物流体系建设;鼓励企业获得国际通行的农产品认证,增强乡村产业竞争力。

发展乡村产业应当符合国土空间规划和产业政策、环境保护的要求。

第二十条　各级人民政府应当完善扶持政策,加强指导服务,支持农民、返乡入乡人员在乡村创业创新,促进乡村产业发展和农民就业。

第二十一条　各级人民政府应当建立健全有利于农民收入稳定增长的机制,鼓励支持农民拓宽增收渠道,促进农民增加收入。

国家采取措施支持农村集体经济组织发展,为本集体成员提供生产生活服务,保障成员从集体经营收入中获得收益分配的权利。

国家支持农民专业合作社、家庭农场和涉农企业、电子商务企业、农业专业化社会化服务组织等以多种方式与农民建立紧密型利益联结机制,让农民共享全产业链增值收益。

第二十二条　各级人民政府应当加强国有农(林、牧、渔)场规划建设,推进国有农(林、牧、渔)场现代农业发展,鼓励国有农(林、牧、渔)场在农业农村现代化建设中发挥示范引领作用。

第二十三条　各级人民政府应当深化供销合作社综合改革,鼓励供销合作社加强与农民利益联结,完善市场运作机制,强化为农服务功能,发挥其为农服务综合性合作经济组织的作用。

第三章　人才支撑

第二十四条　国家健全乡村人才工作体制机制,采取措施鼓励和支持社会各方面提供教育培训、技术支持、创业指导等服务,培养本土人才,引导城市人才下乡,推动专业人才服务乡村,促进农业农村人才队伍建设。

第二十五条　各级人民政府应当加强农村教育工作统筹,持续改善农村学校办学条件,支持开展网络远程教育,提高农村基础教育质量,加大乡村教师培养力度,采取公费师范教育等方式吸引高等学校毕业生到乡村任教,对长期在乡村任教的教师在职称评定等方面给予优待,保障和改善乡村教师待遇,提高乡村教师学历水平、整体素质和乡村教育现代化水平。

各级人民政府应当采取措施加强乡村医疗卫生队伍建设,支持县乡村医疗卫生人员参加培训、进修,建立县乡村上下贯通的职业发展机制,对在乡村工作的医疗卫生人员实行优惠待遇,鼓励医学院校毕业生到乡村工作,支持医师到乡村医疗卫生机构执业、开办乡村诊所、普及医疗卫生知识,提高乡村医疗卫生服务能力。

各级人民政府应当采取措施培育农业科技人才、经营管理人才、法律服务人才、社会工作人才,加强乡村文化人才队伍建设,培育乡村文化骨干力量。

第二十六条 各级人民政府应当采取措施,加强职业教育和继续教育,组织开展农业技能培训、返乡创业就业培训和职业技能培训,培养有文化、懂技术、善经营、会管理的高素质农民和农村实用人才、创新创业带头人。

第二十七条 县级以上人民政府及其教育行政部门应当指导、支持高等学校、职业学校设置涉农相关专业,加大农村专业人才培养力度,鼓励高等学校、职业学校毕业生到农村就业创业。

第二十八条 国家鼓励城市人才向乡村流动,建立健全城乡、区域、校地之间人才培养合作与交流机制。

县级以上人民政府应当建立鼓励各类人才参与乡村建设的激励机制,搭建社会工作和乡村建设志愿服务平台,支持和引导各类人才通过多种方式服务乡村振兴。

乡镇人民政府和村民委员会、农村集体经济组织应当为返乡入乡人员和各类人才提供必要的生产生活服务。农村集体经济组织可以根据实际情况提供相关的福利待遇。

第四章 文化繁荣

第二十九条 各级人民政府应当组织开展新时代文明实践活动,加强农村精神文明建设,不断提高乡村社会文明程度。

第三十条 各级人民政府应当采取措施丰富农民文化体育生活,倡导科学健康的生产生活方式,发挥村规民约积极作用,普及科学知识,推进移风易俗,破除大操大办、铺张浪费等陈规陋习,提倡孝老爱亲、勤俭节约、诚实守信,促进男女平等,创建文明村镇、文明家庭,培育文明乡风、良好家风、淳朴民风,建设文明乡村。

第三十一条 各级人民政府应当健全完善乡村公共文化体育设施网络和服务运行机制,鼓励开展形式多样的农民群众性文化体育、节日民俗等活动,充分利用广播电视、视听网络和书籍报刊,拓展乡村文化服务渠道,提供便利可及的公共文化服务。

各级人民政府应当支持农业农村农民题材文艺创作,鼓励制作反映农民生产生活和乡村振兴实践的优秀文艺作品。

第三十二条 各级人民政府应当采取措施保护农业文化遗产和非物质文化遗产,挖掘优秀农业文化深厚内涵,弘扬红色文化,传承和发展优秀传统文化。

县级以上地方人民政府应当加强对历史文化名镇名村、传统村落和乡村风貌、少数民族特色村寨的保护,开展保护状况监测和评估,采取措施防御和减轻火灾、洪水、地震等灾害。

第三十三条 县级以上地方人民政府应当坚持规划引导、典型示范,有计划地建设特色鲜明、优势突出的农业文化展示区、文化产业特色村落,发展乡村特色文化体育产业,推动乡村地区传统工艺振兴,积极推动智慧广电乡村建设,活跃繁荣农村文化市场。

第五章 生态保护

第三十四条 国家健全重要生态系统保护制度和生态保护补偿机制,实施重要生态系统保护和修复工程,加强乡村生态保护和环境治理,绿化美化乡村环境,建设美丽乡村。

第三十五条 国家鼓励和支持农业生产者采用节水、节肥、节药、节能等先进的种植养殖技术,推动种养结合、农业资源综合开发,优先发展生态循环农业。

各级人民政府应当采取措施加强农业面源污染防治,推进农业投入品减量化、生产清洁化、废弃物资源化、产业模式生态化,引导全社会形成节约适度、绿色低碳、文明健康的生产生活和消费方式。

第三十六条 各级人民政府应当实施国土综合整治和生态修复,加强森林、草原、湿地等保护修复,开展荒漠化、石漠化、水土流失综合治理,改善乡村生态环境。

第三十七条 各级人民政府应当建立政府、村级组织、企业、农民等各方面参与的共建共管共享机制,综合整治农村水系,因地制宜推广卫生厕所和简便易行的垃圾分类,治理农村垃圾和污水,加强乡村无障碍设施建设,鼓励和支持使用清洁能源、可再生能源,持续改善农村人居环境。

第三十八条 国家建立健全农村住房建设质量安全管理制度和相关技术标准体系,建立农村低收入群体安全住房保障机制。建设农村住房应当避让灾害易发区域,符合抗震、防洪等基本安全要求。

县级以上地方人民政府应当加强农村住房建设管理和服务,强化新建农村住房规划管控,严格禁止违法占用耕地建房;鼓励农村住房设计体现地域、民族和乡土特色,鼓励农村住房建设采用新型建造技术和绿色建材,引导农民建设功能现代、结构安全、成本经济、绿色环保、与乡村环境相协调的宜居住房。

第三十九条 国家对农业投入品实行严格管理,对剧毒、高毒、高残留的农药、兽药采取禁用限用措施。农产品生产经营者不得使用国家禁用的农药、兽药或者其他有毒有害物质,不得违反农产品质量安全标准和国家有关规定超剂量、超范围使用农药、兽药、肥料、饲料添加剂等农业投入品。

第四十条 国家实行耕地养护、修复、休耕和草原森林河流湖泊休养生息制度。县级以上人民政府及其有关部门依法划定江河湖海限捕、禁捕的时间和区域,并可以根据地下水超采情况,划定禁止、限制开采地下水区域。

禁止违法将污染环境、破坏生态的产业、企业向农村转移。禁止违法将城镇垃圾、工业固体废物、未经达标处理的城镇污水等向农业农村转移。禁止向农用地排放重金属或者其他有毒有害物质含量超标的污水、污泥,以及可能造成土壤污染的清淤底泥、尾矿、矿渣等;禁止将有毒有害废物用作肥料或者用于造田和土地复垦。

地方各级人民政府及其有关部门应当采取措施,推进废旧农膜和农药等农业投入品包装废弃物回收处理,推进农作物秸秆、畜禽粪污的资源化利用,严格控制河流湖库、近岸海域投饵网箱养殖。

第六章 组织建设

第四十一条 建立健全党委领导、政府负责、民主协商、社会协同、公众参与、法治保障、科技支撑的现代乡村社会治理体制和自治、法治、德治相结合的乡村社会治理体系,建设充满活力、和谐有序的善治乡村。

地方各级人民政府应当加强乡镇人民政府社会管理和服务能力建设,把乡镇建成乡村治理中心、农村服务中心、乡村经济中心。

第四十二条 中国共产党农村基层组织,按照中国共产党章程和有关规定发挥全面领导作用。村民委员会、农村集体经济组织等应当在乡镇党委和村党组织的领导下,实行村民自治,发展集体所有制经济,维护农民合法权益,并应当接受村民监督。

第四十三条 国家建立健全农业农村工作干部队伍的培养、配备、使用、管理机制,选拔优秀干部充实到农业农村工作干部队伍,采取措施提高农业农村工作干部队伍的能力和水平,落实农村基层干部相关待遇保障,建设懂农业、爱农村、爱农民的农业农村工作干部队伍。

第四十四条 地方各级人民政府应当构建简约高效的基层管理体制,科学设置乡镇机构,加强乡村干部培训,健全农村基层服务体系,夯实乡村治理基础。

第四十五条 乡镇人民政府应当指导和支持农村基层群众性自治组织规范化、制度化建设,健全村民委员会民主决策机制和村务公开制度,增强村民自我管理、自我教育、自我服务、自我监督能力。

第四十六条 各级人民政府应当引导和支持农村集体经济组织发挥依法管理集体资产、合理开发集体资源、服务集体成员等方面的作用,保障农村集体经济组织的独立运营。

县级以上地方人民政府应当支持发展农民专业合作社、家庭农场、农业企业等多种经营主体,健全农业农村社会化服务体系。

第四十七条 县级以上地方人民政府应当采取措施加强基层群团组织建设,支持、规范和引导农村社会组织发展,发挥基层群团组织、农村社会组织团结群众、联系群众、服务群众等方面的作用。

第四十八条 地方各级人民政府应当加强基层执法队伍建设,鼓励乡镇人民政府根据需要设立法律顾问和公职律师,鼓励有条件的地方在村民委员会建立公共法律服务工作室,深入开展法治宣传教育和人民调解工作,健全乡村矛盾纠纷调处化解机制,推进法治乡村建设。

第四十九条 地方各级人民政府应当健全农村社会治安防控体系,加强农村警务工作,推动平安乡村建设;健全农村公共安全体系,强化农村公共卫生、安全生产、防灾减灾救灾、应急救援、应急广播、食品、药品、交通、消防等安全管理责任。

第七章 城乡融合

第五十条 各级人民政府应当协同推进乡村振兴战略和新型城镇化战略的实施,整体筹划城镇和乡村发展,科学有序统筹安排生态、农业、城镇等功能空间,优化城乡产业发展、基础设施、公共服务设施等布局,逐步健全全民覆盖、普惠共享、城乡一体的基本公共服务体系,加快县域城乡融合发展,促进农业高质高效、乡村宜居宜业、农民富裕富足。

第五十一条 县级人民政府和乡镇人民政府应当优化本行政区域内乡村发展布局,按照尊重农民意愿、方便群众生产生活、保持乡村功能和特色的原则,因地制宜安排村庄布局,依法编制村庄规划,分类有序推进村庄建设,严格规范村庄撤并,严禁违背农民意愿、违反法定程序撤并村庄。

第五十二条 县级以上地方人民政府应当统筹规划、建设、管护城乡道路以及垃圾污水处理、供水供电供气、物流、客运、信息通信、广播电视、消防、防灾减灾等公共基础设施和新型基础设施,推动城乡基础设施互联互通,保障乡村发展能源需求,保障农村饮用水安全,满足农民生产生活需要。

第五十三条 国家发展农村社会事业,促进公共教育、医疗卫生、社会保障等资源向农村倾斜,提升乡村基本公共服务水平,推进城乡基本公共服务均等化。

国家健全乡村便民服务体系,提升乡村公共服务数字化智能化水平,支持完善村级综合服务设施和综合信息平台,培育服务机构和服务类社会组织,完善服务运行机制,促进公共服务与自我服务有效衔接,增强生产生活服务功能。

第五十四条　国家完善城乡统筹的社会保障制度，建立健全保障机制，支持乡村提高社会保障管理服务水平；建立健全城乡居民基本养老保险待遇确定和基础养老金标准正常调整机制，确保城乡居民基本养老保险待遇随经济社会发展逐步提高。

国家支持农民按照规定参加城乡居民基本养老保险、基本医疗保险，鼓励具备条件的灵活就业人员和农业产业化从业人员参加职工基本养老保险、职工基本医疗保险等社会保险。

国家推进城乡最低生活保障制度统筹发展，提高农村特困人员供养等社会救助水平，加强对农村留守儿童、妇女和老年人以及残疾人、困境儿童的关爱服务，支持发展农村普惠型养老服务和互助性养老。

第五十五条　国家推动形成平等竞争、规范有序、城乡统一的人力资源市场，健全城乡均等的公共就业创业服务制度。

县级以上地方人民政府应当采取措施促进在城镇稳定就业和生活的农民自愿有序进城落户，不得以退出土地承包经营权、宅基地使用权、集体收益分配权等作为农民进城落户的条件；推进取得居住证的农民及其随迁家属享受城镇基本公共服务。

国家鼓励社会资本到乡村发展与农民利益联结型项目，鼓励城市居民到乡村旅游、休闲度假、养生养老等，但不得破坏乡村生态环境，不得损害农村集体经济组织及其成员的合法权益。

第五十六条　县级以上人民政府应当采取措施促进城乡产业协同发展，在保障农民主体地位的基础上健全联农带农激励机制，实现乡村经济多元化和农业全产业链发展。

第五十七条　各级人民政府及其有关部门应当采取措施鼓励农民进城务工，全面落实城乡劳动者平等就业、同工同酬，依法保障农民工工资支付和社会保障权益。

第八章　扶持措施

第五十八条　国家建立健全农业支持保护体系和实施乡村振兴战略财政投入保障制度。县级以上人民政府应当优先保障用于乡村振兴的财政投入，确保投入力度不断增强、总量持续增加、与乡村振兴目标任务相适应。

省、自治区、直辖市人民政府可以依法发行政府债券,用于现代农业设施建设和乡村建设。

各级人民政府应当完善涉农资金统筹整合长效机制,强化财政资金监督管理,全面实施预算绩效管理,提高财政资金使用效益。

第五十九条 各级人民政府应当采取措施增强脱贫地区内生发展能力,建立农村低收入人口、欠发达地区帮扶长效机制,持续推进脱贫地区发展;建立健全易返贫致贫人口动态监测预警和帮扶机制,实现巩固拓展脱贫攻坚成果同乡村振兴有效衔接。

国家加大对革命老区、民族地区、边疆地区实施乡村振兴战略的支持力度。

第六十条 国家按照增加总量、优化存量、提高效能的原则,构建以高质量绿色发展为导向的新型农业补贴政策体系。

第六十一条 各级人民政府应当坚持取之于农、主要用之于农的原则,按照国家有关规定调整完善土地使用权出让收入使用范围,提高农业农村投入比例,重点用于高标准农田建设、农田水利建设、现代种业提升、农村供水保障、农村人居环境整治、农村土地综合整治、耕地及永久基本农田保护、村庄公共设施建设和管护、农村教育、农村文化和精神文明建设支出,以及与农业农村直接相关的山水林田湖草沙生态保护修复、以工代赈工程建设等。

第六十二条 县级以上人民政府设立的相关专项资金、基金应当按照规定加强对乡村振兴的支持。

国家支持以市场化方式设立乡村振兴基金,重点支持乡村产业发展和公共基础设施建设。

县级以上地方人民政府应当优化乡村营商环境,鼓励创新投融资方式,引导社会资本投向乡村。

第六十三条 国家综合运用财政、金融等政策措施,完善政府性融资担保机制,依法完善乡村资产抵押担保权能,改进、加强乡村振兴的金融支持和服务。

财政出资设立的农业信贷担保机构应当主要为从事农业生产和与农业生产直接相关的经营主体服务。

第六十四条　国家健全多层次资本市场,多渠道推动涉农企业股权融资,发展并规范债券市场,促进涉农企业利用多种方式融资;丰富农产品期货品种,发挥期货市场价格发现和风险分散功能。

第六十五条　国家建立健全多层次、广覆盖、可持续的农村金融服务体系,完善金融支持乡村振兴考核评估机制,促进农村普惠金融发展,鼓励金融机构依法将更多资源配置到乡村发展的重点领域和薄弱环节。

政策性金融机构应当在业务范围内为乡村振兴提供信贷支持和其他金融服务,加大对乡村振兴的支持力度。

商业银行应当结合自身职能定位和业务优势,创新金融产品和服务模式,扩大基础金融服务覆盖面,增加对农民和农业经营主体的信贷规模,为乡村振兴提供金融服务。

农村商业银行、农村合作银行、农村信用社等农村中小金融机构应当主要为本地农业农村农民服务,当年新增可贷资金主要用于当地农业农村发展。

第六十六条　国家建立健全多层次农业保险体系,完善政策性农业保险制度,鼓励商业性保险公司开展农业保险业务,支持农民和农业经营主体依法开展互助合作保险。

县级以上人民政府应当采取保费补贴等措施,支持保险机构适当增加保险品种,扩大农业保险覆盖面,促进农业保险发展。

第六十七条　县级以上地方人民政府应当推进节约集约用地,提高土地使用效率,依法采取措施盘活农村存量建设用地,激活农村土地资源,完善农村新增建设用地保障机制,满足乡村产业、公共服务设施和农民住宅用地合理需求。

县级以上地方人民政府应当保障乡村产业用地,建设用地指标应当向乡村发展倾斜,县域内新增耕地指标应当优先用于折抵乡村产业发展所需建设用地指标,探索灵活多样的供地新方式。

经国土空间规划确定为工业、商业等经营性用途并依法登记的集体经营性建设用地,土地所有权人可以依法通过出让、出租等方式交由单位或者个人使用,优先用于发展集体所有制经济和乡村产业。

第九章　监督检查

第六十八条　国家实行乡村振兴战略实施目标责任制和考核评价制度。上级人民政府应当对下级人民政府实施乡村振兴战略的目标完成情况等进行考核,考核结果作为地方人民政府及其负责人综合考核评价的重要内容。

第六十九条　国务院和省、自治区、直辖市人民政府有关部门建立客观反映乡村振兴进展的指标和统计体系。县级以上地方人民政府应当对本行政区域内乡村振兴战略实施情况进行评估。

第七十条　县级以上各级人民政府应当向本级人民代表大会或者其常务委员会报告乡村振兴促进工作情况。乡镇人民政府应当向本级人民代表大会报告乡村振兴促进工作情况。

第七十一条　地方各级人民政府应当每年向上一级人民政府报告乡村振兴促进工作情况。

县级以上人民政府定期对下一级人民政府乡村振兴促进工作情况开展监督检查。

第七十二条　县级以上人民政府发展改革、财政、农业农村、审计等部门按照各自职责对农业农村投入优先保障机制落实情况、乡村振兴资金使用情况和绩效等实施监督。

第七十三条　各级人民政府及其有关部门在乡村振兴促进工作中不履行或者不正确履行职责的,依照法律法规和国家有关规定追究责任,对直接负责的主管人员和其他直接责任人员依法给予处分。

违反有关农产品质量安全、生态环境保护、土地管理等法律法规的,由有关主管部门依法予以处罚;构成犯罪的,依法追究刑事责任。

第十章　附　则

第七十四条　本法自 2021 年 6 月 1 日起施行。

图书在版编目(CIP)数据

农村政策与法规新编教程/顾相伟主编. —3 版. —上海：复旦大学出版社，2023.2(2023.12 重印)
ISBN 978-7-309-16660-6

Ⅰ.①农… Ⅱ.①顾… Ⅲ.①农业政策-中国-教材②农业法-中国-教材 Ⅳ.①F320 ②D922.4

中国版本图书馆 CIP 数据核字(2022)第 243072 号

农村政策与法规新编教程(第三版)
NONGCUN ZHENGCE YU FAGUI XINBIAN JIAOCHENG
顾相伟　主编
责任编辑/姜作达

复旦大学出版社有限公司出版发行
上海市国权路 579 号　邮编：200433
网址：fupnet@ fudanpress. com　http://www. fudanpress. com
门市零售：86-21-65102580　团体订购：86-21-65104505
出版部电话：86-21-65642845
上海华业装潢印刷厂有限公司

开本 787 毫米×960 毫米　1/16　印张 26　字数 374 千字
2023 年 12 月第 3 版第 3 次印刷

ISBN 978-7-309-16660-6/F・2954
定价：66.00 元

如有印装质量问题，请向复旦大学出版社有限公司出版部调换。
版权所有　　侵权必究